이희수의 **이슬람**

이희수의 **이슬람**

한국의 지성을 위한 교양 필독서
21세기 중동과 이슬람 문화의 이해

이희수 지음

청아출판사

9·11 테러 20년,
중동-이슬람 세계의 지각 변동

지난 20년 중동-이슬람 세계는 폭풍의 연속이었고, 지금도 혼란스럽고, 앞으로도 여전히 복잡할 것이다. 지난 세기에는 억울한 팔레스타인의 처절한 투쟁과 막무가내 공격형인 이스라엘과의 갈등, 아랍의 분노와 국제 사회 개입이 혼란의 주된 이유였다. 그 과정에서 석유 문제도 불거졌다. 산유국들이 석유를 무기화하면서 두 번의 대규모 오일 쇼크(oil shock)를 경험했고, 자연스레 중동은 강대국의 깊숙한 각축장으로 변모했다. 무엇보다 미국의 독무대였다. 하나하나 그들의 경제적, 군사적 보호막 속으로 안주해 갔다. 저항하는 자에게는 가혹한 응징이 뒤따랐다. 이란이 40년간 경제 제재를 받고 있고, 걸프 전쟁과 이라크 전쟁으로 이라크의 사담 후세인, 리비아의 카다피는 비참하게 죽었다. 아프가니스탄은 초토화되고 예멘, 리비아, 시리아에서는 언제 끝날지 모르는 내전이 강대국의 배후 조종을 받으면서 같은 백성, 형제끼리 서로서로 죽이는 반인륜적 도살 게임을 계속하고 있다. 승자도 패자도 없이 원점에서 고통과 응어리만 남기고 다시 시작할 뻔한 게임을 무모하게 계속하고 있다.

지난 20년간 인류 사회는 테러라는 사건을 달고 살았다. 9·11 테러 이후 알카에다와 IS(ISIL) 같은 테러 조직은 끔찍함으로 언론의 주목을 받으며 우리 일상을 위협했다. 그것이 배고픔에 대한 저항이건, 빼앗긴 생존권을 위한 투쟁이건, 영토를 둘러싼 국가 간 분쟁이건 아랑곳없이 서구의 이익과 미국에 위협이 되는 모든 무장 투쟁에 테러라는 잣대를 들이댔다. 대테러 전쟁이란 이름으로 이라크, 아프가니스탄, 예멘, 리비아, 시리아, 체첸, 소말리아, 수단 등지에서는 전쟁이 벌어졌고, 팔레스타인의 합법적인 정치 조직들도 테러 조직으로 분류되면서, 그들의 원초적 권리가 심각하게 훼손당했다. 그들은 국제법의 보호조차 받지 못한 채 끝없는 고통 속으로 내동댕이쳐졌다.

중동 지역 대부분에 빼앗긴 박탈감과 불공정, 억울한 죽음에 대한 복수심이 아직 강하게 남아 있어 조용해지기에는, 되돌아가기에는 강을 건너 너무 멀리 왔다. 용서하고 새로 시작하기에는 도려낼 상처가 너무 깊다. 빼앗은 땅에 삶의 뿌리를 내리고 주어진 현실에 익숙해 있는 이스라엘의 지금 세대에게 집과 기득권과 행복권을 내놓으라고 요구할 수도 없다. 불가능해 보인다. 절대로 그러지도 않을 것이다.

결국 주어진 현실을 인정하면서 빼앗긴 자의 울분을 달래고, 모자란 상태, 부족한 조건 내에서 현실을 수긍하고 포기하게 하는 일을 어떻게 만들어 나갈 것인가 하는 문제만 남았다. 그러니 쉽지 않다는 것이다.

여전히 중동 문제는 국제법, 인권, 자유, 평등, 가치 지향의 문제가 아니라 냉엄한 힘의 강약 논리 속에서 강자의 양보란 허울 좋은 명분에 약자가 수긍해야 하는 현실만 남아 있다. 그들의 자존심 손상을 최소화하고 물러날 명문을 만들어 주며, 먹고사는 현실적 어려움에 화답하는 방식이 최적이다. 슬픈 일이지만 피할 수 없는 진행형이다.

역사를 절절히 기억하는 집단과 획득한 현실을 포기하지 못하는 집단과의 대결에서 어떤 길을 택할 것인가. 별로 선택의 여지가 없을 것 같다.

일부는 무모하게 저항했다. 서구를 향한 막가파식 울분의 표출이었다. 무고한 시민을 상대로 한 반인륜적 테러 행위는 이슬람 법정에서도 범죄로 단죄됐다. 건강한 무슬림 주류 사회의 공감이나 대중적 지지 기반도 상실했다. 그것은 명백한 반이슬람적 범죄 행위이다. 그런데도 표피적인 반이슬람 테러가 왜 이슬람의 보편적인 얼굴로 묘사되어야 하나? 이것이 이슬람의 본질적 문제일까? 왜 '무슬림=테러리스트'라는 마녀사냥과 같은 담론이 21세기를 한참 지난 지금까지도 망령처럼 우리 지성 사회 주변을 맴돌고 있는가?

이제는 찬찬히 심호흡하면서 이성적으로 그리고 무엇보다 실체(fact)에 근거해 이슬람 문제와 이슬람 세계를 들여다보아야 한다. 이슬람 세계는 19억 57개국, 지구촌 4분의 1에 육박하는 세계 최대 단일 문화권이다. 인류 문명의 발상지이자 세계 3대 유일신 종교가 태어나 인류의 영성 세계를 맑혀 준 본향이다. 나아가 지금 이슬람 세계는 에너지 자원과 자본을 갖고 있는 우리의 주요한 협력 파트너이자 미래에도 상호 의존적인 윈윈 전략을 공유해야 하는 입장에 있다. 언제까지 서구가 만들어 놓은 오류와 고정 관념, 광신의 도그마에 갇혀 그들을 버리고 가야 하는가?

나는 대학원에서 본격적으로 중동-이슬람 문화를 파고든 이후, 그럭저럭 40여 년 이 분야를 공부하고 있다. 문화 인류학이라는 학문적 특성상 현장에 깊이 뿌리내리고 사는 셈이다. 1978년 말레이시아에서 대학생 청년 캠프에 참가한 것을 필두로 중동 여러 지역에서 10년 가까이 연구했고, 귀국한 이후에도 지금까지 한 해도 빠지지 않고 매년 3~4개월을 중동-이슬람 지역에서 현장 연구를 하며 보냈다.

그동안 이슬람권 현장에서 무슬림과 일상으로 부닥치면서 일차적 체험을 통해 보고 공부한 진정한 모습과 귀국해서 목도한 미국이나 서구가 자국의 이익을 극대화하려고 만들어 놓은 정보와 이미지 사이에는 커다란 간극이 있다는 것을 깨달았다.

이제는 친미-반미라는 이데올로기 논쟁의 차원을 뛰어넘어 우리가 세상의 중심이 되어, 우리가 인식의 주체가 되어 관념적이고 명분적인 국익이 아닌 냉철한 실체와 실용적인 측면을 고려하면서 세계 문화를 있는 그대로 들여다볼 수는 없을까? 이러한 인식의 전환이나 성찰 없는 21세기 우리의 글로벌 전략이라는 것은 어쩌면 한 축이 무너진 허구는 아닐까? 이런 걱정을 현장 연구자로서 많이 하게 된다.

이 책은 어쩌면 현장 보고서인지도 모른다. 독립 이후 70여 년 동안 미국 중심의 한쪽 이야기만 일방적으로 들었고, 지금도 매일 아침 신문을 펼치며 그들의 목소리로 하루를 시작하는 구도에서 무슬림의 외침과 이야기도 들어 봐야 균형 감각을 가질 수 있지 않을까.

그렇다고 민주적으로 낙후되고, 전근대적 악습과 가부장적 유목 전통이 횡행하는 일부 이슬람 세계의 잘못된 현상까지 이해하고 수용할 생각은 추호도 없다. 이슬람을 팔아 자신들의 정치적 야욕을 달성하려는 극단주의자나 부정과 독재를 지하드로 포장하는 권위주의 독재 체제에도 날카로운 메스를 들이댈 것이다. 이슬람 세계를 들여다보는 관점은 문화 상대주의에 입각해 총체적으로 접근하겠지만, 인류의 보편적 가치라는 기본적인 틀을 존중할 것이다.

아울러 국제법, 유네스코 헌장, 국제사법재판소 최종 판결, 헬싱키 세계인권선언, 유엔 안보리 결의안, 상호 합의된 평화 협정 등 '인류가 이것만은 지키자고 굳게 약속한 규범'으로 문제를 이해하고자 한다. 물론 보편적 가치도 절대적이라기보다는 가변적이고, 서로 다른 관점이 존재한다는 사실을 잊지 않을 것이다.

여전히 이 땅에서 이슬람 학문을 해나가기에는 정말 많은 어려움이 따른다. 백지상태에서 채워 가는 학문보다도 화석화된 고정 관념을 뛰어넘는 데 노력과 시간이 훨씬 더 많이 들기 때문이다. 우리 사회의 이슬람포비아 문제도 갈수록 우려스러운 상황으로 가고 있다. 아무리 학문적 입장임을 내세워도 이슬람 전파이자 이슬람 옹호로 보는 극단적, 종교적 집착이 존재하고 있다.

그래도 많은 진전이 있었다. 특히 9·11 테러는 우리 사회에 독과 약을 동시에 가져다준 사건이었다. '이슬람=테러리즘'이라는 고정 관념을 다시 한번 선연하게 인식시킨 사건이었던 한편, 일부에서는 편견 없이 이슬람 세계를 이해하자는 움직임과 무슬림의 집요한 저항 의식, 반미 정서의 뿌리가 무엇인지에 관한 진지한 질문이 쏟아졌다. 종전까지 관심조차 없었던 이슬람 관련 책이 한꺼번에 수백 종 출간됐고, 사회적 수요도 급증했다. 서구 중심의 지식에 함몰되어 있던 한국 지성 사회의 극적인 반전도 목격했다. 이슬람 관련 강좌가 정부 부서는 물론, 동네 도서관, 일부 백화점 문화센터에까지 개설되었다. 국내 최초로 아랍 연극이 소개되고, 아랍 영화제가 10회를 맞았으며, 아랍 민속 공연을 심심찮게 관람하게 되었다.

따라서 전 세계에 걸쳐 수백 개의 다양한 얼굴을 가진 이슬람 문화를 총체적으로 이해할 수 있는 길잡이 역할을 기대하며 이 책을 준비했다. 2001년 9·11 테러 직후에 출간된 《이슬람: 9·11 테러와 이슬람 세계 이해하기》와 2011년의 개정증보판 《이희수 교수의 이슬람:

9·11 테러 10년과 달라진 이슬람 세계》출간 이후 그동안의 사회적 반향과 수백 통에 이르는 서평과 보완 요청, 변화된 사회 인식에 따른 새로운 요구를 이 책에 적극적으로 담았다. 적어도 21세기를 살아가는 한국 지성이 한 번쯤은 진지하게 고민하면서 읽어 보아야 할 필독 교양서로 꾸몄다.

이 책은 아직도 미완이며 다른 시선이 있을 수 있다. 하지만 다문화-다종교 공존의 시대에 이슬람을 종교적 선악 구도가 아닌 우리와 이웃해서 협력하고 공존해야 할 문화적 파트너로 인식하는 계기가 되기를 고대한다. 문화는 선악이나 우열의 문제가 아니라 같고 다름의 문제이기 때문이다.

2021년 9월

9·11 테러 20년에 이희수

급변하는 오늘의 중동-이슬람 30가지 질문

CHAPTER 1
잊힌 이슬람 역사와 문명의 복원

CHAPTER 2
이슬람은 무엇을 믿고, 무엇을 지키는가

CHAPTER 3
이슬람 문화의 향기

CHAPTER 6
이슬람 경제와 비즈니스 관행

CHAPTER 7
이슬람을 빛낸 문화 예술인

CHAPTER 10
서구의 이슬람 그리고 공존의 미래

| 이슬람 용어에 대해 |

이슬람은 종교와 문화의 개념이며, 전 세계 19억 57개국에 달하는 문화권이 이 범주에 든다. 이슬람은 종교를 포함한 보다 넓은 문화적인 의미이다. 이슬람 속에는 종교도 당연히 포함돼 있으며, 종교를 떼어 분류할 때는 이슬람교라고 부를 수 있다. 그리고 이슬람은 이슬람 건축, 이슬람 예술, 이슬람 여성 등과 같이 형용사로도 많이 사용된다.

한편 아랍은 종족적 개념이다. 아랍어를 모국어로 사용하고 이슬람교를 믿으며(일부 기독교도들도 있다), 스스로 자신의 정체성을 아랍인이라고 표현하는 사람들의 집단이다.

중동은 19세기 말 영국이 세계를 지배할 때 구분해 놓은 지정학적인 전략 개념이다. 영국을 중심으로 오른쪽을 'East'라고 표현하면서, 먼 오른쪽에 있는 아시아를 극동, 가까운 오른쪽 지방인 발칸반도와 그리스 지역 등을 근동, 그 중간 지역을 중동으로 분류했다. 북아프리카와 아라비아반도 걸프 지역, 이란, 터키, 아프가니스탄 등이 중동에 포함된다. 이 책에서는 이해를 돕고자 아랍, 중동, 이슬람 세계를 함께 사용했다.

회교는 '위구르인의 종교'라는 뜻이므로 사용해서는 안 된다. 모슬렘은 '이슬람교를 믿는 사람들'이라는 뜻의 영어식 표기이고, 아랍어 표기는 무슬림이다.

우리나라 역사학계에서는 서아시아란 용어를 사용하는데, 이때 북아프리카의 아랍 세계는 빠진다. 지리학계에서는 굳이 서남아시아라는 용어를 고집하며, 현재의 아랍도 여기에 포함된다. 따라서 내용의 효율적인 전달을 위해 불가피한 경우 서아시아도 사용했다. 그리고 아랍-이슬람, 중동-이슬람이란 용어도 필요에 따라 언급했으나, 정확한 의미를 알고 사용하면 오해가 없을 것이다.

급변하는 오늘의 중동-이슬람 30가지 질문

지구촌을 강타한 코로나 사태로 이슬람 세계에도 놀라운 변화들이 감지되고 있다. 먼저 비대면 문화의 확산이다. 이슬람 문화는 철저한 대면 문화를 특징으로 한다. 하루 다섯 번씩 모여 옆 사람과 어깨를 맞대고 예배를 보고, 인사할 때도 악수 대신 서로 끌어안고 세 번씩이나 뺨을 비비면서 안부를 묻는다. 평소에는 '바자르'라 불리는 시장에서 일상을 시작하고 정리한다. 바자르는 단순한 쇼핑의 공간이 아니라, 동네 이야기를 서로 나누고 비즈니스를 협의하고 자식의 혼담을 나누는 공동체 포럼이다. 여론이 형성되는 정치적 담론의 중심이 되기도 한다. 코로나로 사회적 거리 두기 예배라는 낯선 의례를 실험하고, 시장이 폐쇄되고, 공동체 공간들이 사라지면서 처음으로 고립과 단절이라는 문화를 처절하게 경험하고 있다. 외국인 입국이 금지되면서 매년 250만 명씩 몰려들던 성지 순례가 처음으로 중단됐는데, 1,400년 이슬람 역사에서 처음 있는 일이다. 당분간 제한된 거리 두기 순례만 허용될 것이다. 라마단(단식)도 개별적으로 행해야 하고, 라마단 이후에 벌어지던 대축제도 축소되거나 중단됐다. 반면 여성의 사회적 진출이 두드러지고, 홈쇼핑이 인기를 끌고 여성이 능동적 구매 주체가 되면서 19억 무슬림의 절반인 10억에 가까운 여성을 향한 시장 경제의 지각 변동이 점쳐지고 있다.

포스트 코로나 시대 중동에도 정치, 경제, 에너지, 안보, 테러, 한류 등 여러 가지 새로운 도전과 예상 밖의 변화들이 불어닥칠 것이다. 30개의 주제로 정리해 본다.

1. 왜 미국은 중동에서 발을 빼려 하는가?

미국은 이미 세계 최대의 원유 생산국이다. 에너지 보고인 중동의 매력이 급격히 사라지고 있는 것이다. 2019년에만 미국은 전 세계에서 하루에 필요한 원유 약 1억 배럴 중 1,200만 배럴 이상을 자체 생산했다. 2018년부터 일산 1천만 배럴 수준의 사우디아라비아를 2위로, 러시아를 3위로 크게 따돌렸다. 더욱이 세계 최대 석유 소비국 미국은 2019년 12월을 기점으로 원유를 수출하기 시작했다. 세계 에너지 패권 구도가 근원적으로 바뀌는 상황이 됐다. 물론 미국 원유 생산과 수출의 핵심은 셰일 오일(shale oil)이다. 셰일 오일은 퇴적암의 일종인 셰일(혈암)층에 갇혀 있는 원유로, 암석층 사이에 고압의 물과 화학 물질 화합물을 쏘아 넣어 원유와 가스를 빼내는 방식으로 생산한다. 많은 자본 투자와 고도의 기술이 필요한 산업이지만, 중동 석유에 대한 의존도가 낮아지고 배럴당 30~40달러 수준으로 원가 절감이 이루어지면서 미국이 새로운 경쟁력을 갖추게 됐다. 텍사스주와 뉴멕시코주에 걸쳐 있는 퍼미안(Permian) 분지에서 채굴되는 셰일 원유의 2023년 생산량은 일산 540만 배럴에 달할 것으로 전망된다.

세계 석유 수급과 가격을 주도하는 주체를 '스윙 프로듀서(swing producer)'라고 하는데, 지난 50여 년간 이 역할은 사우디아라비아의 몫이었다. 이제는 미국이 세계 원유 생산량과 유가를 조절하는 능력자가 되고 있다. 우리나라도 한미 동맹의 특수성 때문에 중동 석유

대신 미국 원유 수입량을 늘리기 시작했고, 미국 원유 의존도는 갈수록 높아질 것이다. 물론 배럴당 20달러 수준으로 사우디의 저유가 정책이 계속된다면 미국의 셰일 오일 산업은 일시 타격을 받겠지만, 이미 확보한 에너지 주도권을 미국이 뺏길 것 같지는 않다.

중동 석유에 대한 의존도가 사라지면서 안정적인 원유 확보와 수송이 미국의 절대 국익이었던 시대가 종식된 것이다. 중동 지역에 천문학적인 재원을 투입하면서 미군을 주둔시키고, 친미 국가들에 막대한 군사 지원, 이란-이라크 8년 전쟁의 배후 조정, 반미 국가 압박, 두 차례의 걸프 전쟁, 2003년 이라크 전쟁, 9·11테러 이후 20년간 대테러 전쟁을 주도했던 것도 '석유'라는 절대 국익을 지키고자 하는 목표가 항상 중심에 있었다.

이제 그만한 대가를 치르고 중동을 관리해야 할 절대성과 필요성이 사라졌다. 이것이 바로 미국이 중동을 떠나게 된 배경이다. 첫 번째 신호탄은 이라크에서의 미군 철수이고, 두 번째는 유럽 동맹국과 충분한 상의 없이 시리아 내전에 참전 중인 미군을 전격 철수해 러시아에 시리아 관리 권한을 사실상 넘긴 것이다. 이어 탈레반과의 평화 협상으로 아프가니스탄에서 20년간(2001~2021) 이어진 오랜 전쟁을 끝내고 미군을 철수시킨 조 바이든 대통령의 확고한 의지도 탈중동화 정책의 연장선이다. 이에 발맞추어 중동의 왕정 산유국이나 친미 국가들도 미국 의존에서 벗어나 각자도생의 길을 찾고 있다. 나토(NATO) 맹방인 터키가 러시아의 미사일 방어 시스템인 S-400을 전격 도입해 실전 배치함으로써 미국과 거리 두기를 하고 있고, 사우디도

자국의 최대 에너지 수출국인 중국과의 경제 협력 강화, 러시아와의 에너지 연대 등을 모색하고 있다.

그렇다고 미국이 홀연히 중동에서 빠져나가지는 못할 것이다. 에너지 패권을 유지하려면 중동과의 협력 관계가 긴요하고, 경쟁국인 중국과 러시아가 그 빈틈을 노릴 것이기 때문이다. 지정학적으로 미국보다 훨씬 유리한 중국과 러시아가 중동과의 에너지 정책 공조, 공동 자원 개발, 첨단무기 판매 같은 협력 체제를 강화해 나간다면 미국도 그에 맞춰 또 다른 국익 관리 전략을 마련해야 한다. 이에 더해 아직은 미국의 가장 강력한 위협 세력인 이란을 압박함과 동시에 포기할 수 없는 미국의 운명 공동체인 이스라엘 보호라는 전략축을 유지할 필요성에 따라 탈중동화의 속도나 규모가 결정될 것이다. 따라서 중동 패권 질서의 변화에 따른 우리의 중동 전략도 근본적인 수정이 필요해 보인다. 미군이 빠진 이라크에서의 전후 복구 사업 본격 가동, 내전 종식 이후 시리아와의 수교, 미국 경제 제재에 시달리는 중동 최대 시장 이란에 대한 보다 정교한 접근 전략, 리비아 안정화에 대비한 건설-플랜트 시장 관리, 미국 독점적 군사 보호막 해체에 따르는 우리의 방위 산업 진출과 안티 드론 기술 수출, 한류 열풍에 걸맞은 K-pop, K-뷰티, K-제약, ICT, 보건, 의료, 문화 콘텐츠 사업 등이 새로운 블루 오션이고, 그에 따르는 인력 진출도 본격화할 채비를 서둘러야 한다.

2. 러시아가 중동에 집착하는 이유

제2차 세계대전 이후 70여 년 동안 러시아는 중동 지역에 군사 기지 하나 제대로 심어두지 못했다. 그만큼 중동은 미국의 강력한 독점적 헤게모니 권역이었다.

과거 제정 러시아(1721~1917)에는 제국의 팽창을 위해 하나의 꿈이 있었다. 그것은 춥고 얼어붙은 러시아 땅을 남쪽의 부동항, 즉 지중해와 연결하는 것이었다. '남하 정책'으로 표현하는 지중해 진출 목표는 쉽게 이루어질 수 없었다. 당시 지중해, 흑해, 홍해, 걸프해, 지중해 동부를 장악한 오스만 제국이라는 강력한 경쟁자를 뚫을 수 없었고, 20세기에 들어서도 러시아의 남하를 막고자 하는 영국과 프랑스 등에 의해 번번이 좌절됐다.

20세기 후반이 되어서 겨우 기회가 찾아왔다. 사회주의 국가로 구소련과 밀접한 군사, 경제 동맹을 구축한 시리아의 하페즈 알아사드 대통령이 1971년 협정을 맺고 시리아의 지중해 항구 타르투스에 소련 군사 기지 설치를 허용한 것이다. 중동 진출을 위한 중요한 군사 전략적 요충지를 마련한 셈이다. 시리아 내전에서 러시아가 시리아 정부군을 적극적으로 지원하고 결사적으로 방어하는 이유다.

또 하나는 안정적 에너지 전략의 문제이다. 미국의 에너지 패권에 맞서 세계 에너지 자이언트인 러시아와 중동 산유국들의 협력은 국가의 미래 명운을 건 승부수가 될 수 있기 때문이다. 러시아는 세계 최대의 천연가스 생산국이자 수출국이다. 이미 세계 최대 에너지 소비국인 중국과 연대해 미국의 에너지 패권에 맞서고 있다. 2019년 12월 두 나라를 연결하는 거대한 파이프라인 가스(PNG) 프로젝트인 '파워 오브 시베리아(Power of Siberia)'가 가동을 시작하면서 세계 에너지 시장에 지각 변동이 일어나고 있다. 여기에 또 다른 에너지 보고인 중동과의 협력 관계 구축은 미국의 에너지 패권에 맞서고자 하는 러시아에 또 다른 중요한 전략 목표이다. 이제 세계 3대 에너지 강국인 미국, 사우디아라비아, 러시아는 자국 이익을 놓고 서로가 협력, 갈등을 거듭하는 '에너지 냉전 체제'에 들어섰다고 할 수 있다. 특히 중동이라는 거대한 원전 시장 확보와 역동적인 미래 우주 산업 협력에서 러시아의 기술과 자본, 상호 이익의 접점을 찾고자 하는 것이다.

3. 중국과 중동의 관계는?

중국은 이미 대부분의 중동 제조업 시장을 잠식한 지 오래다. 중동 최대의 투자국이자 경제 파트너 국가다. 지금까지 중국의 중동 정책에서 눈에 띄는 특징은 군사 안보 분야에 대한 진출과 개입을 최소화하는 것이었다. 중재자나 평화 주창자 이미지를 내세우며 경제적 진출을 극대화하는 실리적 전략 목표를 설정해 왔다. 그 결과 시리아, 예멘, 리비아, 걸프 전쟁 등 중동 전역에서 벌어지고 있는 내전과 안보 분야에 대한 개입을 최소한으로 절제해 왔다. 그 대표적인 정책이 2013년 시작된 일대일로(一帶一路) 전략이다. 중국을 세상의 중심축에 놓고 유라시아와 아프리카까지를 연결하는 시진핑 주석의 야심 찬 세계 전략이다. 2019년 21개 중동-아랍 국가와 일대일로 협력 의정서를 체결했고, 이란을 중심으로 12개 중동 국가에게 중국은 이미 최대 교역국으로 자리 잡았다.

중국이 중동에 품은 관심의 핵심은 당연히 에너지와 경제 협력이다. 중국은 2015년 이미 세계 최대의 에너지 소비국이 됐고, 원유와 천연가스를 중심으로 자국 전체 에너지 소비의 절반가량을 중동에 의존하고 있다. 중국의 생존에 절대적인 에너지의 4대 길목 해협이 중동에 포진한다. 유럽과 아시아를 연결하는 터키의 다르다넬스 해협과 보스포루스 해협, 걸프만의 호르무즈 해협, 예멘과 지부티 사이의 아프리카와 아라비아반도를 이어 주는 바브엘만데브 해협이라는 생명선을 통해 원유와 가스, 필요한 물자를 공급받고 있다. 따라서 중동의 관리는 곧 경쟁자에게 둘러싸인 생명선 관리다. 중국이 사우디 한 나라로부터 수입하는 원유는 2018년 일일 약 92만 배럴에서 2019년에는 약 180만 배럴로 두 배 가까이 급증했다. 사우디에게 중국은 미국과 러시아를 제치고 최대의 원유 수출국이며, 이런 점에서 사우디를 필두로 중동의 중국 의존과 협력은 거의 절대적이라 할 수 있다. 대표적으로 세계 최대 에너지 기업인 사우디 왕실 소유 아람코(ARAMCO)의 신규 주식 공모(IPO)에 시노펙(Sinopec) 같은 중국 국영 기업이 약 100억 달러를 투자하기로 했다는 보도가 나오기도 했다. 나아가 중국은 미국과의 관계 단절로 에너지 수출이 절실한 이란을 핵심축으로 중동 에너지 시장을 오랫동안 관리해 왔다. 특히 중장기 원유, 가스 개발 사업에 많은 투자를 하면서 적극적으로 참여해 왔다. 최근에는 미국과 사우디아라비아의 에너지를 둘러싼 갈등과 경쟁 관계를 인식하고, 사우디 원유 최대 수입국으로서의 위상을 분명히 했다.

중동 국가들도 미국의 탈중동화에 발맞춰 생존 차원의 새로운 전략 구도를 모색하며 중국 중시 정책을 펴고 있다. 특히 2019년 9월, 이란이 배후에 있다고 판단되는 예멘 후티 반군이 드론 공격으로 사우디의 핵심 정유 시설을 파괴하자 사우디 왕실에서는 미국 주도의 최첨단 방어 시스템에 대한 근본적인 의문이 커지고 있다. 미국에게만 사우디 운명을 맡길 수 없다고 판단한 무함마드 왕세자는 2019년 2월 중국을 방문해 35개 프로젝트에 총 280억 달러(약32조)를 투자하는 협약을 전격적으로 체결했다. 나아가 사우디 정부는 2020년부터 모든 교과 과정에 중국어 과정을 개설함으로써 일시적 협력 관계가 아닌 세대를 이어 가는 중장기적 상호 이해 교육에도 착수했다. 이웃 쿠웨이트도 약 100억 달러(약 12조 달러) 규모의 중국 투자를 약속했다. 인도네시아와 파키스탄의 친중 노선 선회에 이어 말레이시아를 비롯한 동남아 이슬람 국가들도 중국과의 협력을 강화하고 있다. 앞으로도 미국과는 거리를 두고 친중국 외교 전략을 취할 중동-이슬람 국가들이 늘어날 것이다. 같은 이슬람 형제인 중국 신장 지구 위구르인의 집단 수용과 박해에는 침묵하면서 경제적 이해관계만으로 중국에 다가가는 이슬람 정권의 도덕성도 문제지만, 중동 국가들의 탈미국화, 친중국화는 점차 강화될 전망이다.

그러나 중동 국가들이 친중으로 방향을 선회하더라도, 중국의 일대일로 전략은 안보 라인 확보를 전제로 할 수밖에 없다. 중국이 중동 안보 문제에도 개입하리라는 전망을 하게 한 대표적인 예가 2019년 아프리카 동부 인도양 국가 지부티의 오보크 물류 요충지에 군사 기지를 설치하고 1천 명의 중국 군대를 파견한 일이다. 중국 최초의 해외 군사 기지라는 점에서 그 의미가 남다르다. 나아가 또 다른 인도양 항구인 파키스탄 과다르의 군사 기지화 방침도 새로운 전략 변화로 보인다. 중국의 새로운 절대 국익인 에너지의 안정적인 수송과 확보를 위해서는 연결 라인의 핵심 병목 지점에 안정적인 관리가 필요하기 때문이다. 그런 점에서 20년 전쟁에서 패배한 후 미국이 철수한 아프가니스탄도 중간 핵심 전략 거점으로 중국의 새로운 협력파트너로 급부상하고 있다.

결론적으로 중국은 일대일로를 통한 세계 헤게모니 전략의 큰 그림에서 중동과의 관계를 더욱 강화해 나갈 것이다. 물론 군사 안보 분야에 집중하기보다는 경제적 투자, 에너지 확보를 의한 안정적 연결망 보호, 화웨이를 앞세운 정보 통신 분야의 5G 협력 네트워크 구축 등이 핵심 목표가 될 것이다.

4. 각자도생을 택한 이스라엘과 아랍 국가들의 수교

2020년 8월 아랍에미리트와 이스라엘의 전격 수교 이후 중동 전역에서는 환희와 시위가 교차하고 있다. 충분히 예견됐던 일이다. 이어서 바레인, 수단, 모로코까지 이스라엘과 외교 정상화를 합의하고, 오만, 사우디아라비아, 쿠웨이트, 카타르 등 다른 아랍 산유국도 이스라엘을 친구로 맞아들일 시기를 조율하고 있을 것이다. 그만큼 중동 이슬람 세계의 이해관계가 달라졌다는 의미다.

범이슬람주의는 20세기 초 종주국인 오스만 제국이 멸망하면서 끝났다. 1960년대 석유수출국기구(OPEC) 결성으로 위력을 발휘했던 아랍 민족주의도 수명을 다했다. 1949년 터키를 필두로 이집트, 요르단 등 이슬람 국가가 오랜 적국인 이스라엘을 승인하고 수교를 감행함으로써 '움마툴 이슬람(이슬람 공동체)'이나 무슬림 형제애를 내세우던 느슨한 연대도 빛을 잃었다. 이런 결과는 아랍 각국의 각자도생으로 연결됐다. 이란과 이라크가 같은 시아파 국가이면서도 8년 전쟁(1980~1988)을 치렀고, 1990년에는 이라크가 이웃 아랍 형제국인 쿠웨이트를 점령했다. 곧이어 벌어진 제1차 걸프 전쟁 때는 다국적군을 도와 아랍 국가들이 앞다투어 이라크 공격의 선봉에 서기도 했다. 또 2017년 6월에는 같은 걸프 형제 국가인 카타르를 상대로 사우디아라비아, 아랍에미리트, 바레인 등이 단교를 선언함으로써 이제 중동은 종교 대신 실리를, 형제애 대신 왕정 이익을 선택하는 되돌아올 수 없는 강을 건넜다.

다만 무슬림의 심장에 각인된 팔레스타인 문제만은 별개였다. 나라를 송두리째 빼앗긴 팔레스타인의 비극과 1967년 3차 중동 전쟁 이후 이스라엘의 아랍 영토 불법 점령에 대해서는 누구도 양보하지 않았다. 이것은 인류의 보편 가치에 대한 도전이고 유엔 안보리 만장일치 결의안이나 국제법의 위반이었기 때문이다. 그러나 이번 수교는 무슬림 공통의 연대 가치였던 팔레스타인 문제조차 각국의 이해관계에 따라 내팽개칠 수 있다는 우려와 위기의식을 이슬람 세계에 강하게 던져 주었다. 팔레스타인 정부 재정의 상당 부분을 책임지던 사우디 왕정이 이스라엘과 협력 체제를 구축하면서 팔레스타인에 대한 재정 지원을 대폭 삭감했다. 더구나 걸프 산유국들의 묵시적 동조로 미국 트럼프 행정부가 강하게 밀어붙인 이스라엘의 팔레스타인 점령지 정착촌에 대한 실효적 지배도 기정사실화되고 있다. 물론 아랍에미리트 측에서는 양국 수교 조건에 이스라엘의 서안 지구 정착촌 병합을 포기해야 한다는 전제를 달았다. 하지만 지난 50여 년간 이스라엘이 일방적으로 점령하면서 그들이 이주시킨 60만 명의 유대인이 살고 있는 기존 정착촌을 강제 철거하는 문제는 해결될 수가 없는 상황이다.

미국이 중동을 떠나면서 만들어 가는 새 질서의 방향이 이번 수교를 계기로 더욱 뚜렷한 모습을 드러내고 있다. 세계 최대 에너지 생산국이자 수출국이 된 미국은 더 이상 에너지 문제로 아랍 산유국에 미련을 둘 필요가 없게 됐다. 다만 미국에 가장 위협적인 국가인 이란을 압박하고 핵무기 개발을 와해하고자 친미 성향의 아랍 국가들을 이스라엘과 협력시켜 이란에 공동 대응한다는 미국의 대중동 전략 마스터플랜이 제대로 가동된 것으로 보인다.

무엇보다 양국 수교의 가장 큰 수확은 단연 이스라엘이다. 이란 코앞에 군사적 교두보를 마련하고 이란 핵 시설에 대한 직접 공격이 가능해진 점은 무엇과도 바꿀 수 없는 전략적 자산이다. 물론 이란에게는 뼈아픈 패배다. 그렇지만 이에 맞서는 러시아, 중국, 이란, 이라크, 시리아, 카타르, 터키의 연대와 이합집산의 향방도 만만치 않아 중동은 새로운 냉전 시기를 맞이할 것으로 보인다.

아랍에미리트와 사우디아라비아를 양대 전략적 동반자 축으로 삼고 중동 정책을 펼쳐 왔던 우리 정부도 지역 강국인 터키와 이란의 반응을 면밀하게 계산하면서 유엔 정신과 국제적 합의 사항인 이스라엘 점령지 반환 및 팔레스타인 독립과 자결권 문제를 존중하는 입장을 버려서는 안 된다. 그 바탕 위에 이스라엘과의 관계 개선을 강화하는 새로운 전략과 발상의 전환이 요구되는 시점이다.

5. 시리아 내전의 원인과 현황

시리아 내전은 10년(2011~2021)간 계속되더니 일단 유혈 충돌은 마무리 단계에 접어들고 있다. 트럼프 전 미국 대통령이 철군을 선언한 이후 사실상 내전 개입을 포기했고, 독재자 바샤르 알아사드 시리아 대통령을 지지하던 러시아가 사실상 시리아 통제권을 확보했기 때문이다. 이로써 아사드 대통령의 정치 권력은 화려하게 부활했다. 그동안 아사드 정권의 뒤에는 러시아와 이란이 버티고 있었고, 반군은 미국, EU, 터키, 사우디아라비아 등의 지원을 받았다. 전형적인 국제 대리전 양상을 띤다. 그 과정에서 2천만 명 국민 중에 약 1,300만 명이 난민이 되어 고향을 등졌고, 50만 명 이상의 무고한 시민이 영문도 모른 채 죽임을 당했다. 그러나 가족 곁을 떠나간 정확한 생명의 숫자는 아무도 모른다. 제2차 세계대전 이후 최대의 참극이다. 양측의 목표는 정권 획득이지만, 그 과정과 결과는 자국민의 살상과 초토화된 삶의 기반이다. 시리아 내전이 안고 있는 악마 같은 모습이다.

시리아 내전의 도화선은 2011년 아랍 세계를 뒤흔든 재스민 혁명이었다. 튀니지, 이집트, 예멘의 독재자들을 끌어내린 분노의 함성은 시리아 독재자 아사드에게로 향했다. 시리아는 구조적으로 국민의 70%를 차지하는 이슬람 수니파가 정권에서 소외돼 억압받는 처지에 있었고, 15% 정도에 불과한 소수 종파인 시아파 계열 알라위 그룹이 국가 권력을 독점하고 있었다. 그러나 시리아 시위는 비무장으로 출발한 다른 아랍 국가들의 민주화 시위와는 달리 애초부터 하마시를 중심으로 한 무장 투쟁으로 시작됐다. 그것은 1982년 하마 대학살의 악몽으로 인한 후유증이었다. 당시 바샤르의 부친 하페즈 알아사드 대통령이 반정부 시위가 일어났던 하마시를 봉쇄하고 정규군을 파견해 약 3만 명의 무고한 시민을 무차별 학살했던 끔찍한 사태였다.

시리아 사태가 2011년 아랍 민주화 물결의 영향을 받아 반정부 시위로 촉발됐으나 비무장 민중 항쟁이 아닌 반군의 무장과 함께 곧바로 내전으로 변질한 배경이다. 러시아는 시리아가 위치한 동부 지중해 타르투스 항구에 군사 거점을 확보하고 미국 독무대인 중동에 진출하려는 강력한 욕구 때문에, 중국은 중동에서의 에너지 협력 체제를 지키고자 반미 전초 기지인 시리아를 포기하지 못하고 있다. 이란은 이라크-시리아-헤지볼라-하마스로 이어지는 반이스라엘 시아파 벨트의 전략적 이익 때문에 가장 적극적으로 시리아 정권을 지원하고 있다. 더욱이 미국의 극심한 경제 제재와 핵 포기 압박으로 사면초가 상태인 이란이 이웃의 동맹 시리아까지 잃는다면 자국 안보 전략과 중동 패권 구도에 결정적 허점을 안게 되기 때문이다.

터키는 물 문제와 쿠르드 반군 문제로 오랫동안 시리아와 반목해 왔다. 유프라테스강 상수원을 장악하고 있는 터키가 22개의 대형 댐을 조성해 시리아로 흘러 들어가는 방류량을 조절하고 있고, 이에 맞서 시리아는 터키의 아킬레스건이라 할 수 있는 쿠르드 반군들을 지원하거나 훈련 캠프를 제공해 왔다. 사우디아라비아를 중심으로 하는 아랍 걸프 국가들은 시리아가 소수 시아파 정권으로 친이란 노선을 걸어왔던 점 때문에 불편한 관계였고, 시아파 정권을 무너뜨리고 다수파 수니 정권으로 환원한다는 의미에서 아사드 정권 붕괴를 내심 부추기고 있다.

이처럼 상충하는 이해관계 때문에 시리아는 이미 민주 항쟁을 통한 독재 정권 타도 시기를 놓치고 무고한 민간인 인명 피해만 자초했다. 40여 개에 달하는 야권 그룹의 분열, 서방과 아랍의 지원을 받는 다양한 반군 무장 그룹의 게릴라식 분산 투쟁도 아사드의 정치 생명을 연장해 주고 말았다. 이슬람 국가(ISIL)와 급진 이슬람 무장 세력인 알누스라 전선도 한때 반군 세력의 주축을 이루었을 정도로 반아사드 세력은 오합지졸의 대연합이었다.

그 결과 시리아 내전은 러시아와 이란이 지원하는 정부군의 우세로 이미 결정이 난 상황이다. ISIL 궤멸 이후 나토(NATO)의 맹방인 터키마저 시리아 전선에서 러시아와 보조를 맞춤으로써 미국의 입지는 더욱 좁아졌다. 9·11 테러에 대한 보복으로 미국이 중동에 개입한 이후 이라크, 아프가니스탄 전쟁에 이어 세 번째 맛보는 처절한 실패다.

그동안 러시아와 시리아 정권은 반군 세력과의 전쟁을 '대테러 전쟁'으로 규정하면서 서방의 비도덕성과 테러 집단과의 야합을 부각해 왔다. 이는 시리아 반군 핵심에 국제 테러 조직인 ISIL과 알누스라 전선 같은 강경 테러 세력이 깊숙이 개입하고 있었기 때문이다. 시리아 내전이 아랍 민주화 시위의 연장선이나 독재 정권 제거를 위한 민주화 투쟁이 아니라 치졸하고 복잡한 강대국의 이권과 경쟁의 플랫폼으로 변질해 버린 슬픈 자화상을 그대로 보여 주는 대목이다. 따라서 미국이 빠지고 러시아와 독재 정권이 주도권을 잡는 시리아의 미래는 더욱 암담해 보인다.

6. 왜 시리아 난민을 국제 사회가 책임져야 하나?

시리아는 10년 내전의 막바지로 치닫고 있다. 시리아 정부군과 이를 뒤엎으려고 하는 반군 사이의 전쟁에서 무고한 시민만 죽어 나가는 참극이 본질이다. 그런데 왜 국제 사회가 1,300만 명이나 되는 난민과 그들의 삶, 나아가 그들의 아픔과 고통을 고스란히 끌어안아야 하나? 인류애도 좋고 지구 공동체라는 상호 협력의 명분도 좋지만, 많은 국가가 자국 문제에 힘에 부치는데 무조건 시리아 난민을 끌어안을 수는 없다.

그런데 이 문제를 고민하기 전에 우선 시리아 내전의 성격을 분명히 할 필요가 있다. 시리아 내전은 더는 시리아 국민 간의 전쟁이 아니다. 자국 이익 확보에 혈안이 된 국제 사회가 자기 이해관계에 따라 집요하고 무분별하게 개입해 벌이는 국제 살육 전쟁이다. 러시아와 미국의 일차적 책임이 훨씬 무겁다는 이야기이다. 정부군의 무차별 공격으로 삶의 기반을 잃은 자들이 떠나면, 이번에는 반군이 공격해 다마스쿠스와 다른 도시를 초토화한다. 더욱 무서운 것은 화학 무기를 포함해서 가공할 첨단 무기를 무분별하게 사용한다는 점이다. 가족과 이웃을 잃고 폐허가 된 고향을 떠난 사람들이 폭격의 위험이 덜한 곳을 향해 죽기살기식 이주를 하면서 난민이 된다.

시리아의 남쪽 국경은 요르단, 북쪽 국경이 터키, 서쪽 국경은 레바논과 이스라엘이고, 동쪽은 이라크다. 그 국경을 막으면 눈앞에서 수백만 명의 난민들이 그냥 죽어 나간다. 차마 눈 뜨고는 볼 수 없는 짓이고 인간의 이름으로 외면할 수 없는 상황이 전개된다. 그래서 요르단은 국경을 열고 100만에 가까운 시리아 난민을 수용했다. 요르단에는 이미 70만 명의 팔레스타인 난민이 유입돼 있고, 요르단 전체 인구 950만 명 중 팔레스타인 사람이 요르단 토착 인구보다 더 많은, 난민 수용 국가가 된 지 오래다. 1인당 국민 소득 5천 달러 수준으로 그렇게 잘 살지도 못하는 나라지만 이웃 형제들을 외면할 수 없는 일이다. 현재 준전시 상황으로 혼란스러운 동쪽의 이라크에서도 시리아 난민 30만 명 정도가 생명을 부지하고 있다. 시리아 땅인 골란 고원과 베카 계곡을 강제 점령하고 있는 이스라엘이 시리아 난민을 받아줄 리 없다. 정정이 혼란스럽고 경제적 파탄 상태에 있는 레바논조차 100만 명 이상의 시리아 난민 이웃을 받아들였다. 문제는 북쪽 국경이다. 비교적 경제적 여유가 있고 정치적으로 안정됐으며, 무엇보다 유럽으로 향하는 관문인 터키 국경으로 수많은 시리아 난민이 몰려들고 있다. 공식 통계로는 360만 명 정도, 실제로는 400만 명 이상의 시리아 난민이 터키 땅에서 살아가고 있다. 대부분의 시리아 난민들은 국내 다른 도시나 이웃 중동 국가에 둥지를 틀었지만, 일부는 목숨을 걸고 그래도 삶의 질이 보장된 유럽으로 향하고 있다. 유럽연합과 터키가 '난민 유입 금지 협약'을 맺어 터키를 통한 유럽 유입이 힘들어지자 시리아 서부 지중해 해안선을 따라 작은 배에 목숨을 걸고 유럽행을 감행하고 있다. 소위 보트 피플이다. 구조 장비도 제대로 없는 작은 보트에 과잉 승선으로 중간에서 목숨을 잃는 경우가 허다하다. 그래도 천신만고 끝에 유럽 땅을 밟은 사람이 120만 명이나 된다. 독일이 그중에서 80만 명 정도를 선제적으로 받아 주었다.

　이처럼 시리아 내전은 이미 미국, 유럽, 러시아는 물론 이웃 사우디아라비아, 터키, 이란 등 중동 국가들이 개입하는 그야말로 국제 대리전의 양상을 띤다. 전쟁으로 인한 피해는 물론이고, 무엇보다 당장 목숨 부지가 어려운 난민을 이웃 국가와 국제 사회가 책임져야 하는 이유다. 여기서 독일이 선뜻 왜 그 많은 시리아 난민을 수용했는지 짚어 볼 필요가 있다. 앙겔라 메르켈 총리가 엄청난 여론의 반대와 정치적 위기에도 불구하고 내린 결정이다.

　태생적으로 유럽은 근대 200년간 식민 통치를 하면서 피식민지 이민자들을 국가 발전의 필수 불가결한 요소로 받아들인 다문화 사회였다. 식민 시대를 거치면서 피식민 국가들의 노동력 덕분에 많은 유럽 국가가 기본 노동력 인구를 유지하면서도 나라가 발전하는 셈이다. 앞으로도 이런 구도는 변하기 어려울 것이다. 그래서 어차피 이민을 받아들이려면 인도적인 입장에서 시간을 끌다가 마지못해 숫자 채우듯이 받아들이는 것보다 선제적으로 선별해 능력과 실력을 갖춘 전문 인력을 우선 받는 것이 훨씬 유리할 것이다. 이것이 독일 방식이다. 이 과정에서 범죄자가 섞여 들어오고 불순분자나 급진 테러 조직이 유입된다면 사회 불안 요인이 커진다. 더구나 이슬람 문화라는 이질적인 문화가 확산되면 사회에 불협화음이 생기고 유럽 주류 문화가 위협받을 수도 있다. 난민 수용 반대론자들이 우려하는 핵심 이유이며, 물론 정당한 걱정들이다. 그러나 다른 한편 사회적 역동성을 유지하는 데 이민이 필수적이라면, 극소수가 저지르는

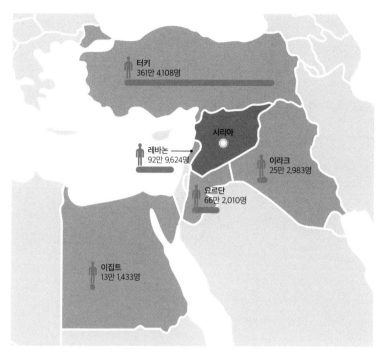

| 국가별 시리아 난민 수용 현황(2019년 기준)

범죄나 테러 가능성보다 역동성과 노동력 기여 등 순기능이 비교할 수 없을 정도로 중요하기 때문에 난민 수용 결정을 하는 것이 유리하다. 인구 절벽의 다문화 시대에 이민자를 받아들여야 하는 우리에게도 좋은 시사점이 될 수 있다.

현재 우리나라에도 1,200명가량의 시리아 사람들이 내전을 피해 입국해 다양한 직업에 종사하고 있다. 주로 서울 장안동 일대에 집단 거주하면서 중고 자동차나 자동차 부품을 시리아로 수출해서 상당한 경제적 부를 쌓고 있다. 우리나라와 수교도 맺지 않고 아직도 내전 중이라 위험한 시장을 그들은 고향처럼 활용하며 돈을 벌고 가족을 보살피면서 한국에서 살아가고 있다. 후일 내전이 끝나고 그들 대부분은 고국으로 돌아갈 것이다. 가족들이 시리아에 남아 있기 때문이다. 그들은 어려울 때 자신들을 거두어 준 한국을 잊지 못하고, 한국에서 배운 우리말과 경험을 토대로 앞으로도 경제 활동을 하고 두 나라 사이에 문화적 가교가 될 것이다. 항상 역기능과 함께 순기능도 생각하면서, 국제 사회의 책임 있는 일원으로 글로벌 시민 의식을 동시에 고취하는 것도 매우 중요하고 필요한 일이다.

7. 예멘 내전과 난민 문제의 핵심은?

2014년 시작된 예멘 내전은 6년을 넘기고 있다. 본질은 국내 네 파벌의 알력다툼과 권력 투쟁이다. 수도 사나를 중심으로 서부 해안 지대를 실질적으로 통치하고 있는 무함마드 후티 세력, 동부 일부를 장악하고 있는 만수르 하디 대통령 세력, 남부과도위원회 세력, 알카에다 잔존 세력 등이 이합집산을 거듭하면서 각자도생을 위해 갈등하고 있다. 이런 구도에서 사우디가 만수르 하디 정권을, 이란이 후티 연합 세력을 군사적으로 지원하면서 사실상 양국 대리전 양상을 띠고 있다. 여기에 미국의 트럼프 행정부가 의회의 반대에도 사우디에 군사를 지원하고 있고, 아랍에미리트가 예멘 남부과도위원회를 지원함으로써 아랍 국가 간 분쟁으로도 확산하고 있다.

예멘은 1962년 영국으로부터 독립하면서 남과 북 두 나라로 쪼개졌다. 지금 후티가 장악한 북부는 자본주의 체제가 들어섰고, 구소련이 통제한 남예멘은 사회주의로 출발했다. 1990년 북예멘이 남쪽을 병합하면서 명목상 통일이 이루어졌지만, 통합은 요원했고 압둘라 살레 대통령의 일인 독재와 부패는 갈수록 민심을 잃어 갔다. 2004년 최초의 조직적인 반정부 저항이 일어났다. 후세인 바드레틴 후티가 이끄는 북부 시아파 지역이 시작이었다. 오랜 차별과 박해에 시달려 온 후티 세력은 수많은 희생을 딛고도 복수와 독재 타도를 포기하지 않았다. 2011년, 아랍 민주화 운동은 예멘에 봄바람 같은 희망이고 도전이었다. 분노한 시민은 포악한 독재자 살레 대통령을 축출하는 데 성공했다. 그는 성난 민심을 피해 사우디로 도망갔다. 대혼란과 정치적 우여곡절 끝에 당시 부통령이었던 만수르 하디가 2년간 대통령을 맡기로 했지만, 그는 약속을 지키지 않고 계속 집권했다. 공정한 선거를 통해 민의를 수렴할 여건도, 바닥에 떨어진 삶의 형편도 나아질 기미가 보이지 않자 2014년 후티 세력이 등장해 군사 쿠데타로 권력을 잡았다. 새로운 헌법을 만들고 정부와 의회를 구성했다. 이 과정에서 사우디로 쫓겨난 살레 전 대통령이 후티를 강력하게 지원했다. 참으로 아이러니다.

후티는 사우디와 북쪽 국경을 맞대면서 정적 하디 대통령을 지원하는 사우디에 정면으로 맞서고 있다. 후티 정권은 곧바로 서방에서 반군으로 지칭되기 시작했다. 이를 놓칠세라 같은 시아파인 이란이 개입해 고립무원인 후티의 최대 후원자 역할을 하고 있다. 위기를 느낀 사우디는 2017년부터 내전에 직접 개입하면서 후티에 대한 군사 공격을 사실상 주도하고 있다. 이제 예멘 내전은 후티와 사우디의 전쟁이 됐고, 미국과 이란이 각각 후원자 역할을 하는 구도가 됐다. 사우디의 무차별 미사일 공격으로 예멘의 민간인 수만 명이 희생됐고, 홍해 연안의 유일한 보급항인 후다이바항을 봉쇄하면서 수십만 명이 굶주리고 있다. 사회 기반 시설이 붕괴한 상황에서 콜레라까지 창궐해 세계보건기구 보고서에 따르면 엄청난 참극이 벌어지고 있다. 이제 후티의 반격 대상은 당연히 사우디아라비아다. 이제까지 수십 차례의 드론 공격으로 사우디에 크고 작은 타격을 주었지만, 군사적 열세로 번번이 한계를 절감해 왔다. 극단적인 보복의 한 형태가 2019년 9월 14일 벌어진 사우디 동부 아람코 탈황 시설에 대한 드론 공격이었다. 현재로서는 공격 주체가 이란이라기보다는 이란의 기술적 지원을 받은 남부의 이라크 민병대인 것으로 보인다. 예멘 내전이 중동 전역으로 확산되기 전에 국제 사회가 적극적으로 개입해야 하는 이유다. 세계 경제의 급소를 공격하는 무모하고 비열한 공격을 결코 용서할 수 없지만, 드론 공격의 빌미가 된 건 무고한 예멘 민간인을 무차별 공격하고 있는 사우디의 군사 행태다. 여기에는 국제 사회가 강한 제동을 걸어야 한다. 예멘 내전도 조 바이든 미국 대통령의 탈중동 외교 정책에 따라 후티 반군 소탕을 위한 군사 지원 중단을 선언함으로써 사우디와 후티 간에 타협의 실마리를 찾아가고 있다.

그런 예멘 난민 일부가 제주도에 들어와 한때 큰 문제가 됐다. 2018년 6월 500여 명의 예멘 난민이 제주도의 무비자 입국 제도를 활용해 말레이시아를 통해 대거 입국했다. 난민이 갑자기 몰려든 적이 없었던 터라 언론에 의해 이슈화되면서 전국적으로 난민 수용 반대 집회가 이어졌다. 청와대 게시판에는 예멘 난민을 반대하는 청원이 70만 건을 넘어서면서 게시판이 생긴 이후 최대치를 기록했다. 그러면서 난민 문제는 한국 사회의 뜨거운 감자가 됐다. 지금까지 시리아 내전 피해자나 중국의 파룬궁 관련 박해자, 아랍 민주화 시위 이후 이집트인의 난민 신청, 터키 반정부 인사들의 국적 취득 신청 등이 잇따랐으나, 이처럼 큰 사회적 반향을 불러일으키지는 않았다. 법무부의 협조를 얻어 사실 관계 파악 및 사태의 인과 관계 조사를 위해 두 차례 제주도 현장을 다녀왔다. 격무에 시달리는 난민 심사관, 아랍어 통역관과 토론하고, 제주도 난민청에서 교육 중인 예멘 난민 가족과 대화를 나눴다. 현장 활동가의 견해도 청취했다.

우리의 대응 전략에는 분명한 한계가 있었다. 그것은 무비자 제도를 활용해 일단 합법적으로 입국한 예멘인을 강제로 송환할 수 없다는 것이다. 유엔이 규정한 '세계 최악의 인도주의적 위기 상황을 맞은' 예멘에서 분명 피란을 왔고, 국내법을 위반해 범법 행위를 저지르지도 않은 상태에서 그들을 강제 송환할 수 없다는 것은 국제 사회의 기본적인 협약이고 규범이기 때문이다.

그들을 만난 필자의 판단으로는 이념이나 정치적 박해 등으로 심각한 위협 수준에 있는 난민은 많지 않아 보였다. 대부분 고국에 남겨둔 가족을 위해 일할 목적으로 온 것으로 보였다. 따라서 예단하기는 어렵겠지만 난민 신청을 한 예멘인 549명 가운데 실제 난민으로 인정받을 수 있는 숫자는 극히 제한적일 수밖에 없다. 우리 정부의 지난 26년간(1994~2020) 누적 난민 인정률은 2.5%를 크게 웃돌지 않는다. 유엔난민기구가 발표한 선진국 평균 38%의 인정률에 비하면 턱없이 낮은 수준이다. 이 수치는 우리가 국제 사회의 책임 있는 일원으로 취해야 할 난민 정책의 방향을 제시하고 있다.

예멘 난민 사태에서 특히 주목해야 할 특징은 우리나라에서 이슬람권 난민에 대한 부정적 기류가 유독 강했다는 점이다. 실상은 이미 시리아 난민 1,200여 명이 인도적 체류 허가를 받고 국내에서 일하고 있고, 제주도에서만 1,500여 명의 무슬림 인도네시아인이 어업에 종사하고 있다. 그들은 뚜렷한 말썽 일으키지 않고 한국 사회에 잘 적응하고 우리의 부족한 산업 현장을 메꾸고 있다. 진정한 난민으로 인정받은 예멘 입국자들은 2명에 불과했다. 대부분은 인도적 체류 허가를 얻어 일자리를 갖고 열심히 살아가고 있다.

제주에 입국한 예멘인은 지적 수준이 매우 높은 엘리트층으로 조사됐다. 대학생과 기자, 약사와 공무원이 섞여 있고, 대부분 영어를 구사할 수 있다. 난민 신청자 중 47명은 여성이다. 절박한 상황에서 가족의 생계를 책임질 가장 유용한 노동력은 단연 젊은 남성이다. 이것은 전쟁에서 파생되는 기본적인 난민 구도다. 이런 현상을 두고 일부 단체에서 '20대 잠재적 성범죄자 대량 입국'이라고 했다가 국제사회의 빈축을 사기도 했다.

국제 규범과 국민의 눈높이 사이에서 제도를 정비해 무분별한 난민 유입은 막아야 한다. 특히 단일 민족 이데올로기가 유독 강한 한국 사회에서 아무리 인도주의라는 명분을 내세우더라도 무분별한 이주민과 난민에 대한 여론은 부정일 수밖에 없다. 다만 이슬람포비아와 단일 민족 이데올로기에 갇혀 건강한 담론 대신 괴담을 퍼뜨리고, 그들을 잠재적 테러리스트나 성범죄자로 예단해 궁지로 모는 것은 옳지 않다. 현재 입국한 예멘 난민 거의 대부분은 인도적 체류 허가를 받아 우리 사회 곳곳에서 일자리를 얻어 안착해 있다. 열심히 번 돈을 가난과 실의에 빠져 있는 가족에게 송금하기 시작했다. 언젠가 조국이 안정을 되찾으면 그들은 가족이 있는 조국으로 돌아갈 것이다. 평생 한국을 은인의 나라로 생각하며 그동안 배운 능숙한 우리 말을 자산으로 양국의 경제 교류나 관계 개선에 큰 역할을 할 것이다. 이런 태도가 성숙한 글로벌 시민 의식의 출발일 것이다.

8. 사우디와 이란은 왜 그렇게 사이가 나쁜가?

사우디아라비아와 이란은 오래전 부터 앙숙이었다. 아랍과 이스라엘 사이의 적대 관계는 이스라엘이 팔레스타인 땅을 빼앗고 네 차례 중동 전쟁으로 서로 싸우고 있기 때문이라는 것을 알고 있다. 그런데 그렇게 형제애를 강조하는 이슬람 국가들이 왜 철천지원수처럼 서로 으르렁거리며 사사건건 충돌할까? 잘 이해가 가지 않는다. 그러면 수니파와 시아파라는 종파 간 갈등의 문제일까?

사우디는 메카와 메디나라는 이슬람교의 두 성지를 가진 수니파의 종주국임을 내세운다. 이란은 최대의 시아파 인구를 가진 나라로, 시아파 종주국 역할을 하고 있다. 물론 두 나라 사이의 갈등과 원한은 본질적으로 종파적 문제에서 출발했지만, 민족과 언어의 차이, 이웃 경쟁국으로서의 정치-경제적 이해 충돌, 무엇보다 651년 아랍에 멸망당한 페르시아 문명권의 후예로서 이란이 갖는 역사적 트라우마 등이 복합적으로 작동하고 있다.

우선 사우디는 아랍인으로, 종족적으로 셈족 계통이다. 다른 21개 주변 아랍 국가와 함께 아랍어를 모국어로 사용한다. 꾸란의 언어가 바로 아랍어로, 신이 내린 언어라는 자부심도 대단하다. 반면 이란은 종족적으로 캅카스계 백인이다. 세부적으로는 인도-아리안 계통이다. 아리안(Arian)에서 이란(Iran)이란 말이 파생됐다. 이란인이 사용하는 페르시아어도 인도-유럽어 계통으로, 영어나 유럽 언어에 훨씬 가깝다. 종족이나 언어가 근본적으로 다른 것이다.

아랍-이란 두 민족 간 비극의 뿌리는 680년 10월 10일(이슬람력 1월 10일) 이라크 중부 도시 카르발라에서 시작됐다. 이슬람의 예언자 무함마드가 파티마라는 딸 하나 남기고 숨을 거두자 그의 사위이자 사촌 동생인 알리(Ali)가 우여곡절 끝에 네 번째 후계자가 됐다. 그마 저 656년 반대파에게 살해당하자 주체할 수 없는 분노와 복수의 칼 을 갈고 있던 차에 무함마드의 외손자이자 적통 후계자였던 후세인 과 생후 몇 개월 된 그의 어린 아들 알아스가르까지 카르발라에 매복 해 있던 아랍 우마이야 군대의 공격에 무참하게 살해당했다. 무함마 드의 혈통 승계를 무시하고 세습 군주 국가가 된 우마이야 왕조에 충 성 맹세를 거부했다는 이유였다. 이것이 시아파가 형성된 결정적 이 유였다. 지금도 매년 이슬람력 1월 10일이 되면 시아파는 그날의 참 극을 기리며 자해(matam, 마야탐)를 통해 후세인의 고통을 체험적으로 재현하는 통곡의 추모제를 치른다. 그 후 카르발라는 시아파의 가장 중요한 성지가 됐고, 이란은 16세기 시아파를 국교로 받아들였다.

두 번째 비극은 1802년 4월 21일로 거슬러 올라간다. 사우디 왕 정의 압둘 아지즈 빈 무함마드 통치 시기에 '와하비'라 불리는 교조 적 이슬람 집단이 1만 2천 명의 군대를 동원해 시아파 추모일에 카 르발라를 침공해 시아파 수천 명을 살육하고, 시아파 최고 성지인 후 세인 묘당을 훼손했다. 이러한 시아파 박해의 역사는 20세기까지 이 어졌다. 1923년에는 사우디 군대가 아라비아반도 동부 시아파 지 역인 알하사를 점령하면서 시아파 박해가 본격화됐다. 1926년에는 심지어 예언자 무함마드의 가족묘와 시아파의 절대적 존경 대상인 2대-4대-5대-6대 이맘의 묘당이 의도적으로 훼손됐다.

세 번째, 20세기 들어서는 이란과 이라크 8년 전쟁(1980~1988)으로 아랍과 이란은 다시 한번 서로에게 지울 수 없는 상처를 주었다. 그때 사우디는 자연스레 같은 아랍 국가인 이라크를 전폭적으로 지원했다. 그에 앞서 1979년 이슬람 혁명으로 집권한 이란 정권이 강력한 반미 노선을 표방하자, 석유 산업에 국가 운명을 걸고 있던 사우디는 미국과 손을 잡았다. 무엇보다 사우디 왕정의 생명선인 석유 자원과 담수화 시설 등이 이란 맞은편 걸프만 사우디 동부 지역에 집중돼 있어 이란의 이슬람 혁명이 사우디로 침투한다면 사우디 왕정 붕괴라는 최악의 상황으로 바로 이어질 수 있었다. 설상가상으로 사우디 내의 약 20%에 달하는 시아파 주민이 이란과 인접한 카디프와 알하사 등 동부 해안 지역에 집중 분포한 점도 사우디 왕정으로서는 매우 불편한 현실이다.

드디어 1988년 이후 사우디의 강경 와하비파 최고 성직자인 셰이크 압둘 아지즈 빈 바즈가 시아파를 이슬람의 이단으로 공표하기에 이르렀다. 공식적으로 사우디가 이란의 시아파를 이슬람의 형제라기보다는 적대적 이단 세력으로 단죄하게 된 셈이다.

21세기에 들어서도 사우디와 이란은 국제 무대에서 사사건건 충돌했다. 2003년 미국의 이라크 침공 때 사우디는 미국 편을 들었지만, 이란은 미국의 침략을 강하게 반대했다. 결과적으로 미국의 잘못된 전쟁 이후 이라크는 다시 반미 성향으로 돌아서고 있으며, 이란의 영향력이 이라크 행정부와 이라크 민병대에 막강하게 미치고 있다. 시리아 내전에서도 사우디는 미국과 유럽연합, 터키 등과 바샤르 아사드 시리아 정권 타도에 앞장섰다. 한편 이란은 러시아와 공동으로 시리아 정권을 지키는 데 혼신을 다해 시리아 내전을 사실상 승리로 이끌었다. 이런 사실 또한 사우디 왕정을 매우 불편하게 했다.

이 두 나라는 최근 예멘 내전에도 깊숙이 개입하고 있다. 이란은 후티 반군의 정권 장악을 통해 아라비아 남부 예멘에 이란의 전략적 기지를 심으려고 한다. 동부 해안 유전 지대와 북쪽 시리아까지 이란의 위협에 직면해 있는 상황에서 남부 거점까지 이란에 내줄 경우, 사우디 안보는 사면초가에 놓인다. 이 때문에 유엔과 국제 사회의 비난에도 사우디는 예멘 내전을 쉽게 포기할 수 없는 입장이다. 그렇지만 두 나라가 직접 전쟁을 벌이거나 군사적 맞대응을 한다면 서로에게 치명적일 수 있으므로 배후 조종과 군사 지원, 경제 원조 등을 통해 간접 개입 방식으로 대리전을 치르고 있다. 이처럼 현실에서나 역사적으로나 두 국가는 영원한 경쟁자이자 적대적 이해 당사자로 남아 있을 가능성이 더 크다.

9. 수니파 벨트와 시아파 벨트, 종파 구도인가 이해 판도인가?

이슬람교는 크게 수니파와 시아파로 나뉜다. 중동 내 여러 이슬람 국가도 종파에 따라 뭉치고 헤어지는 양상을 보인다. 과연 그럴까? 표피적으로 보면 그럴듯하지만 조금만 심층으로 들어가면 종파보다는 또 다른 국익과 이해관계가 본질을 이룬다. 현재 수니파 국민이 다수인 나라는 사우디아라비아를 정점으로 쿠웨이트, 카타르, 아랍에미리트, 예멘, 오만 등 걸프 국가, 요르단, 레바논, 팔레스타인, 시리아 등 지중해 국가, 이집트, 튀니지, 모로코, 알제리, 수단, 소말리아, 탄자니아 등 아프리카 국가들이 포함된다. 동남아시아나 터키와 중앙아시아 튀르크 공화국 등 아시아 국가도 대부분 수니파이다. 시아파 국민이 다수인 나라는 이란을 필두로 이라크, 바레인, 아제르바이잔 정도이다. 수니파가 이슬람 세계의 약 90%를 차지하기 때문에 그런 구도가 형성된다.

그중에서 주민 다수가 수니파이지만 시아파 소수 정권이 지배하는 이슬람 국가가 시리아이고, 수니파가 다수이지만 시아파 소수 왕정이 다스리는 나라가 바레인이다. 이들 나라에서는 권력 구도의 모순으로 정치적 투쟁과 종파적 시위가 그치지 않는다. 이라크도 오랫동안 시아파 다수 주민을 소수 수니파 사담 후세인 정권이 독재하면서 문제가 됐다. 사담 후세인 몰락 이후 권력이 뒤바뀌어 일부 수니파 기득권 세력과 군벌들이 이라크의 알카에다 잔존 세력이 되었다가 2014년 ISIL 출현에 직접적인 토양이 됐다.

그러나 많은 이슬람 국가에서 소수인 시아파가 수니파와 공존하며 잘 살아가고 있다. 공존과 화합이 가장 잘 이루어지는 모범적인 나라 중 하나가 아제르바이잔이다. 아제르바이잔에는 종파적 개념이 거의 없고 서로가 협력하며 아제르바이잔이라는 민족 정체성이 훨씬 강하다. 두 종파는 자연스럽게 결혼하고 서로 긴밀하게 사업도 한다. 무엇보다 수니파와 시아파가 한 모스크에서 자연스럽게 함께 예배를 본다. 수니파 중심 국가지만 레바논, 아프가니스탄, 파키스탄, 예멘, 쿠웨이트, 카타르, 아랍에미리트, 타지키스탄 등에서는 상당한 비율로 시아파가 함께 살아가고 있다. 소수파에 대한 차별은 분명히 존재하지만, 커다란 마찰 없이 공존과 협력 속에 살아가고 있다.

아예 법으로 권력 분점을 정하는 나라도 있다. 대표적인 다종교-다 종파 국가인 레바논에서는 기독교 마론파가 대통령, 수니파가 총리를, 시아파가 국회의장을, 드루즈파가 국방부 장관을 맡도록 제도화해 종파 간 갈등을 피해 가고 있다. ISIL는 급진 수니파 이념에 투철하지만, 사우디나 다른 수니파 국가들은 ISIL의 적극적인 퇴치에 앞장섰고, 팔레스타인 하마스는 수니파지만 사우디아라비아보다 오히려 이란과의 협력 관계를 강화하고 있다. 레바논도 시아파가 전체 인구의 약 25%에 불과하지만, 시아파 헤지불라가 정권을 잡고 그 정권을 유지하려고 이란과의 관계를 돈독히 하고 있다. 예멘도 수니-시아파 대결이라기보다는 이란이 시아파인 후티를 전격 지원하고 사우디가 수니파 정치 세력을 보호하면서 종파 간 내전으로 보이는 것이다. 즉 사실은 철저하게 사우디-이란의 국익 대리전 성격일 지

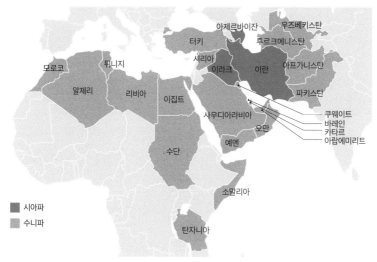

| 수니파 국가와 시아파 국가

닐 뿐이다.

　초기 이슬람 정권의 후계자 계승 방식에서 마지막 예언자 무함마드의 혈통을 중시하는 집단이 시아파이고, 혈통보다는 공동체 합의 방식을 채택한 정치 집단이 후일 수니파로 불리게 됐다. 두 종파의 차이와 특징은 앞으로 자세히 다루겠지만, 꾸란과 하디스라는 기본 성서를 받아들이는 방식에서는 큰 차이를 보이지 않는다. 시아파에서는 이맘이라는 최고 종교 지도자를 인정하고 성직 계층을 강조하는 반면, 수니파에서 20세 이상 성인 남성이라면 누구나 이맘이 될 수 있고, 이맘은 예배를 인도하는 기능적 역할을 할 뿐이다. 수니파와 시아파는 예배 방식이나 신비적인 종교 관행에서도 다소 차이를 보이지만, 종교적 분파라기보다는 정파적 성격을 띠고 발전했다.

10. 왜 미국은 잘못된 이라크 전쟁을 일으키고 실패했는가?

미국은 아프가니스탄 침공에 이어 2003년 3월, 9·11 테러에 대한 복수의 칼날을 이라크로 돌렸다. 글로벌 곳곳에 숨어들어 실체가 모호한 알카에다와의 기약 없는 장기전과 함께 당장 가시적인 희생양이 필요했다. 무엇보다 이웃 이란을 보다 효율적으로 통제하고 압박하려면 같은 시아파 국가인 이라크를 확보하는 게 무엇보다 전략적으로 중요한 의미가 있다.

그렇지만 국제 사회의 반대와 유엔 결의안을 거치지도 않고 일방적으로 시작한 이라크 침공의 명분은 딴판이었다. 첫째 이라크의 사담 후세인이 개발 중인 대량살상무기와 핵무기의 제거, 둘째 9·11 테러의 배후에 깊숙이 개입한 사담 후세인 정권의 응징, 셋째 자국민을 고통과 박해에서 신음하게 하는 독재자를 몰아내고 이라크에 자유와 민주주의를 심겠다는 것이었다. 미국은 언론을 총동원해 전쟁 명분을 기정사실로 했고, 그 결과 진실과 객관적 정보가 차단된 미국 국민의 65%가 미국의 이라크 전쟁을 찬성했다. 21세기 들어 여론 조작으로 전쟁에 돌입한 대표적인 예가 바로 이라크 침공이었다.

이라크는 미국이 개발한 가공할 첨단 무기의 실험장이 됐고, 융단 폭격을 받아 속수무책으로 맥없이 무너졌다. 그리고 전직 관료를 체포해 고문하고 전 국토를 샅샅이 뒤졌지만, 결론적으로 세 개의 전쟁 명분은 모두 거짓말로 드러났다. 그 후로도 계속된 이라크 무장 세력의 저항과 소탕 과정에서 10만 명 이상의 무고한 시민이 목숨을 잃었다. 삶의 보금자리와 사회 기반 시설 붕괴는 몇 세대에 걸친 고통의 씨앗을 심어 놓았다. 인류의 찬연한 고대 문명 유적지도, 메소포타미아 문명의 보고인 박물관도, 중세 이슬람 전성기 문화 창고인 도서관도 약탈당하거나 불에 타 사라졌다. 부시 대통령의 문화고문단까지 사임으로 반대한 문화유산 보호 요청을 묵살하고 파괴로 밀어붙이며 21세기 최대의 문명 범죄를 저질렀다. 전쟁의 기억과 고통은 지금도 계속되고 있고, 상처를 치유하고 회복하는 데 몇 세대를 기다려야 한다. 실패한 전쟁이자 인류의 가장 추악한 전쟁 중 하나로 기억될 것이다.

전쟁 직전까지 유엔 무기사찰단(UNSCOM)에 의해 이라크의 핵과 생화학 무기, 대량살상무기 등은 철저히 사찰받았고, 그중 90% 이상이 이미 폐기 처분됐다. 유엔 무기사찰단이 철수한 1998년 12월 이후 4년간 이라크가 어떤 무기를 새로 개발했고 그 위협이 어느 정도인지 우리는 알 수 없었다. 하지만 당시 이라크가 비밀리에 수많은 대량살상무기를 개발했다는 것이 미국의 입장이었다.

그러나 이라크가 유엔이 정한 기준을 초과해 국제 사회를 위협할 생화학 무기와 대량살상무기를 개발하고 소유하지 못했다는 것은 이미 10여 년에 걸친 유엔의 무기 사찰로 충분히 입증됐다. 특히 걸프 전쟁 직후부터 시작된 12년간의 경제 제재로 이라크는 그럴 만한 여력도 없었다. 미국과 영국은 일방적으로 이라크 영공을 비행 금지 구역으로 지정해 모든 군사 시설과 이동을 감시했고, 의심나는 시설은 시도 때도 없이 무수히 폭격했다. 거의 모든 중동 전문가가 사담 후세인 정권의 대량살상무기 보유에 회의적인 견해를 보였고, 무엇보다 미국의 정보기관이 그 사실을 잘 알고 있었다. 유엔 무기사찰단의 보고서는 물론, 1999년까지 미국의 최고 이라크 전문가였던 안토니 지니 미 해병대 사령관도 "CIA나 다른 정보기관에서 후세인의 대량살상무기 위협에 대한 현실적인 우려가 고려된 적은 없었다."라고 증언했다. DIE와 CIA를 비롯한 미 정보기관의 보고서에도 한결같이 사담 후세인 정권의 핵무기 개발 프로젝트는 물론, 대량살상무기 개발과 보유에 대한 확실한 증거를 내놓지 못하고 있었다. 1997년과 2000년 사이 작성된 의회 보고서에도 이라크의 핵무기 위험에 대한 언급이 없었다.

이러한 상황은 9·11 테러 이후 급변했다. 갑자기 이라크 대량살상무기에 관한 위험이 불거진 것이다. 이미 보고서에 언급된 대량살상무기에 대한 '아마', '최소한의 시도', '잠재적 가능성' 등의 표현이 미국 행정부 고위 관료와 네오콘(미국 공화당의 신보수주의자 세력, 전쟁을 통해 적극적으로 국제 문제에 개입해야 한다고 주장한다)에 의해 어느새 '개발 중', '확실한 보유', '수백만을 살상할 가공할 무기' 등으로 둔갑했다. 특히 2002년 8월 딕 체니 당시 미국 부통령은 "우리는 이라크가 대량살상무기를 개발해 보유하고 있다는 사실을 확실히 알고 있으며, 수백만의 생명이 위협에 직면하게 됐다."라고 단언함으로써 이라크 침공을 위한 명분 쌓기에 결정적 힘을 보탰다. 이라크 침공 직전인 2003년 국제원자력기구(IAEA)의 유엔 마지막 보고서에는 '이라크가 핵무기를 갖고 있다는 어떠한 징후도 없으며, 외국에서 농축 우라늄을 수입한

적도 없다'라는 점을 명백히 밝혔다. 하지만 이미 침공 계획을 굳힌 부시 행정부에게 이러한 보고서는 아무런 제약이 되지 못했다. 결과적으로 미국은 이라크를 점령하고 9개월간 수천 명의 최고 전문가를 동원해 전역을 샅샅이 뒤져 기술 이전과 무기 개발, 재정 지원 등을 철저히 조사했다. 무기 개발에 참여한 핵심 과학자는 물론, 사담 후세인과 관련 관료들을 거의 체포한 상태에서 조사를 벌였지만 대량 살상무기 개발과 보유는 완벽한 허구로 드러났다.

두 번째로 전쟁 명분이 되었던 사담 후세인과 알카에다의 9·11 테러 연계 주장은 한 편의 코미디 같은 억지였다. 쿠데타를 통해 집권한 사담 후세인의 이라크 바스당 사회주의 정권은 철저한 이슬람 박해로 악명이 높았다. 세속주의와 사회주의의 길을 걸으면서 이슬람 종교 지도자에 대한 암살과 투옥, 종교적 박해가 극에 달해 사담 후세인은 전 세계 이슬람주의자의 오랜 공적이었다. 나아가 남부 다수 시아파에 대한 차별과 종교적 탄압은 수니파와 시아파를 망라해 이슬람 전체에 적의를 고조시켰다.

사담 후세인은 일찍부터 오사마 빈 라덴에 의해 '사악한 지도자'로 타도 대상에 올라 있는 반이슬람적인 독재자였다. 그러나 적과 동지가 구분되지 않는 정치의 속성 때문에 반미라는 커다란 연대 속에서 이라크 정권이 알카에다에 대한 심정적 동조를 보내고 부분적인 협력이 가능할 수 있었다. 그런 상황을 알카에다와 직접 연결하고, 9·11 테러의 배후 책임으로 몰고 간다면 거의 모든 이슬람 국가가 공격을 받아야 한다. 또한 9·11 테러범 19명 중 15명이 포함됐고,

알카에다의 온상이자 실질적인 자금줄인 사우디아라비아가 가장 먼저 응징 대상이 돼야 하는 것이 순리다. 더욱이 이라크 침공 직후에는 놀랍게도 알카에다와 사담 후세인의 연계설을 주장하는 부시 행정부 관리들은 존재하지 않았다. 전쟁을 위한 거짓 명분이었음이 밝혀진 셈이다.

세 번째 전쟁 명분이었던 사담 후세인이라는 독재자를 몰아내고 이라크에 민주주의를 심겠다는 선언을 보자. 이라크 침략 전쟁의 공식 명칭은 '이라크 해방 전쟁'이었다. 젊은 미군들은 잔혹한 독재 정권을 타도하고 고통받는 이라크 국민을 구한다는 투철한 사명감으로 참전했다. 그런데 미군들은 이라크 진격 첫날부터 그러한 명분이 철저한 기만이었다는 사실을 깨닫기 시작했다. 성조기를 흔들며 거리를 뛰어다니던 아이들, 미군을 만나면 손을 흔들어 주던 일부 시민의 행동은 침략자로부터 자신을 지키려는 본능적 보호의 제스처였다는 사실을 깨닫기까지 시간이 얼마 걸리지 않았다. 어느 곳에서도 미군을 진정으로 반기는 환영의 분위기는 없었다. 그들은 이라크 전역에서 단지 침략자일 뿐이었다. 곧바로 두렵고 끈질긴 저항과 자살 테러 공격을 받기 시작했다.

결국 사담 후세인이 체포돼 비굴하고 초라한 모습으로 사형당하는 장면을 보았으면서도 미군에 대한 저항은 좀처럼 수그러들지 않았다. '독재자 후세인을 싫어하지만, 그렇다고 침략자인 미국을 이 땅에 머물도록 내버려 두지 않겠다'라는 이라크인의 확고한 국가관 앞에 미국은 속수무책이었다. 미국의 이라크 침략을 해방 전쟁이라고 목청을 높이던 사람들은 갑자기 침묵했다. 많은 이라크인이 미국의 침략으로 이라크가 사담 후세인 시절보다 더욱 나빠졌다고 생각하고 있다.

결국 이라크 전쟁은 조작된 정보와 거짓 명분으로 미국 시민과 지구촌 전체를 우롱한 전형적인 침략 전쟁이었다. 미국의 오랜 맹방인 유럽은 물론, 전 세계 시민들이 전쟁을 반대했다. 그러나 미국은 유엔 결의안이라는 인류가 스스로를 보호하고자 마련해 놓은 최소한의 규범까지도 팽개치면서 전쟁을 시작했다. 부시 행정부 입장으로는 악의 축을 응징하는 의미 있는 전쟁일지 몰라도 지구촌 전체에게는 추악한 전쟁일 뿐이었다. 이라크 전쟁을 정부와 국민이 동시에 지지한 나라는 미국과 영국뿐이었다는 사실을 우리는 잘 새겨야 한다. 무엇보다 꼭 짚고 넘어가야 할 중대한 문제 하나는 미국의 이라크 침공으로 중동 정세가 훨씬 복잡해졌고, 기본적인 전쟁 윤리와 국제 규범의 틀이 무너지면서 오늘 중동 분쟁과 급증하는 테러의 일차적 배경이 되었다는 점이다.

전쟁이 끝나고 미군 주력 군대가 승리를 선언하고 철수한 지금, 추악한 전쟁의 실상은 곳곳에서 회생불능의 절망을 남긴 채 남겨진 자의 몫으로 돌아왔다. 아무도 책임지는 사람은 없었다. 미국은 전후 수십억 달러를 이라크 재건을 위해 지원했지만, 그 돈은 부패의 덩치만 불려 주었다. 2006년 국제부패지수 조사에서 이라크는 10점 만점에 1.9를 기록해 163위로 최하위권을 차지했다.

개전 이후 4년 동안 거의 200명에 달하는 대학교수가 살해됐고, 수백 개의 학교가 문을 닫았다. 2007년까지 전체 인구 2,600만 명 중 400만의 난민이 발생해 자기 터전을 떠나 국내외로 피신했다. 1948년 이스라엘 건국으로 시작된 팔레스타인 난민을 넘어서는 숫자다. 시리아가 100만 명, 요르단이 70만 명, 터키가 50만 명 이상의 이라크 난민을 수용할 때, 미국이 받아들인 이라크 난민 숫자는 500명을 넘지 않았다. 이것이 미국식 인도주의의 적나라한 실상이다.

일부 국제인권단체는 전쟁 당사자인 조지 W. 부시 전 미국 대통령을 전범으로 국제형사재판소에 제소한 상태다. 결과적으로 그는 ISIL 생성에 가장 큰 역할을 한 사람이다. 2003년 이라크 침공이 ISIL의 부상을 가져온 직접적인 원인이라는 것에 거의 모든 전문가가 동의하고 있다.

"현재의 ISIL를 만든 책임을 져야 할 미국 대통령이 있다면 그건 이라크를 침공해서 알카에다를 만든 조지 W. 부시다."

미 CIA 출신인 브루킹스 연구소 리델의 말이다. 영국에서도 2016년 〈칠콧 보고서(Chilcot Report)〉(영국이 이라크 전쟁에 참전을 결정하기까지 그 과정과 진행 상황을 조사한 보고서. 존 칠콧 경에 의해 7년간 조사가 진행됐다) 결과에 따라 이라크 참전 전몰 군인 유가족들은 토니 블레어 전 영국 총리를 전범으로 기소해야 한다고 주장하고 있다. 이 보고서에 의하면 '이라크는 영국에 임박한 위험이 아니었으며, 이라크에 대한 대량살상무기 정보는 모두 과장되거나 조작된 것이었다. 블레어 총리의 참전 결정은 15만 명의 이라크 민간인과 100만 명의 난민을 초래했으며, 이슬람 급진주의 및 알카에다의 위협을 영국에 증대시키는 결과를 초래했다. 따라서 영국의 참전 결정은 법적으로 부적절한 것이었다'라고 밝히고 있다.

　잘못된 전쟁에 구호성 한-미 동맹과 미국의 입장만을 변호하며 이라크 파병을 결정하고 주장했던 국내 일부 정치인과 지식인의 과오에도 이제는 책임을 물어야 한다. 자이툰 부대 파병 5년 동안 1조 원에 가까운 국민 예산을 쓰면서 이라크 국민의 적대 지역인 쿠르드 지역에 무엇을 심어 놓았나? 그것이 앞으로 우리의 중동 진출에 어떤 교두보 역할을 할 수 있을 것인가? 곰곰이 생각해 볼 일이다.

11. 미국은 왜 그토록 이란을 싫어하는가?

미국은 이란을 향해 40년 이상 고강도 경제 제재를 하고 있다. 그리고 이란을 테러 지원국으로 지정해 강하게 압박하고 있다. 그러다 보니 이란도 강력한 반미 노선을 취하면서 러시아와 중국과의 관계 강화를 통해 자구책을 마련하고 있다. 지독한 적의가 양국 사이에 팽배하고 있다. 그 배경과 원인은 무엇인가?

역설적이게도 1979년 이란에서 이슬람 혁명이 일어나기 전까지만 해도 이란은 중동에서 가장 든든한 미국의 협력국이자 둘도 없는 우방이었다. 물론 20세기 들어 거의 모든 이슬람 국가가 반미 정서를 갖게 된 가장 근본적인 원인은 미국의 일방적인 주도로 아랍인이 평화롭게 살고 있던 팔레스타인 땅에 이스라엘을 건국해 준 1948년 일일 것이다. 이란의 반미 기점은 1953년의 모사데크 총리 정권의 붕괴 사건이라고 할 수 있다.

모함마드 모사데크(1882~1967)는 스위스 로잔에서 법학을 공부한 엘리트 민족주의 정치가다. 1951년 이란 총리로 취임한 그는 석유라는 엄청난 부를 가졌음에도 국민은 가난하고 미국의 석유 재벌들만 배를 불리는 구조를 개선하고자 석유 국유화 조치를 단행했다. 이에 자국 이익을 지키려고 했던 미국은 1953년 8월 미국 중앙정보국이 직접 개입해 군사 쿠데타를 통해 모사데크 정권을 무너뜨리고 다시 친미 정권인 팔레비를 옹립하는 데 성공했다. 이 사건은 이란 국민 모두에게 큰 충격이었으며, 이란인에게 미국이라는 거대한 악의 실체를 깊이 각인시키는 계기가 됐다. 동시에 주변 중동 국가들이 미국에 깊은 불신과 가까이할 수 없는 혐오감을 느끼게 된 계기였다.

오랫동안 고통에 빠진 이란 국민이 친미 팔레비 왕정을 몰아내고 1979년 2월 이슬람 시민 혁명으로 새로운 이란을 만들었을 때 당연히 반미 노선을 추구했다. 그 과정에서 일부 과격분자들이 테헤란 주재 미국 대사관을 공격해 대사와 외교관들을 인질로 붙잡고 무려 444일 동안 감금한 사건이 발생한다. 여러 차례 구출 작전에 실패하면서 미 대사관 인질 사건은 당시 세계 최강국 미국에 지울 수 없는 수치와 모욕감을 안겨 주었다. 이에 대한 보복으로 이란과의 외교를 단절하고, 곧 경제 제재를 단행해 오늘날까지 이어지는 것이다.

이란 이슬람 신정 정권을 붕괴시키고자 미국은 1980년 이라크의 사담 후세인을 부추겨 무려 이란-이라크 8년 전쟁을 획책한다. 이번에는 거꾸로 2003년 이라크를 침공해 한때 동지였던 사담 후세인 정권을 무너뜨리고, 이웃 이란을 압박하려 했으나 이마저 실패했다. 그것은 이라크 전쟁으로 사담 후세인이 사라진 이후 미국이 앉혀 놓았던 이라크 시아파 정권이 오히려 강력한 반미를 외치며 같은 시아파인 이웃 이란과 협력 관계를 강화하면서 이라크 내 미군을 공격하는 역설이 벌어졌다. 이에 정책 노선을 바꾼 미국 버락 오바마 대통령은 2015년 유엔 안보리 상임이사국 및 독일과 공동으로(p+1) 이란과의 핵 평화 협상을 전격 체결하기에 이르렀다. 극단적 대결 구도에서 중동 최대 시장인 이란을 끌어들여 서로 '윈윈'하면서 메가 시너지를 얻겠다는 과감한 발상의 전환을 한 것이다. 그러나 미국의 트럼프 대통령은 전임자의 평화 협상을 일방적으로 파기하고 초강경 이란 압박 정책으로 회귀하면서 중동뿐만 아니라 국제 사회에 긴장을 또다시 고조시켰다. 2020년 1월에는 트럼프 대통령의 직접 명령으로 이란 혁명수비대 총사령관이자 권력 서열 2위인 반미 선봉장 거넴 슐레이마니 장군을 이란 공식 방문 중 표적 살해했다. 이로써 국제 사회가 경악했음은 물론, 미국과 이란 관계는 최악의 상황을 맞았다. 연이어 2020년 3월부터 활성화된 이란 내 코로나-19 바이러스 위기 상황에서 인도적 기초 의약품 수출마저 미국에 의해 봉쇄됨으로써 이란인의 미국을 향한 불신과 적대감은 더욱 깊어졌다.

미국과의 실패한 핵 협상 결과, 협상 당사자였던 이란의 온건파 대통령 하산 로하니는 쓸쓸하게 물러났다. 대신에 2021년 6월 대선에서는 대법원장 출신의 강경파 신학자 에브라힘 라이시가 새 대통령이 되었다. 미국에서도 조 바이든 행정부가 들어서서 파기됐던 핵 협상(JCPOA, 포괄적 공동행동계획)을 재개하면서 이란과의 화해 접점을 찾으려 하고 있다. 그러나 이란은 협상 조건으로 우선적인 경제 제재 해제를 강하게 요구하고, 이스라엘은 미국을 강하게 압박하면서 핵 동결만이 아니라 자국 안보에 직접 위협이 되는 이란의 중장거리 미사일 통제까지 요구하면서 협상은 난항을 겪고 있다. 결국 핵 동결의 단계적 조치에 따라 미국이 부분적으로 이란에 대한 제재를 완화해 주는 선에서 협상이 진척될 전망이다.

12. 이슬람 세계는 왜 그토록 미국을 싫어하는가?

　　　　　　　아직도 많은 무슬림은 미국을 지
구상에서 가장 침략적이고, 경제적으로 지배적이고, 문화적으로 타
락해 도태돼야 할 국가로 간주한다. 가공할 신무기를 앞세워 약소국
을 유린하고, 자신들의 과소비와 풍요를 위해 귀중한 제3 세계 자원
을 헐값으로 약탈하는 지구상에서 가장 반문명적인 제국이라고 생
각하고 있다. 평화로운 지구촌을 어지럽히는 악마로 여기는 급진주
의자도 적지 않다. 그들은 미국이 가지고 있는 다민족 사회의 역동
성, 인권과 자유, 민주주의와 성숙한 시민 사회의 역할을 잘 알지 못
한다. 그래서인지 세계 최고의 막강한 힘을 가진 미국의 실체를 있는
그대로 받아들이려 하지 않는다.

　　동시에 미국도 아랍과 이슬람권을 제대로 알지 못하고 반문명
적 종교 가치에 함몰된 악의 온상으로 파악하고 있다. 이슬람의 가
치와 관용성, 도덕과 질서를 중시하는 무슬림의 정신적 고귀함을 아
예 인정하려 들지 않는다. 부당한 침략을 정당화하기 위해 언론을 앞
세워 이슬람의 반문명성을 각인시키고 무슬림을 잠재적 테러리스트
로 만든다. 무엇보다 미국이 주도했던 역사적 과오로 팔레스타인과
아랍인이 겪는 깊은 회한과 자존의 응어리를 헤아리려 하지 않고 힘
의 강약에 근거한 현실만 강조한다. 이처럼 두 세계는 서로 삐딱하게
거리를 두고 상대에 대한 적의와 무지를 키우고 있다. 화해나 해결의
실마리가 쉽게 보이지 않을 정도로 복잡한 실타래에 얽혀 있다.

오늘날 반미의 가장 핵심적 내용은 무엇인가? 미국 사회가 지닌 세속적 퇴폐, 월스트리트를 중심으로 하는 유대 금융 카르텔이 독점하는 극단적인 물질주의 문명 등이 이슬람 가치와 접목되기 어렵기도 하겠지만, 기본적인 뿌리는 이스라엘과 팔레스타인 간에 얽힌 문제로부터 출발한다. 절대다수 아랍인이 가진 미국에 대한 지식은 이스라엘 후원자로서의 역할뿐이다. 그리고 미국이나 이스라엘의 침략으로 가족과 친지, 동료를 잃은 무고한 시민의 숫자가 너무 많다는 것 또한 반미 감정이 쉽사리 치유될 수 없는 슬픈 이유다.

이슬람 역사를 살펴보면 무슬림이 서구의 식민 통치에 순응할 수 없는 이유를 찾을 수 있다. 적어도 중세 천 년을 압도적인 우위로 유럽을 지배했던 기억이 아직도 생생하다. 무슬림은 야만 상태에 있던 그들을 가르치고 지도하면서 문명이 무엇인지 알려 준 문화교사 역할을 했는데, 이제 치욕적인 지배를 받으며 오히려 무지와 미개의 대상으로 취급받고 있다. 이처럼 자신들의 뒤바뀐 입장을 일부 무슬림은 도저히 받아들일 수 없는 것이다.

750년경 압바스 제국의 성립과 함께 스페인, 프랑스, 이탈리아를 중심으로 유럽 남부의 비옥한 영토는 대부분 이슬람 수중에 들어가거나 그 위협 아래 놓여 있었다. 732년 파리 교외의 투르-푸아티에에서 프랑크 왕국의 군주 샤를 마르텔이 이슬람군을 막지 못했다면 파리를 포함한 유럽 전체는 이슬람화됐을지도 모른다. 압바스 제국은 몽골에 멸망당하는 1258년까지 500년간 세계를 호령했다. 압바스 제국에는 단지 무력과 정치적인 권위만 있는 것이 아니었다. 과학과 기술, 문학과 인문학 등 학문 분야에서도 세계 최고 수준이었다. 그때 유럽은 서로마 제국의 멸망 이후 1천 년에 가까운 긴긴 중세의 암흑시대를 살고 있었다. 유럽은 많은 것을 이슬람으로부터 배웠다. 그 첫 단추는 십자군 전쟁이었다.

물론 문화 전파에서 가장 획기적인 계기는 항상 전쟁과 교역이었지만, 십자군 전쟁이 유럽에 가져온 변화는 실로 어마어마했다. 그들은 동방의 우수한 문화에 압도됐고, 동시에 두려움을 느꼈다. 닥치는 대로 죽이고 약탈하고 파괴하면서 이슬람 문화를 배우고 터득했다. 1099년 7월 15일, 십자군의 예루살렘 침공은 역사상 길이 기억될 치욕이었다. 40일간의 포위 끝에 함락한 예루살렘 성안에서 유대인과 무슬림을 닥치는 대로 학살했다. 성안의 이슬람 사원과 유대 전통 등 소중한 문화유산은 철저히 파괴됐다. 몇 년 뒤 아랍 장군 살라딘이 다시 예루살렘을 탈환했을 때, 그곳에 있던 기독교인에게 손 하나 다치지 않도록 관용을 베풀었던 광경과 비교하면 너무나 대조적이었다.

확산하는 이교도의 영향력에 유럽 기독교 사회는 속수무책이었다. 급기야 토마스 아퀴나스를 중심으로 하는 중세 유럽의 기독교 지성 세계는 '한 손에 꾸란, 한 손에 칼'이란 용어로 이슬람의 두려움을 표현하기에 이르렀다. 그러나 근현대 역사에서 '한 손에 칼, 한 손에 무조건 항복'이란 무기를 마구 휘두른 것은 서구였다.

무슬림의 미국에 대한 반감은 사실상 그 역사적 뿌리가 그리 길지 않다. 중동 지역 대부분은 18세기 제국주의 시대 유럽 강대국의 식민지로 전락해 그들의 가혹한 통치를 맛보았다. 특히 영국과 프랑스의 지배를 당했음에도 그 이후 이 지역에 진출한 미국에 대한 반감이 영국과 프랑스보다 큰 것은 바로 이스라엘과 팔레스타인 사이의 문제에 미국이 개입하면서부터이다. 평화롭게 잘 살고 있는 아랍인의 팔레스타인 땅에 미국이 앞장서서 그곳 아랍인을 몰아내고 1948년 5월 14일 이스라엘을 건국시키면서 시작됐다. 영국이 저질러 놓았던 분열과 갈등의 불씨를 미국이 껴안고 누가 봐도 일방적이고 무조건적인 친이스라엘 정책을 폈던 것이다. 용서할 수 없는 미국의 친이스라엘 정책과 인류의 상식과 보편 가치, 국제법에 정면으로 반하는 미국의 이중적 역할과 강압에 저항하는 몸부림이 반미 투쟁의 근간이 됐다.

◆ 이스라엘의 건국과 미국의 일방적 친이스라엘 정책

미국 트루먼 대통령이 주도해 1947년 11월 29일 유엔 총회에서 분할된 유대 국가 창설을 통과시키고, 1948년 5월 14일 아랍 영토에서 이스라엘이 독립을 선언한다. 이때부터 이스라엘과 팔레스타인 사이는 끊임없는 전쟁과 갈등, 테러의 연속이었고, 기나긴 60여 년의 세월 동안 미국은 거의 일방적으로 이스라엘을 지원하고 두둔해 왔다. 1948년 5월 14일 이스라엘이 건국을 선포한 다음 날 전쟁이 발발했다. 그러나 미국의 전폭적인 지원을 받은 이스라엘이 압도적으로 승리했고, 그 후 발생한 네 차례 전쟁에서 아랍 진영은 모두 패했다. 아랍인은 자신들의 패배가 미국의 이스라엘에 대한 일방적인 원조 때문이라고 여기며 두 나라에 대한 반감을 키웠다.

그 후에도 지금까지 미국은 팔레스타인 평화 협상에서 한 번도 국제 사회의 책임 있는 국가로서 버림받은 약자의 편을 들어준 적이 없다. 인류의 보편적인 가치로도 용인될 수 없는 노골적인 이스라엘 편애에 많은 무슬림이 인내를 상실해 갔다. 국제법을 위반하고 아랍을 겨냥한 수백 기의 핵탄두를 갖고 있음에도 국제원자력기구(IAEA)의 사찰은커녕 핵확산금지조약(NPT)에도 가입하고 있지 않은 이스라엘을 미국은 무조건 감싸고 예외로 인정한다. 그러면서도 이슬람권에서는 그 누구도 산업용 핵 프로그램조차 갖지 못하게 하는 미국의 극단적 이중 잣대(double standard)가 이슬람 세계에 좌절과 분노를 확산시키고 있다.

더욱이 미국은 시온주의(Zionism, 유대인이 팔레스타인에 유대 민족 국가를 건설하려는 민족주의 운동)를 인종 차별 이념으로 비난하고자 하는 국제 사회의 열의를 무시하고 2001년 남아공 더반에서 열린 인종 회의에 불참함으로써 이슬람 세계에 극도의 불신감과 배신감을 안겨 주었다. 이스라엘을 보호하고 침략 전쟁을 정당화하고자 국제 형사재판소 협약과 대인지뢰금지조약의 비준도 반대했다. 터키 총리 레젭 타입 에르도안의 최근 성명을 보면 이는 더욱 명확해진다.

> 유엔이 설립된 이후 이스라엘의 국제법 위반에 대한 89차례의 유엔 안보리 제재 결의가 있었지만 단 한 번도 제대로 결행된 적이 없었다. 상대방인 아랍 국가에 대해서는 그렇게 손쉽게 제재를 가하면서도……. 만약 유엔 안보리 결의안이 제대로 지켜지기만 했어도 팔레스타인-이스라엘 분쟁은 오래전에 해결됐을 것이다.
>
> 〈타임(TIME)〉 2011년 10월 10일자, 64쪽

1798년 나폴레옹의 이집트 정벌을 기점으로 서구와 이슬람 세계는 힘의 강약이 완

전히 뒤바뀌기 시작했다. 천 년간 지배자의 입장이었던 무슬림은 자신들이 야만스럽고 미개하다고 폄하했던 바로 그 유럽 사회에게 지배당하는 처지를 현실로 수긍하기 매우 어려웠을 것이다. 그러다 보니 순응보다는 사사건건 저항하고 충돌하게 됐다. 누구도 숨소리 한번 제대로 낼 수 없는 미국이라는 거대한 힘 앞에서 유독 이슬람만이 고분고분 말을 듣지 않았다. 그래도 대다수 무슬림은 내색하지 않고, 불편함을 숨기면서 서구를 받아들이려 하고 있다. 중세 때 그들이 당당하게 전해 주었던 과학과 기술, 인문학적 깊이라는 휘황찬란한 문명의 유산들을 이제는 서구가 대부분 갖고 있기 때문이다.

문제는 과거의 응어리가 너무 커서 서구를 있는 그대로 받아들이지 못하는 급진 이슬람 그룹이다. 알카에다나 이슬람국가(ISIL) 같은 반이슬람적 무장 테러 조직이 대표적이다. 그들을 급진적으로 만든 것은 이슬람의 원리적인 해석보다는 비열한 서구의 음모와 불공정한 국제 정책이었다. 팔레스타인 문제가 불씨가 되었지만, 걸프 전쟁과 아프가니스탄 전쟁, 보스니아, 코소보, 체첸, 카슈미르, 아제르바이잔, 필리핀 남부 모로와 동티모르 등지에서 보여 준 노골적인 '이슬람 죽이기 정책'에 더는 앉아서 당할 수 없다는 절박감이 일부 급진주의자들을 테러로 내몰았다.

지금도 미국은 아프간을 공격해 앙갚음하고, 이라크를 희생양으로 삼아 점령해 주둔하고 있다. 테러의 진정한 배경인 역사성은 덮고 '지금 이 시점에 인류 질서를 어지럽히는 반문명적 범죄 집단의 응징'으로 테러 문제를 해결하려 한다. 미국은 현실 중심적인 수평적 사고가 강하고, 배경과 심층적 원인이 되는 역사성에 대해서는 무시하거나 혹은 무지하다. 그런데 무슬림은 억눌린 근대 100년을 생생하게 기억하고 있다. 과거 고통의 역사를 잊지 못한다는 것이 그들이 처한 또 다른 고통인지도 모른다.

9·11 테러 후 20년, 지구촌은 테러와의 전쟁으로 모두가 고통받았다. 알카에다를 비호했다는 이유로 아프가니스탄에 대한 군사적 공격과 점령이 이루어졌다. 심지어

9·11 테러와 아무런 상관이 없는 이라크를 온갖 거짓 정보와 명분을 내세워 침략해 점령했다. 이 기회를 틈타 급진 세력들이 다시 활개 치기 시작했고, 테러와의 전쟁이 진행될수록 미국과 그 협력자들을 겨냥한 지구촌의 테러는 점점 늘어만 갔다.

알카에다 지휘부는 오사마 빈 라덴의 사살로 와해됐지만, 2014년 6월 29일에는 알카에다의 이라크 지부가 중심이 된 ISIL이 공식 국가를 선포하고 더욱 잔혹한 방식으로 지구촌 곳곳에 살육과 테러를 저질렀다. 이 ISIL이 사라지면서 대규모 테러 조직은 일단 궤멸됐지만 북아프리카를 중심으로 지역 테러 군벌들은 아직도 많은 문제를 일으키고 있다. 그리고 앞으로도 크고 작은 테러는 계속될 수밖에 없을 것이다. 팔레스타인, 이라크, 아프가니스탄, 시리아, 예멘, 리비아, 체첸 등지에서 서구의 개입이나 직접 공격으로 이유 없이 목숨을 잃은 무슬림이 너무 많기 때문이다. 그들을 향한 지원과 진정한 사과가 따르지 않고 어떻게 그들의 분노를 잠재울 수 있겠는가? 국제 사회가 안고 있는 큰 숙제다.

13. 이란의 독특한 이슬람 정치 체제의 핵심은 무엇인가?

1979년 2월, 이란은 아래로부터의 시민 혁명을 통해 새로운 이슬람 신정 체제를 구축했다. 이란어로 '벨라야테 파키(Velayet-e Faqih)'라고 하며, 시아파 이슬람 율법에 따른 통치 방식을 의미한다.

독특한 이란의 시아파 이슬람 율법에 의하면, 모든 권력의 원천은 이맘에게 있으나, 이맘은 이미 오래전에 사라지고 현존하지 않는다. 그러나 언젠가는 재림해 다시 올 것이기 때문에 현재는 은둔 상태에 있는 셈이다. 이맘이 올 때까지 이 세상의 통치를 위해서는 대리인이 필요하고, 이슬람 신심이나 학식이 가장 뛰어난 지도자가 선택돼 다스리게 된다. 벨라야테 파키에서 최고의 통치 대리인을 마르자에 타클리드 무틀락(Marja-e Taqlid Mutlaq)이라고 한다. 물론 그 아래로 그를 보좌하는 아야톨라와 호자톨 이슬람 같은 수많은 하위 성직 계층들이 존재한다.

그러면 국민이 뽑은 이란 대통령은 허수아비인가? 이중 정치 체제라 할 수 있다. 이란은 중동에서 가장 민주적인 방식으로 대통령을 직접 선거로 선출한다. 지금까지도 보수와 진보를 거듭하는 평화로운 정권 교체가 이루어지고 있다. 대통령은 내각을 구성하고 나라를 실제로 운영하며 국제 사회에서 최고 통치자로서 국가를 대표하지만, 군 통수권, 내각 임면권, 의회 해산권, 사법부는 사실상 신정 정치 체제의 최고 지도자인 하메네이가 장악하고 있다. 최고 지도자를 보좌하는 각 방면의 전문가들이 포진하고 있어 사실상 이중 정부 형태를 취하고 있는 것이다. 이런 체제를 신정 정치라 한다. 지역구 국회의원도 자유로운 선거로 직접 선출하고, 여성 다수가 지역구 의원으로서 의정 활동을 하고 있다. 하지만 국회의원 출마 자격 심사를 포함해 입법부에 관한 최종 결정권은 사실상 최고 지도자가 갖고 있다. 그러다 보니 대통령 휘하의 국방부보다 최고 지도자 산하의 혁명수비대가 실권을 갖고 무소불위의 권력을 행사하는 모순이 생긴다. 국가 경제의 상당 부분도 혁명수비대가 관장하면서 미국 경제 제제 중 국가 비상 경영의 한 축으로 기능하고 있다. 신정과 세속 통치가 공존하는 독특한 이중적 국가 통치 체제로 보면 된다.

14. 세계 최대의 유랑 민족 쿠르드는 과연 독립할 수 있을까?

쿠르드인은 현재 인구 3,500만 명에 달하는 지구촌 최대 소수 민족이다. 중동 지역 주류 민족으로 2천 년 이상의 역사와 문화적 정통성을 유지하며 살아왔다. 12세기 십자군 전쟁의 아랍 영웅이었던 살라딘 장군이 쿠르드인이었다는 사실은 잘 알려져 있다.

쿠르드인의 기구한 운명은 1923년에 찾아왔다. 제1차 세계대전 이후 터키와 유럽 강대국 사이에 체결된 로잔 조약은 하루아침에 쿠르드인 영토를 터키-이란-이라크-시리아-아르메니아 등 이웃 다섯 나라로 쪼개어 갈라버린 것이다. 강대국들이 그려 놓은 종이 한 장으로 한 민족과 영토가 부정당하는 비극적 역사의 희생양이 된 셈이다.

최근 쿠르드 문제는 팔레스타인 평화 정착, 수자원 공유 갈등과 함께 중동 분쟁에서 가장 중요한 3대 현안으로 떠오르고 있다. 팔레스타인 평화 정착 문제는 팔레스타인-이스라엘 간 양자 문제를 넘어 이웃 요르단, 이집트, 시리아, 레바논이 직접 연계되고 유엔과 미국, 주요 강대국이 깊숙이 관여하는 그야말로 해결하기 어려운 국제적 이슈다. 제한된 수자원에 의존하는 터키-시리아-이라크-이스라엘-팔레스타인 등 중동 주요 국가 간 물의 공급과 배분을 둘러싼 첨예한 갈등도 거의 전쟁 상황으로 치닫고 있다. 그리고 시급한 현안이 바로 중동 5개국에 분산되어 탄압받는 쿠르드 소수 민족의 자치와 독립 해법이다.

중동의 3,500만 명 쿠르드인 중 약 절반가량이 터키 내에 시민으로 정착했다. 그들 대부분은 터키에 동화돼 터키 시민으로 오랫동안 살아왔지만, 일부 민족주의 성향이 강한 쿠르드인은 자치와 독립을 위해 오랫동안 터키 정부에 맞서 무장 투쟁을 해 오고 있다. 이들 쿠르드 군사 조직이 바로 투르크 노동당(PKK)이고, 미국이나 유럽, 터키 등에서 테러 조직으로 분류돼 있다. 현재도 PKK와의 전투에서 목숨을 잃는 터키 군경의 숫자가 4만 명을 넘을 정도로 격렬한 준전시 상태에 있다.

PKK는 터키는 물론, 미국과 유럽 대부분 국가에서 테러 조직으로 간주되지만, 주변 국가(이라크, 시리아, 이란 등)에 분포해 있는 천수백만 명의 동족들과 연대하면서 터키 국가 안위를 위협하고 있다. 터키는 유럽연합 가입을 목표로 쿠르드인에 대한 언어 사용, 문화나 전통의식의 계승 등을 인정하는 획기적인 조처를 하고, 정치적 자유를 제한적으로 허용했다. 그 결과 쿠르드인을 대변하는 HDP(인민민주당)가 2018년 6월 총선에서 약 15% 득표율로 62석을 얻어 의회에 진출했다. 그러나 터키 정부가 쿠르드 탄압 정책으로 회귀해 HDP 정치 지도자 셀라하틴 데미르타쉬(Selahattin Demirtas)가 구속된 상태고, 정당 해산이 논의될 정도로 관계가 악화되고 있다. 그 여파로 이라크와 시리아 접경지대에서 PKK와 터키 군경 간 무력 충돌이 빈번히 발생해 어느 때보다 위기가 고조되고 있다.

그나마 이라크 쿠르드인은 아르빌을 중심으로 상당한 유전지대를 차지하고 있기 때문에 이라크 중앙 정부와 협상해 상당한 경제적 자치와 정치적 독자성을 확보하고 있다. 이란이나 시리아에서의 쿠르드인도 주류 정권의 향방에 따라 협조와 박해가 되풀이되고 있다. 최근 시리아 내전 과정에서 시리아 쿠르드 조직(YPG)이 미국을 도와 반아사드 진영에 가담함으로써 공격 위협을 받고 있다.

다행히 아랍 민주화 시위 이후 시민 사회의 성장과 문화적 다양성에 대한 인식이 확산하면서 쿠르드 소수 민족의 자결권과 문화적 정체성 보존 요구도 더욱 힘을 얻고 있다. 특히 미국이나 유럽 국가는 PKK를 테러 단체로 비난하면서도, 터키의 EU 가입을 전제 조건으로 쿠르드인에 대한 완전한 자치와 문화적 자유를 인정하도록 압력을 가하고 있다. 아랍 민주화 시위로 쿠르드인은 자치와 독립이라는 좋은 기회를 얻었지만, 언제 배반당할지 모르는 역사적 교훈 사이에서 불안해하고 방황하고 있다.

15. EU는 터키를 일원으로 받아 줄 것인가?

터키는 1999년 12월 12일 유럽연합에 회원 가입 신청을 하고 2005년부터 본격적인 협상을 시작했다. 가입 신청 이후 20년이 지났지만, 아직 이렇다 할 만한 진전이 없는 상태다. 오히려 터키의 EU 가입이 갈수록 불투명해지고 있다. EU는 터키를 강하게 거부하지 못하고, 터키도 모욕에 가까운 대접을 받으면서도 미적거리는 유럽을 상대로 가입 의지를 굽히지 않고 있다. 과연 무슬림 국가인 터키가 기독교 문화 공동체인 EU 회원이 될 수 있을까 의구심이 생긴다.

두 진영은 서로를 필요로 한다. 유럽에 있어 터키는 눈엣가시지만, 현실적인 존재 가치를 무시하지 못한다. 유럽에 터키는 어떤 존재 가치가 있는가?

우선 터키는 NATO의 맹방으로 제2차 세계 대전 이후 지금까지 공동 방위 체제의 가장 강력한 파트너로 운명을 함께해 왔다. NATO에서 미국 다음가는 제2의 군사력을 바탕으로 중동과 러시아 진영으로부터 유럽의 안전 방패막 역할을 해 왔다. 그 과정에서 터키는 국제 테러, 특히 이슬람권 테러로부터 유럽의 안전을 지키는 최후 보루로 특별한 역할을 해 왔다. 중동의 맹주로서 치안과 군사력이 뛰어난 터키가 그동안 대테러 전쟁의 선봉에서 테러를 효과적으로 제어했기 때문이다.

둘째, 터키는 마약 루트도 통제해 왔다. 중국 남부 윈난성과 미얀마 등지에서 재배된 마약은 아프가니스탄, 이란, 터키를 거쳐 전 세계로 공급된다. 그 유통망의 핵심에 터키가 있다.

셋째, 노동력 이동 문제다. 동서독 통일과 구소련 붕괴 이후 대거 유럽연합에 가담한 동유럽의 노동력 흡수도 벅찬 상태에서 인구 8천만 명, 더욱이 젊은 생산성을 가진 노동력의 자유로운 유럽 이동은 거의 재앙에 가까운 결과로 나타날 것이다. 유럽이 가장 두려워하는 시나리오다. 협상 과정에서도 줄기차게 유럽은 터키 노동력의 자유로운 유럽 이동 제한을 전제 조건으로 내세우고 있다.

넷째, 난민 문제다. 이라크, 시리아, 예멘, 아프가니스탄, 리비아 등지에서 대규모로 발생한 전쟁 난민이 유럽으로 향하는 마지막 길목이 터키다. 시리아 난민만 해도 이미 400만 명이 터키에 거주하면서 유럽행을 막아 주고 있다. 터키가 유럽으로 향하는 난민 행렬을 방치한다면 유럽 사회는 대혼란 상태에 빠져들 수밖에 없는 상황이다. 터키의 EU 가입을 원천적으로 봉쇄하는 것보다는 관세 혜택이나 비자 발급 편의 등 회원국에 준하는 특권을 부여하면서 터키를 유럽연합 친화형으로 묶어 두는 정책을 쓰고 있다.

터키에게 EU 가입은 실질적인 성사 여부보다는 정치적 측면의 성격이 강하다. 아마 유럽이 그들을 절대 받아들이지 않을 것이라는 걸 처음부터 알고 시작했을지도 모른다. 레젭 타입 에르도안 현 대통령의 20년 통치 기반인 정의개발당(AKP)의 집권 철학 중 하나가 EU 가입이었다. 전통적으로 터키 정치 문화에서는 세속 정당인 공화인민당이 친유럽 정책의 꽃인 EU 가입을, 보수적인 이슬람 정당은 반

서구 친중동 정책을 내걸었다. 그런데 이슬람 정당으로는 최초로 단독 집권한 정의개발당이 누구보다도 실질적이고 강력한 EU 가입 드라이브를 핵심적 정치 아젠다로 내세웠다. 오랫동안 세속주의 기득권 정치 세력의 지지 기반과 경제적 구조를 근원적으로 바꾸려면 EU 가입 및 EU 스탠더드라는 명분과 구실이 필요했다. 집권한 정의개발당은 열정적으로 EU 가입 협상을 시작했고, 35개 조항의 EU 규정을 충족시키기 위한 대규모 제도 개혁과 입법에 착수했다. 금융실명제와 재정 투명성 강화를 위해 제도를 개혁하고, 국민의 98%가 무슬림임에도 사형 제도와 간통죄 폐지를 관철했다. 혁명적 개혁이었다. 이를 통해 의심의 눈길을 보내던 중도층의 대대적인 지지를 확보하면서 정치적 기반을 공고하게 다져 나갈 수 있었다. 20년 집권의 비결이다.

이처럼 유럽과 터키는 서로에게 필요한 국내외 환경을 고려하면서 적극적인 파국보다는 여지를 남기는 협상을 통해 원원하는 정책을 채택하고 있다. 그러나 결론적으로 터키가 유럽연합의 당당한 일원이 되려면 아직도 건너야 할 강이 너무 많다. 그렇게 하지 않더라도 이미 터키는 관세동맹을 맺었고, 유럽연합과의 교역에서 실질적 혜택을 누리고 있다. 무엇보다 유럽 각국은 가뜩이나 자국 내 무슬림 이주민 증대로 골머리를 앓고 있는데, 대규모 터키 이주민 유입으로 유럽 중심의 정치 판형이 왜곡되는 미래를 절대로 바라지 않을 것이다.

16. 미국의 친이스라엘 정책, 예루살렘의 이스라엘 수도 선포가 왜 문제인가?

미국의 트럼프 전 대통령이 예루살렘을 이스라엘 수도로 선포하고 미국 대사관을 현재 텔아비브에서 예루살렘으로 이전하라는 명령서에 서명함으로써 전 세계가 발칵 뒤집어졌다. 이스라엘이 50년 이상 실효적 지배를 하고 있고, 누가 보더라도 유대 역사적 연고가 뚜렷하며, '통곡의 벽' 등 유대인 성지가 즐비한 예루살렘을 이스라엘의 수도로 정하는 것이 어떤 의미길래 그렇게 온 세상이 반대하는가?

이스라엘은 1980년 〈예루살렘법〉 제정을 통해 예루살렘이 이스라엘의 수도임을 천명했다. 그러자 국제 사회는 유엔 안보리 결의안 478조를 통해 이를 즉각적으로 반박하고 이 법의 무효를 선언했다. 1천 년 이상 이 지역을 실질적으로 지배한 팔레스타인 아랍인의 자결권 행사라는 인류의 기본 가치 측면에서 예루살렘은 팔레스타인에 귀속돼야 했다. 물론 종교적 성소로서 예루살렘은 공동 문화유산으로 보호되고, 각각의 종교 행위는 보장됐다. 1,300여 년간 이 원칙은 지켜졌다. 오랫동안 예루살렘은 다른 신앙, 다른 가치가 공존하는 이름 그대로 '평화의 도시'였다. 헤롯 왕의 유대 성전과 솔로몬 신전 터, 통곡의 벽 등이 고스란히 남아 있고, 예수께서 십자가 못 박힘 당하고 그 시신이 묻혀 있는 '거룩한 무덤 성당'이 있으니 절대적인 기독교 성지임이 틀림없다. 그런데 왜 이슬람에서도 성지로 중요할까?

아랍 세력이 이 도시를 차지한 것은 이슬람 초기인 638년이었다. 이슬람 전승에 의하면 예언자 무함마드가 신의 계시를 받고 예루살렘의 바위를 딛고 승천하는 사건이 일어난다. 바로 솔로몬 신전 터에 있는 바위다. 그는 아담과 아브라함은 물론, 모세와 예수, 궁극적으로는 알라까지 만나고 나서 이슬람 종교를 더욱 공고히 하게 된다. 그래서 초기에는 예배 방향을 메카가 아닌 예루살렘으로 정하기도 했다. 그 바위 터가 중요한 종교적 성지인 셈이다. 그곳은 신이 아브라함의 신앙을 시험하고자 자식을 번제로 바치라는 명을 내리자 지체 없이 아들 이삭을 희생하려 했던 장소다. 이슬람에서는 그 자식이 이스마엘이다. 이스마엘은 첩인 하갈 소생의 장자고, 이삭은 본처 사라 소생의 적자다. 장자와 적자 논쟁이 결국 한 뿌리에서 나왔지만, 기독교와 이슬람이 갈라지는 종교적 계기가 됐다.

새롭게 예루살렘을 정복한 이슬람 정권은 곧바로 옛 솔로몬 신전 터에 황금색 돔을 가진 화려한 모스크를 세웠다. 그게 지금 바위의 돔 모스크이다. 그 후 1967년 이스라엘이 예루살렘을 강제로 점령하기까지 1,300년 이상 이 도시는 이슬람의 통치 지역이었다. 기독교인의 순례는 허용됐으며 토착 유대인과 아랍인은 이웃으로 살면서 아무 불편 없이 자신들의 종교를 이어 왔다. 그런데 1099년 1차 십자군이 기독교 성지를 탈환하겠다며 예루살렘을 침략했다. 그들은 승리했고, 88년간 이어진 기독교 통치에서 성안 모든 무슬림과 유대인이 살해당하거나 추방당하는 인류 역사상 가장 추악한 인종 청소가 자행됐다. 1187년 아랍 장군 살라딘이 예루살렘을 재정복했을 때 성안 주민 누구 하나 다치지 않게 하고 원하는 자는 자신의 재산을 갖고 떠나도록 성문을 열어 주었다는 포용 정치의 일화는 너무도 유명하다.

1967년 3차 중동 전쟁은 인류 사회의 기본 가치를 뒤엎는 불행이었다. 6일 만에 승리한 이스라엘은 유엔에서 승인한 자국 영토를 넘어 이웃 아랍 주권 국가의 영토까지 점령했다. 이집트 북부의 시나이반도, 동예루살렘이 있는 서안 지구, 지중해 해변 가자 지구, 시리아 접경 쪽의 옥토 베카 계곡과 골란 고원 등이 그곳이었다. 2천 년 디아스포라와 600만 홀로코스트 희생을 치른 불운한 민족에게 국제 사회는 아랍의 희생과 반발을 딛고 1948년 이스라엘을 건국해 주었다. 척박한 땅에서 비옥한 영토를 이스라엘에 내준 아랍 국가들에게 이제 또 영토를 빼앗긴다는 것은 생존의 문제와 직결돼 있었다. 그들은 저항했고 유엔은 안보리 만장일치 결의안 242조를 통해 이스라엘의 점령지 영토 반환과 군대 철수를 명했다. 지켜지지 않는 약속을 두고 1973년 4차 중동 전쟁 이후에도 유엔 안보리 결의안 338조로 다시 요청했다. 지금까지 적어도 13차례 이상의 안보리 결의안을 통해 이스라엘의 영토 반환과 원상 복구 이행을 촉구했다. 그들은 국제 사회의 일관된 원칙과 국제법 준수 요구를 비웃었다. 더 나아가 돌려주어야 할 점령지에 12개 대규모 주택 단지를 건설하고 20만 명의 유대인을 정착시키고 있다. 반환은커녕 실효적 지배를 통해 자국 영토화하겠다는 의지를 전 세계에 천명하고 있다.

다시 예루살렘으로 돌아오자. 홀로코스트 참사 직후 유대인을 돕기 위한 국제 사회 노력의 일환으로 1947년 팔레스타인 지역에 대한 유엔 분할안이 통과됐다. 그러면서 공동 성지인 예루살렘은 별도로 국제 관리하에 둔다는 특별 지위를 부여했다. 아랍인은 분할안 자체에 강력히 반발했지만, 강대국의 압박을 이겨 낼 수 없었다. 1948년 이스라엘이 건국하자 서예루살렘은 이스라엘이 동예루살렘은 국제 관리하에 두는 것은 국제 사회의 합의이고 교황청과 미국도 동의한 글로벌 약속이었다. 그래서 한국을 포함한 모든 외국 대사관이 예루살렘이 아닌 텔아비브에 소재하는 것이다. 이를 트럼프 대통령이 깨버린 것이다. 왜 그랬는지는 다양한 의견과 분석 기사가 난무하고 있다. 자신의 사업과 정치적 기반이 되는 유대인의 지지를 결속하고 교착 상태에 빠진 중동 평화 협상을 자신의 이익 구도로 새로 짜기 위해 극약 처방을 택한 것으로 보인다.

동예루살렘에는 지금도 이스라엘 시민이 되지 못한 42만 명의 아랍인이 무국적자로 살고 있다. 그 땅에서 태어나고 그 땅의 선주민이면서도 요르단 임시 여권을 발급받아 불안한 계약직 노동자로 하루하루를 연명하고 있다. 그 땅의 주민조차 자국 시민으로 인정하지 않으면서 예루살렘을 자국 수도로 선포하는 이스라엘이나 이에 홀로 동조하는 트럼프를 통해 이 시대의 보편 가치가 과연 무엇인가 근원적 질문을 던지게 된다.

미국의 정치-경제(월스트리트)-문화(할리우드)-언론(NY, WP, CNN 등)-학문 세계(아이비리그)에서 절대적 영향력을 자랑하는 유대인 파워 때문에 역대 미국 대통령이 친이스라엘 정책을 펴온 것은 잘 알려진 사실이다. 하지만 트럼프 대통령의 이스라엘 편애는 국제 사회의 통상적 관례를 무시하고 보편적 상식을 뛰어넘는 파격적 수준이다. 아랍국가는 물론, 유엔이나 유럽, 심지어 로마 교황까지 나서서 비난하는 정책을 밀어붙이고 있기 때문이다. 미국의 예견된 탈중동화 공백에서 미국의 이익을 지속할 수 있게 지켜 주는데 이스라엘의 역할이 긴요하고, 신중동 질서 재편을 위한 포석에서도 사우디아라비아와 이스라엘 협력 관계는 필수적이다. 나아가 트럼프의 사위 재러드 쿠슈너는 유대인으로, 딸 이방카도 유대교로 개종해 우호적인 분위기이며, 자신의 단단한 사업적 기반인 부동산과 월스트리트 금융 자본은 필연적으로 유대인 자본과 얽혀 있다. 게다가 대통령 퇴임 이후 사업구상까지 염두에 둔 포석이란 분석도 있다. 그런 점에서 역대 어떤미국 대통령도 감히 못 건드렸던 이스라엘 점령지 내에서의 유대인 정착촌의 실효적 지배권 인정, 예루살렘의 이스라엘 수도 선언과 미국 대사관의 예루살렘 이전, 팔레스타인과 이스라엘 두 국가 공존 전략의 전폭적 수정 같은 과감한 친이스라엘 드라이브를 걸고 있는 것으로 보인다. 물론 성공 여부는 전혀 다른 문제이다.

17. 중동에서 미국의 과오와 해야 할 일

　　　　　　　　　　　리비아 사태에 미국은 직접적인 군사 개입을 피했다. 걸프전 이후 지금까지 미국이 취했던 정책과는 사뭇 다른 측면이 있다. 첫째는 국가 경제가 파탄에 이를 정도의 재정 적자 때문일 것이다. 2011년에만 해도 재정 적자는 1조 4천억 달러에 이르렀고, 이라크와 아프가니스탄에 쏟아부은 전쟁 비용만 해도 1조 5천억 달러를 넘었다고 한다. 총 4조 달러가 넘는 대테러 전쟁 비용으로 미국은 전후 가장 심각한 국가적 경제 위기에 봉착해 있다.

　　그렇지만 아무리 아랍 민주화가 급물살을 탄다고 해도 성공 여부에 있어 가장 중요한 변수는 의심의 여지 없이 미국의 태도와 중동 정책의 변화 여부다. '이스라엘 안전 보장'과 '석유 이익의 안정적 확보', '효율적인 이란 견제'라는 세 가지 중동 정책의 기본 축을 바꾸지 않는 한 중동의 민주화는 결실을 보기 어렵다.

　　중동 민주화에 가장 큰 걸림돌은 사실상 미국의 잘못된 중동 정책이다. 미국은 오로지 자국의 이익을 지키려는 일념으로 튀니지, 이집트, 예멘, 이라크, 리비아 등의 권위주의 장기 독재 정권과 사우디아라비아 같은 폭압적 왕정을 비호하고 지원해 왔다.

　　이스라엘이 핵무기를 갖고 있는데도 중동 비핵화 정책은커녕 이웃 중동 국가들의 평화적 핵 프로그램이나 국제적 핵 주권까지 용인하지 않는 이중적 태도에 아랍권이 반발하는 것이다. 국제법이나 유엔 안보리 결의안을 마구잡이로 무시하면서 남의 주권 영토를 점령해 영구화하려는 이스라엘의 시도에 미국이 견제하고 비난하기보다 동조하고 협력하고 있다는 사실이 오늘의 중동 분쟁이 안고 있는 아픔이다.

따라서 아랍 민주화가 진정한 성공을 거두려면 미국의 변화가 필요하다. 미국이 공정한 국제 사회의 중재자로서 역할을 다하면서, 아랍 각국에서 민주적인 선거를 통해 이슬람적 가치에 중심을 두는 이슬람 정권이 탄생하더라도 이를 받아들이고 협력하는 정상적인 정치 철학을 취할 수 있을 것인가? 그러나 그런 가능성이 현재로서는 별로 보이지 않는다는 것이 비극의 핵심이다.

무엇보다 9·11 테러 20주년을 맞아 미국은 아프가니스탄과 이라크에서 자행한 침략 전쟁으로 죽어 간 수많은 어린이와 어머니, 꽃다운 청년, 포탄을 피할 힘조차 없었던 약자, 평범한 인간으로 일상을 살아가던 무고한 시민 수십만 명의 죽음에 진정으로 사과해야 한다. 희생자 한 사람, 한 사람 이름을 기억하고 떠올리며 그들의 억울한 영혼 앞에 겸허하게 무릎을 꿇고 용서를 빌어야 한다. 그리고 정당하게 보상해야 한다. 그들은 9·11 테러와 아무 상관이 없는 우리와 똑같은 보통 사람들이기 때문이다.

그 많은 사람을 죽였던 가해자의 이름은 영웅으로 기억되고 기록되며, 9·11 테러 참사의 미국인 희생자 모두는 생중계되는 화면을 통해 전 지구촌에서 추모한다. 그런데 왜 또 다른 고귀한 생명의 가치는 내팽개치는가? 이는 민주나 자유, 국익이니 하는 온갖 미사여구보다 훨씬 시급하고 원초적인 인류의 기본 도덕이고 인간으로서 살아가는 최소한의 양심이다. 여기에 '친미-반미'라는 이념과 '전쟁 불가피'라는 억지를 들이대지는 말자. 우리가 인간이기를 포기할 수 없는 보편적 가치의 발로이기 때문이다.

오바마 행정부 이후 미국의 대중동 정책 변화 중 큰 흐름은 경제 원조다. 그러나 무조건적인 경제 지원만이 능사가 아니다. 당장 처한 위기에서 벗어나려는 극약 처방은 주민들의 고통을 덜어 주겠지만, 그들은 진정으로 감사하지 않을 것이다. 더욱이 무분별한 경제적 지원은 또 다른 세속적 권력과 서구식 부패를 만들어 내는 독약이 될 수도 있다.

그들은 당장의 선심성 경제 지원보다는 존중받기를 원한다. 한 명의 인간이자 무슬림으로서 그들의 삶의 방식과 종교적 가치를 존중해 주기를 갈망한다. 일단은 그들을 있는 그대로 인정하고, 잘못된 가치를 버리고 다른 방식을 갖길 강요하는 게 아니라 스스로의 인식을 통해 변하도록 기다려야 한다. 내가 당신들을 받아들였듯이 당신들도 서구의 가치와 질서를 존중해 달라고 했을 때 그들은 기꺼이 다가올 것이다. 터키의 성공 방식이 좋은 예이다. 이슬람의 전통과 가치를 버리지 않으면서도 서구와 협력하고 공존하는 지혜, 그들 스스로 이슬람 과격주의를 배척하고 비난하는 상황이 지금으로서는 최상이다.

이란도 지금 서구의 존중을 애타게 기다리고 있다. 어떠한 경제적 제재와 군사적 공격으로도 이란을 굴복시킬 수 없다는 것이 이제 명백해졌다. 이란 국민 스스로도 모든 변화를 받아들일 만반의 준비를 하고 기회만 기다리고 있는 듯하다. 테헤란 대학 여학생들의 머리는 이미 패션으로 물들었고, 절대 금기 영역이었던 최고 지도자는 조롱의 대명사가 된 지 오래다.

그럼에도 이 체제가 버티는 유일한 자양분은 아이러니하게도 미국의 잘못된 이란 정책이다. 이란 국민을 묶어 두는 가장 효율적인 무기가 바로 반미 코드이기 때문이다. 이란에 대한 제재 대신 화해 제스처를 쓰고 이란을 끌어안는 정책을 지속적으로 펴 나간다면, 이란 국민은 개혁 노선을 지지할 것이고, 보다 미국에 협력적인 정권이 뿌리내릴 것이 뻔하다. 물론 당장 이란에 정권 교체가 일어나더라도 그 체제가 미국을 바로 끌어안을 수는 없을 것이다. 미국이 이란에 뿌려놓은 증오와 불신의 씨앗이 이미 너무 깊이 뿌리내렸기 때문이다. 그러나 분명한 것은 그들은 미국을 버리는 방향이 아니라 미국에 다가가는 방향을 선택할 것이다. 어떻게 보면 아랍 22개국에서 동시다발적으로 진행되고 있는 제도 개혁과 민주화 시위가 미국 대중동 정책의 근본적인 변화에 촉매제가 될 가능성도 크다. 그러나 미국이 이스라엘의 이란 핵시설 공격을 두둔하며 이란 정권 궤멸 전략을 쓰는 최악의 수를 둔다면 그야말로 중동은 다시 한번 대혼란과 무질서의 소용돌이로 접어들 것이다.

18. 원유가 불러온 리비아 내전의 실상은 무엇인가?

2011년 3월에 촉발된 리비아 내전은 벌써 10년 넘게 지속되고 있다. 현재 수도 트리폴리에 들어선 유엔이 합법적으로 인정하는 국민통합정부(GNA)와 동부 투브루크에 거점을 둔 칼리파 하프타르 장군 주도의 리비아국민군(LNA)이라는 두 개의 정부가 서로 외세를 끌어들여 치열한 각축전을 벌이고 있다. 150여 개 부족과 종파 그룹들도 자신들의 유리한 생존 방향에 따라 곡예사 같은 줄타기를 하고 있다.

2011년 아랍의 봄이 몰고 온 '재스민 혁명'을 리비아도 피해 갈 수 없었다. 민중은 무아마르 카다피의 42년 장기 독재(1969~2011)에 염증을 느끼고 있었고, 특히 세상의 변화에 침묵을 강요당하며 일자리를 찾지 못한 젊은 세대의 불만은 극에 달했다. 이웃 튀니지에서 일어난 거대한 시민 혁명의 파고는 당연히 리비아에도 몰아닥쳤다. 그러나 리비아의 민주화 시위는 당초 목표를 상실하고 곧바로 참혹한 내전으로 변질됐다. 근본적인 원인은 민중 시위의 성격이었다. 리비아의 대규모 시위는 다른 아랍 국가와 달리 독재와 민주의 구도로 출발한 것이 아니다. 처음부터 부족 간 갈등, 권력 투쟁, 석유 이권의 공정한 분배, 권력 소외 계층의 반발 같은 고질적인 이해관계 다툼이 본질이었다. 반정부-반카다피 세력은 비무장 비폭력 노선이 아니라 무기고를 탈취해 무력 투쟁으로 정부군에 맞섰다. 비무장으로 정권 퇴진과 민주 투쟁을 외치며 시민 혁명을 성공시켰던 이집트나 튀니지의 시위와는 본질적으로 달랐다.

더욱이 리비아 반군은 왕정 시대의 국기를 흔들었다. 그것은 많은 리비아 국민에게 리비아라는 국가 정체성을 부정하는 새로운 혁명이고 내전을 의미했다. 더욱이 선명한 혁명 리더나 주체가 불분명했다. 반카다피 진영으로 몰려든 리더들은 하나같이 민중과 고통을 함께한 적이 없는, 엊그제까지 카다피의 품에서 호의호식하던 부정부패의 공범 공직자들이었다. 국민 눈에는 그들이 민주 투사가 아닌 변절자나 배신자일 뿐이었다. 반카다피 투쟁이 새로운 민주 정권 수립을 위한 국민의 공감대를 확보하지 못하고 정치적 이익 집단과 군벌들의 정권 투쟁으로 변질된 배경이다.

지중해를 끼고 남부 유럽과 거의 일일생활권에 있는 아프리카 최대의 산유국 리비아의 혼란을 가만둘 리 없는 서방은 즉시 개입했다. 민주화나 자유, 지역 안정 같은 판에 박힌 개입 명분조차 내세우지 않고 민낯을 드러내며 경쟁적으로 다투고 있다. 물론 리비아 내전의 근본 원인은 무아마르 카다피 42년 철권통치 기간 중 누적된 고질적이고 구조적인 사회-경제적 모순이 중층적으로 작동하는 문제다. 그러나 '카다피라는 독재자를 제거한 후 사후 안정책 마련에 실패하고 또 다른 독재자를 키워 나가는 서방의 태도가 과연 옳았을까'를 스스로 고뇌한 버락 오바마 전 대통령의 독백에 훨씬 의미 있는 진정성이 담겨 있다.

리비아 독재자 카다피 제거를 위해 나토가 일찌감치 군대를 보내면서 개입의 포문을 열었다. 프랑스와 이탈리아가 리비아 원유에 의존하고 있었기 때문이다. 이 과정에서 1960년부터 2005년까지 아프리카 내정에 46차례에 걸쳐 군사적으로 개입한, 아프리카 식민 경영의 최대 가해자였던 프랑스가 가장 적극적인 공격 태도를 보였다. 이집트는 이스라엘, 그리스, 키프로스, 이탈리아, 요르단 등 지중해 연안 6개국과 함께 지난 2020년 9월 '동지중해 가스포럼(EMGF)' 협정에 서명하고 천연가스 생산 및 수출 협력 체계를 구축했다. 이들은 동부의 하프타르 군벌 정권에 협력하고 있다. 이런 구도에 위협을 느낀 터키는 군대까지 보내면서 반대 진영인 트리폴리 정부의 최대 후견인 역할을 하고 있다. 이집트에 근거를 둔 친이슬람 성향의 무슬림형제단을 둘러싼 노선 차이도 양측을 갈라 세우는 한 요인이다. 그 결과 유엔, 이탈리아, 터키, 카타르 등은 트리폴리 정부를, 프랑스, 그리스, 러시아, 이집트, 사우디아라비아, 아랍에미리트 등은 동부의 하프타르 군벌 정권을 지지하고 있다. 반면 미국은 방관자 역할로 사태 추이에 따른 이중 플레이를 하고 있다. 미국은 유엔 결정에 따라 트리폴리 정부를 지지했는데 도널드 트럼프 전 대통령이 갑자기 반대측인 하프타르 정권을 군사적으로 지원하는 어정쩡한 태도를 보였다. 미국 시민권자이자 군사적 실세인 하프타르 장군의 집권이 자국 이익에 유리하다고 판단한 것이다.

그러는 사이 석유 부국 리비아는 결딴났다. 리비아나 아프리카를 떠난 난민 수십만 명이 지중해 죽음의 보트에 올라탔고, 무고한 시민들만 날마다 극단적 고통에 내몰리고 있다. 우리에게도 리비아는 사막 대수로 공사의 성공 신화가 살아 숨 쉬는 기회의 땅이다. 리비아에 새로운 민주 정치 체제가 들어서기를 진정으로 바란다. 그러나 어떤 정권이 들어서고 어떤 정치 체제를 선호할 것인가는 오로지 리비아 국민이 선택할 문제다. 그들이 쟁취할 새로운 민주 국가 건설은 외세 개입이 멈추는 순간부터 본격적으로 가동될 것이다. 2021년 3월 16일 스위스 제네바에서 스테파니 윌리엄스 유엔 리비아 특사의 중재로 두 정부 당국자는 전격적인 휴전 협상에 서명하고 총선을 통해 정부 구성에 합의했다. 어떤 경우라도 리비아 국민의 협의와 선택에 의한 정권만이 문제 해결의 시작일 것이다.

◆ 카다피 정권의 명암

혁명 초기에 카다피는 청렴한 이미지로 직접 민주주의를 실험하면서 훌륭한 아랍 지도자로 크게 인기를 끌었다. 1969년 9월 1일 부패한 왕정을 무너뜨리고 새로운 세상을 약속한 27세의 청년 장교는 많은 제3 세계 청년들에게 '아프리카의 체게바라'였다. 카다피는 서구식 자유 민주주의를 대신한 국민집회를 통한 직접 민주주의, 자본주의의 모순을 극복하려는 도덕적 경제와 이슬람 사회주의, 여성 해방과 남녀 역할 분담론, 완고한 이슬람 율법 체제에 대한 과감한 개혁 등을 통해 진정한 사람 사는 세상을 꿈꾸었다. 또 하나 카다피가 아랍 세계를 위해 이룬 큰 공헌은 석유수출국기구(OPEC)의 전략적 활용을 통해 '원유 제값 받기' 운동에 불을 붙였다는 점이다.

그러나 '절대 권력은 절대 부패한다'라는 인류 문명사의 보편적 상식에 그도 예외일 수는 없었다. 42년간의 철권통치로 국민은 억압당하고 나라 경제는 파탄에 빠졌으며, 서방에 무모하게 맞서는 기이한 행태와 궤변은 조롱과 비웃음의 대상이 됐다. 자신의 권력을 위해 비싼 아프리카 용병들을 사들이고, 반정부 시위 과정에서 자국민을 무차별 학살하는 카다피 정권을 지지하거나 동정을 보내는 세력은 극소수에 불과했다. 카다피도 거대한 민심의 분노와 국제 사회의 개입으로 살아날 수 없었다. 2011년 10월 20일, 그는 도망치다 막다른 골목에서 시민들에 의해 끌려 나와 비참한 최후를 마쳤다.

카다피의 처형으로 리비아는 새로운 전기를 맞았다. 그러나 군벌과 지역 토후 세력 간의 권력 다툼과 나토의 군사 개입으로 2014년부터 리비아는 회복 불능의 내전 상태로 돌입했다. 그동안 권위주의 정권에 의해 누적된 온갖 부조리와 사회 문제가 내전이라는 형태로 분출됐다. 내전이 격화되는 데에는 지역, 종파, 종족, 군벌, 시민 사회, 외부 테러 조직, 조직범죄, 세대 간 갈등, 청년 실업, 도시 빈민 같은 복합적 요인들이 중층적으로 작동했다. 무엇보다 외세의 개입으로 강대국의 이해관계에 따라 사태는 더욱 미궁에 빠져들고 있다.

크게 보면 우선 서부 트리폴리 중심의 트리폴리타니아(Tripolitania) 지방, 동부 벵가지를 중심으로 한 키레나이카(Cyrenaica) 지방, 남부 사막 지대의 페잔(Fezzan) 지방 등을 중심으로 150여 개의 다양한 종족들이 난립하면서 종족성과 지역성이 이합집산을 거듭하고 있다. 또한 동부의 세속주의 군벌과 트리폴리 중심의 사누시 사상이 근간을 이루는 이슬람주의 간 종파적 갈등을 들 수 있다. 이런 다양한 종족적, 지역적, 이념적, 경제적, 정치적 이해관계를 대표하는 정치 조직이 난립하게 된 것이다.

내전 초기 권력 쟁탈전에는 크게 세 조직이 두각을 나타냈다. 서부 트리폴리를 수도로 하는 국민통합정부(GNA, Government of National Accord), 동부 투브루크를 수도로 하는 의회대표자회의(HP, House of Representatives), 리비아 지역 대부분을 장악하고 있는 제헌 의회인 총국민회의(GNC, General National Congress)가 그것이다. 국제 사회의 첨예한 이해관계도 리비아 내전 해결에 있어 큰 걸림돌이다. 투브루크의 HP를 이집트, 아랍에미리트, 프랑스, 영국이, GNC를 카타르, 수단, 터키 등이, GNA를 미국, 이탈리아, 유엔 등이 지원해 왔다. 세 조직 모두 공통으로 리비아 국기를 사용하고, 막강한 자체 군대 조직을 거느리며 각자가 정통성을 주장하고 있다.

복잡한 이합집산의 이야기를 좀 더 정리해 보면, 리비아에는 2012년에 선거를 통해 제헌 의회 GNC가 성립됐다. GNC의 임기가 끝나 가면서 2014년 6월에 총선을 통해 새 HP를 구성했다. 그런데 총선에서 이슬람주의 세력이 패배하자, 그들이 승복을 못 하고 반란을 일으켜 선거 무효를 주장하며 권력을 장악했다. 새로 구성된 HP 정부는 권력 투쟁에 밀려 동부 투브루크로 망명했다. 이것이 내전이 일어난 결정적 계기였다. 이번에는 이슬람 성향 민병대가 HP에 참여하지 않은 기존 GNC 의원들을 중심으로 새로운 총국민회의 GNC를 구성하면서 리비아는 서로 합법 정부를 자처하는 두 개의 국가로 분단됐다. 이슬람주의 세력이 트리폴리를 장악하고 있는 가운데, 트리폴리에 소재한 리비아 대법원은 2014년 11월 6일 자로 6월 총선이 무효라고 선고했다. 이런 상황에서 대부분의 국제 사회는 한때 투브루크로 피난한 새 정부를 리비아의 합법 정부로 보았다.

그런 가운데 이슬람 극단주의 무장 단체인 이슬람 국가(ISIL)와 동부에서 활동하는 이슬람 극단주의 민병대 '벵가지 혁명슈라위원회'까지 내전에 참여하면서 리비아는 대혼란 상태에 빠졌다. 우선 테러리즘 성향의 이슬람 과격파를 퇴치하기 위한 국제 사회의 공동 노력의 결과, 2016년 3월 트리폴리의 GNA와 동부 투브루크의 HP 정부 사이에 합의가 이루어져 GNA로의 통합이 결정됐다. 나아가 GNC도 유엔 중재안을 받아들여 국민통합정부인 GNA로 권력 이양을 약속했다. 이로써 GNA가 리비아의 합법적인 정권으로 유엔의 지지를 얻었다. 그러나 이번에는 투브루크 HP 정부가 이에 반발하면서 리비아는 다시 두 정부가 쟁패하는 내전 상태가 됐다. 무엇보다 동부 투브루크 정부의 권력 실세인 리비아 국민군(LNA) 총사령관 칼리파 하프타르가 향후 리비아 내전 행방의 중요한 키를 잡고 있다. 그래서 현재는 트리폴리의 GNA와 투브루크의 HP 정부를 실질적으로 통제하는 칼리파 하프타르 사이의 중재와 협상이 진행 중이다.

그러나 두 정치 세력 모두 자기 통치 영역 내에 석유와 천연가스 등 독자적인 에너지 자원을 확보하고 있어 별개의 독립 국가를 선호하는 경향도 보인다. 리비아 내전이 쉽게 종결될 수 없는 구조적 문제인 것이다. 특히 내전 상태를 종식시키려는 유엔과 국제 사회의 노력에도 이해관계가 너무 다르기 때문에 사태 수습이 더욱 어려워지고 있다. 우선 유엔의 공식 인정을 받는 트리폴리의 GNA를 미국, 유럽연합, 영국, 이탈리아, 터키, 카타르 등이 지원하고, 동부 칼리파 하프타르 세력을 프랑스, 러시아, 아랍에미리트, 사우디아라비아, 이집트, 요르단, 이스라엘, 그리스 등이 지원하면서 서구 세계까지 철저한 자국 이해관계에 따라 줄서기를 달리하고 있다. 시리아, 예멘에 이어 리비아까지 내전에 휩싸이면서 '아랍의 봄' 실패 이후 중동-아랍 세계는 지금 혹독한 '아랍의 겨울'을 맛보고 있다.

19. 재스민 혁명은 왜 실패했나?

아랍 민주화는 성공하지 못했다. 무엇보다 당면한 민생 문제 해결에 실패했기 때문이다. 빵과 일자리가 자유와 인권보다 훨씬 중요하다는 사실을 다시 한번 일깨워 주었다. 어떤 이상향이나 매력적인 구호도 생존에 앞설 수 없었다.

이집트 최초의 민선 대통령 무함마드 무르시의 최우선 국정 과제는 반서구적인 슬로건이나 이슬람의 가치 강화가 아니었다. 의식주 해결과 치안, 직장을 잃은 젊은이의 꿈을 채워 주는 일이었다. 그는 가장 먼저 사우디아라비아 왕을 만나고 도움을 청하러 이웃 산유국으로 날아갔어야 했다. 오로지 국민만을 생각하며 워싱턴에 가서 무바라크 정권에게 주던 경제 원조를 계속해 달라고 오바마에게 매달려야 했다. 동시에 이집트 경제 절반 가까이 장악하고 있는 군부 기득권 세력에게도 고개를 조아리며 공존과 공생의 메시지를 던져야만 했다. 민생을 먼저 해결하고 나서, 긴 호흡으로 이슬람을 되찾고 군부를 길들이는 일을 시작했어야 했다.

그러나 그들은 조급했다. '이슬람 정치 세력은 위험하고, 반서구 반왕정'이라는 기존의 고정 관념을 씻어주지 못했다. 저항에 익숙한 체질에서 책임 있는 성과를 보여야 하는 집권당 체질로 바뀌지 못한 탓이다. 이웃 터키의 경우가 좋은 예이다. 이슬람 정당이 집권해 군부를 통제할 때까지 꼬박 50년을 기다렸다. 그동안 세 번의 유혈 쿠데타와 세 번의 무혈 쿠데타로 국민이 선거로 뽑아 준 민주 정권을 포기해야 했다. 그들은 모욕을 참으며 기다리고 또 기다렸다. 그러면서 수없이 변신을 거듭했다. 세속주의와 결탁하고 일부다처, 간통죄, 사형제, 여성 차별 같은 전근대적 이슬람 관습을 과감하게 철폐했다. 오히려 지금은 이슬람 독재라는 비난을 받고 있을 정도로 상황이 반전됐다.

재스민 혁명으로 촉발된 '아랍의 봄'은 대안적 정치 세력이나 시민 사회 형성이 부재한 상태에서 민주주의가 곧바로 꽃피울 수 없다는 슬픈 현실을 온몸으로 가르쳐 준 사건이었다. 전원 합의제 민주주의라는 이슬람식 정치 제도와 서구식 다수결 민주주의, 선출식 대의 정치가 아직은 아랍 사회에 정착되기 어렵다는 것을 보여 준 사건이기도 했다.

전통적 이슬람 민주주의 원칙은 전원 합의체 방식에 근거한 합리적 권력 분점과 경제적 이익의 분배에 있었다. 51대 49의 구도에서 승자가 독식하는 방식이 아니라 49에게 적어도 40은 나누어 줌으로써 참여시키는 제도였다. 비효율적이고 시간이 걸리더라도 소수 집단의 크기나 능력만큼 그들의 몫을 챙겨 주는 방식이었다. 그러다 보니 21세기 시민 사회 잣대로는 용납할 수 없는 사회적 정체와 부정부패의 고리가 악순환되는 인습적 퇴보를 경험했다. 결국 서로 다른 종파와 정파가 야합해 안정적 정치라는 미명 아래 권력과 부를 독점하는 폐해적 이슬람 민주주의를 경험해 왔던 것이다. 한편 장기 독재나 권위주의 정권이 아랍 사회에서 30~40년 동안 오래 지속될 수 있었던 바탕은 적당한 경제적 이익 분배를 통해 반대파와 도전적 부족들을 관리하고, 빵값 통제, 보건 의료 복지, 무상 교육 복지 등을 통해 서민의 극단적인 불만을 누그러뜨리는 근본 정책이 작동하고 있었기 때문이다. 삶의 질은 떨어져도 내전 직전까지 아랍에서 굶어 죽었다는 뉴스를 접하지 못했던 배경이기도 하다.

결국 앞으로 아랍 사회는 분명 민주화의 길로 들어설 것이다. 그러나 서구학자들의 예상처럼 서구식 민주주의로 회귀할 가능성은 크지 않아 보인다. 이슬람의 전통적 가르침을 바탕에 두면서도 인권, 자유, 평등, 여성의 사회 참여, 시민 사회 역할 같은 서구의 앞선 제도를 받아들여 절충하고 접목하는 새로운 이슬람식 민주주의를 창출할 가능성이 크다. 완전한 모델이 될 수는 없지만, 이슬람당이 집권하고 있는 터키나 이슬람의 가치가 살아 있는 말레이시아 같은 경우가 좋은 모델이 될 수 있다.

그러나 아랍의 봄은 실패하고 말았다. 시리아와 리비아에서는 여전히 내전이 계속되고 있고, 예멘에서는 민주 정권이 등장하는 대신 사우디아라비아와 이란 등 외세가 개입하면서 내전으로 돌변해 더욱 피폐한 상황이다. 이집트에서는 2012년 6월 무바라크 정권 붕괴 이후 최초의 민주적인 선거를 통해 무슬림 형제단의 무함마드 무르시를 새 대통령으로 선출하고 민간 민주 정부를 탄생시켰다. 그로부터 1년, 무르시 정권은 물과 전기, 빵과 일자리라는 근원적인 삶의 문제를 해결하는 데 실패했다. 폭동과 약탈 같은 생활 치안 환경도 급속도로 악화됐다. 나아지기를 기대하면서 기꺼이 피를 바쳤던 민중 사이에서는 적어도 빵의 문제는 해결해 주었던 무바라크 독재 시절이 더 나았다는 자조 섞인 탄식이 흘러나오기 시작했다. 30년간 누적되어 온 빈부 격차, 부정부패, 청년 실업, 물가고가 하루아침에 해결될 리 없었다. GDP의 11.3%를 차지하던 관광 수입은 지난 2년간의 시위와 치안 부재로 격감했고, 이집트 전체 산업의 약 40%를 차지하고 있는 막강한 군부 기득 세력들의 조직적인 저항도 커다란 걸림돌이었다.

혼란을 부추기며 빼앗긴 독재 권력을 되찾기 위해 기회를 노리던 군부는 기민하게 움직였다. 무르시 대통령을 구금하고, 반대 세력을 마구잡이로 체포했다. 이에 항의하는 비무장 시민을 향해 무차별 사격을 가해 수백 명을 사살했다. 급기야 2013년 7월 국방부 장관이었던 압델 파타 엘시시 장군이 쿠데타를 통해 무르시 정권을 축출하고 다시 권좌에 올랐다. 무르시는 사형 선고를 받고 투옥 중 사망했고, 대통령이 된 엘시시는 또 다른 독재자로 미국의 전폭적인 지원 및 이스라엘과 사우디 왕가와의 협력적 파트너십을 통해 새로운 중동의 지각 변동을 견인하고 있다. 재스민 혁명의 진원지였던 튀니지만 그나마 선거를 통해 신정권이 들어서서 민생을 챙기고 민심을 달래면서 조심스러운 개혁을 계속해 나가고 있다.

◆ 아랍 민주화 10년, '아랍의 겨울'로 돌아가나

2021년 2월, 아랍의 봄 10주년이다. 2011년 초부터 불어닥친 거센 아랍 민주화 바람은 철옹성 같은 권위주의 정권을 차례로 무너뜨리고, 시민 혁명의 성공과 함께 100년의 동면을 깨고 아랍의 봄을 꽃피웠다. 그 진원지는 튀니지였다. 시디 부지드라는 자그만 도시에서 한 가난한 청년의 분신으로 촉발된 민중 시위는 2011년 1월, 24년간 장기 집권한 대통령 벤 알리를 하야시켰고, 2월부터 이집트 호스니 무바라크, 예멘의 알리 압둘라 살레, 리비아의 무아마르 카다피 등 독재자들이 줄줄이 권좌에서 쫓겨났다. 분노한 민중의 함성은 알제리, 요르단, 시리아, 바레인, 이란 등지로 걷잡을 수 없이 확산되면서 아랍 민주화를 견인했다. 그로부터 10년, 아랍 민주화 시위는 완벽히 실패했다. 아무것도 변한 것이 없는 10년 후 그들은 다시 일어섰다. 바로 위대한 시민 혁명이 시작되었던 튀니지에서 벌써 보름 이상 격렬한 시위가 계속되고 있다.

갑자기 등장한 시민 권력과 허약한 국가 경제는 권위주의 시대의 일사불란한 통제 시스템을 대신하지 못했고, 다양한 이해 집단에 조정자 집단이 부재하면서 스스로 분열하고 무너졌다. 시리아, 리비아, 예멘에서는 내전으로 이어졌고, 사우디아라비아, 바레인, 쿠웨이트, 오만, 모로코, 요르단 같은 절대 왕정 국가도 모두 살아났다. 국민의 자유로운 선거를 통해 출범한 이집트의 무슬림 형제단 정권도 1년을 채 버티지 못하고 다시 군부 쿠데타로 과거로 회귀했다. 최초의 민선 대통령 무함마드 무르시는 군사 정권의 사법부에서 사형 선고를 받고 복역 중 사망했다.

모든 문제의 근원은 코로나 팬데믹과 경제 파탄으로 인한 생활고였다. 물과 전기가 끊기고, 제조업이 붕괴해 일자리를 구하지 못한 젊은이들은 다시 거리로 뛰쳐나왔다. 민주, 자유, 인권이란 멋진 명분과 구호도 의식주 해결이라는 기본적인 생존권 앞에 맥없이 주저앉았다. 지금 시위가 한창인 튀니지만 해도 관광과 제조업을 통한 일자리 창출이 국가 경제의 생명인데, IMF 보고서에 따르면 2020년 튀니지 재정 적자 폭은 GDP의 11.5%에 달해, 지난 40년간 최악의 상황을 맞고 있다. 국제노동기구도 25세 미만 튀니지 청년 3분의 1이 실업 상태에 있다고 보고했다. 튀니지는 그동안 아랍 민주화가 가장 성공한 나라로 손꼽혀 왔다. 공정한 선거를 통해 민주 정권이 탄생했고, 민주화의 초석이 되었던 튀니지 시민 단체 연합인 '4자 대화 기구'는 2015년 노벨 평화상을 수상했다. 이런 튀니지마저 정권 퇴진을 외치는 시위에 휩싸이면서 '아랍의 봄'이 아니라 다시 차디찬 '아랍의 겨울'로 돌아가고 있다는 냉소가 아랍 전역에 퍼져 있다.

정치적 혼란과 부패, 경제 실패에 이어 '아랍의 봄'이 좌초한 또 다른 요인으로는 SNS 같은 온라인 매체의 역기능을 꼽을 수 있다. 2011년 아랍 민주화 시위의 성공은 SNS 혁명이라 일컬을 정도로 SNS가 젊은이의 분노를 응집해 주는 결정적 매체 역할을 했다. 소셜미디어의 위력과 시민의 연대를 경험한 권위주의 정권들은 과거의 실패를 반면교사로 삼아 SNS를 통제하는 데 온갖 역량을 집중했다. 그 결과 구글, 트위터, 페이스북 같은 거대 기업들은 아랍 권위주의 정권과 협력하면서 오히려 시민을 통제, 감시하고 연결고리를 와해한다는 비난에 휩싸이고 있다. 가짜 뉴스와 정보 혼란을 야기해 건강한 시민 사회 담론을 왜곡시키고, 개인 정보에 무차별 개입하면서 시민의 결집된 분노와 시위를 방해하는 데 소셜미디어가 악용되고 있다.

그러면 아랍 민주화가 성공하기 위한 선결 조건은 무엇인가? 쉽지는 않겠지만, 첫째로 국제 사회의 개입과 대리전쟁을 막아야 한다. 리비아, 예멘, 시리아, 이라크 등에서 외국 세력들이 자국의 이해관계에 따라 내전에 깊숙이 개입해 갈등 조장자 역할을 하고 있기 때문이다. 둘째, 아랍 각국이 정파나 부족 집단의 단편적 이해관계보다 국익이나 미래 세대를 위한 양보와 대타협을 우선해야 한다. 마지막으로 경제 원조나 권위주의 정권에 대한 압박을 통해 민주화가 안착될 수 있도록 국제 사회가 평화적 중재자 역할을 다하는 것이다. 이러한 기대치가 옅어지면서 아랍의 봄은 또 다른 10년을 기다려야 할 것 같다.

_ 이희수, 〈21세기 아라비안 나이트〉, 《한국경제》 2021년 2월 1일

20. 비산유국인 요르단과 모로코는 왜 왕정이 유지되는가?

메나(MENA, Middle East & North Africa)로
불리는 중동 아랍 25개 국가 정치 체제에서는 하나의 뚜렷한 특징을
찾을 수 있다. 왕정을 안정적으로 유지하고 있는 나라는 대부분 산유
국이라는 점이다. 사우디아라비아, 쿠웨이트, 카타르, 바레인, 아랍
에미리트, 오만 등 걸프 6개국이 대표적이다. 사실상 제1, 2차 세계대
전 전후로 탈식민 시대가 도래하고 중동과 북아프리카 아랍 국가들
이 독립을 쟁취하고 대부분 왕정 국가로 출발했다. 그러나 많은 국가
가 사회주의 혁명과 군사 쿠데타로 왕정이 무너지고 공화국 독재 체
제로 돌아섰다. 리비아, 알제리, 튀니지, 이집트, 예멘, 이라크, 시리아
등 아랍 국가는 물론, 이란, 터키까지 모두 왕정에서 공화국으로 바
뀐 나라들이다. 부패한 전제 왕정이 누적되는 사회적 욕구와 삶의 고
통을 감당하지 못했기 때문이었다. 그나마 산유국들은 쏟아지는 원
유 수입으로 요람에서 무덤까지 거의 완전 복지를 보장해 주었기 때
문에 혁명이나 정체의 변화라는 정치적 동기 부여가 약할 수밖에 없
었을 것이다. 그런데 비산유국이면서도 굳건히 왕정을 안정적으로
지키고 있는 나라가 요르단과 모로코이다. 이 두 나라는 경제적 어려
움과 청년 실업 등에도 불구하고 걸프 지역의 다른 어떤 왕정 국가보
다도 정치적 안정과 국민적 지지를 유지하고 있다. 왜일까?

이는 종교적 정통성 문제와 깊은 관련이 있다. 사실 사우디아라
비아는 이슬람의 종주국이라기보다는 찬탈 왕조다. 1932년 네지드

지방의 토후였던 알사우드 가문이 극단적 이슬람 보수 집단인 압둘와합 가문과 연합해 메카의 정통 예언자 가문인 샤리프 후세인 가문을 몰아내고 1932년 사우디아라비아 왕국으로 독립하면서 메카와 메디나 같은 이슬람 성지 지역을 차지하고 관리하고 있기 때문이다. 정통 예언자 가문의 적통 후예인 파이잘은 이라크로 가서 이라크 왕이 되고, 삼남인 후세인은 요르단으로 가서 요르단 왕이 됐다. 그러나 이라크 파이잘 왕정은 사담 후세인이 주도하는 사회주의 바스당의 쿠데타로 정권을 잃고 사라졌고, 요르단의 왕가만은 굳건하게 정통 이슬람 예언자 가문의 계보를 지키고 있다. 요르단 왕국의 공식 명칭은 '하심가 요르단 왕국(The Hashimite Kingdom of Jordan)'이다. 하심가가 바로 예언자 무함마드의 가문이다. 따라서 요르단 왕가는 이슬람 가문의 적통이라 할 수 있다. 요르단 국민이 자부심을 갖고 있는 것은 물론이고, 이웃 이슬람 국가들도 요르단 왕정에 종교적 예의와 존경을 보내고 있다. 요르단 왕가가 갖는 특별한 위상이다.

모로코 왕정도 정치적으로 예언자의 직계 자손인 하산의 후예임을 표방하면서 이슬람의 정통 왕가 명분을 내세운다. 물론 계보를 역사적으로 정확하게 검증하기는 어렵지만, 모로코 왕정은 스스로 4대 칼리프 알리를 추종하는 알라위파임을 내세운다. 여기에다 요르단의 압둘라 왕이나 모로코의 무함마드 왕은 항상 중도적 입장에서 다른 이슬람 국가와의 분쟁 조정과 화해에 앞장서고 다양한 소수 종파와 종족들을 끌어안는 포용의 리더십으로 아랍 세계의 존경을 받으며 왕정을 발전시켜 나가고 있다.

21. 알카에다의 등장과 9·11 테러 그리고 대테러 전쟁

9·11 테러는 충격 자체였다. 특정 이념적 괴물 집단이 가진 왜곡과 분노가 불특정 대상과 무고한 민간인을 상대로 벌일 수 있는 최악의 공포를 그대로 보여 주었기 때문이었다. 결과적으로 21세기 지구촌의 일상과 삶의 태도는 9·11 테러 이전과 이후로 크게 달라졌다. 모든 인류는 검색과 감시의 대상이 되었고, 길게 줄을 서서 나의 모든 것을 알고 있는 기계 앞에 자신의 무고함을 증명해야 한다. 안보라는 이름으로 개발된 온갖 시스템으로 누구든지 감시할 수 있고 감시받을 수 있는 세상에 살게 됐다. 그만큼 인류 사회에 준 충격이 컸다. 9·11 테러는 그동안 누적된 강대국들의 횡포가 분노로 집약돼 표출된 사건이었다. 가진 자들이 더 많이 갖고자 오직 앞만 보고 치닫고 있을 때, 소외되거나 착취당한 약자들이 얼마나 오랜 분노와 원망의 응어리를 키워 왔는지 이 사건이 잘 보여 준다.

알카에다는 원래 사우디의 재벌 2세 오사마 빈 라덴이 주도해서 세운 국제 구호 협력 단체였다. 1979년 크리스마스 직후 소련이 기습적으로 아프가니스탄을 침공하자 소련의 팽창과 남하를 막으려고 이슬람권과 미국이 소련에 맞서는 무자히딘 군벌들을 지원하면서 전쟁은 10년 장기전에 돌입했다. 이때 알카에다는 사우디아라비아의 아프가니스탄 이익 대표부 성격을 띠면서 무자히딘을 지원하는 가장 강력한 지원 조직이었다. 당연히 알카에다는 소련의 침공을 결사적으로 저지해야 하는 미국과의 협력 속에서 함께 전쟁하는 동지 관계였다. 그러나 1990년 미국이 이라크를 공격한 1차 걸프 전쟁 직후, 사우디 왕정이 사우디아라비아에 이례적으로 미군 기지 설치와 미군 주둔을 허용하면서 왕실과의 관계가 틀어졌다. 사우디와 미국을 적으로 돌리면서 본격적인 대미 무장 공격을 개시했다. 그동안 아프리카와 중동 여러 곳에서 수십 차례 미국 시설에 대한 군사 공격을 감행하던 중, 결국 2001년 9·11 뉴욕의 세계무역센터, 워싱턴의 국방성 펜타곤, 대통령 집무실 백악관을 동시다발적으로 공격하는 9·11 테러를 일으킨다. 9·11 테러는 그동안 이슬람 세계의 급진주의자들이 가져 왔던 불만과 경제적 박탈 논리의 극단적 표출이라고 볼 수 있다.

석유가 개발되기 시작한 1900년대 초부터 오일 쇼크가 발발한 1970년대 초까지 국제 유가는 배럴당 2달러 수준이었다. 석유 1배럴이 약 159리터이므로 1리터에 15원 정도였다. 그것도 70년간이나. 지금 휘발유의 최종 소비자 가격이 1리터에 2천 원 정도임을 고려한다면, 당시 유통 구조의 왜곡과 서구 석유 회사들의 자원 착취는 상상을 초월하는 수준이다. 생산 원가나 개발비가 턱없이 낮은 중동 석유를 거의 헐값으로 가져가 오늘날 서구는 선진 공업국으로 발돋움했다. 그러는 사이 아랍 국가 대부분은 서구의 가혹한 수탈과 민족적 모멸을 경험했다. 이러한 무슬림의 울분은 알카에다 지도자 오사마 빈 라덴의 정치적 선동에서도 잘 드러난다.

미국은 아랍 석유의 판매를 대행함으로써 노골적으로 그 수익을 도둑질하고 있다. 지난 25년 동안 석유 1배럴이 팔릴 때마다 미국은 135달러를 챙겼다. 이렇게 해서 중동이 도둑맞은 금액은 무려 일일 40억 5천만 달러로 추산된다. 이것은 역사상 최대 규모의 도둑질인 것이다. 이런 대규모의 사기에 대해 세계의 12억 무슬림 인구는 1인당 3천만 달러(약 330억 원)씩 보상해 달라고 미국에 요구할 권리가 있다.

로레타 나폴레오니, 《모던 지하드》, 343쪽

이처럼 빈 라덴의 혁명적이고 격렬한 수사는 19세기 서구 자본가들의 가난한 나라 착취를 맹렬하게 비난한 마르크스의 논조를 연상시킨다. 이 때문에 무슬림은 알카에다가 사용하는 테러라는 방식에 동조할 수 없으면서도 빈 라덴의 감성적 호소에 어느 정도 동조하고 있다.

참혹한 테러 앞에 사람들은 이성을 잃는다. 가족은 절규하고, 시민은 분노하면서 응징이란 이름으로 복수를 다짐한다. 미국 국민은 '왜 우리가 이러한 테러를 당해야 하는가?'라는 물음에 대한 자기 성찰을 할 겨를이 없다. 지난 60여 년간 아랍인이 팔레스타인에서 느꼈던 감정의 골을 미국인이 어떻게 이해하겠는가? 미국인이 이날 느끼는 심정을 아랍인은 이스라엘과 미국의 무차별 폭격으로 죽어 가는 가족의 시신을 껴안은 채 무수히 되풀이해서 느끼고 있다. 이러한 사실을 미국인은 상상조차 할 수 없다.

지금 미국인은 눈앞에서 벌어지고 있는 끔찍한 테러, 그것만을 생각하며 복수를 다짐한다. 응징의 대상이 자신들이 받았던 것과 똑같은 고통을 느낄 민간인이라는 생각을 하지 않는다. 용서 못 할 테러 주범을 제거하고 지구촌에 민간인을 향한 테러의 뿌리를 뽑아야 한다며, 약간의 희생은 불가피하다는 위험한 생각을 자연스럽게 받아들이고 있다. 언론은 또 그렇게 선동적으로 대중을 몰고 간다. 테러는 또 다른 테러를 낳고, 그 희생자들이 무고한 시민이라는 지성인들의 목소리는 위력을 잃고 만다. '왜'라는 성찰 없는 복수의 테러가 가져올 파장에 대해서는 애써 외면한다.

　미국 뉴욕과 워싱턴을 강타했던 9·11 테러를 보는 아랍인의 심정은 매우 복합적이다. 이슬람 세계의 일반 대중은 일시적으로 세계 경제의 중심지이자 월가 유대 자본의 상징인 뉴욕 무역센터가 무너져 내리고, 아랍 침략의 온상인 펜타곤이 폭격당하는 모습을 보고 모처럼 통쾌한 감정을 느꼈을 수 있다. 이왕이면 백악관도 날려 버려 그동안 억눌려 온 아랍인의 응어리를 말끔히 씻어 주었으면 하는 아쉬움도 일부에서 있었을 것이다. 그러나 수많은 민간인의 희생이 보이고, 일부 극렬 과격 테러리스트들 때문에 아랍-이슬람권 전체가 반문명적 테러 집단으로 매도당하자, 이번에는 사건을 저지른 테러 집단에 응징의 목소리를 높였다. 9·11 자살 테러가 이성적으로는 반이슬람적이고 자칫 대다수 온건한 이슬람권의 권익에 치명적인 위해를 가할 수 있으므로 분명한 반대 입장을 표명하면서도 미국에 대한 반감이 워낙 크기 때문에 심정적으로 동조하게 된다는 의미이다.

이것은 뿌리 깊은 반미 감정이 아랍인 내부에 깊숙이 박혀 있기 때문이다.

비무장 민간인을 해치는 어떤 폭력도 우리는 테러 행위로 절대 용납할 수 없다. 그렇다면 미국과 이스라엘이 미사일과 전투기까지 동원해 공공연히 무슬림과 팔레스타인 주민을 학살하는 행위도 국가 테러로 중지되거나 응징해야 한다. 무슬림이 행한 자살 폭탄 테러의 1차 원인인 국가 테러에 대한 제재 없이는 지구촌 갈등과 피의 악순환이 계속될 수밖에 없을 것이다.

22. 대테러 전쟁 20년, 인류에게 무엇을 남겼나?

2001년 알카에다 조직에 의한 미국 무역센터와 펜타곤, 백악관 테러 공격은 미국뿐만 아니라 전 세계에 극도의 공포감을 심어 주었다. 그런데 정작 더 큰 충격을 받은 곳은 이슬람 세계였다. 이슬람의 이름으로 행해진, 불특정 다수의 무고한 민간인을 겨냥한 끔찍한 인명 살상은 지구촌 전체에 이슬람포비아(이슬람혐오증) 현상을 극대화했기 때문이었다. '이슬람=테러'라는 등식이 퍼져 가면서 무슬림에 대한 공격과 차별이 곳곳에서 벌어졌고, 이슬람은 순식간에 테러의 종교로 낙인이 찍혔다.

그런 분위기에 편승해 곧바로 미국은 대테러 전쟁을 선포했다. 그것은 곧 이슬람 세계에 대한 전쟁 선포였다. 후일 취소하기는 했지만, 조지 W. 부시 미국 대통령 스스로가 대테러 전쟁을 십자군 전쟁으로 묘사할 정도였다. 아프가니스탄이 공격당하고 이라크에 침공이 시작됐다. 전 세계 모든 반미 이슬람 단체들은 테러 조직으로 분류됐다. 이제 반미는 곧 테러 조직이었다. 팔레스타인의 하마스나 레바논의 헤즈볼라도 많은 아랍 국가에서 합법적인 정치 조직이지만, 이스라엘과 미국에서는 테러 조직이 됐다. 역설적이게도 터키나 이란은 물론, 여러 아랍 국가가 이스라엘을 테러 국가라고 비난한다. 팔레스타인 불법 점령과 무차별적인 민간인 표적 공격 때문이다. 이라크 침공으로 많은 민간인을 죽게 한 부시 전 미국 대통령도 국제 인권 단체에 의해 테러 주범으로 국제형사재판소에 피소된 상태다.

일반적으로 테러는 '정치, 종교, 사상적 목적을 위해 폭력적 방법과 수단으로 민간인이나 비무장 개인, 단체, 국가를 상대로 위협이나 위해를 가하는 일체의 행동'을 일컫는다. 그러나 테러의 정의나 규정은 관점에 따라 천차만별이다. 미국 조지타운대의 저명한 테러 이론가 월터 라쿠어 교수는 테러 개념을 100개 이상으로 정의했다. 미국 테러 전문가들의 한계는 테러 개념을 이슬람 정치 집단에 초점을 맞추고, 공권력 남용이나 국가 테러에 대해 비교적 유화적인 태도를 취한다는 점이다.

동시에 그들은 끔찍한 테러 결과에 집착해 이를 궤멸하는 데 관심을 집중하지만, 테러의 근원적 발생 원인과 역사성, 서구의 과오에는 거의 초점을 맞추지 않는다. 이를테면 9·11 테러로 인류 사회를 공포로 몰아넣었던 알카에다는 옛 소련의 아프가니스탄 침공과 인도양 진출을 막기 위해 미국과 사우디아라비아가 협력 관계를 강화하면서 급성장한 테러 조직이었다. 미국의 군사 지원과 사우디 왕정의 든든한 재정 후원으로 소련의 남하를 막아 걸프만 석유라는 미국의 핵심 이익을 지켰지만, 적대 관계로 돌아서면서 미국에 부메랑이 된 것이다. ISIL이라는 조직도 따지고 보면 부시 미국 대통령의 잘못된 이라크 전쟁이 배태한 악의 씨앗이었다. 2003년 미국의 이라크 침공으로 몰락한 사담 후세인 잔당이 알카에다 이라크 지부를 만들었는데, 이들이 ISIL의 핵심 세력으로 성장했기 때문이다.

그동안 지구촌은 테러라는 괴물에 끊임없이 시달렸다. 미국 메릴랜드대 테러연구소가 발행하는《글로벌 테러통계(GTD)》에 따르면,

1970년부터 2017년까지 지구촌에선 18만 건 이상의 테러가 발생했다. 여기에는 8만 8천 건의 폭탄 테러와 1만 9천 명의 암살, 1만 1천의 납치가 포함돼 있다. 알카에다와 ISIL이 궤멸된 이후인 2017년만 해도 비공식 통계로 1,465건의 테러가 일어났고 7,775명의 무고한 인명이 희생됐다. 9·11 테러 이후 미국 주도의 대테러 전쟁 결과, 지구촌 테러가 적어도 10배 이상 증가했다는 것을 보여 준다. 테러분자를 궤멸하기 위한 작전이란 이름의 무차별 공격으로 또 다른 무고한 무슬림 시민이 죽어 나가는 악순환이 되풀이되기 때문이다. 전문가들에 의하면, 전선이 따로 없는 현대 비대칭 전쟁의 특성은 주로 도심에서 이루어지기 때문에 고성능 폭탄을 사용해 테러 거점을 초토화하는 과정에서 테러와 아무 관련 없는 민간인이 평균 8~9명 죽는다는 점이다. 한 사람의 테러분자는 제거되겠지만, 동시에 가족을 잃은 8~9명의 잠재적 분노 세력들이 우후죽순으로 생겨나 또 다른 테러의 확산으로 연결되는 것이다. 비극적 현실이다

따라서 테러를 줄이려면 외과적 공격 일변도보다는 테러 동기 부여를 무력화하는 전략을 함께 사용해야 한다. 이는 전쟁 피해자를 향한 생계 지원, 심리 치유 프로그램 가동, 일자리 창출과 같은 소프트파워 전략을 동시에 가동해야 하는 것이다.

23. ISIL의 성장 비밀과 궤멸의 실상은 무엇인가?

국제 테러 조직 ISIL의 거점 도시였던 이라크 모술에 이어 수도였던 시리아 라카마저 2017년 연합군에 의해 점령됨으로써 지난 4년 가까이 인류 세계를 괴롭혀 왔던 테러 조직은 치명상을 입었다. 결국 2019년 10월 29일 도널드 트럼프 미국 대통령이 ISIL의 괴수였던 아부 바크르 알바그다디의 사망 사실을 발표함으로써 ISIL은 공식적으로 종식됐다. 물론 잔존 세력이 후계 구도를 이어 가며 테러 조직으로서의 역할은 당분간 지속될 전망이다. 그동안 ISIL은 이라크 영토 3분의 1 이상을 차지하면서 미국과 유럽 전역을 포함해 전 세계 29개국에서 무려 143건의 대형 테러를 자행해 2,043명의 무고한 민간인 희생자를 냈다.

ISIL은 미국의 이라크 침공과 사담 후세인 붕괴 이후 대혼란 상태에서 권력을 빼앗긴 수니파 이라크 군벌들을 중심으로 조직된 극단적 반미 무장 세력이다. 2014년 6월 29일 처음 설립 당시에는 잃어버렸던 중세의 이슬람 국가를 재현하겠다는 슬로건을 내걸고 이슬람 국가(IS, Islamic State)로 출발했다. 그러나 누가 보더라도 국가라기보다는 무장 테러 집단이었고, 이슬람의 가치에도 전혀 부합되지 않아 이슬람권은 물론 국제 사회에서도 IS라는 용어를 기피하는 경향이 강하다. 이에 IS 설립 이전의 테러 조직인 ISIL(Islamic State of Iraq and the Levant, 이라크 레반트 이슬람 국가)이나 ISIS(Islamic State of Iraq and Syria, 이라크 시리아 이슬람 국가)라고 부르기를 선호한다.

사담 후세인 독재 체제에서도 그나마 유지되던 여러 부족과 종파 간 느슨한 연대는 2003년 미국의 이라크 침공으로 산산조각이 났다. 사담 후세인은 의심의 여지 없이 자국민을 화학 무기로 공격한 나쁜 지도자이고 아랍권에서도 비난받는 독재자였지만, 미국의 혹독한 경제 제재에도 국민을 굶겨 죽이지는 않았다. 오히려 장밋빛 꿈을 약속했던 미국의 이라크 전쟁 이후에 상황은 더 악화됐다. 절대다수 국민이 일자리를 잃었고, 초토화된 의식주 공급 체계는 회복되지 않았다. 무엇보다 물과 전기를 위해 매일 생존투쟁을 벌여야 했다. 어둠이 깔리면 죽음과 약탈의 공포가 일상으로 밀려들고, 10여 년간 끔찍한 폭탄 테러가 하루도 빠지지 않고 생명을 끈질기게 위협했다. 미국이 세운 새로운 이라크 정권이 역사적 앙갚음을 위해 사담 후세인 시절의 군대와 경찰을 강제로 해산시키자, 그 많은 무기가 고스란히 쫓겨난 군경의 손에 들어간 탓이다. 모든 권력에서 밀려나고, 2등 국민 신세가 된 이들의 극단적 저항이 ISIL 생성의 직접적인 배경이다. ISIL은 2004년 김선일 씨 살해를 포함해 수많은 인질 납치로 악명을 떨쳤던 아부 마사브 알자르카위의 '유일신과 성전 단체'를 이어받은 알카에다 이라크 지부(AQI)가 모체다. 그러나 알카에다의 이라크 지부 수준이었던 ISIL의 급성장은 미스터리 그 자체였다

알카에다와 비교해 보면 테러 전술과 서방을 대하는 방식에서 ISIL은 첨단 디지털 기법과 유튜브, 페이스북 같은 SNS 매체를 자유자재로 활용하면서 훨씬 진화됐다. 그들의 자금 조달 방식도 기상천외하다. 외국인 인질 납치를 통해 몸값을 받고, 중앙은행이나 지방

은행을 공격해 금괴와 현금을 탈취하고, 유전 지대를 장악해 값싼 원유를 밀거래해서 돈을 불렸다. 그들은 20억 달러 이상의 자금을 보유한, 세계에서 가장 부유한 테러 조직이라는 평가도 있다. 이 막대한 자금으로 튀니지, 리비아, 아프가니스탄, 이라크, 체첸, 중국 위구르 등지로부터 무슬림 용병들을 끌어모으고, 유럽에서 차별받고 소외된 10대 후반 20대 초반의 젊은 무슬림 이주민 3~4세를 유인하는 데 성공했다.

정치적으로는 시리아 내전 발발이 그들의 영향력 확대에 결정적 전기를 만들어 주었다. 2011년 2월, 시리아에서 내전이 일어나자 ISIL은 바샤르 아사드 정권에 맞서 시리아 반군의 중심 세력으로 활동했다. 사담 후세인 집권 시절 20년 이상 이라크 군대를 이끌어 왔던 ISIL 핵심 군사 조직은 시리아 내전에서 눈부신 성과를 거두었다. 무엇보다 아사드 정권을 등에 업고 미국 주도의 중동 체스판에 뛰어들려는 러시아를 견제하고자 미국, EU, 터키, 사우디아라비아 등 연합군은 ISIL을 전폭적으로 지원했다. 국제 정치의 더러운 양면성이다. 당시 미국 공화당 대선 후보였던 트럼프가 놀랍게도 오바마 대통령을 'ISIL의 창시자'라고 발언해 세상을 깜짝 놀라게 했던 정치적 배경이다. 그렇게 본다면 ISIL 생성에 가장 큰 역할을 한 사람은 오히려 조지 W. 부시 전 대통령이어야 한다. 2003년 이라크 침공이 ISIL의 급부상을 가져온 직접적인 원인이었다는 사실에 거의 모든 전문가가 동의하고 있기 때문이다. 미국 CIA 출신인 브루킹스 연구소 리델은 "현재의 ISIL을 만든 책임을 져야 할 미국 대통령이 있다면 그건 이라크를 침공해서 알카에다를 만든 조지 W. 부시다."라고 말했다.

ISIL의 미국이나 서방과의 공조 체제는 2015년 11월 프랑스 파리 테러로 끝이 난다. ISIL은 파리의 극장과 경기장 등 일곱 군데의 다중 시설을 무차별 공격하는 끔찍한 테러를 일으킨다. 그로써 극도의 심리적 공포는 물론, 130여 명이 사망하는 결과를 가져왔다. 이때부터 서방 세계는 ISIL 궤멸로 방향을 선회했지만, 워낙 지역 사회에 뿌리를 단단히 내리고 정교하게 무장한 상태라 소탕은 쉽지 않았다. 그후 2년 동안 일진일퇴를 거듭하면서 세력을 약화시켰으나 결정적으로 시리아 쿠르드 민병대가 2017년 지상군을 투입해 ISIL의 마지막 거점이자 수도인 시리아 라카를 점령함으로써 일단락됐다.

이라크 내 ISIL 근거지의 제거로 가장 큰 기대를 모으는 것은 역시 이라크다. 정치적 안정을 바탕으로 그동안 지지부진하던 이라크 경제 개발 계획이 본격 가동될 전망이다. 전후 복구 사업 참여를 노리는 한국 기업에게도 분명 호재가 될 수 있다. 그러나 장밋빛 희망은 아직은 시기상조다.

첫째, ISIL 제거를 둘러싼 논공행상 과정에서 이라크 정부군을 대신해 ISIL 궤멸에 앞장섰던 이라크 북부 쿠르드 자치 지역이 주민 투표를 통해 이라크로부터 독립을 선언했기 때문이다. 유전 지대를 가진 쿠르드 지역의 이탈을 이라크 중앙 정부가 절대 용납하지 않을 것이고, 이웃 터키와 이란도 쿠르드 독립에 반대하는 입장이라 또 다른 충돌의 위기감이 고조되고 있다. 설상가상으로 시리아와 터키에 있는 쿠르드 지역들조차 강하게 자치와 독립을 요구하고 있어 ISIL

제거 이후 중동은 쿠르드 문제가 핵심 이슈로 불거지는 양상이다.

둘째, ISIL 궤멸로 이라크와 시리아에서의 테러는 잠시 주춤하겠지만, 그동안 ISIL이 SNS를 통해 유럽과 아시아의 소외된 사회적 이탈자를 불러 모으는 최첨단 네트워크 테러 방식을 채택해 왔고, 수천 명 규모의 베테랑 전사들이 유럽이나 본국으로 귀환할 경우 오히려 테러는 전 세계적으로 확산될 위험을 안고 있다. '아랍의 봄' 실패 이후 혼란을 거듭하는 중동 지역, 다문화 정책 실패로 이주민에 대한 차별과 사회적 냉소가 확산되는 유럽이 ISIL의 좋은 활동 무대이기 때문이다. 더욱이 2003년 미국의 이라크 침공 이후 삶의 기반을 잃고 희생당한 가족의 복수를 노리는 극단적 증오 세력들이 너무 많이 양산되어 있다. 미군이 철군하고 새로운 국가를 건설하는 아프가니스탄도 혼란이 지속된다면 ISIL이 뿌리를 내리는 좋은 토양이 될 것이다.

따라서 끔찍한 테러를 줄이려면 중동 지역의 내전 종식과 민주화 지원은 물론, 테러 조직을 사전에 파악해서 위험을 막는 국제적 공조, 테러의 동기 부여를 무력화시키는 침략 전쟁에 대한 진솔한 사과와 피해 보상, 전쟁고아와 피해자에게 최소한의 생계 지원과 일자리를 마련해 주는 소프트 파워 전략도 동시에 가동되어야 한다.

24. 왜 유독 이슬람에서만 테러가 번성하는가?

　　　　　　　이슬람과 테러는 동의어일 정도로 20세기 이후 테러는 이슬람 지역과 관련돼 있고, 테러 조직 대부분이 이슬람을 표방하고 있다. 그리고 그것이 테러 조직인지 순수한 독립과 자치를 위한 저항 조직인지, 합법적 정치적 집단인지도 불분명하다. 미국이나 서방, 심지어 이스라엘의 이익에 반하는 모든 조직과 활동을 테러로 묶는 경향이 강하다. 비단 팔레스타인이나 중동뿐만이 아니다. 체첸, 아제르바이잔, 필리핀 남부(아부 사야프), 태국 남부, 인도-파키스탄 접경의 카슈미르, 인도네시아(제마 이슬라미야), 동티무르, 소말리아(알샤바브), 남수단, 모로코 서부 사하라, 나이지리아(보코하람), 중국 신장성 위구르 지역 등이 대표적인데, 모두 이슬람 문제와 종으로, 횡으로 얽혀 있다. 이 중에서 팔레스타인 자치 투쟁을 하는 가자 지구의 하마스, 레바논의 집권 세력인 헤지불라 등은 많은 이슬람 국가에서 테러 조직이라기보다는 합법적인 정치 조직의 성격을 갖는다. 아랍 민주화 시위 이후 이집트 최초의 민선 대통령을 배출했던 무슬림 형제단도 이슬람 국가나 서방에서 각각 보는 시각들이 다르다. 물론 알카에다나 ISIL은 의심의 여지 없이 반이슬람적 테러 조직으로, 이슬람권에서도 공식적으로 반인류적 테러 단체로 분류한다.

　　인류 근현대사는 서구와 이슬람 세계 대결의 역사였다. 지브롤터 해협이 뚫리는 711년부터 빈이 세 차례 공략당한 1683년까지 이슬람 세계가 서구에 대해 지배적 우위를 지켜 오다가 최근 200년간 거꾸로 서구가 이슬람 세계를 예외 없이 잔혹하게 식민 지배하면서 생겨난 반서구-반미 저항 의식이 이슬람권 테러의 원인이라고 할 수 있다. 게다가 1948년 2천 년간 평화롭게 살고 있던 아랍인 팔레스타인 땅에 1948년 미국이 주도해 이스라엘을 건국해 줌으로써 극단적 저항과 네 차례 중동 전쟁의 원인이 됐다. 1970년대 이후부터는 석유가 본격적으로 개발돼 서구 경제의 핵심적인 자원이 되자 이를 관리하고 약탈하고자 하는 미국의 국익 극대화 정책이 수많은 친미 독재 정권들을 양산하고, 또 그들은 비호하면서 내부적으로 곪아 터진 불만과 저항도 테러 조직의 성숙에 한몫하고 있다. 그 결과 19~21세기 근현대사가 걸어온 서구와 이슬람 세계 사이 투쟁의 연장선에서 이슬람권에서 반미-반서구 저항 조직이 빈번히 발생한 것이다. 나아가 서구의 식민지 지배 과정에서 의도적으로 갈라놓고 깊숙이 개입해 서로를 적대시한 정책의 결과가 오늘날 중동-이슬람 세계에서 다른 지역에 비해 테러나 저항 운동이 급증하는 한 요인으로 설명할 수 있겠다.

이제 우리는 일찍이 타밈 안사리(《이슬람의 눈으로 본 세계사》 저자)가 지적했듯이 근본주의 무장 세력들이 이슬람권 주류의 지지를 받지 못하더라도 이슬람 사회 구조 안에서 오랫동안 수많은 가닥 중 하나로 존재해 왔다는 사실을 알고 있다. 그리고 수많은 가닥은 진정한 이슬람이 무엇이고 무엇을 표방해야 할지 수 세기 동안 서로 논쟁하고 경쟁해 왔다. 그리고 어떤 시대적 상황에서는 근본주의자들이 승리를 거둔 적도 있었다. 그러나 이제는 신기술과 최첨단 네트워크 시대에 그들의 입지는 좁아지고 있다. 동시에 이슬람 세계를 향한 부당한 간

섭과 약탈이라는 적의 야욕이 멈춰지지 않는 한 '이슬람의 테러'라는
이름의 저항도 그만큼 줄어들기 힘들 것이다.

25. 미군 철군 이후 다시 부활한 탈레반

미국이 이라크에 이어 아프가니스탄에서도 떠났다. 20년간의 침략 전쟁을 끝내고 수많은 상처와 고통, 피해만을 남기고 애초부터 승리가 불가능한 지옥의 전선을 결국 떠났다. 2001년 10월 7일, 미국은 9·11 테러의 주범인 오사마 빈 라덴을 비호했다는 이유로 당시 아프가니스탄 집권 세력이었던 탈레반을 응징하고자 일방적으로 전쟁을 시작했다.

2021년 8월 예상대로 미국이 떠나자 아프가니스탄 중앙 정부는 속절없이 무너졌다. 미국이나 서방 세계가 생각했던 것보다 훨씬 빠른 속도로 하루아침에 와해됐다. 민심이 떠난 정권의 판에 박힌 발로다. 그리고 탈레반이 손쉽게 정권을 잡았다. 원점으로 되돌아간 셈이다. 처음부터 예견된 일이었고 미군의 승리를 점치는 전문가도 거의 없을 정도로 명확한 전쟁이었다. 탈레반은 분명 나쁜 정권이다. 그러나 정부가 아무리 나쁘다고 해도 외국 군대의 지배를 선호하는 아프간 사람은 거의 찾아보기 힘들다. 부족과 종교로 뭉쳐진 공동체에서는 탈레반이라고 해도 주민이 먹을 것을 나누어 주고 필요한 물자를 공급해 주지 않을 방도가 없다. 그것은 이념의 문제가 아니라 공동체 삶의 기본 방식이기 때문이다. 따라서 주민과 탈레반을 분리하는 전략이 성공할 수 없다면 애초부터 그 전쟁의 승리는 불가능한 것이다. 미국이 이 사실을 깨닫고 실천하는데 꼭 20년이 걸렸다.

그동안 수많은 고통의 기억과 남겨진 슬픔만이 그득한 아프가니스탄 국민은 더 큰 증오와 복수를 다지며 미국을 저주하며 살아갈 것이다. 그런 정서가 팽배한 이상, 정권을 다시 잡은 탈레반은 미국과 결탁한 세력들을 배신자나 변절자로 단죄하는 끔찍한 분풀이를 할지도 모른다. 과거처럼 강경하지는 않더라도 다시금 탈레반의 존재 가치인 이슬람식 신정 체제를 강화할 것이다. 반대 정파들은 또 언제 끝날지 모르는 내전을 통해 죽기 살기식 저항을 계속할 것이다.

미국의 아프간 침공 직전까지도 막강한 구소련의 침략을 막아내고, 오랜 내전을 끝내고 1995년 처음으로 나라를 안정시킨 정치 세력은 탈레반이었다. 그들의 정치적 정체성은 강한 이슬람 체제에 바탕을 두고 있었다. 그런데 꾸란의 극단적 해석에 고립된 아프간 산악 유목 전통인 권위주의, 가부장적, 부족결사체 전통이 결합하면서 글로벌 스탠다드 입장에서는 도저히 이해할 수 없는 전근대적인 정책과 인권 유린 상황이 벌어졌다. 시대착오적인 정권이었다. 그렇다고 미국이 실질적인 아프가니스탄 정통 정권을 전쟁으로 무너뜨릴 자격과 국제법적 정당성을 갖는 것은 아니다. 이것이 비극이 잉태된 근본 배경이다.

심지어 미국은 1979년 구소련의 침공으로 아프가니스탄이 위기를 맞았을 때, 탈레반과 알카에다를 도와 냉전 시대의 거대한 경쟁자가 인도양으로 남하해 미국의 원유 젖줄을 위협하는 최악의 시나리오를 막을 수 있었다. 그들은 오랫동안 동지였다. 40여 년 전으로 회귀하면 당시 미국과 탈레반의 전신인 무자히딘 군벌 세력이 협력 관계를 구축해 러시아에 맞서 함께 싸웠다. 그리고 그들은 승리를 끌어냈다. 당시 미국과 전폭적으로 협력하고 지원했던 한때의 동반자가 무자히딘 전사들이었고, 그 후예가 탈레반이기 때문이다. 무자히딘 세력에게 엄청난 재정 지원을 하면서 직접 개입한 또 다른 조직이 바로 오사마 빈 라덴이 주도하는 알카에다였다. 미국 행정부-사우디 왕정(알카에다)-무자히딘(탈레반)이라는 삼각 협력 커넥션은 10년간의 끈질긴 저항 끝에 소련군을 아프가니스탄에서 몰아내는 쾌거를 달성했다.

그러나 9·11 테러가 모든 것을 바꾸어 놓았다. 탈레반이 테러 배후 세력으로 지목된 오사마 빈 라덴을 끝까지 비호하고 신병 인도를 거부했기 때문이었다. 탈레반은 분노와 충격에 빠진 미국의 일차적인 희생양이 되기에 충분했다. 마지막 순간 오사마 빈 라덴을 내놓겠다는 탈레반의 제의를 묵살하고, 공격 시나리오가 예정대로 진행됐다. 9·11 테러 우두머리를 보호했다는 죄목으로 탈레반이 공격당한다면, 19명 테러 실행범 중에 16명이 자국인으로 확인된 사우디아라비아가 가장 먼저 공격을 받아야 하는 것이 순서일 것이다. 전쟁은 20년 동안 약 2조 5천억 달러(약 3천 조)를 소모하면서 미군 2,440명이 전사했다고 전한다. 미국 입장에서 보면 그런데, 전쟁의 소용돌이에 내몰려 있던 아프가니스탄 주민의 입장은 어떤가. 수만 명의 무고한 민간인 희생, 삶의 기반과 의욕 파괴, 전통과 문화유산의 와해, 트라우마와 복수, 잃어버린 미래만을 남겨 주었다.

다시 집권한 탈레반이 과거의 모습으로 완전히 회귀할 것이라는 서방 세계의 일방적 주장은 지나치게 과장됐다. 20년 동안 세상은 엄청나게 변했고, 그때 태어난 20대는 이미 SNS로 세계의 변화를 온몸으로 호흡하며 살아가고 있다. 여성의 교육 수준이나 인식도 20년 전과는 확연하게 다르다. 물론 탈레반이 지금보다는 훨씬 강한 이슬람 정치 체제로 복원할 가능성이 높지만, 국정 운영의 책임자로서 실용적인 노선을 취할 수밖에 없을 것이다. 무엇보다 피폐한 전후 복구에 이미 약속한 미국과 서방의 지원이 절대적인 상황에서 국제 사회가 공조해 경제적 지원과 인권 개선을 연계한다면 보다 바람직한 아프가니스탄의 미래를 시작할 수 있을 것이다. 그리고 일정 기간 혼란을 딛고 자유로운 선거를 통해 민주적인 정권이 탄생할 때 아프가니스탄은 새로운 도약을 꿈꾸게 될 것이다. 1970년대 중반까지도 아프가니스탄은 대학 캠퍼스에서 미니스커트가 유행하던 이슬람권에서도 가장 진보적이고 개방적인 나라였다는 당당한 자부심을 국민이 기억하고 있기 때문이다. 그러나 탈레반이 끝내 다양한 종파와 부족 군벌들을 끌어안는 통합 정부를 구성하지 못한다면, 1990년대 겪었던 참혹한 내전과 국가 분열을 피해 가기 어려울 것이다. 그들은 선택의 기로에 서 있다.

26. 탈석유 이후 중동 산유국의 대체 에너지 전략

2020년, 석유수출국기구(OPEC) 창설 50년을 맞았다. 1960년 바그다드에서 이란, 이라크, 사우디아라비아, 쿠웨이트, 베네수엘라 등 다섯 나라가 서로 뭉쳐 거대한 서구 석유 자본에 맞서겠다는 비장한 결의를 했을 때만 해도 그들의 힘은 역부족이었다. 그러나 국가 간 전략적 제휴를 하고 몸집을 키워 가던 OPEC은 결정적으로 1973년 10월 아랍-이스라엘 간의 제4차 중동전쟁 발발로 대전환기를 맞았다. 아랍 산유국들이 석유 무기화 조치를 취했기 때문이다. 미국과 이스라엘에 우호적인 서방 국가에 원유 공급을 중단한 이 미증유의 사태에 한국을 포함한 세계 경제가 오일 쇼크(oil shock)라는 직격탄을 맞았다.

당시 세계 에너지 소비에서 석유가 차지하는 비중은 45% 정도였다. 점차 석유 대체 에너지가 개발되면서 2018년에는 석유 의존도가 33%로 떨어졌다. 우리나라도 원유와 가스의 80% 이상을 중동에서 도입하다가 2018년에는 61% 수준으로 떨어졌다. 이 기간 세계의 가스 소비 비중은 17%에서 24%로 큰 폭으로 상승했다. 탈석유 현상의 조짐이 뚜렷한 지표다. 가스 에너지는 석탄이나 석유, 심지어 원자력보다 안전성이나 친환경이라는 측면에서 미래 에너지 자원으로 주목받을 전망이다. 더욱이 석유 수요의 절반가량을 차지하던 자동차가 인공지능에 기반한 자율주행 시스템으로 바뀌면서 가스 기반의 전기 시대를 견인하고 있다는 점이다. 나아가 4차 산업혁명의 핵심 기반 시설인 데이터센터가 사용하는 전력 수요도 큰 변수이다. 여시재 에너지 연구소 최근 보고서에 따르면, 중국의 대표적인 ICT 기업 화웨이를 인용하며 현재의 인공지능 확대 속도를 고려하면, 데이터센터의 전력 소비량이 연간 33.3% 증가하고, 2025년에는 전 세계 전력 소비의 23%가 ICT 계열, 그중 13%가 데이터센터가 차지할 것으로 예측했다.

　무엇보다 미국이 셰일 가스를 토대로 새로운 에너지 패권 국가로 부상함에 따라 중동 석유에 대한 의존도가 현저히 낮아지고 있다는 점이다. 미국의 탈중동 정책이 가시화되는 한 배경이다. 시리아에서 미군 철수가 이루어지고, 아프가니스탄에서도 미군의 출구 전략이 본격적으로 논의되고 있다. 문제는 이 공백을 또 다른 에너지 강국인 중국과 러시아가 파고들고 있다는 사실이다. 일산 100만 배럴의 석유 수입국으로 사우디아라비아 최대 교역국인 중국은 최근 사우디 정유회사 아람코에 100억 달러 지분 참여 의사를 밝혔고, 최대의 가스 매장량을 보유하고 있는 러시아의 에너지 남진 정책도 더욱 가속화되고 있다. 러시아에서 유럽으로 수출하던 가스 물량의 약 90%가 우크라이나를 경유하고 있는 상황에서 2014년 러시아가 전격적으로 우크라이나를 침공하고 크림반도를 강제 병합한 사건도 이와 무관치 않아 보인다. 이런 러시아가 시리아 내전을 사실상 승리로 이끌면서 미국이 중동에서 빠져나가는 힘의 공백을 메꾸어 갈 것이다. 현재 가스 생산 1위인 카타르를 필두로 아랍에미리트, 사우디아라비아, 이란 등 가스 강국과 러시아의 협력 구도는 기존 미국 중심의 에너지 패권 구도를 근본적으로 뒤흔들 가능성마저 엿보인다.

동시에 중동 산유국들도 탈석유 정책에 사활을 걸면서 원자력, 태양광, 풍력 등 대체 에너지 개발에 심혈을 기울이고 있다. 사우디는 2023년까지 총 3단계에 걸쳐 100조 가까운 예산을 투입해 원자로 16기를 건설할 계획이다. 요르단, 모로코, 터키, UAE 등 다른 중동 국가들도 원자력 에너지의 안정적 확보에 총력전을 펼치고 있다. 중동에서 벌어지는 또 다른 에너지 전략 축은 태양광이다. 이 지역은 태양 에너지 발전 설비 설치 및 육상 풍력 단지 조성에 매우 적합한 넓은 사막은 물론, 풍부한 일조량과 일광 시간, 적은 강수량과 풍속의 안정성 등 재생 에너지 발전에 최적의 조건을 갖추고 있다. 가장 효율성이 높다는 다른 유럽 국가와 비교해 보아도 태양광 발전 누적 설치량이 2배 이상 높다. 지상 풍력보다 발전 효율이 높은 해상 풍력 발전도 물론 가능하다. 미국의 탈중동화와 급변하는 에너지 구도에 우리의 중동 진출 전략도 세심하게 재점검해 볼 때다.

27. 〈대장금〉 드라마 시청률 90%, 왜 그들은 KOREA에
   열광하는가?

중동의 한류는 2006년경 시작됐다. 오늘날 중동 한류 열풍에 불을 붙인 것은 드라마 〈겨울연가〉로부터 시작됐다. 이집트의 수도 카이로에 상륙한 〈겨울연가〉는 예상 밖으로 아랍 젊은이를 매료시켰다. 청순한 사랑과 환상적인 낭만, 아름다운 사계절의 한국 풍광은 삭막한 그들의 가슴에 유토피아를 심어 주었고, 가부장적 남아 선호 사상에 젖어 있던 아랍 정서에 잔잔한 파문을 던졌다. 〈겨울연가〉는 곧바로 22개 아랍 전역으로 퍼졌다. 일부 국가에서는 두 번, 세 번 방송되기도 했다.

아랍 국가는 모두 22개 국가다. 그들끼리는 아무 불편 없이 서로 말이 통한다. 수천 년, 수천km 서로 고립해 살고 있으면서 어떻게 자유롭게 언어 소통이 될까? 언어를 통일해 주는 첫 번째 요소는 꾸란이다. 꾸란은 계시가 된 이후 1,400여 년이 흘렀지만 점 하나 획 하나 틀리지 않고 전해지는 표준 아랍어 교과서다. 하루 다섯 번씩 예배를 보면서 매일 꾸란을 낭송하는 종교적 일체감은 바로 언어적 단합으로 이어지는 것이다.

〈겨울연가〉가 끝이 아니었다. 2007년에는 전통 음식을 다루는 사극 드라마 〈대장금〉이 중동에 상륙했다. 역시 열풍이었다. 특히 중동 최대 시장인 이란에서 〈대장금〉은 거의 신드롬 현상을 불러일으켰다. 6개월 동안 초방 60회 정도 방영됐는데, 이란 당국의 설명에 의하면 평균 시청률이 90%를 웃돌았다고 한다. 인구 8천만 명, 20여 개이상의 채널을 가진 나라에서 외국 드라마의 6개월 평균 시청률이 90%. 통상적으로 설명할 수 없는 기이한 문화 현상이다. 실제로 여러 차례 이란을 방문할 때마다 〈대장금〉 시청을 목격했다. 이러한 시청률의 모습은 저녁 골든타임에 천만 시민이 사는 테헤란 시내에 자동차가 거의 다니지 않는 것으로 나타났다. 그 후 이란과 중동 다른 지역에서도 〈주몽〉, 〈해신〉, 〈상도〉 같은 사극이 인기를 끌었다.

왜 그들은 한국 드라마에 열광할까?

첫째, 우리 부모님 세대가 뿌렸던 땀과 노동 가치의 소중한 결실이다. 중동 사람들은 1970~1980년대 한국인 근로자들을 기억한다. 20년간 약 100만 명 이상의 우리 노동자들이 외화를 벌기 위해 가족을 등지고 뜨거운 사막에서 먼지와 더위에 싸우며 건설 공사에 투입됐다. 1일 24시간 3교대로, 정말 죽기 살기로 일했다. 눈물겨운 우리산업의 자부심이고 동시에 아픔이다. 현지인이 시에스타를 즐기며낮의 태양을 피해 쉬거나 낮잠 자는 동안에도 한국인은 일하고 또 일했다. 그들이 축제와 파티를 즐기는 밤에도 불빛 없는 사막에 횃불을밝히고 다리를 건설하고 고속도로를 깔고 빌딩을 지었다. 지금 많은아랍인은 우리가 지었던 아파트에 살고 빌딩에서 일하고 공부한다.현대와 기아차를 타고 우리가 닦아 놓았던 고속도로와 다리 위를 달린다. 그리고 집안에서는 'Made in Korea' 냉장고, TV, 에어컨이 최고인기고, 삼성 휴대폰으로 문화 콘텐츠를 즐긴다.

그들에게 한국은 '성실과 근면'의 아이콘이었고, 그것을 기초로 지금은 '첨단과 기술'의 아이콘, 따라가고 싶은 롤모델이 됐다. 서구는 분명 자신들보다 앞서 있지만, 아무리 그들의 제도와 문화적 수준이 뛰어나더라도 그대로 모방하고 받아들이기는 정말 싫은 것이다. 자존심 상하는 일인 것이다. 최근 200년간 서구에 식민 지배당하면서 온갖 수모와 고통을 겪어 왔기 때문에, 부당한 이스라엘을 일방적으로 편드는 미국과 서구를 이해하고 화해와 공존을 들먹이기에는 아직 마음이 내키지 않는 것이다. 그러나 아무런 역사적 응어리도 없고 좋은 기억만 남아 있는 한국은 친구가 없는 그들에게는 너무나 소중한 존재인 것이다.

둘째, 아랍 고전 문학에는 놀랍게도 신라를 기록한 자료들이 많이 남아 있다. 1,500년 전부터 한반도와 중동은 교류와 접촉을 해 왔다. 더욱이 많은 문헌에서 그들은 신라를 '유토피아', '동방의 파라다이스'로 묘사한다. 아랍인의 마음 깊은 곳에 깔려 있는 알 수 없는 신비의 동방 끝나라, 조상들이 극찬했던 유토피아의 한반도를 그들은 신화처럼 끄집어내고 있다.

셋째, 왜 하필 사극이 특히 인기를 끌까? 〈대장금〉의 예를 보더라도 우리 역사 드라마는 일반적으로 권선징악 구도다. 주인공이 온갖 어려움과 고통을 겪으면서도 결국 사악한 무리를 제압하고 왕위에 오르거나 바른 세상을 펼친다. 출생의 비밀이나 폭력이 난무하고 세상의 어두운 면을 적나라하게 고발하는 현대 드라마는 이슬람의 문화적 정서와 맞지 않고, 권력의 어두운 면과 사회의 부조리를 고발하는 내용은 아랍 왕정 국가나 중동 권위주의 정권 입장에 위험하고 불편할 것이기 때문이다. 무엇보다 우리 사극은 여인들의 의상에 노출이 거의 없고 궁중 의상들은 아름답기도 하거니와 몸매를 가리는 이슬람 세계 히잡 문화와도 부합하기 때문에 이질감이 거의 없다. 최근 들어 HD 영상 기술이 발달하면서 사계절 내내 형형색색의 산하를 담아내고 〈겨울연가〉가 연출하는 눈 내린 자연 속에 존재하는 연인들의 이미지는 그 자체가 바로 유토피아를 연상시킬 것이다.

싸이의 〈강남 스타일〉 열풍에 이어 최근에는 BTS가 중동 젊은 이들을 강타하고 있다. 2019년 10월, 사우디아라비아 수도 리야드에서 있었던 BTS 공연에서는 수천 명의 소녀 아미들이 아바야(검은 망토)를 입은 채 껑충껑충 뛰는 진풍경이 연출됐다. BTS가 근엄한 사우디의 종교적 폐쇄성을 여지없이 허물어 버린 셈이다. 이런 놀라운 한류와 한국 애착을 문화적으로 잘 관리한다면, 중동은 우리에게 둘도 없는 효자 시장과 지속 가능한 친한 문화권으로 남아 있을 것이다.

28. 확산되는 아랍의 크리스마스 즐기기

　　　　　　　　2017년 연말, 도널드 트럼프 당시 미국 대통령이 공직자 사이에 관행처럼 주고받았던 "해피 홀리데이" 대신 "메리 크리스마스"라는 축하 인사를 보내면서 뜨거운 논란에 휩싸였다. 다른 종교와 이념적 소수자에 대한 배려 차원에서 그동안 자제해 왔던 기독교 성탄절 인사를 공개적으로 표출해 미국 사회의 전통적 가치를 훼손했다는 것이다. 그런데 정작 아랍 사회에서는 놀랍게도 크리스마스를 많은 지역에서 기념하며, 점차 축제로 자리 잡아 가고 있다. 매해 아랍 도시들을 방문할 때마다 가끔은 '내가 지금 어디 와 있지?'라고 생각할 때가 많다. 2019년부터는 크리스마스 전후로 국내에서 저작권 사용료 때문에 거의 사라진 캐럴이 오히려 아랍 주요 도시에서 더 많이 울려 퍼지고 있었다.

　　기네스북에 올라 있는 세계에서 가장 비싼, 132억 원이 넘는 초호화판 크리스마스트리는 아랍에미리트 수도 아부다비의 에미리트 팰리스 호텔 로비에 세워져 있다. 아랍 주요 도시에서 크리스마스는 이미 아랍인의 중요한 일상이 돼 가고 있다. 이를 방증하듯 요르단, 이집트, 시리아, 레바논, 지부티, 팔레스타인 등 아랍의 이슬람 국가에서도 크리스마스는 법정 공휴일로 지정돼 있다. 연말이 되면 요르단 수도 암만은 물론, 아랍 중심 도시인 이집트 수도 카이로에서도 대형 크리스마스트리가 은총의 빛을 발하고 있다. 이슬람 색채가 강했던 알제리에서도 산타 복장을 한 상인들이 북적거리는 '크리스마스 마켓'이 도심 한가운데 문을 열었다. 내전 중인 시리아 수도 다마스쿠스에서도, 전쟁의 상흔이 아직 가시지 않은 이라크 바그다드 시내 쇼핑몰에서도 대형 크리스마스트리가 본격적으로 등장했다. 지난 2천 년간 기독교와 이슬람의 공존과 화해의 상징이었던 이라크 카라카쉬 기독교 지역에서도 다시 크리스마스트리가 환하게 불을 밝혔다. 그동안 이슬람 국가(ISIL)의 공격으로 교회들은 폐쇄됐거나 기독교도는 신분을 숨기고 불안에 떨어야 했던 곳이다. 레바논의 베이루트 중심 광장에는 무함마드 아민 모스크 바로 옆에 대형 크리스마스트리가 설치돼 눈길을 끌었다.

다만 아랍 사회에서 받아들이는 성탄절의 의미는 서구 사회와 사뭇 다르다. 우선 무슬림은 예수를 아랍어 표현인 '이사(Isa)'로 부르며 '주님'이 아니라 '신의 사도'나 '예언자'로 받아들이고 존중한다. 아랍어 이름으로 흔히 쓰는 무사(모세), 이브라힘(아브라함), 이스마일(이스마엘), 야꿉(야곱), 슐레이만(솔로몬), 다우드(다윗), 마리얌(마리아) 등이 모두 성경의 선지자 이름에서 비롯된 것이다.

12월 25일을 성탄절로 정한 것도 중동의 전통과 관련이 깊다. 태양신을 섬기는 이집트와 중동 지역에서는 기원전부터 12월 25일을 태양신의 시작점으로 봤다. 긴긴 어둠의 절정에서 비로소 빛이 세력을 얻어 만물이 소생하는 시점이기 때문이었다. 그들은 '태양의 날'인 일요일을 휴일로 정했고, 이런 관습은 후일 로마 제국으로 전해졌다.

특히 중동 많은 지역에서는 크리스마스를 기념하면서도 예수의 탄신일을 각각 달리 정하고 있다. 아르메니아 사도교회는 1월 6일을, 이집트 콥트 교회를 중심으로 에티오피아 교회와 러시아·세르비아 정교회에서는 1월 7일을 성탄절로 기념한다. 특히 기독교도만 1천만 명이 넘어 아랍에서 기독교도가 가장 많은 이집트에서는 크리스마스가 특별하다. 11월 25일부터 예수 탄생일로 보는 1월 7일의 이브인 1월 6일까지 그들은 43일간이나 특별한 절제 의식을 치른다. 주로 채식을 하면서 일체의 육식을 금한다. 1월 6일 밤부터 그들은 교회에 모여 예수 탄생을 기리며 다음 날 새벽까지 기도하고 찬송을 부른다. 대부분의 무슬림 이집트인도 크리스마스를 휴일로 즐기며 만나는 사람마다 "이드 밀라드 마지드(성스러운 예수 탄신일)"라는 인사를 나눈다.

크리스마스이브에 양말을 걸어두고 선물을 기다리는 산타클로스의 전통도 중동에서 시작됐다. 이 풍습은 4세기, 지금의 터키에 해당하는 미라 지역의 주교였던 성 니콜라스의 미담에서 유래했다. 어느 날 성 니콜라스는 자신의 교구에 사는 가난한 세 처녀가 낭패를 당해 삶을 포기하고 있을 때, 영적인 치유와 함께 몰래 결혼 지참금을 전해 새 출발을 하게 했다. 이 성 니콜라스가 바로 산타클로스가 됐다.

서로 다른 종교와 가치들이 조화를 이루면서 인류 최초의 문명을 일구고, 중세 유럽이 암흑의 질곡을 헤맬 때 인류 사회의 진보와 발전을 견인했던 원래의 아랍 세계가 크리스마스를 끌어안고 제 모습을 찾아가기를 기원해 본다.

29. 중동의 여성 파워, 여성 시대가 가능할까?

오랫동안 중동 여성들은 가부장적, 부계 중심, 남아 선호 사상이 특히 강한 중동의 지역적 풍토와 전통의 굴레에 갇혀 사회적으로 억압받고, 정치적으로 억눌리며 지내왔다. 주어진 현실을 현상적으로 분석하면 맞는 표현이다. 이러한 전통적인 굴레는 최근 들어 급격한 변화의 조짐을 보이고 있다. 가장 보수적이고 근엄한 이슬람 율법이 지배하는 사우디아라비아에서조차 여성들의 사회 진출 움직임이 나타나고, 여성 스스로 운명을 개척하겠다는 욕구가 강하게 표출되고 있기 때문이다. 30년 이상 치열한 논쟁을 거치면서 불가능할 것 같았던 여성 운전이 2018년 전격적으로 허용됐고, 여성의 히잡 착용 강요 문제도 본격적인 논의가 시작돼 조만간 해결될 전망이다. 2019년 11월에는 세계적인 아이돌 그룹 BTS가 사우디아라비아 리야드 공연을 성공적으로 마무리했다. 이로써 지난 10여 년간 왕정조차 용기를 내지 못했던 여성을 위한 개혁 개방을 BTS 공연이 더 빠르게 앞당겼다는 평가까지 나왔다.

사실상 중동의 여성 문제 이해에서 가장 큰 걸림돌은 우리의 무지에 있었다. '아랍=이슬람'이라는 인식의 등식 구도로 이슬람과 아랍의 전통 관습을 전혀 구분하지 못했다. 무엇이 이슬람의 종교적 가르침이고, 무엇이 가부장적 아랍 사회의 토착적 악습인지 제대로 구분하지 못한 오류였다. 일부다처, 가부장적, 부계 중심, 남아 선호 등은 인류 사회의 발전 과정에서 일반적으로 나타나는 사회-문화적 현상이다. 여성 할례, 명예살인 악습 등은 이슬람 율법에서도 권장하지 않거나 심지어 범죄로 다루고 있는 일부 유목 중동 사회의 사회적 관습이다. 이슬람은 특수한 상황에서 공동체 절멸을 막기 위해 유효한 삶의 전략으로 일부다처를 허용하고는 있지만, 일부일처의 원칙을 강조하고 있다. 꾸란에서 남녀 창조의 동등성을 강조하고 있고, 일부 꾸란의 남성 중심 표현들도 7세기 시대적 상황에서 벗어나 21세기적으로 재해석해야 한다는 것이 이슬람 율법학자들의 절대적 견해다. 이런 논지라면 앞으로 이슬람권 여성들도 서구에 못지않은 자율적인 삶의 향유와 경제적, 정치적 참여를 통해 자신들의 삶을 적극적으로 업그레이드시켜 나아가리라는 것이 명백하다.

물론 중동 바깥 이슬람 세계에서는 오히려 서구 사회보다 더 진취적인 여성의 정치-경제적 활동을 목격할 수 있다. 세계 최대 이슬람 국가인 인도네시아에서는 여성 민선 대통령을 선출했고, 터키, 파키스탄 등지에서는 민선 여성 총리를 배출했다. 현재 방글라데시의 셰이크 하시나 총리도, 전직 베굼 칼레다 지야 총리도 여성이다. 이슬람 율법이 상당히 강하게 작동하는 이란에도 여성 부통령이 있으며, 지역구에서 선거로 당당하게 당선된 수십 명의 여성 국회 의원이 모범적인 국정 운영을 하고 있다. 아랍 세계를 매료한 이집트의 전설적인 가수 움 쿨숨이 1974년 2월 사망했을 때, 그녀를 국민장례로 떠나보낸 사건은 아직도 많은 아랍인의 뇌리에 강하게 남아 있다. 여성 영화감독, 영화배우, 소설가, 인권 운동가 등이 즐비하고 이란 여성 인권 운동가 시린 에바디 판사는 2003년 노벨 평화상을 받았다.

이런 추세는 유목적이고 가부장적인 전통이 아직도 강하게 남아 있는 중동 사회에도 예외 없이 불어닥칠 것이다. 시간문제일 뿐이다. 그리고 이미 거대한 변화가 시작됐다. 그래서 앞으로 향후 50년 중동은 여성 시대가 될 전망이다. 19억 인구의 절반인 10억 가까운 무슬림 여성들이 만들어 내는 새로운 이슬람 세계는 거대 소비 시장으로, 지구촌의 변화를 견인하는 강력한 문화 요소로 우리를 놀라게 할 것이다.

30. 한국의 중동 진출 50년, 무엇을 해야 하나?

1973년 12월, 삼환기업은 사우디
아라비아의 서북부 고속도로 공사를 2,400만 달러에 수주했다. 이를
시작으로 우리 기업이 중동에 진출한 지 벌써 반세기가 다가오고 있
다. 그동안 중동 시장 특수를 통해 우리나라가 산업화의 굳건한 발판
을 마련할 수 있었다는 사실은 잘 알려져 있다. 특히 1970~1980년대
20여 년 동안 100만 명 이상의 노동자들이 중동 건설 현장에서 땀을
흘렸다. 그동안 우리 기업들은 해외 건설, 플랜트 사업의 평균 70%
정도를 중동 시장에서 수주했고, 지금도 그러하다. 지금 석유나 가
스 의존도가 예전 같지는 않지만, 한국이 사용하는 에너지 자원의 약
80~90%를 중동-이슬람 세계에 의존해 왔다. 운명적 경제 파트너였
다고 해도 지나치지 않을 것 같다.

중동 진출로 우리 사회의 많은 변화도 동시에 목격됐다. 우선 사
회의 가장 기본적인 단위인 가족 관계부터 변화가 생겼다. 가장들이
오랫동안 오지로 떠난 가정에서 자녀 교육과 양육을 책임지고 가정
경제 운영을 맡은 여성의 주체적 역할이 강조됐다. 당연히 여성의 권
리와 사회적 대우도 달라졌다. 여가와 취미가 허락되지 않았던 여성
에게 갑자기 많은 자율과 경제권이 생겼다. 여성들의 일탈과 주체적
삶을 다룬 영화 〈자유부인〉이 이 시절의 사회상을 여실히 보여 주고
있다. 남편 없이 경제력을 갖춘 평범한 가정부인을 상대로 하는 댄스
교습소와 그들을 유혹하는 카바레 등이 성업하고, 제비들의 꾐에 빠

져 패가망신하는 사례들이 신문에 빈번하게 등장하던 시기였다. 귀
국 후 변해 있는 아내들과의 마찰로 가정이 파탄 나는 경우도 있었
다. 뜨거운 중동에서 물보다 더 값이 싼 콜라를 너무 많이 마셔 건강
이상이 생기거나 이빨이 거의 망가져 그런 고객들 때문에 치과 등이
대목을 만났다는 에피소드도 전해 온다.

국내에서 평범한 월급쟁이들이 벌 수 있는 돈이 아닌, 그 이상의
돈을 쥐게 된 사람들은 부동산에 집중하게 됐다. 귀국하면서 이삿짐
에는 빠지지 않고 당시 세계 최고급 가전제품인 소니 라디오, 필립스
TV, 도시바 전자제품, 아사히 펜탁스 카메라, 코끼리 전자 밥통, 고급
영양제, 히타치, 필립스 제품들이 대량으로 유입됐다. 한국 사회의
소비 패턴 자체가 갑자기 고급화되면서 국내 산업계에 미친 자극과
영향도 적지 않았다. 소비자의 눈높이를 따라가야 하는 기업의 혁신
이 따랐다. 졸지에 큰돈을 만지게 된 사람들이 늘면서 한국 사회 곳
곳에서는 사회적 문제들이 야기됐다. 강남 부동산 문제가 터지고 개
발과 투자 열풍이 불면서 돈이 몰렸다.

많은 역기능에도 불구하고 1970~1980년대의 '중동 신화'는
1955년 GDP 65달러밖에 안 됐던 한국 사회가 본격적으로 외화를 벌
수 있는 길을 열어 주었다. 2000년대의 고유가 시대는 해외 건설 산
업의 질적 도약을 가능하게 했다. 정량적 수치를 차치하고라도 50년
이 지난 지금까지도 한 해의 경제 성과를 진단하는 데 중동 정세와
유가 변동이 큰 비중을 차지한다.

그러나 한국 사회의 중동-이슬람 세계에 대한 이해도는 교류한

시간에 비례해 현저하게 떨어진다. 20여 년간 100만 명이 넘는 노동자가 현지에서 뿌리를 내리고 현지 문화와 현지인과 접촉했음에도 그에 대한 체계적인 자료나 연구 축적은 미미하다. 100만 명의 자국민이 오랜 시간 중동 지역을 오가며 쌓은 경험담은 소중한 국가 정보일 뿐만 아니라 역사적으로 중요한 사료가 될 수 있다. 그럼에도 그러한 현지 문화 축적 자료와 비즈니스 노하우, 무지에서 치러야 했던 시행착오의 경험들은 DB 작업이나 인문학적 분석 없이 개인의 기억 속에만 남겨져 있다.

중동은 여전히 우리에게는 중요하고 가장 실질적인 시장이다. 한국을 좋아하는 문화적 협력 파트너이다. 이제부터라도 지난 50년 우리가 경험했던 현지 지식과 기억, 비즈니스 관행, 시행착오를 하나하나 정리하고 DB화하는 작업을 해야 할 것 같다. 그 바탕 위에 제2의 중동 붐, 또 다른 50년 중동을 개척하고 관리하는 정교한 글로벌 전략이 마련돼야 한다. 그들의 역사적 기억을 이해하고, 그들의 삶의 토대인 이슬람 문화에 대한 편견과 오류를 줄여 나가고, 폭넓은 인적 네트워크 구축을 통해 단순히 상품 소비자로서만이 아닌 서로가 교감할 수 있는 글로벌 협력 파트너, 친근감 느끼는 문화적 친구로서 받아들이는 노력이 필요해 보인다. 동시에 중동에서의 미국의 영향력 쇠락을 예의주시하면서 탈석유 시대 독자적인 중동 정책 마련과 함께 친한적인 중동 시장을 본격 개척하기 위해 필요한 전문가 양성과 R&D 투자에도 본격적으로 나서야 한다.

잊힌 이슬람 역사와 문명의 복원

중동, 5천 년 인류 역사의 4,800년을 주도한 무대

중동 지역이야말로 최초로 문명이 시작된 곳이고, 인간의 지혜와 지적 유산을 전파하고 발전시켜 인류 역사에 가장 지대한 공헌을 한 산실이다. 2014년 터키 아나톨리아반도의 시리아 접경 지역에서 발굴된 괴베클리 테페 유적지는 도시 문명의 역사를 1만 7천 년 전으로 올려놓았다. 이는 수렵 채취 시대 말기에도 농경 정착 사회 못지않은 고도의 도시 문명과 신전 유적들이 존재했다는 놀라운 사실의 발견이었다. 그 후 후속 문명들은 메소포타미아 지방에서 일찍이 1만 년 전부터 곡물과 그 재배법, 동물 사육이라는 혁명적 삶의 변화를 시작했다. 그리고 문명의 결실들을 유럽과 주변 세계에 전해 주었다. 고대 문명의 태동과 함께 시작된 도시 문명은 메소포타미아의 수메르를 중심으로 출발해 시간이 흐르면서 히타이트, 아시리아, 헤브라이, 바빌로니아, 페니키아 같은 수많은 오리엔트 고대 국가를 탄생시켰고, 문화 교류를 통해 인류 사회의 성숙과 발전에 결정적 토대를 제공했다. 중동-오리엔트 토양에서 그리스-로마 문화가 꽃피고 오늘날 서양 문화의 뿌리가 되었음은 자명하다. 그럼에도 19세기 말 진화론과 백인 우월주의, 서양 기독교 중심 사상이 절대적 보편 가치로 유럽인의 인식 체계를 지배하고 있는 상황에서, 이교도-이 문화인 중동-오리엔트 문명의 영향과 실체는 의도적으로 왜곡되거나 축소 과소평가되었다.

유럽인이 '빛은 오리엔트에서'라는 말을 사용하고, 현재 터키반도를 일컫는 그리스어 아나톨리아, 라틴어 오리엔트, 이탈리아어 레반트라는 용어들이 모두 '해가 뜨는 곳'이라는 동방을 지칭한다. 그런데도 유럽 문명의 큰 스승이었던 오리엔트의 문화적 실체와 영향을 받아들이는 데는 매우 인색했다. 이제 세계 역사는 19세기 말 유럽 중심의 인종주의적 편견에서 굳어진 역사 인식과 사관에서 벗어나 서양 문명과 이집트, 서양 문명과 오리엔트 문명과의 관계를 복원하는 일에서 출발해야 한다.

그리스 문명은 크레타에서 출발했다. 크레타 문명은 한 축으로는 이집트 문명, 다른 한 축으로는 오리엔트 문명의 지적 성취를 온몸으로 받아들여 꽃피운 종합 해양 문명이었다. 크레타 문명이 그리스 본토로 흘러 들어가 미케네 문명을 잉태하고, 끊임없는 자기화 과정을 거쳐 기원전 6세기 드디어 화려한 그리스 문화의 전성기를 열었다. 그리고 그 바탕 위에 로마가 덧세워졌다. 건축과 예술, 신화적 구조 종교관, 과학과 철학 등 어느 하나 이집트와 메소포타미아-오리엔트 문명의 지적 신세를 지지 않는 분야가 없다. 그럼에도 고대 오리엔트 문명의 실체는 거의 알려지지 않았고, 제대로 관심을 유발하지도 못했다. 동양을 정복한 서양 인물 알렉산드로스의 침략과 잔혹한 약탈에 열광하고 문명의 위대한 전도사로 그를 추켜세웠지만, 알렉산드로스의 등장으로 반짝하고 그의 죽음으로 사라진 마케도니아에 비해 문명의 깊이나 역사가 훨씬 심대하고 광범위했던 페르시아 제국의 실체는 상대적으로 소외된 것이다. 서양이 공격하면 정복이나 위대한 승리지만, 동양이 공격하면 찬탈이고 파괴가 되는 우리 세계사 교과서의 서술적인 문제도 역사 왜곡에 큰 몫을 하고 있다.

마케도니아의 왕 알렉산드로스가 죽고 난 후 그의 지배 영역들은 바로 쪼개지면서 약화됐다. 곧 중동 일대는 로마를 이어받은 동로마 제국의 비잔틴과 사산조 페르시아 제국의 격돌장으로 바뀌었다. 두 제국이 벌인 300년간에 걸친 소모 전쟁으로 중동 일대는 경제적 파탄과 세기말적 혼란상이 더욱 가속화됐다. 이런 시대적 절망감에서 7세기 초 이슬람이란 새로운 종교 사상이 등장하는 것은 역사적으로 전혀 우연이 아니다.

무함마드는 서아시아의 정통적이고 오랜 사상적 기반을 가진 유일신 사상을 다시 한번 설파하면서, 혼란한 당시 사회를 정신적으로 통합하는 데 성공했다. 토착 종교와 기존 구조에 대한 포용 정책, 역동적인 유목 군사 시스템을 통해 정복 사업은 대성공을 거두었다. 이슬람 군대는 합리적인 조세 제도와 토착 주민의 고유한 삶의 방식을 인정함으로써 전쟁다운 전쟁을 치르지 않고도 주변 지역을 쉽게 복속할 수 있었다. 이슬람 제국의 시대는 아라비아반도에서 출발해 북아프리카 모로코와 스페인 남부, 중앙아시아와 동남아시아, 인도에 이르는 광범위한 지역에 이슬람 종교와 문화적 유산을 남겼고, 1천 년의 대제국 시대를 거치면서 인류 문명의 성숙에 크게 공헌했다. 중세 유럽이 침체 시기에 잠들고 있을 때 그리스-로마의 지적 유산을 번역하고 재해석해 유럽에 전해 주었으며, 이를 토대로 유럽의 르네상스가 일어나는 결정적 모티브를 제공했다.

1천 년의 이슬람 제국 시대 모두가 아랍인 중심은 아니었다.

1258년 몽골에 의해 압바스 제국이 멸망한 이후, 이슬람 세계의 주도권은 튀르크인 중심의 오스만 제국으로 이동했다. 오스만 제국은 이슬람 세계의 정교 일치적 통치권인 칼리파권을 행사했고, 1924년 제1차 세계대전에서 패한 이후 왕정이 무너지고 터키 공화국으로 독립하면서 이슬람 세계의 명목상 통합마저 깨졌다.

오스만 제국의 멸망과 와해는 그 치하에 있던 여러 소수 민족이 독립할 수 있는 실마리가 되었다. 하지만 곧바로 영국과 프랑스를 중심으로 하는 서구 열강들이 중동 일대를 식민 통치함으로써 오늘날 중동 지역에서 벌어지고 있는 분쟁과 갈등의 원인이 되었다. 가장 대표적인 분쟁 지역인 팔레스타인만 하더라도 영국과 프랑스가 이 지역을 나눠서 차지하려고 만든 삼중의 상호 모순된 비밀 조약이 빌미가 됐으며, 국제법과 유엔 안전보장이사회 결의안, 쌍방 간의 평화 협정 등이 지켜지지 않고 미국 등 강대국이 일방적으로 이스라엘을 두둔하면서 사태가 더욱 복잡하게 전개되고 있다.

지금 많은 중동 국가들은 21세기의 글로벌 흐름을 잘 인식하고 내부 개혁과 민주화, 여성 권익 신장, 시민 사회 형성 등 보다 발전하는 국가의 청사진을 준비하고 있다. 산유국들은 오일 머니로 들어오는 자본을 사회 간접 기반 시설에 투자해 농사를 짓고 담수화 시설을 확충하는 등 다음 세대를 위한 준비를 아끼지 않고 있다.

인류 문명의 탄생과 이슬람 이전 중동 고대 역사

1만 2천 년 전 괴벡클리 테페 신전 유적의 발굴에 이어 기원전 8000년경 예리고와 차탈휘육으로 대표되는 인류 최초의 도시가 형성된 곳은 바로 중동과 나일강 유역을 포함하는 오리엔트 지역이었다. 기원전 3000년경 유프라테스와 티그리스강 유역의 범람에 대비한 대규모 치수(治水) 사업을 통해 도시 국가를 형성하고 최초의 문명 생활을 시작한 민족은 수메르인이었다.

수메르인은 쐐기문자를 만들어 점토판에 그들의 삶을 기록해 보존했으며, 보리빵에 맥주를 즐겨 마시기도 했다. 수메르인에 의해 시작된 메소포타미아 문명이야말로 이후 전개되는 중동 5천 년 역사의 군건한 모태가 되었다. 특히 7일을 일주일로 하는 생활 주기는 창세기에 기록된 창조 이야기에서 연유했지만, 동시에 '7'은 셈족의 기본적인 숫자 개념이었다. 따라서 메소포타미아인은 천체가 7개의 행성으로 구성됐다고 믿었고, 그것이 오늘날의 요일로 표현됐다. 태양(Sun)을 일요일(Sun-day), 달(月, Moon)을 월요일(Mon-day), 토성(土星, Saturn)을 토요일(Satur-day)로 표현했다. 나아가 우리의 기본 시간 개념인 60진법도 셈족 문화의 유산이다. 1시간을 60분, 1분을 60초로 하고 다시 1년의 기본 일수를 6을 곱해 360일로 하는 것 등이다. 그러나 중동이 가져다준 가장 훌륭한 문화유산은 의심의 여지 없이 유일신 사상의 확립일 것이다. 유대교와 조로아스터교의 영향을 받은 기독교 그리고 후일 이슬람교가 모두 중동의 토양에 군건한 뿌리를 내리면서 세계적인 일신교로 발전했다.

한편 지리적으로 개방되어 있던 비옥한 메소포타미아 지역은 이민족들의 끊임없는 침략으로 매우 복잡한 역사가 전개됐다. 기원전 2350년경 셈족 계통의 아카드인이 처음 통일 국가를 세운 이후, 중동에서는 줄곧 셈계 민족들이 흥망성쇠의 역사를 주도했다. 특히 바빌로니아 왕국은 기원전 18세기경 함무라비 왕 때 전성기를 이루어 유명한 성문법전을 남겨 놓았다.

기원전 16세기 후반에는 철기 문화를 일으킨 히타이트(Hittite)가 등장해 바빌로니아를 멸하고 세력을 떨쳤다. 기원전 15세기부터는 메소포타미아는 물론, 동부 지중해 연안의 비옥한 초승달 지역을 중심으로 광대한 제국들이 수시로 등장하면서 기술과 문명 전파에 가속도가 붙었다. 당시 세계 최강국이었던 이집트의 람세스 2세와 히타이트 왕 무와탈리 2세가 시리아를 둘러싸고 첨예하게 대립했고, 기원전 1280년 양국 간에 카데시 평화 조약이 체결되면서 일단락됐다. 시리아를 평화적으로 분할한 카데시 조약은 역사상 세계 최초의 국제 조약으로 알려져 있다. 또한 히타이트는 처음으로 철제품을 소개해 오리엔트 전 지역에 군사와 농업에서 철기 문화 시대를 열었다.

히타이트가 멸망한 후, 이 지역에는 강력한 셈계 제국들이 등장해 범세계주의적인 사상이 태동했다. 특히 이집트와 메소포타미아, 두 문명의 영향 아래 있던 비옥한 초승달 지역에서는 페니키아 왕국과 헤브라이 왕국이 번성했다. 그중 페니키아는 지중해 무역을 독점하여 부강해졌고, 북아프리카 지중해 연안에 카르타고와 같은 식민 도시를 건설했다. 페니키아의 표음문자(表音文字)는 그리스에 전해져 알파벳의 기원이 되었다.

예루살렘을 수도로 한 헤브라이 왕국은 팔레스타인 지역에 정착한 유목민인 헤브라이인에 의해 성립되었다. 헤브라이인은 기원전 1500년경 팔레스타인 가나안에 정착했다가 심각한 기근으로 이집트로 이주했다. 파라오의 압제를 피해 모세의 인도로 다시 가나안으로 돌아온 후, 기원전 11세기 말에 헤브라이 왕국을 세웠다. 다비드와 솔로몬 왕 때 전성기를 누린 헤브라이 왕국은 곧 이스라엘과 유대, 두 왕국으로 분열되었다. 이스라엘은 기원전 8세기 아시리아 제국에 멸망당했고, 유대 왕국은 기원전 6세기 신바빌로니아 왕국에 정복됐다. 유대교를 성립한 헤브라이인의 유일신 사상은 후일 기독교와 이슬람교의 성립과 발전에 크게 이바지했고, 서양 문화의 바탕이 되었다. 헤브라이인의 민족사는 구약 성경에 잘 나타나 있다.

기원전 12세기경부터 약 300년 동안 필리스티아인(Philistines), 아람인(Arameans), 헤브라이인(Hebrews)이 팔레스타인-시리아 지역에서 각각 활동을 계속하고 있는 동안, 이란과 메소포타미아 지방에 인도-유럽어계의 메디아인(Medians)과 셈계의 칼데아인(Chaldeans)이 침투해 혼란 속에서 교류와 쟁패를 거듭했다. 이러한 혼란과 분열 상태를 종식한 세력은 아시리아(Assyria)였다.

아시리아는 기원전 1300년경부터 메소포타미아 북부 지방에서 팽창했고, 기원전 8세기경 최초로 오리엔트 전 지역을 통일했다. 아시리아는 아슈르바니팔(Ashurbanipal) 왕 때 전성기를 맞았는데, 그는 옛 메소포타미아 문명을 보존했을 뿐만 아니라, 쐐기문자로 기록된 방대한 점토판을 수집했다. 고대 메소포타미아의 신화와 서사시, 영웅시 등은 이 점토판 덕택에 오늘날 우리에게 알려졌다. 그러나 아시리아는 정복 일변도 정책을 펼친 결과 아슈르바니팔 왕 사후에 쇠약해졌고, 메디아를 비롯한 소수 민족의 반란으로 기원전 612년 멸망했다.

아시리아 제국의 멸망으로 오리엔트는 다시 메디아(Media), 리디아(Lydia), 이집트, 신바빌로니아의 네 나라로 분열됐다. 그중 칼데아라고도 불리는 신바빌로니아 왕국(기원전 612~538)이 가장 번영했는데, 그 중심지인 바빌론은 세계의 수도로 불릴 만큼 크게 번창했다. 이 왕국은 네부카드네자르(Nebuchadnezzar, 기원전 605~562) 왕 때 전성기를 맞았는데, 이집트와의 전쟁에서 시리아를 확보한 후 기원전 586년에는 유대 왕국의 예루살렘을 정복했다. 이때 많은 유대인이 전쟁 포로로 바빌론으로 끌려간 것을 바빌론 유수라 한다. 이 사건은 유대 문화에 오리엔트의 다양한 문화적 유산이 이입되는 계기가 되었다.

예측할 수 없는 홍수로 인한 경작의 불확실성, 개방적인 입지로 인한 피할 수 없는 이민족의 위협은 메소포타미아인의 생활과 인식 세계에 직접적인 영향을 주었다. 이는 정기적인 나일강의 범람으로 풍요를 보장해 주던 예측 가능한 경제 체제와는 판이한 것이었다. 이 때문에 이집트인은 내세를 평온한 현세의 연장으로 보고 영혼 불멸과 부활의 신앙을 가지게 되었다. 이러한 영혼 불멸과 부활 사상은 그리스 디오니소스 신앙에 전해져 후일 기독교의 부활 신앙으로 승화됐다. 반면 현세적이고 숙명론적이었던 메소포타미아인은 악마(Demon) 신앙과 점성술에 몰입했다. 악마에 대한 믿음은 페르시아의 조로아스터교에 선신 아후라 마즈다(Ahura Mazda)에 대항해 싸우는 악신 아흐리만(Ahriman)이라는 사상으로 전승됐다. 그리고 이러한 이원론적인 사고는 기독교 신학의 발달에도 중요한 역할을 한다.

이집트를 정복하고 분열된 중동을 재통일한 세력은 기원전 6세기 아케메네스 페르시아 제국이었다. 페르시아 제국은 오리엔트를 넘어 지중해로 진출하면서 소아시아의 그리스 식민지에 대한 공격을 계속했다. 이는 필연적으로 그리스와의 전쟁 원인이 되었다. 흔히 페르시아 전쟁으로 알려진 이 격돌에서 페르시아가 패퇴했다. 그 결과 기원전 338년경 그리스 도시 국가를 통일한 마케도니아의 알렉산드로스 왕에 의해 페르시아 제국은 기원전 331년 종말을 맞았다. 지금 이란에 남아 있는 페르세폴리스 유적이 바로 아케메네스 페르시아 대제국의 중심 궁성이었다.

알렉산드로스가 아시아 서쪽을 지배하면서 그리스-로마 문화가 소개됐고, 이슬람이 등장하는 7세기 초까지 거의 1천 년간 동서문화의 교류를 촉진하는 계기가 되었다. 헬레니즘이라 불리는 새로운 문화 현상은 그리스 문화의 일방적 전파라기보다는 오리엔트의 오랜 문화적 토양에 그리스적인 요소가 첨가되어 독특하게 생겨난 것이라 할 수 있다.

알렉산드로스 사후 그의 제국은 네 개 국가로 분할됐다. 이집트에 프톨레마이오스 왕조(Ptolemaeos, 기원전 305~기원전 30), 중동에 시리아를 중심으로 셀레우코스 왕조(Seleucid, 기원전 312~64)가 성립됐다. 셀레우코스 왕조는 제6대 안티오코스 3세(Antidchus III) 때 국력이 절정에 도달했으나, 내부 반란으로 급격히 쇠퇴했다. 동부 지역에는 그리스계의 박트리아(Bactria)와 이란계의 파르티아(Parthia)가 독립했으며, 나머지 영토는 결국 1세기 로마에 병합되는 비운을 맞았다.

이후 중동 지역은 소아시아를 중심으로 하는 동로마와 3세기경 파르티아를 멸하고 이란 지방에 새로 등장한 사산조 페르시아의 오랜 격돌장으로 변모했다. 동로마 제국과 사산조 페르시아, 양대 세력의 끈질긴 소모전으로 인한 정치 혼란과 경제적 피폐, 과중한 세금으로 인한 민심의 이탈, 종교적 내분으로 인한 국론 분열은 역내에 새로운 세력의 출현을 예고하고 있었다. 이러한 세기말적 시대 상황에서 강력한 가치를 지닌 이슬람이라는 종교가 중동 역사의 새로운 원동력으로 기능한다.

이슬람 역사의 태동과 발전

7세기 초 비잔틴 제국과 페르시아 제국의 오랜 전쟁으로 마비된 육·해상 실크로드를 대신한 우회 루트가 아라비아 사막을 가로지르는 대상로였다. 메카와 메디나는 바로 그 중심 도시였다. 이 시기에 이슬람교를 완성한 무함마드가 등장했다.

그는 메카의 명문 쿠레이시 가문에서 태어났지만, 일찍 부모를 여의고 팔레스타인과 시리아 등지에서 대상 활동을 하면서 당시 혼란한 사회상에 깊이 회의했고, 기독교와 유대교 사상에도 관심을 가진 것으로 보인다. 그를 고용한 여주인 카디자와 결혼한 무함마드는 사업보다는 명상 생활을 통해 병든 인간 사회의 모순에 대한 해결책을 구했다. 오랜 명상 끝에 그의 나이 40세 되던 610년 드디어 하느님(알라)으로부터 첫 계시를 받아 우상 숭배 타파, 평등과 평화를 강조하는 범세계적인 이슬람 종교를 완성했다.

그러나 무함마드의 이슬람이 처음부터 주변의 호응을 받은 것은 아니었다. 그의 유일신 사상은 당시 우상 숭배자들인 메카 상류층의 종교적 권위와 상업적 질서를 위협하였기 때문에 메카에서 극심한 배척을 당했다. 그래서 622년 무함마드와 그 추종자들은 메디나로 이주하여 새로운 이슬람의 발판을 마련했다. 이것을 헤지라라 하여 이슬람력의 원년으로 삼고 있다.

메디나에서 군건한 이슬람 공동체를 형성한 무함마드는 세 차례에 걸친 전투 끝에 630년 메카를 무혈 재정복함으로써 획기적인 교세 확장에 성공했다.

정통 칼리파 시대

이슬람 공동체는 632년 무함마드가 타계함으로써 후계자 선출 문제에 부닥쳤다. 그러나 슈라(shura)라 불리는 부족 합의제 방식으로 후계자인 칼리파를 뽑아 이슬람식 민주주의의 전형을 마련했다. 칼리파는 정치와 종교를 동시에 관장하는 이슬람 공동체의 최고 통치자였다. 아부 바크르(Abu Bakr, 632~634), 우마르(Umar, 634~644), 우스만(Usman, 644~656), 알리(Ali, 656~661)에 이르는 네 명의 칼리파가 통치하는 시기를 이슬람의 가르침에 충실한 정통 칼리파 시대라고 부른다.

이 시기부터 적극적인 대외 정복이 이루어졌다. 비잔틴 치하의 시리아를 정복하고, 사산조 페르시아가 멸망했다. 불과 10년 정도의 짧은 기간에 이집트에서 페르시아에 이르는 대제국을 건설한 것은 거의 기적이었다. 이슬람의 급속한 세력 팽창을 두고 서구 학자들은 흔히 '한 손에 칼, 한 손에 꾸란'이란 표현을 사용하지만, 당시 비잔틴 및 페르시아의 수탈과 착취에 시달리던 시대적 상황이 이슬람의 진출을 오히려 환영했고, 이슬람 정복 과정에서 강제 개종은 실제로 거의 일어나지 않았다.

급격한 정복 사업으로 영토가 강대해지면서 부족 간의 이견과 이해관계의 대립이 심화했다. 특히 무함마드의 사촌이자 사위인 알리가 칼리파가 되자 시리아 총독 무아위야가 알리에게 도전했다. 이러한 갈등 와중에 알리가 암살당하자 이슬람 제국은 다시 무아위야에 의해 우마이야 왕조로 통일되었다. 그러자 알리의 추종 세력들이 이탈해 시아파라는 이슬람의 새로운 이념 아래 결집했다.

아랍인 중심의 우마이야 왕조

우마이야 왕조(Umawiya, 661~750)는 세습적인 군주제를 채택했다. 먼저 수도를 메디나에서 비잔틴 제국의 동부 수도였던 시리아 다마스쿠스로 옮겼다. 그리고 정복 전쟁을 본격화해 파미르고원을 경계로 중국 당나라와 접경하고, 서쪽으로는 비잔틴 제국을 공격해 두 차례나 콘스탄티노플을 포위하기도 했다. 한편 711년에는 우마이야에서 이탈한 망명 세력이 북아프리카를 거쳐 지브롤터 해협을 건너 스페인의 이베리아반도에 도착했다. 이로써 스페인은 15세기 말까지 800년간 이슬람 국가로 유럽에 이슬람 문화를 전파하는 창구 역할을 했다. 이슬람군은 여세를 몰아 피레네산맥을 넘어 프랑크 왕국을 공략했으나, 732년 카를 마르텔(Charles Martel) 군대가 저지하면서 유럽 중심부의 이슬람화를 막았다.

정복지가 증대되고 개종자 숫자가 늘어나면서 신분 계층이 더욱 심화했다. 마왈리(Mawali)라 불리는 개종자들은 수적으로 우세했지만, 아랍인보다 열등한 대우를 받았다. 마왈리의 불만은 곧 바그다드에 근거지를 둔 시아파 세력과 결탁해 우마이야 왕조를 위협했다. 여기에 권력으로부터 소외된 남부 아랍인까지 가세하여 우마이야 왕조가 멸망하고, 아불 압바스(Abul Abbas, 750~754)에 의해 압바스 왕조(Abbasid)가 새로운 이슬람의 옷을 걸치고 등장했다.

우마이야 시기에 이르러 이슬람은 발생한 지 100년도 안 된 짧은 시간 동안 지금의 아라비아반도를 비롯해 북아프리카, 중앙아시아, 동남아시아, 인도, 중국, 스페인을 위시한 유럽까지 점령했다.

정복 사업을 단시일 내에 성공할 수 있었던 것은 당시 아라비아 일대의 상업과 목축업이 침체해 늘어나는 이슬람 공동체의 생존에 충분하지 못했기 때문이다. 이주지와 비옥한 경작지의 획득, 공납지의 확대, 안정된 교역로의 확보 등이 절실히 요구되는 상황이었다. 또한 비잔틴과 사산조 페르시아 제국의 끊임없는 교전으로 경제가 피폐해졌고, 양 제국의 강압적인 통제 정책과 과중한 조세 수탈은 민심의 이반을 가져왔다. 이에 반하여 이슬람교는 새 정복지에서 살육과 직접 통치보다 공납과 간접 통치를 선호했는데, 이 정책은 정복 주민의 환영을 받았고 이로써 무혈의 정복 사업은 대성공을 거두었다.

또 다른 이슬람 문화의 전파 이유는 특유의 융화력이라 할 수 있다. 아랍인은 정복을 통해 역사상 최초로 오늘날의 인도와 중국의 경계 지역, 그리스, 이탈리아 및 프랑스의 변경 지역에 이르는 방대한 지역을 통합했다. 이 방대한 지역을 한동안은 군사적, 정치적 권력을 통해, 그 후 훨씬 오랜 기간 아랍어와 이슬람 종교를 통해 한 덩어리로 묶어 놓았다. 이처럼 이슬람 세계는 인류 역사상 가장 빠른 속도로 전파돼 공간적으로 주변 문화를 수렴하고 역사적으로는 고대 문화를 재생시켜 이슬람 문화라는 종합 문화를 창출했다.

이처럼 이슬람 사회에서 다양성이 수용된 이유는 중세 기독교 세계에서도 찾아보기 힘든 상대적인 관용성 때문이며, 이 관용성이야말로 이슬람 문화의 가장 큰 특징이다. 무슬림은 이교도의 종교를 인정하고 그들의 종교 생활을 보장했다. 전쟁에서 패하면 남자들은 죽임을 당하거나 여자들은 노예로 팔려 가던 시절에 이러한 조치는 매우 파격적이었다.

다만 무슬림은 비무슬림에게 사회적, 법적인 차등 정책을 실시했는데, 그 대표적인 것이 무슬림보다 비무슬림에게 세금을 조금 더 많이 부과하는 인두세였다. 그러나 인두세 역시 당시 비잔틴 제국이나 페르시아 제국에 내던 고율의 세금보다 적었기 때문에 일반 국민의 부담은 현저히 줄어들었다. 이처럼 무슬림은 비무슬림에게 종교적, 경제적, 지적 활동의 자유를 부여해 그들이 이슬람 문명 창조에 눈부신 공헌을 할 기회를 만들어 주었다.

압바스 왕조 이슬람 제국 시대

압바스 왕조(Abbasids, 750~1258)의 등장 배경은 단순한 군사적 음모나 쿠데타가 아니라 강력한 하부 조직과 선전에 의한 아래로부터의 혁명이었다. 왕조의 수도를 바그다드로 옮기고, 압바스 지배층은 인종과 민족을 초월한 범이슬람 제국을 지향했다. 이리하여 후대 역사가들은 압바스 왕조를 진정한 '이슬람 제국'이라 부른다.

이 왕조에서는 여러 민족과 문화가 골고루 융합된, 더욱 폭넓은 이슬람 문화가 발전해 전성기를 맞이했다. 아랍인의 개념도 인종적 의미에서 '아랍어를 사용하고 이슬람을 믿으며, 스스로 아랍인으로 자칭하는 모든 사람을 포괄'하는 문화적 개념으로 바뀌었다. 이런 문화적 아랍화 물결은 이라크, 시리아, 이집트를 비롯한 북아프리카 전역으로 번져 오늘날의 아랍권이 형성되는 계기가 되었다.

압바스 왕조는 5대 칼리파 하룬 알라시드(Harun al-Rashid, 786~809)와 그의 아들 마문(Ma'mun, 813~832) 시대에 전성기를 맞이했다. 이때 바그다드는 당나라 장안(長安)과 함께 세계 교역과 문화의 중심지로 번성했고, 활발한 육·해상 실크로드의 개척으로 동서 문물이 물밀 듯이 유입됐다. 특히 중국으로부터 도입된 제지술이 종이 혁명을 불러와 그리스와 로마의 고전이 번역, 재해석되고, 학문이 꽃을 피워 이슬람의 르네상스를 맞이했다.

제지술의 도입은 751년 압바스 군대의 이븐 살리히(Ibn Salih) 장군과 당나라의 고선지 장군이 벌인 탈라스 전투의 결과이다. 이 전투에서 중국이 이슬람군에 패했고, 포로로 잡힌 중국 제지 기술자에 의해 종이가 이슬람 세계 전역으로 확산됐다. 더욱이 이 시기에 저술된 많은 아랍 사료에서 신라에 대한 귀중한 기록을 발견할 수 있어, 우리나라와 아랍 세계와의 긴밀한 교류와 역사적 접촉을 확인할 수 있다.

그러나 제국 영토가 방대해지면서 압바스 왕조는 중앙 정부의 내분과 지방 총독들의 할거, 이민족의 잦은 침입 등으로 9세기 중엽부터 급격히 쇠약해졌다. 우마이야 왕조가 망한 뒤 그 일파가 스페인에 후우마이야 왕조를 세우고 통치자가 되어 969년 스스로 칼리파를 자칭하며 바그다드에 맞섰다. 이집트에서는 시아파에 의한 새로운 이슬람 국가가 독립해 파티마조를 열었다. 또한 바그다드의 약화는 중앙아시아에 퍼져 있던 소규모 국가들의 성장을 자극했다. 소그드 지방의 사만조와 카스피해 남쪽의 부와이조는 이란 문화를 표방했다. 튀르크계로서는 카라한조와 가즈나조가 특히 중요한데, 이 왕조가 이슬람화됨으로써 중앙아시아 튀르크계 종족의 이슬람화가 가속화됐다.

이슬람 문화의 전성기와 인류 문명에 대한 공헌

압바스 시기에 세 대륙에 걸쳐 형성된 이슬람 제국은 아랍의 전통문화를 기반으로 오리엔트, 그리스, 로마, 이란 및 인도 문화를 흡수해 독창적인 이슬람 문화를 발전시켰다. 이슬람 문화의 특징은 이처럼 광대한 정복지의 문화를 파괴하지 않고 받아들여 국제적이고 종합적인 문화를 이루었다는 점이다.

이슬람 문화는 칼리파 하룬 알라시드 시대에 가장 번성했는데, 이때 바그다드에 설립됐던 바이트 알히크마(bait al-hikma, 지혜의 집)는 외국어 문헌의 종합 번역 센터로, 이슬람 문화의 국제성을 상징하는 대표적인 전당이었다. 일반적으로 종교와 삶의 일체라는 이슬람 문화의 특성 때문에 이슬람 세계의 학문은 종교와 밀접하게 관련되어 있다. 이민족에게 아랍어를 가르치기 위한 언어학과 꾸란의 해석을 위한 법학과 신학이 학문의 중심을 이루었다. 또 무함마드와 초기 무슬림의 행적을 찾으려는 노력에서 많은 역사서가 편찬되었으며, 메카 순례와 교역로의 확보를 위한 지리학도 발달했다.

칼리파 알마문 시대에는 그리스와 오리엔트의 외래 학문에 관한 연구가 절정에 다다랐다. 이때 바그다드에는 대학과 천문 관측소가 세워졌고, 그리스와 오리엔트의 중요한 철학서와 과학서가 아랍어로 번역됐다. 특히 900년까지는 플라톤과 아리스토텔레스 같은 그리스 학자들의 저술이 집중적으로 연구되었다. 이븐 시나(Ibn Sīnā, Avicenna, 980~1037)와 스페인의 무슬림 학자 아베로에스(Averroës, 1126~1198)는 이 시기에 활동하면서 아리스토텔레스 철학과 신플라톤주의에 입각한 철학 체계를 세운 대표적인 학자였다. 아랍어로 옮겨진 그리스와 오리엔트의 풍부한 고전들은 후일 라틴어로 재번역돼 서유럽에 전해졌고, 유럽을 일깨우는 촉매제가 되었다.

무슬림은 자연과학에서도 매우 발달한 수준을 이룩했다. 수학에서는 그리스의 유클리드 기하학을 받아들였을 뿐만 아니라, 인도의 영향을 받아 아라비아 숫자 체계와 영(0)의 개념을 확립했다. 그들은 삼각법, 해석 기하학, 대수학에서도 뛰어난 업적을 남겼다. 천문학에서는 경도와 위도, 자오선의 길이를 측정했고, 천체 관측기구를 만들어 지구 구체설을 증명했다. 이슬람력의 원리는 원나라 때 중국과 우리나라에도 소개되어 태음력의 정비와 발달에 큰 영향을 주었다. 의학에서는 예방 의학과 외과 수술이 성행했으며, 대표적인 의학자인 알라지(Al-Razi)의 《의학대전》과 이븐 시나의 저술들은 유럽 의과대학에서 오랫동안 교재로 사용됐다. 화학 분야에서는 승화 작용이나 증류법과 같은 화학 실험 방법이 고안되었다. 알칼리, 알코올 등의 아랍어 용어는 지금까지 사용되고 있다.

이슬람 미술은 종교적인 가르침과 밀접한 관계가 있다. 우상 숭배를 금지하는 이슬람 교리 때문에 사람, 동물을 묘사한 그림이나 조각은 발달하지 못했다. 대신 둥근 돔과 아치, 첨탑을 특징으로 하는 모스크 건축과 화초 문양을 기하학적으로 표현한 아라베스크가 유행했다. 특히 아랍어나 꾸란 구절을 예술적인 서체로 표현하는 이슬람 서예가 매우 발달했다. 음악 역시 금기시됐는데, 일정한 기법으로 표현하는 아름다운 음률의 꾸란 낭송을 최고의 음악으로 간주했다.

아랍 문학은 이슬람 이전의 유목민 사이에 유행하던 현세를 노래하는 정열적인 시와 노래가 중심을 이루었다. 그러나 압바스 시대 이후에는 페르시아 문학의 영향을 받아 산문이 발달하고 궁정 문학이 유행했다. 그중 가장 유명한 것이 〈아라비안나이트〉로 알려진 〈천일야화〉이다. 이 작품은 9세기 페르시아 작품을 번역한 〈천화〉를 바탕으로 하며, 아라비아와 인도 등 이슬람 세계의 다양한 요소가 합쳐져 대표적인 이슬람 문학으로 알려졌다.

이처럼 국제성과 보편성을 지닌 이슬람 문화는 과학을 중심으로 동서양 여러 곳으로 전파됐다. 특히 중세 유럽 문화에 큰 영향을 끼쳐 후일 근대 과학의 진보에 결정적인 기여를 했다. 현재 우리가 사용하는 과학 용어와 일상 언어 중에도 아랍어에서 유래된 것이 많다는 사실은 이슬람 문화의 강한 영향력을 짐작하게 한다. 서구 사회에서 일반화된 단어인 화학(chemistry), 연금술(alchemy), 천문학(astronomy), 점성학(astrology), 대수학(algebra), 커피(coffee), 설탕(sugar), 레몬(lemon), 음악(music), 파자마(pajama) 등도 아랍어와 밀접한 관련이 있다. 특히 밤에 별을 보고 움직이는 유목 생활과 새로운 오아시스를 찾고자 하는 열망은 천문학을 생존의 학문으로 발전시켰고, 아울러 심리적인 안정을 추구하는 성향과 공동체적 운명이 점성학을 발전시켰다.

이슬람 세계의 이러한 학문과 문화적 성취는 후일 유럽의 르네상스를 일으키는 원동력이 되었다.

한 손에 칼, 한 손에 꾸란의 실체

일찍이 서구인은 무슬림의 정복 사업을 소위 '한 손에 칼, 한 손에 꾸란'이라고 표현하며 이슬람의 호전성과 종교의 강압적 전파를 설명했다. 그러나 이는 서구 사람들이 가진 이교도에 대한 적개심과 확산되는 이슬람 세력에 대한 위기감에서 만들어 낸 용어에 지나지 않는다. 이슬람을 전파하는 것은 무슬림의 종교적 의무이다. 하지만 '무력에 의한 이슬람 전파'에 대한 어떠한 흔적도 꾸란에서 발견할 수 없다. 오히려 꾸란에서는 분명한 단어로 상반되는 원칙을 주장한다. 즉 '종교에는 어떠한 강요도 있을 수 없다'라는 것이다.

우리는 이슬람이 강제 개종과 무력보다는 공납 제도와 포용 정책으로 성공을 거두었다는 사실을 역사를 통해 잘 알 수 있다. 이슬람교는 발생하자마자 급속히 전파되기 시작했다. 당시 비잔틴과 페르시아의 수탈과 착취에 시달리던 시대적 상황이 이슬람의 진출을 오히려 환영했고, 이슬람 정복 과정에서 강제 개종은 실제로 거의 일어나지 않았다. 무슬림은 피정복민의 문화나 관습, 종교 등을 보호해 주는 대가로 그들에게 무슬림보다 더 많은 세금만을 요구했다. 따라서 피정복민 입장에서도 이슬람 세력의 진출을 방해할 뚜렷한 이유가 없었다. 시간이 지나면서 세금도 적게 내고 더 많은 자유와 평등이 주어지는 이슬람으로의 대량 개종이 일어나기 시작했다.

이슬람 정부는 세금 감면을 노리는 대량 개종을 막으려고 오히려 개종 금지 백서를 발효했다. 국가 수입의 증대를 위해 피정복민의 개종보다 공납을 요구한 것이다.

이런 점에 비추어 보면, 무력에 의한 이슬람 전파는 근거가 희박하다. 십자군 전쟁 이후 유럽 전역을 휩쓰는 이슬람 열풍을 막고 기독교 세계를 지키기 위해 당대 최고의 기독교 신학자 토마스 아퀴나스가 만들어 놓은 적의가 가득한 정치적 수사에 불과한 용어다.

역사를 살펴봐도, 이슬람 세력이 진출했던 지역은 그들이 물러난 후에도 원래의 토착 종교로 돌아가거나 다른 종교로 개종하지 않았음은 물론, 오늘날까지도 이슬람 문화권으로 남아 있다. 만일 무력에 의한 종교 전파가 있었다면 이슬람 세력이 후퇴한 후에 그 지역 주민들은 즉시 이슬람교를 버렸을 것이다. 그러나 오히려 이슬람이 더 번성해 그 후 많은 이슬람 학자들을 배출했다. 만일 이 지역들에서 배출된 학자들이 없었더라면 지금의 이슬람 신학이나 철학, 사상 등의 이슬람 학문은 발전하지 못했을 것이다.

이슬람의 소수 민족 보호 정책

전통적으로 이슬람 문화가 지배하는 아랍 제국이나 오스만 튀르크 제국 내에서 소수 민족은 동화나 종교적 박해 없이 그들의 정체성을 유지, 보존할 수 있었다.

7세기 이슬람이 성립되면서 소수 민족에 관한 기본적인 틀은 유지됐다. 이는 자신과 다른 종교와 이념으로 강제 개종을 금지한 꾸란의 구절로도 명백하다.^{꾸란 2장 256절, 109장 7절} 비무슬림 소수 민족은 개종 대신 일정한 공납을 추가함으로써 자신들의 종교와 고유한 문화 전통을 보호했다. 이슬람의 이러한 전통은 커다란 변혁 없이 오스만 튀르크 제국의 밀레트로 연결됐다. 적어도 제1차 세계대전까지 중동의 이슬람 사회는 소수 민족에 대한 지위 인정과 다원주의적인 공존에 익숙해 있었다. 2천 년 가까이 아랍인과 유대인이 상대의 문화를 존중하면서 팔레스타인 지역에서 함께 공존해 온 사실이 이를 잘 설명해 준다.

7세기 중엽 이슬람 제국이 성립된 직후, 이슬람은 소수의 정복자, 정착민, 통치자들의 종교에 불과했다. 과거 페르시아와 비잔틴 제국 영토에 살던 인구의 절대다수는 여전히 고대의 전통적인 종교를 신봉하고 있었다. 그러다가 언제인지 분명하지는 않지만, 중동 대부분 지역에서 무슬림이 다수가 되었고, 오늘날까지 그 비중은 서서히 증가하고 있다.

다만 비무슬림의 거주가 허용되지 않는 곳이 있었다. 전승 기록에 따르면, 칼리파 우마르는 예언자의 고향인 성지(아라비아)에는 오직

한 종교, 즉 이슬람만이 허용된다는 포고령을 내렸다. 따라서 기독교인과 유대인은 그곳을 떠나야 했다. 물론 이 포고령은 기독교가 수세기 동안 잔존했고, 유대교가 오늘날까지도 남아 있는 남부 아라비아에는 적용되지 않았다.

중세 이슬람 사회에서 자신의 고유한 문화 정체성을 유지하도록 허용된 이교도를 '딤미', 혹은 '아흘 알딤마(계약의 백성)'라 불렀다. 딤미는 무슬림 국가에 의해 허용되고 보호받는 비무슬림 시민을 일컫는 법률적 용어였다. 실제로 그들은 기독교인, 유대인, 동부 지역의 조로아스터교인을 의미했다. 딤미의 지위는 무슬림 통치자와 비무슬림 공동체 간의 계약으로 결정됐다. 계약의 기본 골격은 딤미가 이슬람의 우위와 이슬람 국가의 지배를 인정하고, 나아가 일정한 사회적 제약이나 지즈야라고 불리는 인두세 납부를 통해 딤미의 종속적 지위를 받아들이는 것이었다. 물론 무슬림에게 인두세 납부는 면제됐다. 인두세에 대한 대가로 딤미는 생명과 재산의 안전, 외적의 침입 시 보호, 신앙의 자유, 자신들의 문제에서 광범위한 내적 자치 등을 보장받았다. 한편 무슬림은 1년 소득의 40분의 1을 세금으로 납부해야 하는데, 이것이 종교세인 자카트이다.

따라서 딤미는 노예보다는 훨씬 유리한 상황에 있었지만, 자유 무슬림보다는 불리한 처지였다. 그러나 딤미는 무슬림보다 열등하고 그 숫자가 미미하다 해도 거대한 부를 축적해 경제력을 행사하고, 심지어 정치적 권력을 휘두르기도 했다. 근대 이전 대부분의 이슬람 역사 시기에 비무슬림 시민의 지위와 입지는 법률에서 규정하고 있는 것보다 오히려 나은 형편이었다. 비무슬림 소수 민족에 대한 제한 규정은 수시로 강화됐는데, 이는 법률이 정하고 있는 제한을 넘어 딤미의 사회적, 정치적 진출이 과도하게 일어났음을 의미한다.

일반적으로 딤미는 이슬람 분파 계열의 통치자들보다는 수니 통치하에서 더욱 대접을 잘 받았다. 칼리파와 술탄 통치 아래 유대인과 기독교인 모두 정부 업무, 특히 행정 분야에서 일정한 역할을 담당했다. 일반적으로 그러한 등용에 대한 무슬림의 반발도 크지 않았다. 물론 아주 드물게 기독교 관리를 반대하는 캠페인이 일어났고, 약간의 폭력 소요가 있었다. 또한 딤미 관리에 있어 과도하고 부당한 행위가 문제가 된 경우도 많았다.

그러나 딤미는 열등한 존재였고, 무슬림은 그들이 종속된 하위 시민임을 망각하도록 내버려 두지 않았다. 그들은 무슬림 법정에서 증언할 수 없었고, 피해 보상에서는 노예와 여성처럼 무슬림보다 불리한 입장이었다. 무슬림 남성이 기독교나 유대 여성과 자유롭게 결혼할 수 있었던 반면, 딤미는 어떤 경우라도 무슬림 여성과 결혼할 수 없었다. 그들은 복장, 탈것, 예배 장소 등에서 여러 가지 제약을 받았다. 구분되는 복장을 해야 했고, 말을 타지 못하고 대신 당나귀나 노새를 타야 했으며, 법률 규정에 따라 낡은 예배 장소를 수리할 수는 있어도 새로 신축할 수는 없었다. 이러한 제약이 항상 엄격하게 시행되지는 않았지만 언제든지 법적인 제재를 받을 수 있는 여지를 남겨 놓았다.

한편 딤미는 부가 가져다주는 사회적, 정치적 특권으로부터 소외되자 음모를 통해 정치적 목적을 달성하려 했고, 이것은 결국 딤미 자신들뿐만 아니라 무슬림 국가와 사회 모두에게 커다란 타격을 주기도 했다.

스페인 안달루시아 지방의 이슬람

오늘날 스페인 땅은 711년부터 1492년까지 거의 800년 가까이 이슬람 세계에 속하면서 중세 최고 수준의 학문, 과학, 예술, 문화 등의 결실을 유럽에 전해 주는 지적 창구 역할을 했다.◆ 10세기경 이슬람 제국의 수도였던 코르도바는 50만 명 규모의 국제도시였으며, 1,600개의 모스크가 있었고, 8만 개의 상점에서 1만 3천 명 정도의 직공이 일하는 대도시로 발전했다.

이처럼 이슬람 역사 초기부터 이슬람 세력이 서구와 직접 접촉하는 전선이 형성되었다. 우마이야 왕조는 지중해를 중심으로 서아시아, 아프리카, 남유럽의 세 대륙에 이르는 대제국을 건설했다. 아랍군은 서유럽에서는 이베리아반도를 넘어 파리 근교의 푸아티에까지 진격하였으나 732년 프랑크 왕국의 카를 마르텔이 지휘하는 유럽 연합군에게 패배했다. 이로써 피레네산맥 남쪽으로 물러나야 했다.

◆ 중세 '아랍의 르네상스'는 유럽보다 500년이나 앞섰다. 이슬람 세계의 학문적 성취는 스페인 톨레도에 설치된 번역소에서 라틴어로 번역돼 유럽에 전해짐으로써 유럽의 르네상스가 일어나는 지적 원동력이 됐다.

하지만 지중해에서는 이슬람의 팽창이 계속되었다. 9세기 말에는 튀니지가 시칠리아섬을 공격해 200년 이상 이슬람 세계의 지배하에 두었다. 10세기에 시칠리아의 중심 도시 팔레르모에 300개 이상의 모스크가 세워졌고 150개 이상의 이슬람식 정육점이 있었다고 하니 이슬람 문화나 세력의 정도를 짐작할 수 있다. 그래서 14세기 아랍 역사학자 이븐 할둔은 "지중해는 유럽인이 배 한 척 띄울 수 없는 이슬람의 바다가 되었다."라고 호언할 정도였다.

안달루시아의 교훈

이슬람 치하의 스페인 남부 안달루시아는 무슬림과 유대인, 기독교인이 함께 조화롭게 살던 사회였다. 공존은 800년(8세기 초~15세기 말) 가까이 지속됐다. 아랍인, 베르베르인, 토착 스페인인은 말할 것도 없고, 새롭게 이슬람으로 개종한 사람이나 유럽으로부터 이주한 외국인 병사들까지 한데 어울려 살았다. 떠나는 사람은 적고 몰려드는 사람은 많았다.

무슬림, 기독교도, 유대인은 일상생활에서 안달루시아 아랍어와 후일 스페인어로 발전한 로망스어를 함께 사용했다. 반면 학문과 문학에서 아랍인은 고전 아랍어, 기독교인은 대부분 라틴어, 유대인은 히브리어와 아랍어를 함께 사용하면서 문화의 혁신적인 발전을 가능하게 했다. 이런 현상은 우수한 주변 문화를 받아들이는 계기가 되었고, 수준 높은 과학 기술과 절충의 미가 화려한 빛을 발하면서 새로운 문화의 꽃을 피웠다. 이슬람 세계에서 이븐 루시드(Ibn Rushid)로 알려진 아베로에스, 이븐 밧자(Ibn Bajjah), 이븐 아라비(Ibn 'Arabi), 이븐 투파일(Ibn Tufayl) 같은 대학자들이 안달루시아에서 배출돼 잠자는 중세 문명을 뒤흔든 일은 결코 우연이 아니었다.

다중 회랑과 말굽 모양의 대리석 기둥들로 이루어진 코르도바의 모스크들은 절제를 강조하는 고딕 정신과 자유로운 예배 공간을 존중한 이슬람 정신이 어우러진 상징적인 문화 합작품이었다. 안달루시아의 기념비적인 건축물인 그라나다의 알람브라 궁전도 문화의 섞임과 조화가 만들어 낸 걸작품이다.

그러나 16세기부터 과거의 화려한 문화가 철저히 부정되고 말살당하면서 안달루시아는 편협과 독선의 무대로 바뀌었다. 1491년 페르난도 5세는 기독교 성직자들의 강한 요구에 따라 안달루시아의 중심 국가인 그라나다 침공에 나섰고, 7개월간의 포위에 들어갔다. 당시 그라나다의 마지막 무슬림 왕인 아부 압둘라 무함마드 빈 알리 (Abu Abdullah Muhammad bin 'Ali, 서구에서는 보아브딜로 알려졌다)는 무슬림의 종교와 문화 및 언어를 그대로 유지해 준다는 보장을 받고 항복을 선택했다. 페르난도 5세는 기꺼이 그 제의를 수락했고, 그라나다를 무혈 인수했다.

그러나 페르난도는 약속을 지키지 않았다. 보아브딜은 모든 재산과 특권을 뺏긴 채 추종자들을 이끌고 안달루시아를 떠났으며, 1499년부터 안달루시아 문화 말살과 그라나다의 무슬림에 대한 가혹한 인종청소가 뒤따랐다. 모스크를 비롯한 이슬람적인 것은 모두 사용 중단되거나 철폐됐고, 어떤 형태의 불만도 용납되지 않았다. 줄잡아 300만 명의 무슬림과 30만 명 이상의 유대인이 강제로 추방되었다. 그곳에 남은 자들은 강제로 개종당했다. 무자비한 억압은 1631년까지 계속되었고, 무슬림이 800년간 이룩한 지적 기반이 무너지면서 안달루시아 문화는 종말을 고했다.

안달루시아 문화가 그토록 발전할 수 있었던 것은 다양한 민족이 상호 교류를 통해 끊임없이 새로운 민족, 사상, 언어 등을 접하고, 상호 배타적 적대 관계보다는 이질적인 종교와 이데올로기를 뛰어넘는 상보적인 조화를 이루었기 때문이다. 이리하여 안달루시아는 이슬람 세계와 막 태동한 유럽 세계를 잇는 문화의 교량으로써 유럽 르네상스를 일으키는 한 축을 담당했다. 그 후 기독교 안달루시아가 가톨릭 이외의 모든 종교를 배척하자 문화 다양성의 용광로는 더 가동되지 않았으니, 이는 17세기 이후 스페인이 문화가 정체되는 이유 중 하나가 되었다.

튀르크족의 등장과 압바스 제국의 멸망

분열됐던 이슬람 세계는 11세기 투그릴 베이가 이끄는 셀주크 튀르크조에 의해 재통일됐다. 그들은 1055년 바그다드에 입성해 압바스 왕조의 칼리파로부터 술탄의 칭호를 받았다. 셀주크 튀르크는 3대 술탄 말리크 샤(Malik Shah, 1072~1092) 시대에 전성기를 맞이했다. 이들은 시리아, 팔레스타인, 소아시아를 포함하여 동쪽은 톈산산맥, 서쪽은 지중해에 이르는 대제국을 형성했다. 특히 뛰어난 수상인 니잠 알물크(Nizam al-Mulk)의 뛰어난 개혁 정책들은 셀주크조의 기반을 다지는 데 크게 기여했다.

1071년 셀주크가 비잔틴군을 격퇴하고 아나톨리아와 소아시아 지역에 진출함으로써 이 지역이 이슬람화되는 기틀을 마련했다. 셀주크의 팔레스타인 점령과 비잔틴 제국에 대한 압박은 십자군 전쟁을 유발하는 빌미가 되었다. 그러나 십자군 전쟁은 이슬람 세력과의 격돌이라기보다는 기독교 내부의 이권 다툼과 물자 약탈이 주가 되었다.

셀주크조는 1157년 술탄 산자르(Sanjar)의 사후 여러 공국(公國)으로 분할됐다가 몽골의 침략으로 종말을 고했다. 나아가 칭기즈 칸의 손자이자 몽골 제국의 대칸인 몽케의 동생 훌라구가 사마르칸트 총독으로 부임한 후, 1258년 2월 대규모 군대로 바그다드를 함락했다. 이로써 500년 역사의 압바스 제국이 멸망했다. 이것은 다시 말하면 아랍이 주도하던 이슬람 시대의 실질적이고 공식적인 종말을 의미한다. 이제 이슬람 세계는 오스만 제국이 주도하는 새로운 튀르크 시대를 맞았다.

제국의 성립과 콘스탄티노플 정복

오스만 제국의 건설자인 오스만 베이(Osman Bey)는 원래 셀주크 튀르크 시대의 한 부족장이었다. 1299년부터 오스만 베이는 정복 사업을 펼쳐 주로 비잔틴 영토를 잠식했고, 그의 아들 오르한(Orhan) 시대에 이미 발칸반도에 진출해 비잔틴의 존재를 위협했다. 1361년 아드리아노플 정복으로 시작된 발칸 공략은 1389년 코소보 전투의 승리로 마무리됐다. 물론 오스만 제국은 중앙아시아의 새로운 세력인 티무르의 강력한 도전에 맞서 1402년 앙카라 전투에서 일시적으로 패배했으나, 비잔틴의 수도 콘스탄티노플을 향한 공세를 늦추지 않았다.

오스만 제국이 콘스탄티노플을 함락시킨 것은 1453년이었다. 술탄 메메트 2세(Mehmet II)에 의해 점령된 콘스탄티노플은 이스탄불로 이름이 바뀌었다. 비잔틴 제국의 정신적 심장이었던 성 소피아 사원은 이슬람 사원으로 개조돼 기독교 정교의 비잔틴이 이슬람교의 오스만에 귀속되었음을 분명히 했다.

오스만의 콘스탄티노플 점령은 오스만의 역사뿐만 아니라 세계사의 한 획을 긋는 큰 사건이었다. 이제 중세가 종식되고 근대가 시작되는 기점이 되었다. 유럽은 오스만 제국이라는 동방 문화권과 직접 접촉함으로써 동방의 새로운 기운과 문명을 급속도로 받아들였다. 이로 인해 곧바로 르네상스가 시작되었을 뿐만 아니라, 유럽인이 스스로 '지리상의 발견'이라 불렀던 대항해시대가 도래했다.

오스만 제국의 발전과 문화

1453년 콘스탄티노플의 정복부터 16세기 말까지의 시기가 오스만 제국의 전성기였다. 제국의 영토는 북으로 헝가리에서 남러시아, 남으로는 북아프리카 알제리에서 걸프해에 이르기까지 과거 이슬람 세력권의 대부분을 지배했다. 오스만 제국의 확장과 번영에는 예니체리, 밀레트 등 여러 가지 특징적인 제도가 뒷받침되었다.

우선 귀족 세력의 견제를 통한 술탄의 중앙 집권화와 효과적인 전투력 배양을 위해 예니체리(Janissary) 군대가 결성됐다. 예니체리는 술탄의 근위 보병 부대로 강력한 권한을 행사했다. 또 술탄은 예니체리 병력을 충원하기 위해 데브쉬르메(Devshirme)라는 제도를 도입했다. 데브쉬르메는 주로 발칸반도의 기독교 소년들을 징집해 엄격한 훈련과 튀르크화 교육을 통해 이슬람으로 개종시키고, 예니체리에 배속시키는 제도였다.

한편 이슬람 사회 초기의 소수 민족 정책 딤미는 오스만 튀르크 제국 시대에 밀레트(Millet)라는 독특한 체제로 되살아난다. 밀레트는 크게 지배 집단과 종속 집단으로 나누어졌다. 지배 집단은 튀르크족 이외에도 아랍인, 페르시아인, 보스니아인, 알바니아인과 같은 무슬림이었고, 종속 집단에는 그리스인, 아르메니아인, 유대인, 루마니아인, 슬라브인과 같은 소수 민족이 포함됐다.

밀레트 체제에서 가장 큰 종속 집단은 그리스 정교 공동체였다. 이들의 종교 행정은 이스탄불 시내 페네르에 있는 대주교청을 중심으로 결집됐다. 다수의 그리스인을 중심으로 발칸반도의 여러 소수 민족, 세르비아인, 불가리아인 등이 그리스 정교 대주교청에 소속됐다. 두 번째 소수 민족 밀레트는 아르메니아 정교 그룹이었다. 오스만 영토 전역에 흩어져 있는 아르메니아인은 지역별 정교 교구청에 소속됐고, 이스탄불의 아르메니아인은 그들의 정신적 중심지인 에츠미야드즈미 대교구청에 속했다. 이스탄불에는 아르메니아 정교 대주교를 임명하여 상당한 예우를 했다. 세 번째 소수 민족 밀레트는 유대인 집단이었다. 유대인은 이스탄불을 중심으로 이즈미르, 셀라니크 등 항구 도시 주변에 집거하고 있었다. 오스만 튀르크 제국에 유대인이 대량으로 거주하게 된 배경은 1492년 기독교 스페인에 의한 유대인과 무슬림 대량 학살 사건, 폴란드, 오스트리아, 보헤미아 등지의 유대인 학살이었다. 학살의 위협에서 갈 곳 없는 유대인을 거둬들여 삶의 터전을 마련해 준 것이 오스만 튀르크 제국이었다. 이스탄불의 대랍비가 유대인 문제에 대한 최고 책임자로 오스만 정부와 좋은 관계를 설정해 나갔다. 이 밖에도 수적으로 미미한 종교 그룹인 야쿠비, 네스토리아인, 마루리인 등과 같은 소수 기독교 종파들도 각각 자신들의 교회에 소속돼 고유한 종교적 관습의 지배를 받았다.

이처럼 오스만 제국 내의 소수 집단은 밀레트 내에서 자신들의 신앙과 종교 의례는 물론, 고유한 관습과 언어, 문화적 전통 등을 향유할 수 있었다. 또한 튀르크인과의 마찰과 갈등으로 인한 경우를 제외하고는 자신들의 공동체 내규에 따라 분쟁을 조정하고 해결했다.

유대인, 아르메니아인, 그리스 정교도 등 각 밀레트에서는 최고 종교 지도자가 해당 밀레트의 종교 행정과 문화 활동을 관장했고, 오스만 튀르크 제국의 술탄에게만 책임을 졌다. 소수 민족 공동체와의 조화와 공존은 오스만 튀르크 제국 600년 역사를 관통하는 기본 통치 이념이었다.

오스만 제국의 쇠퇴와 개혁 운동

16세기 중엽에 절정에 달한 오스만 제국은 17세기에 들어 쇠퇴하기 시작했다. 내부 요인으로는 귀족 및 지방 영주들의 세력이 커지고, 예니체리 군인의 반란과 권력 남용, 피정복지에서의 과중한 세금, 관료와 군부의 부패 등으로 사회적 혼란이 커졌기 때문이었다. 외부 요인으로는 유럽인이 신항로를 발견해 오스만 제국의 물자 보급로에 타격을 입혔고, 이란 지방에서 세력을 키운 사파비(Safawi) 왕조의 위협, 1571년 스페인과 벌인 레판토 해전에서의 패배, 1683년 빈 공략 실패 등을 들 수 있다.

국력 회복을 위해 역대 술탄들은 유럽 선진국을 모방해 군사 개혁과 정교분리를 통해 근대화를 시도했으나 보수 기득권 세력의 반대로 실패했다. 19세기에 들어 상황은 더욱 급변했다. 나폴레옹의 이집트 원정을 계기로 유럽의 오스만 영토 잠식은 더욱 활발해졌고, 그리스가 독립을 선포했다. 또 이집트 총독 무함마드 알리(Muhammad Ali)가 독립운동을 일으켜 오스만에 대항했고, 프랑스의 알제리 점령, 영국의 아덴(Aden, 예멘의 도시) 점령이 따랐다.

이러한 상황에서 술탄 마흐무드 2세(Mahmud II)는 권력 남용의 대명사인 예니체리 군대를 해산하고 서양식 군대를 창설했다. 그의 두

아들인 술탄 압둘 메지드(Abdul Mecid)와 압둘 아지즈(Abdul Aziz)는 이전 술탄의 개혁 의지를 계승해 일련의 근대식 대개혁을 단행했다. 이를 탄지마트(Tanzimat)라 한다. 술탄은 탄지마트를 통해 종교와 민족을 초월한 국민의 생명과 재산 보호, 공개 재판, 군현 제도의 실시, 오스만 은행의 설립 같은 개혁으로 국가 체제의 근대화를 도모하려 했다. 그러나 개혁은 국내 보수 세력의 반대에 직면한 데다 러시아와 오스트리아의 간섭까지 받아 성과를 거두지 못했다.

탄지마트와 함께 오스만의 정치적 발전을 촉진한 또 다른 사건은 수상 미트하트(Mithat)를 비롯한 개혁 세력이 주도한 메쉬루티예트(Meshirutiyet)라는 신헌법의 제정이었다. 1876년에 공포된 이 신헌법은 제국 내 모든 시민의 동등한 권리, 내각 중심의 국정 운영, 언론의 자유, 근대적인 조세 및 형벌 제도 등을 명시하고 있다. 그러나 이러한 획기적인 내정 개혁은 러시아-터키 전쟁이 발발하고 오스만이 패하면서 한계에 부딪혔다.

이란과 아랍의 근대화 운동

16세기 초 이란에는 시아파 이슬람교를 국교로 하는 사파비 왕조가 세워져 페르시아어를 바탕으로 이란의 전통문화 회복에 기여했다. 사파비 왕조는 압바스 왕 때 전성기를 맞았다. 오스만 제국의 여러 제도를 도입해 국가 체제를 정비하고, 문화와 경제 분야에서도 수준 높은 발전을 이룩했다. 당시 수도 이스파한은 훌륭한 건축물과 우아한 장식물로 아름답게 꾸며져 오늘날까지 그 모습이 남아 있다. 사파비 왕조가 주변 민족들의 침입으로 약화된 후, 이란 지방은 18세기 말 카자르(Khazar) 왕조에 의해 재통일되었다.

카자르 왕조는 한때 아프가니스탄까지 그 영역을 넓혀 번영했으나 19세기 말부터는 열강의 간섭과 침략이 가속화되었다. 따라서 이란의 근대화 과정도 유럽 열강에 대항하는 항쟁의 형태로 나타났다. 1890년에는 담배 전매권이 영국인 수중으로 넘어가자, 담배 보이콧 운동이 민족 운동의 성격을 띠었다. 그러나 결국 영국과 러시아가 아프가니스탄과 캅카스 지방을 점령하고 남과 북에 각각 자국의 세력권을 형성했다. 이에 자극받은 국왕 알딘 샤(Aldin Shah)는 1906년 헌법 제정과 의회 설립을 통해 입헌 혁명을 이룩하고 근대화를 추진했다. 그러나 제국주의 유럽에 대한 경제적 의존이 높아 효과적인 결실을 보지 못했다. 이러한 저항은 1911년 러시아의 무력간섭으로 좌절되었고, 입헌 혁명 운동은 끝이 났다.

오스만 제국 치하에 있던 아랍 세계에서는 18세기 중엽 이슬람교의 요람인 아라비아반도를 중심으로 자주를 표방한 민족 운동이 태동했다. 이러한 흐름을 대표하는 것이 와하비(Wahhabi) 운동으로, 원래는 이슬람교의 변질과 개혁주의에 반대하여 꾸란의 순수한 가르침으로 돌아가자는 종교적 열정에서 출발했다. 그러나 이 운동은 오스만의 지배에 저항하는 사우드 가문의 호응을 받아 와하비 왕국을 탄생시키기에 이르렀다. 와하비 운동은 아랍인의 각성을 촉구하여 후일 아랍 여러 나라의 독립에 정신적 바탕을 제공했다.

이집트에서도 18세기 말 나폴레옹의 원정으로 유럽 문화의 영항을 받아 민족적 자각이 촉진되었다. 이집트의 근대화를 추진한 이는 총독 무함마드 알리였다. 그는 아라비아반도로 출병하고 수단을 정복하는 한편, 이집트의 근대화를 위해 나일강을 대대적으로 개발해 경제적 부흥을 이루었다. 그 후 이스마일의 통치기에는 수에즈 운하를 완공하고, 산업, 교통, 교육의 혁신을 가져왔다. 그러나 지나친 재정 지출이 경제를 파탄시켰고, 이 때문에 수에즈 운하의 실권이 영국으로 이관되었다. 결국 1882년 이집트는 영국의 지배를 받게 되었다.

영국이 키프로스에 이어 이집트를 점령하고, 1890년에는 바레인과 쿠웨이트를 세력권에 넣자, 경쟁 관계에 있던 프랑스도 튀니지, 소말리아, 모로코를 연달아 침략했다. 이와 같은 열강의 지배에 맞서 중동 여러 나라는 이슬람교의 부흥, 아랍 민족주의, 서양 문물의 도입 등을 통해 근대화에 주력했다.

술탄 압둘 하미드 2세와 청년 튀르크당

1876년 유럽이 오스만 제국 영토를 적극적으로 잠식해 갈 때, 등극한 술탄 압둘 하미드 2세(Abdul Hamid II)는 서구 의존식 개혁 정치를 과감히 청산하고, 무슬림의 자주성과 이슬람 이념의 통일에 바탕을 둔 보수 정치로 회귀했다. 개혁의 상징 인물인 미트하트 수상을 처형하고, 의회를 해산해 술탄 중심의 전제 정치를 강화했다. 나아가 외교 노선에서 친독일 정책을 표방했고, 제국 안팎의 모든 이슬람 세력을 결집해 기독교 서유럽의 압력에 맞서는 범이슬람(Pan-Islamism) 운동을 적극적으로 확산시켰다.

그러자 청년 장교와 젊은 지식인이 '연합진보회'라는 비밀 조직을 결성해 국내외에서 반정 활동을 강화했다. 흔히 청년 튀르크당으로 알려진 이들은 모든 반대 세력을 결집해 1908년 혁명에 성공했다. 압둘 하미드의 폐위로 이어진 1908년의 혁명은 청년 튀르크당이 새로운 집권층으로 등장하는 계기가 되었고, 이런 상황은 제1차 세계대전까지 지속되었다.

제국의 종말과 중동의 독립

독일 편에 가담했던 오스만은 제1차 세계대전의 패전국으로 제국이 와해되는 운명을 맞았다. 거의 모든 제국 영토를 뺏기고 터키 본토까지 점령당하자, 무스타파 케말(Mustafa Kemal)이라는 뛰어난 장군이 독립 전쟁을 수행했다. 그 결과 1923년 로잔 조약에서 최종적인 영토 조정이 이루어졌고, 국민적 영웅으로 부상한 무스타파 케말은 칼리파제와 왕정을 폐하고 터키 공화국을 창설했다. 이로써 1299년 이래 600년 이상 이슬람 세계의 종주국으로 존속해 왔던 오스만 제국은 종말을 고했다.

아랍의 이슬람 문화권을 지배하던 오스만 제국의 멸망은 아랍 민족에게 새로운 자주 의식과 독립의 기운을 고취했다. 그러나 이미 중동의 이권에 혈안이 되어 있던 서구 열강의 개입과 분열 책동으로 아랍은 사분오열되는 비극을 맞았다. 아랍어, 이슬람교, 아랍인이라는 공통분모로 단일 문화권을 형성하고 있던 아랍은 20개국이 넘는 개별 국가로 분할됐으며, 상충하는 이해관계로 협력과 분쟁을 거듭하고 있다.

특히 제1차 세계대전 중에 서구 열강은 아랍인에게는 후세인-맥마흔 서한을 통해 아랍 국가의 독립을, 유대인에게는 밸푸어 선언을 통해 유대 민족 국가의 창설을, 영국과 프랑스 간에는 사이크스-피코 비밀 조약을 통해 영국의 팔레스타인 통치를 암암리에 결정함으로써 오늘날 중동 지역에서 끊이지 않는 분쟁의 근원적 불씨를 제공했다. 이리하여 오랫동안 이 지역에서 평화롭게 공존해 왔던 아랍과 유대인은 서구의 지원을 얻은 유럽 유대인이 1948년 팔레스타인 땅에 이스라엘을 건국함으로써 화해할 수 없는 관계로 변모했다.

20세기 이후 서구와 이슬람 세계의 갈등과 화합

서구와 이슬람 세계는 이슬람이 완성된 이후 지난 1,400년 동안 협력과 갈등을 거듭하는 애증의 관계였다. 이슬람이 발생한 7세기부터 18세기 초까지는 이슬람 세계가 유럽에 대해 군사, 정치, 문명 등 모든 면에서 압도적 우위를 점하는 역사 시기였다. 스페인 안달루시아가 800년간 이슬람 문화의 영향을 받았고, 프랑스 남부, 이탈리아 남쪽, 그리스와 발칸반도 대부분도 수백 년간 이슬람 지역이었다. 지중해 동부와 발칸 지역에서도 오늘날 그리스, 마케도니아, 알바니아, 불가리아, 몬테네그로, 보스니아,

세르비아, 헝가리 일부 등이 400년간 이슬람의 압박 속에 있었다. 그러나 근대 이후 1798년 나폴레옹의 이집트 정복을 전후로 18세기부터 서구에 의한 이슬람 세계 식민지화가 가속화되면서 '지배와 피지배'라는 숙명적 관계는 역전됐다. 1602년 네덜란드의 동인도회사 설립을 계기로 인도 무굴 제국, 말레이시아, 인도네시아, 필리핀 남부의 동남아 이슬람 지역들이 차례로 서구 열강의 식민 상태로 전락했다. 중앙아시아에서도 서투르키스탄과 위구르 지역인 동투르키스탄이 각각 러시아와 중국의 지배를 받아들여야 했다. 오랜 기간 이슬람 세계의 위협과 직접 지배에 시달려 온 서구로서는 모처럼 뒤바뀐 힘의 강약 구도를 깨뜨릴 의사가 전혀 없었다.

제1, 2차 세계대전 전후로 탈식민 시대가 시작되면서 이슬람 지역 대부분이 쪼개져 57개 개별 국가로 독립했지만, 서구의 '이슬람 편견'은 오늘날까지도 크게 바뀌지 않은 채 '이슬람포비아(이슬람 혐오증)'로 이어지고 있다. 무엇보다 2001년 미국 뉴욕의 무역센터와 워싱턴의 국방부 건물을 붕괴한 9·11 테러는 서구에 이슬람의 위협을 알리는 신호탄이었고, 새뮤얼 헌팅턴이 주장한 소위 문명 충돌 이론이 들어맞는 것처럼 보이는 사건이었다. 9·11 테러를 계기로 미국의 주도하에 서구의 본격적인 이슬람 세계 공격이 이어졌고, 소위 '악의 축'으로 거론된 나라에 대한 가혹한 침략과 개입이 뒤따랐다. 그러나 정치적 목적을 위해 테러라는 도구를 수단으로 사용하는 이슬람권 내 정치 세력은 극소수이고, 대중적 지지 기반을 갖고 있지 않다. 그럼에도 '이슬람=테러리즘'이라는 만들어진 공식으로 지금 서구와 이슬람 세계는 어느 때보다 불편한 관계를 맺고 있다.

서구와의 오랜 역사가 증명하듯이, 이슬람 세계의 주류는 서구와 대결하거나 갈등하기보다는 협력하고 공존하면서 살아가기를 원한다. 절대다수 이슬람 국가들이 서구와 정치, 경제적 협력 체제를 함께 구축하면서 글로벌 평화와 발전의 중요한 한 축으로 기능하고 있다. 서구 사회의 문명 충돌 주장에 맞서 문명 간 대화 제의가 이슬람 세계에서 더욱 강하게 제기되고 있다는 점은 눈여겨볼 만한 현상이다. 이란의 전 대통령이자 철학자인 모함마드 하타미(Mohammad Khatami)의 '문명 간 대화' 이론이 대표적이다. 1999년 유엔 총회 연설 이후 2001년을 유엔이 정한 '문명 간 대화의 해'로 선포하게 한 하타미 이란 대통령은 그의 책《문명의 대화》에서 다음과 같이 설파하고 있다.

> 무슬림은 예로부터 유럽인에게 역사와 철학, 시민 사회가 어떤 것인지를 소개했습니다. 그리스의 과학이나 철학, 지혜가 유럽 사회에 전해진 것은 유럽인이 무슬림과 친숙했기 때문입니다. 또한 유럽인은 우리 무슬림들로부터 관용의 정신을 배웠습니다. 지금 유럽인이 무슬림에게 관용과 도덕적 가치를 설명하는 것은 사실은 우리를 비꼬는 것입니다. 유럽의 위대한 문명은 이슬람 문명에 강하게 뿌리를 둔 것이며, 이슬람 세계는 위대한 문명 세계였습니다.
>
> 세예드 모함마드 하타미,《문명의 대화》, 지식여행, 17쪽

걸프 전쟁과 알제리 민주화의 좌절

1990년 이라크 사담 후세인의 쿠웨이트 침공으로 촉발된 걸프 전쟁(1991)은 이슬람 세계와 서구 사이에 또 다른 협력과 적대 관계를 규정한 사건이었다. 아랍 지역의 패권을 노리던 사담 후세인은 1990년 8월, 10만의 군대로 이웃 산유국인 쿠웨이트를 침공했다. 1980년부터 1988년까지 8년이나 지속된 이란-이라크 전쟁으로 피폐한 경제를 회복하고 민심을 얻기 위한 도발은 곧바로 미국과 서구 세계에 즉각적인 반발을 불러일으켰다.

쿠웨이트는 원래 오스만 시대부터 이라크 바스라주에 속한 이라크 영토였다. 그러나 1932년 이라크가 영국으로부터 독립할 때 영국은 석유 이권 때문에 쿠웨이트 지역을 계속 통치했으며, 쿠웨이트는 1961년 이라크에 귀속되지 않고 독립했다. 이와 같은 역사적 배경 때문에 이라크는 계속 영유권을 주장해 오던 터였다.

그러나 아랍 국가가 또 다른 아랍 국가를 공격한다는 것은 분명 엄청난 사건이었다. 사담 후세인의 패권 확대를 두려워한 일부 걸프 지역 아랍 국가들과 함께 미국 중심의 서구 세계는 유엔 안보리를 통한 이라크 제재에 착수했고, 드디어 1991년 1월 다국적군을 편성해 사담 후세인 공격을 감행했다. 42일 만에 끝난 전쟁으로 이라크는 쿠웨이트에서 철수했다. 그러나 미국이 더욱 노골적으로 중동 문제에 개입하는 계기가 되었고, 이 지역에서의 반미-반서구 정서가 더욱 심화되는 결과를 가져왔다. 동시에 일부 아랍 국가들이 다국적군에 가담하여 사담 후세인 공격에 동참함으로써 그나마 명목상으로 유지되던 아랍 민족주의가 퇴조하고 아랍 22개 국가들의 개별 국가 중심주의가 뚜렷이 부각되었다. 무엇보다 아랍 국가 사이에 군비 경쟁이 불붙으면서 중동에 대한 미국의 영향력이 더욱 강해졌다.

이 외에도 걸프 전쟁은 중동의 이슬람권에 크고 작은 변화를 유발했다. 일부 걸프 지역의 아랍 산유국 왕정 국가들은 아예 미국의 안보 우산에 들어갔고, 이집트와 시리아는 산유국들을 군사 공격으로부터 보호해 주는 대가로 재정적 혜택을 받았다. 특히 이집트는 외국 채권단으로부터 상당한 액수의 부채 탕감을 얻어 냄으로써 경제적으로 건실한 구조 조정 계획에 착수할 수 있게 되었다.

이와는 대조적으로 이라크를 지지했던 예멘, 요르단, PLO 같은 일부 아랍 국가들은 심각한 원조 중단 사태에 직면했으며, 걸프 지역에서 자국 노동자들이 축출당함으로써 경제적 손실을 보았다. 이러한 위기 국면은 분할된 남북 예멘의 통합에 도움을 주어 1990년부터 양측이 정치적 권력을 분점하는 데 성공했다.

한편 걸프 전쟁으로 서구의 입김이 강화되면서 이슬람 정치 세력들의 반발도 만만치 않았다. 1980년 후반 구소련 사회주의 체제가 붕괴하면서 이슬람 세계에서는 이슬람의 문화적 가치를 유지하면서도 서구와 협력할 수 있는 새로운 정치 실험을 하게 된다. 가장 대표적인 실험이 알제리에서 일어났다.

1991년 알제리에서는 오랜 군부 독재 체제에 변화가 보이기 시작했다. 알제리 대통령 샤들리(Bendjedid Chadli)에 의해 다당제가 인정되었고, 민주화 바람이 불면서 1991년 총선이 실시됐다. 1차 투표에서 그동안 정치적 연금 상태에 있던 이슬람 정치 세력 이슬람구국당(FIS)이 의석의 과반수를 확보했다. 예상 밖의 선거 혁명이었다. 다음 해로 예정된 2차 투표에서 이슬람 정당의 집권이 확실시되는 상황이 벌어졌다.

그러자 이슬람 정치 세력의 집권을 이슬람 원리주의의 부활로 확대 해석한 알제리 군부는 프랑스와 서구의 지지와 묵인으로 선거 결과를 무효화하고, 비상계엄을 선포해 집권을 눈앞에 둔 이슬람구국당을 해체시키고 야당 인사들을 구금했다. 이 사건은 국민에 의한 새로운 민주주의 선거 방식이라도 서구의 이익에 합치되지 않는다면 언제든지 폐기될 수 있다는 나쁜 선례를 안겨 주었다. 이는 이슬람 세계가 서구에 갖는 근원적인 불신을 다시 한번 확인해 줌으로써 서구와의 관계 개선 움직임에 찬물을 끼얹는 결과가 되었다.

오슬로 평화 협정과 뒤엉킨 팔레스타인 문제 해법

걸프 전쟁 이후 야기된 정치적 상황은 팔레스타인 문제 해결에도 영향을 끼쳐 이스라엘과 팔레스타인 해방 기구 사이에 항구적인 평화를 정착시키려는 오슬로 평화 협정(1993)으로 이어졌다. 상호불가침과 외교 관계 수립 등을 통해 공존하자는 내용을 담고 있는 오슬로 평화 협정으로 마침내 이스라엘의 점령지인 가자 지구와 요르단강 서안 지구에 팔레스타인 자치 국가 설립이 가능해졌다. 서구와 이슬람 세계가 오랜 기간 분쟁과 갈등을 접고 화해와 공존으로 가는 중요한 선언이었다.

그러나 1995년 평화 협정의 이스라엘 당사자인 이츠하크 라빈 수상이 암살당하고, 2001년 우파 리쿠드당의 아리엘 샤론이 새로운 이스라엘 수상이 되면서 오슬로 평화 협정의 골격이 훼손되었다. 또한 분리 장벽과 점령지 내 유대인 정착촌 건설로 이스라엘과 팔레스타인 아랍인 사이의 갈등은 지금도 계속되고 있다. 일방적으로 이스라엘 입장을 지지하는 미국의 입장 때문에 이슬람 세계가 갖는 반서구 감정도 그만큼 깊어지고 있다.

그러나 평화를 위한 양국 간의 협상과 지루한 절충도 계속되고 있다. 가장 핵심적인 문제는 1967년 이후 이스라엘이 불법으로 점령하고 있는 팔레스타인 영토에서의 완전 철수지만, 이미 점령지에는 75만 명가량의 유대인이 살고 있다. 소위 유대인 정착촌 문제다. 현실과 명분, 실리 사이의 팽팽한 줄다리기가 협상의 핵심이다.

2008년 당시 이스라엘 수상 에후드 올메르트와 팔레스타인 자치 정부 수반 마흐무드 압바스 대통령 사이에 상호 영토 교환이라는 중재안을 마련한 적이 있다. 주요 골자는 유대인 정착촌이 들어선 영토 일부를 이스라엘에 양보하고, 그 대신 가자 지구와 서안 지구에 인접한 이스라엘 영토 일부를 팔레스타인에 편입시킨다는 내용이다. 구체적 해결을 위한 원칙에는 양측이 공감하지만, 교환 영토의 넓이와 위치 등에 대한 이견을 보였다. 이런 와중에 2011년 팔레스타인은 회원국 가입 신청을 유엔에 제출했다. 미국의 반대로 정회원국 가입에는 실패했지만, 유네스코 정회원국이 됨으로써 국제 사회에서 책임 있는 주권 국가로 거듭나는 계기가 되었다.

　오랜 갈등과 협의, 양보와 협상을 통해 이제 팔레스타인 문제는 '두 국가 해법'이 확연하게 자리 잡았다. 이스라엘과 팔레스타인 두 국가가 상호 인정과 협력을 통해 함께 살아간다는 원칙이다. 그러나 이런 원칙은 팔레스타인 국가가 들어설 땅에 유대인 정착촌이 계속 들어서고, 팔레스타인이 수도로 갈구하는 예루살렘 귀속권을 이스라엘에 넘기는 등의 문제로 번번이 암초에 부닥쳤다. '두 국가 해법'에 찬물을 끼얹은 사건이 2020년 1월 28일 도널드 트럼프 당시 미국 대통령이 전격 제안한 이스라엘과 팔레스타인 평화를 위한 소위 '세기의 협상' 발표다.

　트럼프의 사위 재러드 쿠슈너가 구상한 평화안의 핵심은 1967년 3차 중동 전쟁으로 이스라엘이 불법 점령한 땅에 수백 개의 정착촌을 지어 살고 있는 이스라엘인 약 75만 명의 실효적 지배를 인정하고, 이 영토의 관할권을 이스라엘이 갖고 예루살렘을 이스라엘의 수도로 삼는 것이다. 대신 거덜 나고 조각난 미래의 팔레스타인 독립국에는 장기간에 걸쳐 약 500억 달러(약 60조)를 투자해 경제적 부흥을 돕는다는 것이다. 트럼프의 표현대로 하자면 '매일 여기저기 돈 꾸러 다니는 구걸 행각 그만하고 국가답게 제대로 살게 해 주겠다'라는 것이다.

　얼핏 매우 현실적이고 협상가로서 트럼프의 주특기가 돋보이는 창의적인 방안처럼 보인다. 최대 재정 지원국이었던 형제의 나라 사우디아라비아가 이스라엘과 협력하면서 트럼프 행정부를 지지하고, 아랍의 대의만 외치는 주변 국가들은 자기 앞가림하기에도 벅찬 현실이다. 팔레스타인 나라 살림은 거덜 났고 공무원 월급조차 제대로 못 주는데다 대중의 정부 불신과 불만도 극에 달해 있다. 이런 상황에서 트럼프가 던진 제안은 시기적으로도 절묘하다.

그러나 두 나라의 평화로운 공존과 팔레스타인의 미래를 위한 마지막 기회라는 미국의 일방적 선언과는 달리 팔레스타인이 즉각 반대에 나섰다. 22개국으로 구성된 아랍연맹과 이슬람 국가 57개국 연합체인 이슬람협력기구(OIC)조차 맹비난하면서 세기의 협상은 출발부터 암초에 걸렸다. 한마디로 친이스라엘, 반팔레스타인 구도가 너무나 확연하고 협상 내용의 핵심은 '자존심과 돈의 교환'이기 때문이다.

트럼프의 제안은 인류 사회가 지금까지 지켜 온 보편적 원칙을 송두리째 무너뜨리는 독약 처방이다. 유엔 안보리 만장일치 결의안 242조, 338조 등을 통해 이스라엘의 점령지 반환과 군대 철수, 정착촌 건설 중지 등을 일관되게 요구해 왔기 때문이다. 무엇보다 세 종교의 공동 성지인 예루살렘을 국제 관리하에 두면서 분쟁 대신 화해와 공존을 권고해 왔다. 예루살렘은 불법 점령 직전까지 1,330년 동안 팔레스타인의 도시였다. 더욱이 이스라엘과 팔레스타인 양국 수뇌부는 노벨 평화상을 공동 수상하면서 1993년 오슬로에서 '땅과 평화의 교환'을 통해 점령지에 팔레스타인 국가 창설을 합의한 바 있다. 이 합의마저 깨어지면서 중동 평화 문제는 다시 원점으로 되돌아 갔다.

여기에 인류가 기억해야 할 보편적 고뇌가 있다. 유럽인이 잔혹하게 핍박했던 유대인과 이스라엘의 생존이 보장됐다면, 이제 그들로 인해 나라를 잃고 고통에 빠진 팔레스타인의 생존을 보장하는 것이 인류 사회의 또 다른 책무다. 1인당 3만 불 소득을 가진 군사 강국 이스라엘이 당장 먹을 것이 없는 땅 주인 팔레스타인인의 생존을 겁박하는 것보다는 이웃으로 끌어안는 공영의 삶을 택해야 한다. 그래야 팔레스타인의 극단적 저항도 그만큼 줄어들 것이다. 결자해지를 위해 이스라엘 극우 정권이 아니라 이제 이스라엘 시민이 나서야 할 때다.

9·11 테러와 오늘의 이슬람 세계

21세기 들어 이슬람 세계와 서구 사회의 관계에 다시 한번 어두운 그림자를 드리운 사건이 2001년 9·11 테러였다. 알카에다를 중심으로 하는 일부 급진적 이슬람 정치 조직들의 소행이었지만, 무고한 인명의 대량 살상과 서구에 대한 직접적인 위협이라는 점에서 이전의 불편한 갈등과는 비교도 되지 않는 큰 사건이었다.

리비아, 이란 같은 반미 국가는 물론, 지하드, 하마스, 헤즈볼라 같은 과격 이슬람 단체도 한결같이 미국에 대한 9·11 테러를 비난했다. 아무리 서구 세계가 정의롭지 못하더라도 민간인을 담보로 한 테러는 결코 용납될 수 없고 비난받아야 할 행위라는 점에서 이슬람 세계가 한목소리를 내었다. 나아가 이슬람 세계는 미국과 이스라엘이 미사일과 전투기를 동원해 팔레스타인 민간인을 공공연히 학살하는 행위도 국가 테러이므로 중지되거나 응징되어야 한다고 믿는다.

그럼에도 미국과 서구 사회는 9·11 테러 이후 이슬람 세계에 공세적 입장을 취하면서 알카에다 지휘부를 비호한다는 명분으로 2001년 10월 아프가니스탄을 침공해 20년간 전쟁을 벌였다. 2003년에는 9·11 테러와 직접적인 관련이 없는 이라크를 침공해 이슬람 세계에 분노와 테러를 확산시키는 결정적 악수를 두었다. 9·11 테러라는 사건을 통해 자국의 전략적 이익 극대화와 중동에서의 석유 확보, 이스라엘 안보 확보라는 전통적인 미국의 중동 정책 기조가 더욱 강화된다는 점에서 이슬람 세계의 우려를 자아낸다. 무엇보다 아프가니스탄과 이라크에서의 전쟁으로 수많은 무고한 민간인의 삶이 초토화되고 희생당하면서 전쟁의 정당성은 온데간데없고, 서구 사회의 '이슬람 죽이기'라는 악몽이 재현되는 듯한 양상이 벌어지고 있다.

2011년 초부터 튀니지에서 촉발돼 이슬람 세계 전역으로 급속하게 번졌던 민주화 시위도 이슬람 세계를 변화시킬 수 있는 절호의 기회였다. 소위 '재스민 혁명'은 튀니지, 이집트, 예멘의 권위주의 독재 정권을 무너뜨렸고, 시리아, 리비아, 알제리, 걸프 국가들까지도 크게 자극했다. 그러나 재스민 혁명은 아직 성숙되지 못한 정권 교체를 위한 대안적, 정치적 환경과 건강한 시민 사회의 부재에서 독재 군벌들의 발호와 서구 개입으로 실패하고 말았다. '아랍의 봄'이 두렵고 처참한 '아랍의 겨울'로 돌변하는 데는 그렇게 오랜 시간이 걸리지 않았다. 튀니지에서는 민선 정부가 들어서서 조심스러운 행보를 이어 가고 있지만, 이집트에서는 민선 정부가 붕괴되고 다시 쿠데타로 군사 정권이 들어섰다. 예멘은 정권 이양 약속을 저버린 기득권의 횡포가 또 다른 쿠데타를 유발해 내전으로 치닫고 있다. 순수한 비무장 시민 혁명이 아닌 무장 투쟁으로 변질된 시리아와 리비아에서도 참혹한 내전이 마무리되지 못하고 있다.

ISIL 궤멸과 새로운 중동-이슬람 세계

9·11 테러의 배후였던 알카에다의 지도자 오사마 빈 라덴이 2011년 5월 2일 미군에 의해 사살당함으로써 알카에다는 사실상 궤멸 수준에 돌입했다. 그러나 전 세계에 퍼져 있던 하부 조직들에 의한 테러는 그칠 줄 몰랐다. 그런 가운데 미국의 이라크 침공, 시리아 내전 등 중동 전역의 대혼란 상태에서 ISIL(이라크 레반트 이슬람 국가)이라는 새로운 테러 조직이 탄생해 민간인 테러로 악명을 떨쳤다.

ISIL은 원래 알카에다의 이라크 지부로 출발한 AQI가 전신이다. 그들은 시리아 내전을 틈타 바샤르 알아사드 시리아 정부군을 전복시키려는 반군 군사 조직에 참여했고, 2014년 6월 29일에 스스로 IS(Islamic State), 곧 '이슬람 국가'를 선포했다. ISIL은 시리아 라카를 수도로 삼고, 거점을 확보하면서 서방에 대한 무차별 공격을 서슴지 않았다. 2015년 11월에는 파리 시내 레스토랑과 경기장 등 일곱 군데의 다중 시설을 공격하고, 무차별 사격으로 민간인 사망자 130여 명, 부상자 수백 명을 발생시켰다. 이때부터 서방 세계는 ISIL 궤멸로 방향을 선회했지만, 워낙 지역 사회에 뿌리를 단단히 내리고 정교하게 무장한 상태라 소탕이 쉽지 않았다. 결국 시리아 쿠르드 민병대가 2017년 지상군을 투입해 미군과 합동으로 ISIL의 마지막 거점이자 수도인 라카를 점령함으로써 일단락되었다.

알카에다와 ISIL의 궤멸로 당분간 대규모 조직적인 민간인 테러는 줄어들겠지만, 이라크 전쟁, 아프가니스탄 전쟁, 팔레스타인 박해, 시리아 내전, 리비아 내전, 예멘 내전 등에서 서방의 개입으로 가족을 잃은 극단적 분노가 뿌리내리고 있다. 이들에 대한 체계적이고 효율적인 치유 프로그램 가동과 지원책이 따라주지 않는다면 상식을 뛰어넘는 테러는 줄어들기 어렵다. 이것이야말로 중동-이슬람 세계가 안고 있는 불편한 현실이기도 하다.

두 국가 공존이라는 이스라엘과 팔레스타인의 화해, 시리아 내전 종식, 예멘 내전 종식을 위한 사우디와 이란의 합의, 리비아 내전 협상에서의 국제 사회 합의, 아프가니스탄 미군 철수 이후의 종파, 정파, 부족 집단 간 권력 분점과 안정화 정책 등 산적한 현안에도 이슬람 세계는 코로나-19와의 힘겨운 싸움을 딛고 새로운 미래를 준비하고 있다.

　분쟁과 갈등 속에서 중동 이슬람 국가들은 산유국을 중심으로 막대한 오일 달러를 투입해 사회 간접 시설 투자를 늘리고, 탈석유 시대 이후를 대비해 치밀하게 준비해 나가고 있다. 농업국으로, 금융 허브로, 물류 중심지로, 관광 대국으로 다양한 생존 전략을 구사하고 있다. 사우디아라비아와 리비아가 곡물 수출국으로 등장하고, 아랍에미리트 두바이는 세계적인 금융과 물류 허브로 눈부신 경제 성장을 계속하고 있다. 많은 이슬람 국가가 종교적 율법의 재해석과 현대적 제도를 적극적으로 수용해 보다 민주적이고 보다 인권적인 사회 개혁도 추진하고 있다. 내부 개혁과 민주주의의 가속화, 여권 신장과 시민 사회의 형성 등이 말처럼 쉽지 않고 아직은 갈 길이 멀어 보이지만, 많은 이슬람 국가가 확고하게 이러한 방향을 미래 생존 전략으로 삼고 있다는 점은 고무적이다.

이슬람은 무엇을 믿고, 무엇을 지키는가

이슬람의 의미와 계율

이슬람교는 유일신인 하느님을 믿는 종교다. 기독교, 유대교와 함께 3대 유일신 종교다. 아랍어로 하느님을 알라(Allah)라고 하니 하느님의 아랍어 표기가 바로 알라이다. 알라는 창조자, 우주 삼라만상의 주관자, 전지전능한 절대자, 유일신, 최후의 날 심판자를 의미한다.

일반적으로 종교는 민족이나 창시자의 이름을 따르는 경우가 많다. 유대인이 믿는 유대교, 예수에서 예수교, 부처에서 불교, 조로아스터에서 조로아스터교 등이다. 그런데 이슬람교에서는 무함마드(영어로는 마호메트)를 믿지 않는다. 따라서 마호메트교는 잘못된 표현이다. 또 회교(回教), 회회교(回回教)라는 표현도 잘못된 것이다. 이것은 중국에서 위구르족을 지칭하는 회흘(回紇), 회골(回鶻) 등이 믿는 종교라 하여 붙여진 이름이다. 이들 용어는 '위구르인의 종교'라는 뜻이므로 이슬람교와는 맞지 않으며, 교과서에서도 삭제돼 현재 거의 사용하지 않는다. 이슬람은 종교와 문화를 포괄한 개념이며, 종교를 구분해서 사용할 때는 이슬람교, 여타의 경우에는 이슬람으로 폭넓게 사용한다.

우선 이슬람의 의미는 무엇인가? 이슬람의 언어학적인 어원은 '평화'이고, 신학적인 의미는 '복종'이다. 따라서 이슬람 사상의 핵심은 알라(유일신)에게 절대복종하여 내면의 평화를 얻는 것이다. 각 종교 사상의 핵심에서 기독교가 사랑, 불교가 자비, 유교가 인(仁)이라고 한다면, 이슬람 사상의 중심은 평화와 평등이다. 평화야말로 이슬람의 핵심이요, 삶의 구체적이고 궁극적인 목표이다. 이스라엘인의 인사말인 '샬롬(Shalom)'도 평화라는 뜻이다. 아랍어와 이스라엘의 히브리어는 같은 셈족 계통 언어로 매우 닮아 있어서 '이슬람'은 히브리어의 '살롬(Salom)'과 같은 어근으로 '평화'를 뜻한다. 그러나 평화라는 의미가 있는 이슬람교는 우리에게 가장 평화와 거리가 먼 폭력적이고 호전적인 모습으로 비친다. 전쟁이라는 표피적 현상과 이슬람을 내거는 급진 테러 행태를 통해 이슬람 전체를 들여다보게 하는 정보 채널의 편중 때문이다. 우리의 편견과 서구 시각에 의한 교육이 얼마나 위험한가를 단적으로 보여 주는 예이다.

이슬람의 가장 큰 특징은 중재자나 대속자 없이 신과 인간의 직접 교통과 직접 구원을 가르친다는 것이다. 누구도 알라에게 대적할 수 없고 대신할 수도 없다. 유일신 알라는 자식을 두지 않았으며 자식을 낳지도 않았다. 꾸란 전체의 3분의 1만큼 중요하다고 여기는 한 구절에 이 사상이 집약돼 있다.

> 말하라, 그분은 오직 한 분
> 시작도 없고 영원하시도다.
> 그분은 낳지도 낳아지지도 않았으니
> 그분과 필적할 자 아무도 없느니라. ^{꾸란 112장}

구원 방식도 아주 간결하여 현세에서의 선악의 경중에 따라 최후의 날 신의 심판을 받아 천국의 구원과 지옥의 응징으로 나뉜다는 내세관을 갖고 있다. 나아가 모든 것은 신이 정한 법칙에 따라 움직이고 예속된다는 정명(定命) 사상을 갖고 있다. 그 밖에 도박, 마약, 고리대금, 술과 돼지고기, 이슬람식으로 도살되지 않은 육류를 금하며, 특수한 상황에서 일부다처를 허용하기도 한다.

이슬람은 구체적 실천을 위해 다섯 가지 기본적인 의무를 수행해야 한다. 첫째 '알라의 유일성과 무함마드가 그분의 예언자임을 믿는다'라는 신앙 고백(Shahada), 둘째 하루 다섯 번의 예배(Salat)◆, 셋째 이슬람력 9월인 라마단 달 한 달간 해 있는 동안의 단식(Ramadhan), 넷째 자신의 순수입 2.5퍼센트를 가난한 사람들을 위해 세금을 내는 자카트(Zakat)◆◆, 다섯째 평생에 한 번 권장되는 메카 성지 순례(Hajj) 등이다. 이를 이슬람의 다섯 기둥, 오주(五柱)라고 한다.

◆ 다섯 번의 예배는 4~5시경 새벽 예배(fajr, 파즈르), 12시경 낮 예배(zuhr, 주흐르), 3~4시경 오후 예배(asr, 아스르), 일몰 예배(maghrib, 마그립), 8~9시경 취침 예배(isha, 이샤)로 나뉜다. 예배 시각은 일출과 일몰 시각에 따라 매일 달라진다. 일몰 예배만 시간을 맞추는 편이고, 다른 예배는 다음 예배가 시작되기 전까지 보면 된다. 여행 중에는 주흐르와 아스르, 마그립과 이샤를 묶어서 함께 볼 수도 있다. 모스크에 가서 보는 예배는 금요일 낮 예배(juma, 주마)이며, 보통 때는 가정이나 직장, 깨끗한 장소 어디에서나 예배가 가능하다.

◆◆ 최저 생계비를 제외한 수입의 2.5퍼센트를 가난한 사람의 생계 지원이나 복지를 위해 국가나 모스크, 자선 단체 등에 납부하는 구빈세. 자카트는 의무 규정이지만, 액수가 많지 않기 때문에 이와는 별도로 자발적인 희사인 사다카(Sadakah)를 많이 낸다.

무엇을 믿는가

믿음의 기본은 6신(六信)으로 분류된다. 유일신 알라, 즉 하느님을 믿고, 천사들, 성서들, 예언자들, 내세와 최후의 심판에 대한 믿음, 정명에 대한 믿음이 그것이다.

유일신에 대한 믿음

창조주 유일신에 대한 믿음이 으뜸으로, 이슬람의 가르침 중 가장 중요하고 우선적이며 기본적인 신앙이다. 어떤 경우에서든 하느님 외에 다른 신을 섬기는 것을 용서하지 않는 유일신 사상을 말한다. 그래서 무슬림은 언제 어디서고 "라 일랄라 일라하(알라 이외에 신은 없다)"라는 구절을 외우면서 자신이 무슬림임을 확인하고 또 확인한다.

천사들에 대한 믿음

천사, 사탄, 진(Jinn) 등 형이상학적 존재에 대한 믿음을 갖고 있다. 천사들은 물질적 탐욕으로부터 순수하고, 정신적 욕구로부터 자유롭고, 죄와 잘못의 오류가 없으며 하느님의 명령을 성실히 수행하는 존재다. 계시의 천사 지브라일(가브리엘), 자비의 천사 미카일, 심판을 알리는 천사 이스파일(라파엘), 죽음의 천사 아즈라일 등이 있다.

성서들에 대한 믿음

이슬람은 네 권의 경전인 무함마드의 꾸란, 모세의 율법, 다윗의 시편, 예수의 복음서를 모두 인정한다. 그러나 하느님의 최종 복음은 꾸란으로 완성되고 집대성됐다고 보기 때문에 그 이전 복음서의 내용까지 그대로 받아들이는 것은 아니다. 따라서 꾸란 속에는 구약 대부분과 신약 내용이 상당 부분 중첩돼 있다.

예언자들에 대한 믿음

이슬람교는 새로운 종교가 아니고 하느님이 태초 이래 인류에게 보내신 모든 예언자에게 계시한 말씀과 지침을 포괄하는 완성된 종교를 지향한다. 그래서 아담부터 노아, 아브라함, 모세, 예수에 이르는 모든 예언자는 동시에 무슬림의 예언자이며, 이들 예언자 중 무함마드가 마지막 예언자인 것이다. 이슬람 자료에 의하면 여러 민족에게 각 시대에 보내진 예언자의 총수는 대략 12만 4천 명에 달한다고 한다. 꾸란에는 이들 중 25명의 이름이 언급돼 있다. 특히 노아와 아브라함, 이스마엘과 모세, 예수와 무함마드의 이름이 자주 거론된다.

> 우리는 하느님을 믿으며, 우리와 아브라함과 이스마엘, 이삭, 야곱과 그의 자손들에게 내려진 계시를 믿나이다. 그리고 모세와 예수에게 내려진 계시와 주께서 당신의 모든 예언자들에게 내리신 계시를 믿나이다. 우리는 그들 사이에 서로 차별을 주지 않으며, 하느님께 경배하나이다. 꾸란 2장 136절

그렇지만 이슬람에서는 마지막 계시가 예언자 무함마드에게 내

려짐으로써 앞으로 더 이상의 예언자가 존재하지 않는다고 믿는다.

내세와 최후의 심판에 대한 믿음

최후의 심판 날이 다가오면 모든 생명이 부활해 현세에서의 모든 행동이 하느님 앞에 기록으로 제출돼 심판을 기다린다. 하느님은 최종적으로 그들의 행위를 심판하는데, 선행과 악행의 경중에 따라 천국의 구원과 지옥의 응벌로 나뉜다고 믿는다. 이런 관점은 유대교와 기독교 가르침과 크게 다르지 않다.

정명(定命)에 대한 믿음

우주의 법칙과 인간의 삶이란 본질적으로 하느님이 정해 놓은 명에 따라 움직인다는 믿음이다. 이는 창조주인 하느님의 뜻에 완전히 순종하는 자세를 강조한다. 다만 운명 예지론이나 숙명적 삶의 태도와 다른 점은 인간의 판단 의지를 인정하고 존중한다는 점이다. 하느님은 인간에게 다른 동물과 달리 스스로가 판단하여 행동할 수 있는 이성과 자율 의지를 주셨기 때문에 인간의 실수나 소홀로 일어난 사건까지 모두 하느님의 책임이나 운명으로 돌려서는 안 된다는 입장을 취한다. 더 적극적인 인간의 태도와 책임을 요구하고 있는 점이 다른 종교와의 차이라 할 수 있다.

이러한 이슬람의 모든 가르침은 무함마드의 계시 내용을 담은 꾸란에 집대성되어 있다. 또한 꾸란과 함께 그의 선별된 언행록인 하디스가 또 다른 경전으로 무슬림에게 삶의 지침이 되고 있다. 꾸란과 하디스에 구체적으로 명시되지 아니한 사항에 대해서는 이슬람 학자들의 유권 해석이나 합의를 통해 해결해 나갔다. 이 과정에서 네 개의 다른 이슬람 법학파가 후일 생긴다.

알라인가, 알라신인가

이슬람은 유일신 하느님에게 절대 복종한다. 그 절대자 하느님을 아랍어로 '알라'라고 한다. 영어로는 대문자 'God'이고, 중국어로는 천주(天主) 혹은 상제(上帝), 히브리어로는 야훼, 우리말로는 하나님, 하느님, 아랍어로는 알라라고 한다. 하느님의 아랍어 표기에 불과한 하느님을 '알라신'이라고 부르면 '하느님 신'이란 뜻이 된다. 그래서 반드시 '알라' 또는 '하느님'이라고 불러야 한다. 결국 이슬람이 기독교나 유대교와 같은 뿌리에서 출발한 철저한 유일신 종교임에도 알라신을 믿는 종교로 잘못 가르쳐졌고, '아랍인이 믿는 사막의 미개한 종교쯤'으로 여겨지는 오해의 원인이 되었다. 이슬람교는 이처럼 철저히 하느님만 믿고 하느님에게만 책임을 지는 철저한 유일신 종교다.

무함마드는 인간인가, 하느님의 아들인가

하느님의 최종적인 말씀인 꾸란을 인류에게 전해 준 마지막 예언자가 무함마드다. 무함마드 이후에는 어떤 예언자도 더는 오지 않으며, 오직 꾸란의 가르침만이 진실이다. 최후의 심판일까지 우주의 모든 현상에 대한 지침서이자 삶의 가이드북으로 믿고 따른다. 무함마드는 알라의 말씀을 전달해 준 훌륭한 인간 예언자에 불과하다. 따라서 그를 다만 존경할 뿐이지 믿음의 대상은 아니다. 어떤 신비로운 존재로서의 기적, 특별한 탄생, 초월적인 능력 등을 일절 인정하지 않는 완성된 인격체일 뿐이다. 무슬림은 하느님의 길을 온전히 따르다가 생을 마감한 그의 모범적인 행적과 언행은 물론 모습까지 닮으려고 노력한다. 그들은 무함마드의 언행과 가르침을 하디스라고 하여 꾸란 다음으로 중요한 경전으로 간주한다.

창세기 이후 알라(하느님)께서는 인간에게 삶의 올바른 지침을 위해 민족과 시대를 달리하여 수많은 예언자를 끊임없이 내려 주셨다. 이슬람에서도 아담 이후 노아, 아브라함, 모세, 예수 등을 모두 알라가 보내신 예언자로 믿고 따른다. 그러나 하느님의 복음은 시대가 흐름에 따라 인간의 손에 의해 덧붙여지거나 삭제되면서 잘못 이해되고 변질해 갔다고 본다. 그때마다 알라는 새로운 예언자들을 통해 어지러운 세상을 바로잡으려고 했고, 무함마드에 이르러 꾸란 계시를 통해 전 인류와 모든 시대에 걸친 완벽한 복음을 완성했다고 본다.

결국 이전의 모든 계시를 요약해 종교의 통일성에 결론을 내린 것이 이슬람이고, 이 계시를 간직한 것이 꾸란 경전이며, 인류의 마지막 예언자◆가 무함마드이다.

무함마드의 리더십, 19억 무슬림 삶의 전형

인류의 성인 중에 이슬람을 완성한 무함마드만큼 극단적으로 평가가 갈리는 인물도 드물 것이다. 서구 사회에서는 주로 악평이 난무한다. 기독교를 기만한 시대적 이단아, 사탄의 잠꼬대에 불과한 경전의 저자, 무자비한 정복자, 사회 선동가, 성적 도착자 등등. 57개국에 19억 명의 신자를 거느리고 나날이 성장해 가는 세계 최대 종교를 완성한 예언자에게 걸맞은 평가와는 거리가 멀어 보인다.

중세 교황청의 공식적인 생각은 사막의 신인 무함마드를 추종하는 무리와 함께 호흡할 수 없다는 것이었고, 14세기 이탈리아 시인 단테는 《신곡》 〈지옥편〉에서 무함마드를 지옥 가장 밑바닥에서 고통받는 끔찍한 형벌의 대상으로 묘사해 놓았다. 이는 유럽에서 이교도

◆ 이슬람에서 무함마드는 마지막 예언자이며 그 이후 어떤 예언자도 더 이상 오지 않는다. 그러나 19세기 이란의 바하울라는 자신이 무함마드 이후의 마지막 예언자라고 주장하며 바하이교를 창시했다. 파키스탄의 아흐마드 역시 마지막 예언자임을 자칭하고 아흐메디아라는 종파를 이루었다. 물론 이슬람에서 이들 종파는 이단이지만, 지금도 바하이교와 아흐메디아는 소수 종단을 이루며 인도, 파키스탄 등지에서 명맥을 유지하고 있다.

에 대한 무자비한 대량 살육의 길을 열어 주기도 했다. 기독교 서구 사회에서는 예수를 신의 아들이 아닌 인간 예언자로 추앙하는 이슬람을 용서할 수가 없었고, 이슬람의 예언자 무함마드를 있는 그대로 받아들이기는 더욱 쉽지 않았을 것이다. 당시만 해도 다른 종교와 도저히 공존할 수 없다고 생각한 쪽은 서구의 기독교였지 이슬람 사회가 아니었다.

무함마드는 570년경 사우디아라비아의 메카에서 쿠레이시라는 명문 귀족의 가난한 유복자로 태어나, 마흔 살이 되던 해인 610년경 알라의 계시를 받았다. 그의 가족사는 불운의 연속이었다. 아버지를 보지 못했던 그는 여섯 살 때 어머니마저 병으로 잃으면서 고아가 되었다. 당시 아랍 유목 부족의 관습에 따라 할아버지 압둘 무탈립의 양육을 받았고, 그의 사후에는 숙부인 아부 탈립의 보호를 받았다.

고아로서 일찍부터 독립한 무함마드는 당시 밑천 없이 뛰어들 수 있었던 험난한 대상 교역의 낙타 몰이꾼으로 인생을 시작했다. 동서양 기록에 공통으로 나타나는 점은 그는 성실하고 정직했으며 탁월한 협상가이자 중재자였다는 것이다. 그의 정직성과 약육강식의 사막 교역에서 분쟁을 조정하는 놀라운 능력은 모든 자본가의 관심을 끌었고, 당시 메카의 상인이었던 카디자의 피고용인이 되었다. 미망인이었던 여주인 카디자는 무함마드의 성실함과 매력에 끌려 그에게 청혼했고, 두 가문의 합의 아래 결혼했다. 이때 무함마드의 나이는 25세, 카디자는 15세 연상인 40세였다.

무함마드는 결혼 후 여유로운 생활 환경에서 그동안 품어 왔던 사회적 악습과 모순에 대해 15년간 깊은 고뇌와 명상을 시작했고, 40세 되던 610년 메카에서 가브리엘 천사의 인도로 알라의 첫 계시를 받았다. 알라가 글자와 학문을 몰랐던 무함마드를 선택하여 22년에 걸쳐 내린 계시는 꾸란이라는 무슬림의 성스러운 경전으로 집대성됐다.

무함마드는 누구도 범접할 수 없는 겸손과 카리스마, 인간적인 성품과 덕목으로 19억 무슬림을 사로잡았으며 지금도 생생한 모습으로 살아 있다. 이슬람을 완성한 무함마드는 632년 아내 아이샤(Aisha)의 팔베개를 한 채 조용히 눈을 감았다. 무함마드의 어떤 덕목과 리더십이 1,400년이란 오랜 시간 그토록 많은 사람을 붙잡아 두고 일상에서 그를 본보기로 끌어안고 살아가게 하는 것일까?

비움과 낮춤의 리더십

첫째, 그는 아무런 유산을 남기지 않았다. 임종 시 아내 아이샤에게 집안의 모든 재산을 정리하라 이르고, 전 재산 7디나르의 돈을 가난한 자에게 모두 나누어 주도록 했다. 이는 이슬람 사회에서 유산 대부분을 국가와 가난한 이웃에게 환원하고 최대 3분의 1 이하만 자식들에게 나누어 주는 무슬림 유산 상속의 근간이 되었다.

둘째, 그는 후계자를 지명하지 않았다. 혈통보다 능력과 공동체를 지휘하는 지도력을 높이 평가하는 전통을 만들었다. 후계자는 '슈라'라는 부족 공동체 대표자 회의에서 만장일치로 추대되었다. 그래서 혈통 중심의 아랍 왕정들은 순수 이슬람 전통에 위배되는 정치 형태인 셈이다.

셋째, 무엇보다 무함마드는 순수한 인간이었다. 그는 어떠한 기적도 행하지 않았으며, 결단코 신이 되기를 거부했다. 그의 사후 많은 추종자가 그의 신격화를 꾀했을 때, 후계자 아부 바크르는 무함마드의 뜻에 따라 다음과 같은 말을 남겼다. "무함마드를 섬기고 경배하지 말라. 그는 죽어 없어졌다. 하느님을 섬기고 복종하라, 그분은 영원히 살아 우리와 함께 계실 것이다."

넷째, 무함마드는 적에 대한 관용과 가난하고 버림받은 자에 대한 한없는 낮춤의 자세를 가졌다. 아무리 치명적인 손해를 끼친 적이라도 그에게 복종하고 용서를 비는 자에게 자비를 베풀어 철저히 자신의 편으로 만들었으며, 전쟁에서 전사한 동료 가족은 물론, 적들의 가족까지 헌신적으로 보살폈다. 그를 택하고 그에게 보호를 요청하는 사람들이 늘어난 것은 당연한 일이었다. 그 최초의 추종자들이 오늘날 세계 최대의 가장 견고한 종교 공동체를 이루는 원동력이 되었음은 의심의 여지가 없다.

다섯째, 그는 종교적 열정과 온화함의 조화를 행동으로 보인 지도자였다. 나아가 모든 어려움을 앞장서 막아 내는 불굴의 정치 지도자였다. 종교 창시자 대부분이 자신의 근거지를 떠나 새로운 세상에서 그 뜻을 펼쳤지만, 무함마드만은 박해의 진원지였던 고향 메카를 설득과 용서를 통해 재정복했다. 그리하여 메카는 무함마드에게 가장 든든한 지지 기반이 되었다.

여섯째, 여성들에 대한 지위와 인식을 혁명적으로 바꾸어 준 이슬람 페미니스트였다. 남성이 여성을 노예로 매매하고 자기 장식물로 여기던 무지의 시대에 무함마드는 여성들을 완전한 인격체로 존중할 것을 명했으며, 여성에 대한 상속을 법제화했다. 그는 세상에서 가장 고귀한 존재가 누구냐는 제자들의 물음에 첫째도 둘째도 셋째도 '어머니'라고 대답했으며, 미래의 어머니인 여성들에 대한 배려와 사랑을 설파했다. 오늘날 여성의 지위가 상대적으로 낙후된 일부 아랍 국가들을 보면 어쩌면 무함마드 시대의 가르침보다 더 퇴보한 듯한 생각도 든다.

이처럼 무함마드 리더십의 근간은 비움과 베풂, 정직과 관용, 합리적인 현실성이었다. 당시로써는 상상조차 하기 힘들 정도로 여성의 존귀함을 강조하고, 여성에 대한 상속을 제도화한 여권 혁명가였으며 개혁 사상가였다. 이러한 무함마드의 진면목을 이해하지 않고서는 오늘날 이슬람 세계를 제대로 이해하기는 사실상 어려워 보인다.

예언자의 부인들

무함마드는 생전에 열두 명의 여성과 결혼을 했다. 이런 이유로 서구 학자 사이에서는 무함마드의 여성 편력을 비판하는 목소리도 크다. 그러나 당시 상황을 곰곰이 따져 보면 최고 정치 지도자로서 공동체의 유지와 확대를 위한 전략적인 목적이 더욱 중요했음을 알 수 있다.

쿠레이시 부족의 핍박과 더불어 숙부 아부 탈립과 부인 카디자의 죽음으로 예언자 무함마드의 슬픔은 깊어만 갔다. 카디자의 추모 기간이 끝나가자 그는 공동체의 새로운 결속과 분위기 쇄신을 위해 최대의 동료이자 후일 초대 칼리파가 되는 아부 바크르의 딸 아이샤에게 혼인을 청했다. 무함마드는 당시 아이샤의 나이가 어렸기 때문에 약혼한 후 3년을 기다렸다가 결혼했다. 나아가 그의 또 다른 절친한 동료이며 제2대 칼리파가 되는 우마르의 딸 하프샤와도 결혼했다. 이런 방식으로 그는 아부 바크르(제1대 칼리파)와 우마르(제2대 칼리파)의 전폭적인 지지를 받았다. 무함마드 또한 자신의 딸 파티마를 후에 제4대 칼리파가 되는 사촌 동생 알리에게 시집 보냈다. 알리는 어려서부터 무함마드와 함께 자랐으며, 다른 누구보다 그를 존경하며 따랐다. 무함마드는 다른 딸 루까이야를 제3대 칼리파가 된 우스만에게 시집보냈고, 이 딸이 오래 살지 못하고 세상을 하직하자 또 다른 딸 움 쿨숨을 다시 우스만에게 시집 보냈다. 즉 무함마드 사후 정통 칼리파 시대를 열었던 네 명의 칼리파 아부 바크르, 우마르, 우스만, 알리 등과의 결혼을 통해 이슬람 초기 시대에 움마(공동체)의 단결과 단합을 이루는 단단한 계기로 삼았다.

무함마드는 예언자 지위를 받기 전인 25세 때 40세의 미망인 카디자와 결혼했고, 그의 나이 50세가 될 때까지 25년 동안 카디자 한 여인만을 부인으로 두면서 2남 4녀의 자녀를 낳고 남편 역할에 충실했다. 당시 아라비아반도에서는 일부다처제가 오랜 결혼 관습이었지만 그는 오직 카디자 한 명만을 부인으로 두었다.

그런데 카디자가 죽고 난 후 5년도 안 된 시점에 이미 일곱 명의 아내를 두었으며, 2년 뒤에는 아내가 아홉 명으로 늘어났다. 당시 유목 오아시스 사회에서는 오랜 전쟁과 기근으로 남편이나 부모, 남동생의 도움 없이 여성 혼자 살아간다는 것은 거의 불가능한 상황이었고, 공동체의 발전과 여성의 안전을 위해 일부다처가 상당한 미덕으로 받아들여지던 시기였다.

특히 무함마드는 하느님의 길에서 지하드(성전)를 수행하다 순교한 동료의 가족을 보살피는 것이 공동체의 기본 책무라는 점을 강조했다. 그리고 예언자 스스로가 전쟁 피해자들인 사우다, 쿠자이마의 딸 자이납, 움무 살라마와 결혼했고, 그들의 딸린 자식들을 보살폈다. 그래서 가난하고 약한 사람들과 하느님의 길에서 순교해 아버지를 잃은 자식들은 진정으로 그를 아버지라고 생각했다. 무함마드는 무슬림이 전쟁에 나가 싸우고 순교하는 동안 자신이 직접 본보기가 되어 공동체의 삶이 어떤 것인지를 그들에게 일깨워 주기 위해 노력했다. 이러한 정신은 무함마드가 많은 여인과 결혼했지만, 임종 때 파티마라는 외동딸 하나만 두었다는 사실에서도 명백히 드러난다.

무함마드의 죽음과 고별 연설

632년 무함마드는 불편한 몸을 이끌고 10만 명의 추종자들을 인솔해 메카 순례를 떠났다. 이미 그는 죽음을 예견했고, 마지막 순례가 될 것이라는 사실도 알아차렸다. 그는 그곳에서 유명한 고별 순례 연설을 했다. 무슬림이 일상에서 깊이 간직하고 예언자에 대한 한없는 존경을 표하는 이 연설문에서 무함마드는 이슬람에 대한 자신의 이상을 밝히고 무슬림에 대한 절절한 당부를 담고 있다. 또한 생명에 대한 존엄성과 생활 경제의 원칙을 천명하며 "남에게 채무를 진 자는 빚을 갚아야 하고, 이자는 받지도 지불하지도 말라. 또한 생명과 깨끗한 재산은 주님을 만나는 날까지 신성하다."라고 선언했다.

이 고별 순례 연설 직후 신의 마지막 계시가 무함마드에게 내려졌다.

> 오늘 내가 너희를 위해 너희 종교를 완성했으며
> 나의 은총이 너희에게 충만하도록 했고
> 이슬람을 너희의 종교로 만족하게 하였느니라. _{꾸란 5장 3절}

예언자의 동료이며 후에 초대 칼리파가 된 아부 바크르는 이 계시를 듣고 이제 예언자의 생명이 다했다는 것을 깨달았다.

예언자 무함마드는 마지막 순례 의식을 마치자 급속히 쇠잔해 갔다. 연명을 위한 치료와 투약도 거부한 채 담담하게 죽음을 받아들였다. 집에 돈이 7디나르밖에 없었는데도 오히려 그 돈을 소유한 채 세상을 하직하지 않을까 걱정했다. 그리하여 그마저 공동체의 가난한 사람들에게 나누어 주라고 명하고 조용히 눈을 감았다. 그의 죽음을 현실로 받아들일 수 없었던 동료 우마르는 밖에서 임종을 기다리는 공동체를 향해 "우리의 예언자는 죽지 않았다. 그분은 반드시 다시 재림하여 우리 곁으로 돌아오실 것이다. 만약 무함마드가 죽었다고 말하는 사람이 있다면 내 칼에 목이 남아나지 못할 것이다." 하고 외쳤다. 그 순간 맏형 격인 아부 바크르는 다시 우마르를 달래며 말했다 "그분은 돌아가셨다. 다시는 살아 돌아오시지 않을 것이다. 우리처럼 그분의 몸은 흙이 되어 썩어 사라질 뿐이다."

그는 이처럼 한 인간으로 태어나서 한 인간으로 돌아가는 지극히 평범한 죽음을 맞았다. 철저히 인간으로 남은 그의 생애야말로 이슬람이 어떤 신비화나 신격화를 거부하고 무함마드가 구체적이고 현실적인 지도자로 남아 있게 된 배경이 아닐까.

꾸란 무슬림의 모든 것

꾸란은 무함마드가 서기 610년에서 632년까지 23년간 예언자로서 알라로부터 받은 계시 내용을 담은 이슬람 최고의 경전이다. 꾸란은 아랍어로 기록됐으며, 당시 아라비아반도 히자즈 지역 유목민이 사용하던 아랍어를 기준으로 했다. 결국 이슬람은 아랍인 예언자 무함마드에 의해 아라비아반도 메카와 메디나에서 아랍어로 계시됐다는 특징을 갖고 있다. 이것이 이슬람교가 아랍과 혼돈되는 배경이다. 꾸란은 하느님의 말씀만을 의미하며, 무함마드가 언급한 것은 꾸란으로 간주하지 않는다. 무함마드의 말씀은 하디스라고 하여 이슬람을 이해하는 중요한 경전이지만,

꾸란과는 명백히 구분된다. 그래서 일반적으로 꾸란 내용을 인용할 때는 "하느님께서 말씀하시기를"이라는 문구를 사용하는 반면, 예언자의 말, 즉 하디스를 인용할 때는 "예언자가 말하기를"이라는 문구를 사용한다.

꾸란은 '읽다, 암송하다'라는 뜻을 가진 아랍어 동사 까라아(qara'a)에서 파생된 단어다. 모든 무슬림은 매일 다섯 번의 예배 때마다 꾸란 구절을 암송하면서 알라의 가르침을 되새기고 기억한다. 알라의 오묘한 진리와 가르침이 손상되거나 그 의미가 왜곡되는 것을 막기 위해 정통 이슬람 학자들은 꾸란이 다른 언어로 번역되는 것을 금지하기도 한다.

그러나 꾸란은 실제로는 현재 전 세계 200여 개의 언어로 번역되어 있다. 어려운 아랍어를 비아랍인이 원어로 이해하는 것은 사실상 불가능하기 때문이다. 일반적으로 꾸란을 번역할 때는 반드시 아랍어 원본을 싣고 옆에 각국 말로 번역하는 형식을 취한다. 그리고 꾸란 자체라기보다는 꾸란 해설서로 간주한다. 이 때문에 꾸란은 1,400여 년이 지난 오늘날까지도 획 하나, 점 하나 틀리지 않는 원문 상태를 보존하며 완벽한 형태로 남아 있다. 무슬림이 꾸란에 대해 한 줌 의심 없이 절대적인 신뢰와 믿음을 갖는 이유다.

구전으로 내려오던 꾸란이 책으로 편찬된 것은 무함마드 사후 10여 년이 지난 3대 칼리파 우스만 시대(644~656)로 알려져 있다. 정복 전쟁을 통해 이슬람의 영토가 페르시아, 중앙아시아, 아프리카 등 비아랍어권으로 확대되어 감에 따라 하느님의 말씀인 꾸란이 달리 읽히고 발음되기 시작했다. 어떠한 왜곡이나 의미의 변화를 막기 위해 구전 전통이던 꾸란이 책으로 편찬됐고, 정확한 발음의 통일을 위해 점차 모음 부호를 붙이게 되었다.

꾸란은 전체가 30파트(Juz)이며, 114개의 장(Surah), 6,236개의 절(Ayat)로 구성되어 있다. 단어 수는 약 8만여 개다. 114개 장 중 86개는 메카에서 계시되었고, 28개 장은 메디나에서 계시되었다. 원래 장을 의미하는 아랍어 수라(Surah)는 담벽이나 포도 덩굴이 이어진 상태를 표현하는 히브리어에서 나왔다고 한다.

꾸란 첫 장은 개경장으로 불리는 〈수라 툴 파티하(Surat al Fatiha)〉이다. 모든 예배에 반드시 암송하는 주 기도문에 해당한다. 제2장은 〈바까라 장(Surat al Baqarah)〉으로, 286개의 절로 이루어진 꾸란에서 가장 긴 장이다. 가장 짧은 장은 제108장 〈카우사르 장(Surat al Kauthar)〉으로 세 개의 절로 구성되어 있다.

꾸란의 장은 '비스밀라 히르라흐마니 라힘(Bismilla-hirrahmani-rahim, 자비롭고 자애로우신 하느님의 이름으로)'이라는 구절로 시작한다. 이는 꾸란의 계시가 모두 신의 은총이며 축복이라는 의미를 담고 있다.

교육을 받은 적도 없는 문맹의 한 인간에 의해 계시돼 632년에 완성된 꾸란이 1,400년이 지난 21세기의 최첨단 시대에도 무엇과도 비교할 수 없는 최고의 문학 작품이자 법전으로, 생활 규범으로, 시대와 공간을 초월하는 보편적인 도덕률로 무슬림의 삶에 지대한 영향을 끼치고 있다.

무슬림에게 꾸란은 태어나면서부터 죽을 때까지 삶의 지침서이고, 영혼의 양식이다. 무슬림은 꾸란이 신의 말씀을 기록한 것이고, 이전 계시를 총망라하는 가장 중요한 메시지라고 믿는다.[꾸란 38장 67절] 따라서 인간은 이 말씀을 들어야 한다고 생각한다.

원어인 아랍어로 꾸란을 암송하는 것은 그 사람이 아랍어를 알아듣지 못한다고 해도 매우 큰 영향을 미친다. 꾸란을 암송하고 듣는 일은 영혼을 성장시키고 보상을 받을 방법이라고 믿기 때문이다. 이러한 이유로 임산부들은 아이가 태어나기 전부터 꾸란을 들려주며, 꾸란은 어린아이를 위한 자장가 역할도 한다. 아랍어를 모국어로 사용하지 않는 무슬림 아이들도 예배를 위해 꾸란을 읽고 쓸 수 있도록 교육받는다. 종교학교에서는 졸업 조건으로 꾸란 전체를 외우게 한다. 꾸란 전체를 외우는 사람을 하피즈라고 부르는데, 이슬람 사회에서 대단한 존경을 받는다.

무함마드가 사망한 후 추종자들이 그의 아내인 아이샤에게 예언자가 어떤 사람인지 물었다. 그녀는 "여러분은 꾸란을 읽어 보지도 않으셨습니까? 그는 꾸란에 쓰인 것처럼 살았습니다."라고 대답했다. 무슬림은 예언자 무함마드처럼 살기 위해 꾸란을 배우고 공부한다. 이슬람 장례 예배에서조차 꾸란 낭송은 가장 기본적인 의례이다. 이처럼 꾸란은 한 무슬림의 탄생부터 죽음에 이르기까지 정신적인 지침서인 동시에 총체적인 삶의 양식이 된다.

모든 무슬림은 매일 다섯 번의 예배를 드리고, 매년 라마단 한 달 동안 단식을 한다. 이 기간에는 새벽부터 해가 질 때까지 아무것도 먹고 마시지 아니하면서 자신을 인내하고 정화한다. 해가 있는 낮 동안 물 한 모금 마시지 않으며 철저히 금식하지만, 아침 일찍 일어나서 음식을 만들어 먹고 해가 진 뒤에는 충분한 식사를 할 수 있다. 사실 점심 한 끼 굶는 셈이지만, 더운 날씨에 한 달간 물까지 마시지 못하니 그 고통은 매우 크다.

라마단에는 새벽에 일어나서 음식을 준비하고, 아침 일찍 미리 식사한다. 꾸란에는 '흰 실과 검은 실이 구분되는 시점부터 단식을 시작하라'라고 가르치고 있으니 사실상 해가 뜨기 훨씬 이전의 여명기부터 단식을 시작하는 것이 일반적이다.

이슬람 국가에서는 새벽이 되면 모스크에서 나온 북 치기가 동네를 돌면서 북을 두드려 사람들을 깨운다. 라마단 기간에도 일상적인 일을 계속하기 때문에 자칫 늦잠을 자서 음식을 조금도 먹지 못하고 단식을 맞으면 일을 제대로 할 수 없게 된다. 아침 일찍 식사한 다음 해가 뜬 후부터는 금식을 하고, 해가 지는 순간 일몰을 알리는 예배 아잔◆ 소리와 함께 단식이 깨어진다. 아잔이 울리면 물과 우유 같

◆ 하루 다섯 번의 예배를 알리는 것으로, 예배가 시작됨을 알리고 예배를 보러 오라고 외치는 낭송이다. 아잔을 부르는 사람을 무아진이라고 하고 전통 시대에는 모스크 첨탑 위에서 육성으로 아잔을 불렀다.

은 가벼운 음료로 입을 적시고 대추야자나 가벼운 죽을 먹고 저녁 예배를 마친 후 밤늦도록 정찬을 즐긴다. 정찬 후에는 따라위 예배라 하여 기나긴 단식 예배를 드리면서 종교적 열정을 불태운다.

이슬람의 단식은 사움(Saum)이라고 부르지만, 단식하는 달 이름을 그대로 따서 라마단이라고도 한다. 그 의미는 참으로 깊고도 공동체적이다. 공동체를 함께 만들어 가는 구성원들이 부자이건, 가난하건, 권력자이건, 평범한 시민이건 모두가 똑같은 조건에서 하느님이 명하신 고통을 직접 체험하는 기회를 얻는 것이다.

함께 굶고 함께 나누는 과정을 겪으며 말이 아닌 1차적인 실천과 경험을 통해 억울한 자, 가난한 자, 빼앗긴 자의 고통과 소외와 배고픔을 직접 느낀다. 진정한 공동체의 영적 나눔의 행사라고 할 수 있다. 1,400년 동안 매해 되풀이하는 라마단을 통해 신자들은 더 공평하고 더 공정한 사회를 꿈꾸고 실천해 나가려 한다. 실제로 라마단 단식이 끝난 후에 많은 사람이 자신보다 더 어려운 사람들을 위해 기꺼이 기부(자카트)하고 선행이 집중되는 현실은 이러한 취지를 잘 대변해 준다.

종교적으로도 단식은 무슬림에게 도덕적 절제와 과욕을 다스리는 훈련의 장이다. 그래서 무슬림은 라마단 기간이 아니더라도 부정이나 유혹에 흔들릴 때 단식을 곧잘 한다. 특히 단식을 제대로 하면 잃어버린 건강을 되찾는 소중한 기회로도 활용할 수 있다. 육식과 기름진 식사를 하고 운동이 절대적으로 부족한 생태 환경에서 단식은 체중 조절에 탁월한 이점을 가져다준다. 단식이 끝나면 그들은 서로가 체중 감량을 자랑하며 단식의 또 다른 열매를 맛본다. 이 시기는 문화적으로 일종의 국민 다이어트 기간인데, 혼자서는 잘 안 되는 음식 조절을 사회 전체가 함께하고, 알라께 좋은 점수를 딸 수도 있으니 일거양득인 셈이다. 나아가 규칙적인 단식은 자질구레한 잔병을 치료해 무슬림의 수명 연장에도 크게 기여한다.

이런 배경 때문에 평소에는 예배도 잘 보지 않고 이슬람 계율을 지키지 않던 신자들도 라마단 기간만은 철저하게 단식을 하는 경우를 흔히 볼 수 있다. 물론 최근 들어 일부 아랍 사회에서 신성한 단식 의무가 급속히 변질돼 가는 현상도 보인다. 경제적인 여유가 생기면서 단식 준비에 과도하게 재정을 지출하고, 소비가 급증해 오히려 단식 이전보다 생활비가 더 많이 드는 현상이 일반화되고 있다.

단식월은 항상 정해진 것은 아니다. 이슬람 종교 의례는 태음력인 이슬람력에 따라 정해지는데, 아홉 번째 달인 라마단은 1년 내내 찾아온다. 서양력의 1년 길이가 365일인데 비해 태음력인 이슬람력의 1년은 354일 정도이니, 매년 이슬람력은 11일 정도씩 짧아진다. 2020년에는 4월 23일부터 시작했고, 2021년에는 4월 12일경 시작했다. 33년이 지나면 사계절을 돌아 제자리로 오게 된다.

고통과 인내가 따르는 라마단 단식은 모든 무슬림이 꼭 그 시간에 지켜야 하는 절대 의무가 아니다. 14세 이하 아이들과 자기 행위에 책임을 질 수 없는 지적 장애인, 노약자, 단식하면 건강이 악화되는 환자, 장거리 여행자, 임산부와 수유기 산모, 생리 중인 여인에게는 모든 조건이 정상화될 때까지 단식 수행이 연기된다.

또한 단식을 거행하다가 무심코 위반할 경우, 자기가 하는 행위가 잘못된 것임을 깨닫는 순간 행위를 멈추면 단식은 그대로 유효하다. 물론 고의로 먹거나 마시거나 흡연하거나 성적 접촉을 하면 그날의 단식은 무효가 된다. 여러 이유로 단식을 못 할 상황이 생기면 라마단 달이 끝난 후에 자신이 편리한 날을 잡아 부족한 날만큼 채우면 된다. 이처럼 이슬람은 엄격한 의무 규정을 두는 한편, 여러 가지 편의 규정도 동시에 가진 것이 특징이다.

성지 순례 하느님을 찾아 나선 평생의 꿈

해마다 성지 순례 기간에는 사우디아라비아에 약 250만 명에 이르는 순례객이 모여들어 수많은 물적, 정신적 교류가 이루어진다. 하즈(Hajj)라 불리는 성지 순례는 무슬림의 마지막 의무이며, 평생에 한 번 이슬람력 12월 첫 주에 메카를 방문하는 것을 의미한다. 메카는 이슬람이 완성된 곳일 뿐 아니라 하느님의 집(Bait-al Allah)이 있는 곳이다.

성지 순례의 종교적 관행은 예언자 아브라함(이슬람에서는 이브라힘)이 하느님의 명을 받아 건설한 메카의 카바 신전을 일곱 차례 돌고(타와프), 아브라함의 아들 이스마일이 어머니 하갈과 함께 물을 찾아 뛰어다녔다는 고사가 남아 있는 마르완과 사파 동산을 일곱 차례 뛰면서 왕복하는 것(싸이)에서 연유한다.♦ 순례는 재정 형편이 허락되고 건강한 조건에서 부여되는 무슬림의 마지막 의무이다. 그러나 순례는 다른 절대 의무와는 달리 재정이나 건강이 허락되지 않을 때 다른 선행으로 대체할 수 있는 상대적인 의무라 할 수 있다.

순례는 정신적, 육체적, 물질적 신앙생활이 동시에 이루어지는 복합적인 것이다. 순례는 인종과 국경, 신분 등의 차이를 초월한 전 세계의 무슬림이 한자리에 모여 공동 관심사를 논의하고 다양한 정보를 공유하는 소통의 공간이 마련되는 기간이다. 연례 최대의 신앙 집회이며, 교역 엑스포이자 이슬람 세계의 단합과 결속의 장이다. 모두가 하느님 앞에서 최대한 겸손한 자세와 검소한 차림으로 서며, 지위와 신분을 뛰어넘는 진정한 형제애, 즉 이슬람 정신이 최고조로 발현되는 종교 축제다. 나아가 순례자 개개인은 평생의 죄악을 고백하고 영혼을 정화하여 새로운 신자로 거듭나는 소중한 영적 은총의 계기다.

무슬림은 평생의 의무인 순례를 삶의 목표로 설정하는 경우도 많다. 아프리카나 아시아 극지에 사는 무슬림의 메카까지 가기 위한 1년에 가까운 여정은 그야말로 고난과 고통의 길이다. 더욱이 교통

◆ 이슬람 전승에 의하면, 아브라함은 아내 하갈(Hagar)과 어린 아들 이스마일(Ismail)을 사막에 내버려 두고 떠났다. 하갈은 아브라함에게 몇 번이나 자신들을 버리는 이유를 물었다. 아브라함은 신의 뜻이라고 대답했다. 그 말에 하갈은 겸허하게 신의 뜻을 받아들이고 그분이 자신들을 보호해 주실 거라고 믿으며 광야로 나아갔다. 배고픔과 목마름에 지친 그들은 고통 속에서 물을 찾았다. 하갈은 이스마일에게 먹일 물을 찾아 이 언덕, 저 언덕을 올랐다. 두 언덕 사이를 일곱 차례나 왕복한 끝에 드디어 물이 솟아나는 곳을 찾았으니, 이 샘은 잠잠이라 불린다. 이곳에 사람들이 터를 잡고 형성된 도시가 바로 오늘날의 메카다. 두 언덕이 바로 메카에 있는 사파(Safa)와 마르완(Marwan)이며, 성지 순례를 할 때 순례객들은 이 고사를 떠올리며 사파와 마르완 두 언덕 사이를 일곱 차례 왕복한다.

수단이 발달하지 않았을 때를 상상하면 그 열정의 크기를 짐작할 수 있다. 기나긴 순례 여행길에 건강 악화로 중도 포기하거나 목숨을 잃는 경우가 허다하고, 노상강도를 만나 낭패를 당하기 일쑤다.

천신만고 끝에 메카에 도착한 그들은 하느님 집 앞에서 통곡하며 감격을 쏟아 놓는다. 이흐람이라 불리는 하얀 천으로 감은 깨끗한 순례복으로 갈아입고 메카의 카바 신전을 방문한다. "오! 주여 제가 왔나이다. 드디어 당신께 왔나이다."를 수없이 되풀이하면서 평생의 의무를 지킨 영적인 희열을 전 세계에서 몰려든 형제들과 함께 만끽한다.

순례에는 많은 돈이 든다. 고향에서 챙겨 온 귀한 상품들을 서로 사고팔면서 여행 경비를 마련해야 한다. 지구촌 온갖 교역 정보와 국제 정세를 교환하는 거대한 엑스포가 열리는 것이다. 석유가 생산되기 전까지는 사우디아라비아를 지탱하는 가장 중요한 산업이 순례였던 점을 참작한다면, 교역 시장의 규모를 짐작할 수 있다.

순례 마지막 날 그들은 이들 아드하라는 희생제를 치르고 예언자 무함마드의 유해가 안치된 메디나를 순례한 다음 고향으로 돌아갈 채비를 한다. 순례를 마친 사람들에게는 하지(Haji)라는 존칭이 따라다닌다. 공동체의 리더이자 새로운 신앙을 되찾은 원로로서 존경받고, 책무도 그만큼 커진다. 순례 기간이 아닌 시기에 메카를 방문하여 순례할 때도 있다. 이는 일종의 약식 순례로, 우무라(Umura)라고 불린다. 코로나 팬데믹 이후에는 인원을 제한하고 사회적 거리 두기 순례를 하고 있다.

이슬람에는 왜 성직자가 없을까

이슬람교에는 성직자 제도가 없다. 이슬람 정신인 평등을 실천하는 가장 확실하고 구체적인 사회적 약속이다. 이 점은 이슬람교가 기독교, 유대교, 불교 등 다른 종교와 구별되는 중요한 차이점 중 하나이다.

이슬람은 인간과 하느님 사이에 어떠한 영적 중간자나 매개자를 인정하지 않는다. 신과 인간의 직접 대화나 교통을 강조한다. 전지전능한 하느님과 직접 소통할 수 있다는 것은 신자로서는 대단한 영광이고 종교에 대한 무한한 긍지와 우월감을 심어 준다. 동시에 신에게만 책임을 지기 때문에 누구에게 보여 주기 위한 종교 의례나 불필요한 형식이 과감하게 생략된다. 하루 다섯 번의 예배나 단식 의무도 신 말고는 누구도 알 수 없다. 첨단 시대에도 이슬람교의 기본 계율이 변하지 않고 잘 지켜지는 특징은 여기서 비롯된다.

평등을 실천하는 가장 중요한 종교 의례가 바로 예배 의식이다. 모든 신자는 하느님 앞에 일렬로 서서 왕이나 평민 모두가 차별 없이 함께 예배를 본다. 먼저 온 사람들이 앞줄을 차지하고 앞줄이 채워지지 않는 한 뒷줄은 만들어지지 않는다.

그러면 통상적으로 성직자들이 주관하는 예배 인도, 모스크 관리, 꾸란 편찬, 종교적 유권 해석, 영적 지침 같은 공동체의 종교적 활동은 누가 맡아서 하는가? 그 역할을 하는 사람이 바로 이맘이다. 즉 예배 인도자인 셈이다. 모든 성인 무슬림은 예배를 인도하는 이맘이 될 수 있다. 직업이나 신분에 상관없이 누구에게나 이맘이 될 자격이 부여된다. 예배하러 모여든 사람 중에서 가장 나이가 많거나 이슬람 학식이 뛰어난 사람이 그 예배를 인도하면 이맘이 되는 것이다. 이맘의 지위를 취득하기 위한 성직 과정도, 성직자로 입문하는 특별한 예식도 필요치 않다. 이슬람 신학 대학교를 반드시 졸업해야 할 필요도 없다. 기독교의 성직자와 같은 특별한 영적 권위와 자격을 갖춘 사제 집단이 이슬람에는 존재하지 않는 것이다.

이런 점에서 수니파 이맘 대부분은 자신의 고유한 직업을 가진 채, 예배 시간이 되면 모스크에 와서 이맘으로서 예배를 집전하고 다시 자신의 생업으로 되돌아간다. 규모가 큰 모스크의 경우에는 상주할 관리자가 필요하므로 전문 교육을 받은 고매한 사람이 상근 이맘으로 근무하기도 한다.

그러나 시아파 이맘은 자격과 의미가 수니파와 매우 다르다. 시아파에서 이맘은 오류를 범하지 않는 신의 대리인으로 간주돼 특별한 위치가 부여된다. 특히 시아 12이맘파의 이맘은 은둔자로서 재림하는 존재로까지 여겨진다. 나아가 시아파에서는 이슬람 지식과 종교적 권위에 따라 마르자에 타클리드 무틀락, 아야툴라, 호자툴 이슬람 같은 칭호를 부여하기도 한다. 특히 1979년 이란에서 이슬람 혁명을 성공시킨 아야툴라 호메이니의 경우는 그의 특별한 역사적 역할 때문에 어느 순간 이맘이라는 칭호를 붙여 전 국민이 '이맘 호메이니'로 부른다.

세속적인 최고 통치권과 종교적 카리스마를 모두 가진 칼리파조차 신 앞에서는 평신도일 뿐이다. 중세 서구 기독교 세계의 황제나 교황의 지위와 이슬람의 칼리파 지위는 서로 다르다. 칼리파는 이슬람 공동체 안에서 종교 문제에 관한 최종 지휘권을 가지고 있는 최고 권위자지만, 그의 권력이나 권위가 하느님과 직접 관련이 있거나 하느님에게서 나오는 것은 아니다. 따라서 이슬람 공동체는 그가 잘못을 저질렀을 때는 칼리파를 해임할 권한을 갖게 된다.

그런데 배우지 못한 모든 신자가 꾸란을 알고 종교적 의미를 파악해서 혼자 자유롭게 신을 만나고 신의 뜻을 생활에 그대로 실천하는 것은 사실상 무리다. 그 학문적 길잡이 역할을 하는 사람들이 울라마이다. 이들은 종교 법학자이자 신학자이고 이슬람학을 전공한 이슬람 학자들이다. 울라마는 이슬람 초기부터 예언자 무함마드의 언행과 유산을 모아 정리하고 해석해 이슬람법인 '샤리아'를 체계화했다. 이들 역시 신 앞에서 종교적 의무 사항은 일반 무슬림과 똑같이 부여받는다. 울라마라는 칭호는 무슬림 대중으로부터 높은 학식과 고귀한 성품으로 존경받는 법학자 및 신학자를 통칭하지만, 그들역시 평신도일 뿐이다.

울라마와는 별도로 공동체를 운영하기 위해 필연적으로 파생하는 법리 공방과 분쟁을 해결하기 위해 이슬람 법정이 설치됐다. 이곳의 최고 법학자들을 파끼흐(Fakih)라고 부른다. 동시에 재판관인 까디(Qadi)가 있으며, 이슬람 공동체 최고의 법률 전문가로 대법원장 격인 무프티(Mufti)가 있다. 이들 중 파끼흐는 학자이며, 까디와 무프티는 국가에 의해 공식 임명되는 법조인이다. 이들 역시 성직자 집단이 아니다. 그러나 최근에는 아랍권 정부가 종교를 통제하는 수단으로 모스크마다 이맘을 두고 월급을 국가에서 지급하는 방식을 취하기도 한다. 금요일 낮에 행해지는 합동 예배 때 이맘이 설교를 담당하므로 대중에 대한 영향력이 크기 때문이다.

울라마에게서 배움을 얻은 무슬림은 누구나 그 지식을 다른 사람에게 전달할 의무가 있다. 지식이란 계속 전달함으로써 더욱 분명한 자기 지식이 되기 때문이다. 그런 점에서 이슬람에서는 모든 신자가 선교사 역할을 한다고 볼 수 있다. 체계화된 성직 대신 모든 무슬림이 함께 이맘과 성직자, 선교사 역할을 수행하는 것이다. 이런 특징이 초기 이슬람 전파에서 커다란 강점으로 작용했다. 더욱이 상인 집단이 교역을 위해 아시아나 아프리카에 진출할 때 적극적으로 이슬람을 포교해 이 지역의 이슬람화에 절대적으로 기여했다고 볼 수 있다.

한편 이슬람 세계에는 로마 교황청 같은 이슬람 전체 세계의 문제를 일사불란하게 다루는 기관이 없다. 따라서 조정과 명령 체계가 부족한 편이며, 대부분 국가 단위로 설치된 종교성에서 이슬람 문제를 다룬다.

꾸란에 기록된 예수 그리스도

지구상에서 기독교에 가장 가까운 종교를 하나 들라고 하면 그것은 의심의 여지 없이 이슬람교일 것이다. 같은 하느님의 뿌리에서 출발하여 아브라함을 공통 조상으로 하는 종교이다. 구약에 나오는 아담부터 노아, 아브라함, 모세에 이르는 선지자를 받아들이는 모습도 두 종교가 비슷하다. 발생 순서대로 유대교, 기독교, 이슬람교가 유일신 사상을 기초로 완성되었지만, 서로 이단시하고 구원에 이르는 길을 달리한 까닭으로는 예수 그리스도를 신학적으로 어떻게 받아들일 것인가에 대한 견해 차이가 가장 중요하다고 할 수 있다.

이런 관점에서 본다면 창세기 아담의 창조에서 모세에 이르는 기간의 가르침까지 세 종교는 기본적으로 같은 맥락을 갖고 있다고 할 수 있다. 유대교가 신의 아들이자 메시아 복음 전달자로서의 예수를 부정하는 반면, 이슬람교에서는 예수를 최상의 인격체로 받아들이고 추앙한다. 한 줌의 신성도 지니지 않은 순수한 인간 예언자 혹은 선지자로 받아들이는 것이다. 이슬람교가 예수 그리스도를 하느님의 아들로서, 또한 신격으로 받아들이지 못하면서 기독교와는 본질적인 길을 달리하게 되었다. 이슬람교에서 무함마드는 예수 이후 나타난 마지막 예언자다. 마지막 예언자는 앞선 복음을 부정하는 것이 아니라 이전의 복음을 완성하고 보완함으로써 최종적인 형태를 갖추게 하고, 최후의 심판일까지 인간 세상을 관장한다고 이슬람은 보고 있다. 이런 관점에서 예수와 무함마드는 신학적으로 동격이며, 차이가 있다면 시대적인 임무와 복음의 포괄성이라 할 수 있다.

흔히 이슬람에서 예수 그리스도를 중상모략하고 그의 신학적 미션을 왜곡, 폄하하고 있다는 일반의 오해와는 달리 이슬람의 경전 꾸란에서는 예수에 대한 특별한 기록이 많이 남아 있다.

첫째, 꾸란은 예수의 특별한 탄생에 관한 기록을 남기고 있다. 예수 그리스도께서는 성녀 마리아의 몸에서 남자와의 교접 없이 하느님의 특별한 권능으로 탄생한 사실을 기록하고 있다.

천사들이 말하길, 마리아여! 하느님께서 너에게 말씀으로 복음을 주시니, 마리아의 아들로서 그의 이름은 메시아 예수이니라. 그는 현세와 내세에서 영광이 있으며, 하느님 가까이 있는 자들 가운데 한 분이니라. 꾸란 3장 45절

마리아가 말하길, 주여 제가 어찌 아이를 가질 수 있습니까? 어떤 사람도 저를 스치지 아니하였습니다. 그(하느님)가 말하길, 그렇게 되리라. 그분의 뜻이라면, 창조하시니라. 그분이 어떤 일을 하고자 하매, 이렇게 말씀하시도다. 있으라! 그러면 있으리라. 꾸란 3장 47절

이에 비해 무함마드의 탄생과 죽음에 대해서는 어떤 특별한 언급도 찾을 길이 없다. 그는 탄생 연월일과 사망 연월일이 분명한 역사적 실존 인물일 따름이다.

둘째, 꾸란은 예수께서 성장한 이후에 하느님의 권능으로 행했던 많은 기적 사실을 생생하고 감동적으로 묘사한다. 죽은 자를 살려내고, 눈먼 소경과 나병 환자를 고치는 내용이 꾸란에 빈번히 등장한

다. 무함마드의 기적에 대해서는 단 한 구절의 기록도 남기지 않은 점과 대비해 보면 예수의 기적을 인정한 사실은 이슬람의 관점에서도 예삿일이 아니다.

셋째, 물론 종교마다 받아들이는 관점이 다르고, 이슬람 세계에서도 학파마다 다른 견해를 보이지만, 이슬람 종파 다수가 최후의 심판일이 다가올 때 예수가 재림할 것이라는 사실을 믿는다. 이도 꾸란 구절에 근거한다.

실로 예수의 재림은 심판이 다가옴을 예시하는 것이다. 따라서 그 (최후의 심판의) 시간에 대해 의심하지 말고 나를 따르라. 이것만이 올바른 길이니라. 꾸란 43장 61절

성서의 백성 가운데 임종하기 전에 그(예수)를 믿지 아니한 자 없었으며, 그(예수)가 심판의 날 그들을 위한 증인이 됨을 믿지 아니한 자 없으리라. 꾸란 4장 159절

넷째, 꾸란에서는 15개 수라(장)에 걸쳐 그리고 꾸란 전체 6,226절 중에서 93절에서 예수에 대한 기록을 남기고 있다. 이는 이슬람의 마지막 예언자인 무함마드에 대한 기록보다 훨씬 많은 것이다.

그렇지만 이슬람교는 기독교의 세 뿌리인 원죄관과 예수의 십자가 대속 개념, 부활의 기적을 모두 부정한다. 이슬람은 인간이 한 줌 티 없는 깨끗한 상태로 태어난다는 원선설의 입장을 갖고 있다.

꾸란에 따르면, 아담과 이브가 하느님의 계율을 어기고 사탄의 유혹에 빠져 금단의 열매를 따 먹음으로써 큰 죄를 저질렀지만, 아담과 이브가 계획적인 음모에 의한 범죄를 저지른 것이 아니다. 이들은 사탄의 유혹에 빠져 이성의 망각 상태에서 실수로 죄를 저질렀고, 곧 자신의 죄를 깨닫고 진실로 뉘우치고 회개하는 과정을 거쳤다. 또한 하느님께 진정한 용서를 빌었고, 하느님은 이들의 죄를 엄히 물으시고 그에 상응하는 죗값을 치르게 하셨다. 이로써 아담과 이브의 죄는 당대에 소멸했다고 이슬람은 해석한다. 따라서 인간의 원죄를 대신 책임질 대속자나 십자가 처형이라는 역사적 사건이 필요하지 않다. 나아가 부활이란 기적도 요구되지 않는다.

여기서 이슬람교의 구원관은 훨씬 단순하고 합리적이다. 다른 피조물과 달리 하느님께서는 인간에게 '이성'이라고 하는 자율 판단 의지를 은총으로 부여하셨다고 본다. 이성이란 잣대로 하느님께서 꾸란에 제시한, 무함마드의 언행록인 하디스나 순나(예언자의 길)에서 밝혀진 해야 할 일과 하지 말아야 할 것을 구분하여 현세에서 열심히 살아가야 한다. 내세에서는 천사가 기록한 선악의 장부와 현세에서 행한 선행과 악행의 무게를 저울로 달아, 선을 많이 행한 자는 천국에 들어감으로써 구원을 얻고, 악을 많이 행한 자는 지옥에 떨어져 영원한 응징을 받는다는 것이다.

실생활에서도 이슬람법은 무신론자 이교도와의 결혼을 엄격히 금지하면서도 무슬림 남성과 기독교 혹은 유대인 여성의 결혼은 같은 성전의 백성이라는 이유 하나만으로 허용한다. 물론 반대의 경우,

즉 이슬람 여성이 기독교나 유대교 남성과 결혼하는 것은 현실적 어려움 때문에 인정되지 않는다. 가부장적 사회, 부계 중심 사회, 남아선호 사상이 팽배한 문화권에서 여성이 남성을 설득해 자신의 종교를 갖도록 하는 것이 현실적으로 불가능하기 때문이다. 그 외에도 서구에서 생활하는 무슬림은 음식 문화에 있어서 이슬람식으로 도살한 고기 등을 얻기 불가능할 경우 기꺼이 기독교인 상점을 이용하여 하느님의 노여움을 피해 간다. 이는 하느님을 믿지 않는 다른 종교 집단보다는 구원의 길은 다르지만 같은 하느님을 믿는 성전의 백성인 기독교인이나 유대인에게 훨씬 친근한 동질성을 느끼고 있다는 방증이다.

이슬람교와 기독교. 한 뿌리에서 출발한 두 종교의 이질성을 확대 과장하여 서로의 적의를 증폭시키는 것보다는 같은 점과 서로 소통할 수 있는 맥락을 찾아 다름을 이해하고 동질성을 넓혀 나가는 것이 앞으로 문화 다양성의 시대를 지혜롭게 살아가는 지구촌 시민의 기본 덕목일 것이다.

수니파와 시아파

이슬람의 기본 교리와 관행에서 대부분의 이슬람 공동체는 단합과 통합을 이루고 있으나, 사상이나 종교 의례, 율법적 해석에서 차이를 보이며 여러 분파가 생겨났다.

대표적인 차이가 바로 수니파와 시아파이다.

무함마드는 632년에 타계하면서 후계자를 지명하지 않았다. 그래서 당시 아랍 무슬림은 아랍 부족의 오랜 대의 정치 전통에 따라 민주적인 만장일치 제도로 후계자를 선출했다. 이로써 종교적 최고 카리스마와 세속 군주의 절대 통치권을 가진 칼리파라는 후계자가 선출되었다. 아부 바크르, 우마르, 우스만이 차례로 칼리파가 되었다.

그러나 무함마드의 유일한 부계 혈통인 그의 사촌 동생이자 사위 알리는 후계자가 되지 못했다. 알리의 추종자들은 이에 대한 정치적 소외와 피해 의식이 강했다. 656년, 알리가 드디어 네 번째 칼리파가 되었으나 661년에 그만 살해되고 만다. 예언자 무함마드의 유일한 직계 혈통이 겨우 네 번째 칼리파가 된 것도 수긍하기 어려운데, 그의 죽음까지 더해지자 극단적 분노와 적개심이 표출됐다. 바로 알리의 추종자들이 시아파가 되었다. '시아'란 '떨어져 나간 무리'라는 뜻이다. 자연히 남아 있는 무리는 수니가 되었다. 시아파는 무함마드 이후의 세 칼리파인 아부 바크르, 우마르, 우스만을 칼리파로 보지 않고 찬탈자로 보았으며, 무함마드 이후의 정통 승계권자를 알리로 보았다. 그들은 알리의 후손들을 믿고 따르며 마지막 12번째 이맘은 죽지 않고 사라졌으며 언젠가는 구세주(마흐디)가 되어 재림할 것이라고 믿고 있다. 시아파는 이란을 중심으로 전체 이슬람 세계의 약 10퍼센트를 차지한다.

이슬람 세계의 약 90퍼센트를 차지하는 수니파는 믿음과 관행에서 시아파와 거의 차이가 없다. 꾸란과 하디스라는 기본적인 경전을 받아들이는 종교적 신념에도 큰 차이가 없다. 수니파와 시아파는 서로를 형제와 자매로 부르고 자유롭게 결혼한다. 상대방의 모스크에 가서 함께 예배도 본다.◆ 그렇지만 신학적으로나 실제적으로 별개의 모스크와 종교 의식의 차이, 이맘 직위에 대한 관점의 차이 등에서 분명히 다른 공동체를 형성하고 있다고 보아야 할 것이다.

수니파와 시아파가 신앙 의례에서 차이를 보이는 것은 가장 중요한 이슬람 신앙 고백인 샤하다에서 나타난다. 수니의 샤하다는 '알라 이외에는 신이 없고, 무함마드는 알라의 사도이다'로 끝나지만, 시아는 그 뒤에 '알리는 신의 사랑을 받은 자이며, 신자들의 사령관이고, 신의 친구이다'라는 말을 덧붙인다.

예언자 무함마드에 관해서도 수니파는 예언자가 원래 무지한 인물이었으며 신의 계시를 인간에게 전달하는 단순한 임무만을 부여받은 평범한 인간이었다고 주장한 반면, 시아파는 예언자가 높은 학식을 소유했던 완전무결한 존재였으며 알라의 모든 예언자와 마찬가지로 신의 빛을 부여받았기 때문에 신적 속성들을 소유한 인간이었다고 주장했다.

더욱이 시아파는 신의 빛과 신적 속성들이 예언자 무함마드의 딸 파티마, 파티마의 남편 알리, 이들의 자손들에게도 부여되었다고 주

◆ 1980~1988년까지 이란-이라크 전쟁이 한창일 때 각각 수니파와 시아파인 두 나라 대사들이 모든 공식 채널이 차단된 상태에서 서울 이태원의 모스크에서 매주 예배를 보고 대화를 나누는 장면이 목격됐다. 전쟁 중인 두 적대국 대표들이 수니와 시아를 따지지 않고 수니 모스크에 가서 함께 예배를 본다는 사실이 당시에는 매우 이색적이었다.

장했다. 물론 수니파도 알리와 그의 자손들을 존중하지만, 그 정도에 있어 시아파와 전혀 달랐다. 수니파는 예언자 무함마드와 그의 자손들이 신적 속성들을 부여받았다는 시아의 주장을 인정하지 않았다.

또한 수니파는 시아파가 주장하는 알리와 그의 자손 중심의 이맘 제도를 단호히 거부했다. 이러한 차이점도 수니와 시아 사이의 갈등을 증폭시킨 한 요인으로 작용했다.

이맘 제도와 관련된 시아 12이맘파(시아파 주류, 이란 중심)의 기본 논리는 12대 이맘 무함마드 알문타자르가 873년 죽지 않고 은둔했다는 점과 그가 메시아인 마흐디(Mahdi)로 다시 등장할 것이라는 점이다. 이 논리에 의하면, 12대 이맘이 마흐디로 재림함으로써 이슬람 공동체는 이슬람 시아의 정의와 평등, 단합을 달성할 수 있다. 마흐디의 개념은 수니에서도 일정 부분 인정된다. 그러나 중요한 차이점은 수니의 마흐디는 최후의 심판 날에 등장하지만, 시아파 이맘과는 전혀 무관하다는 점이다.

시아파의 종교적 특징은 자으파르 학파로 분류되는데, 6대 이맘 자으파르 알사디끄가 시아파의 이론적 기초를 다졌기 때문이다. 자으파르파는 수니 4대 학파보다는 인간의 이성적 판단 범위를 폭넓게 수용했으며, 환경의 변화와 시대적 상황에 따른 유권 해석의 가능성을 열어 놓았다.

시아파의 두 번째 중요한 분파는 7이맘파인데, 이들은 흔히 이스마일파로도 불린다. 이 분파의 특징은 6대 이맘 자으파르 알사디끄의 아들인 7대 이맘 이스마일에서 이맘의 계보가 끝났다고 확신한다는 점이다. 이스마일파의 가르침에는 점성술과 연금술, 유대교의 신비 철학, 신플라톤 사상 등이 복합적으로 혼재되어 있어 일찍부터 이슬람 정통파들로부터 배척당했다. 그 밖에도 시아파 분파들은 이슬람 세계 각지에서 아사신파◆, 드루즈파(레바논), 알라위파(시리아), 카와리지파 등 다양한 이론과 신념으로 갈라져 고립된 영역을 고수하고 있다.

　　수니파와 시아파 사이의 또 다른 중요한 차이점은 이슬람 법학인 피끄흐(fiqh)의 영역이다. 수니파는 하나피파, 한발리파, 말리키파, 샤피이파 등 정통 4대 법학파를 인정했지만, 시아파는 6대 이맘 자으파르 알사디끄가 편집하고 성문화한 자으파르 법전만을 인정한다. 시아파는 경험이 많고 학식이 풍부한 무즈티하드(학식과 덕망을 갖춘 신학자 또는 울라마)의 이즈티하드(개인의 독자적 판단이나 이성적 판단)를 최우선으로 인정했으며, 수니파의 4가지 법적 근원인 꾸란, 순나, 이즈마(합의), 끼야스(유추)도 인정했다.

　　더욱이 수니파와 시아파는 결혼, 이혼, 상속에 관련된 법적 판단에서도 견해 차이를 보인다. 예를 들면, 이란 중심의 12대 이맘파는 일시적 결혼인 무트아(일정한 조건으로 상호 합의하는 임시 결혼이나 계약 결혼)를 인정했지만, 수니파는 결혼 기간을 정해 놓는 계약 결혼을 죄악

◆　오늘날 암살자란 의미의 어쌔신(assassin)이 바로 아사신 분파에서 유래한다. 아사신파는 전성기인 12세기경 이란 북동부 산악 지대를 근거지로 삼고, 자신들의 권리와 영역을 지키기 위해 압바스 왕조의 고위 관리, 셀주크조의 통치자, 십자군 등 자신들을 위협하는 세력들을 무자비하게 암살했다. 그런 과격한 행동이 유럽에 널리 퍼져 프랑스어 아사생(asssin), 이탈리아어 아사시노(assassino), 영어 어쌔신(assassin)이란 단어가 생겨났다.

으로 간주했다. 한편 시아파는 여성에 대한 남성의 이혼 권리를 수니파보다 훨씬 제한적으로 운영했다. 또한 여성의 상속권은 수니 법전에서보다 시아 자으파르 법전에서 훨씬 관대하고 광범위하게 인정되었다.

수니와 시아의 종교적 관행 중 또 다른 점은 타끼야(신앙을 숨기는 짓) 관행이었다. 시아파는 정치적, 종교적 적대 세력의 탄압과 억압을 피하고자 자신의 정치적, 종교적, 이념적 믿음을 숨길 수 있도록 했다. 즉 생존과 자기방어를 위한 선의의 거짓말을 부분적으로 허용한다는 점이다. 이슬람 역사 1,400년 동안 타끼야 관행은 시아파에 대한 탄압의 대응 수단으로 종종 사용되었다.

한편 시아는 수니보다 훨씬 많은 종교 의식을 실행하고 있다. 19세기와 20세기 수니 원리주의자들은 시아의 성인 숭배 사상과 의식을 강도 높게 비난했다. 시아의 성인 숭배 의식 중에는 예언자 무함마드 가문 출신의 성인에 대한 숭배 의식과 이라크, 이란, 시리아 등지의 성인 묘소 참배와 순례 의식이 포함됐다. 이란에서는 예언자 무함마드와 함께 칼리파 알리의 아들인 이맘 후세인의 카르발라 전투 관련 사진들이 공공연히 전시되어 있다. 이맘 후세인은 680년 카르발라 전투에서 아랍의 우마이야 왕조에게 패퇴하여 참살당했고, 그의 무참한 죽음은 시아파가 결속하는 단단한 계기가 되었다. 그러나 수니 세계에서는 이러한 사진들을 거의 찾아볼 수 없다.

수니파와 시아파는 예배 의식에서도 약간의 차이를 보인다. 수니파는 하루 다섯 번 예배를 드리지만, 시아파는 하루 다섯 번의 예배를 세 차례(새벽과 일출 사이, 정오와 일몰 사이, 일몰과 한밤중 사이)로 나누어 실행할 수 있도록 허용한다. 두 파의 예배 방식에도 약간의 차이가 있다. 수니파는 예배 때 두 팔을 앞으로 포개지만, 시아파는 두 팔을 포개지 않고 밑으로 내려뜨린다.

시아파와 수니파는 종교 축제에서도 차이를 보인다. 수니파는 680년 카르발라에서 우마이야조 칼리파 야지드에게 알리의 아들 후세인이 순교당한 달인 무하람(Muharam)을 이슬람력의 첫 번째 달로 기념한다. 반면 시아 12이맘파는 당시 후세인의 도움 요청을 거부하고 그를 구출하지 못한 것을 참회하기 위해 가슴을 후려치는 의식(마아탐)과 자기 채찍 의식을 하며 무하람 10일을 최고의 애도일(아슈라)로 간주한다. 시아파는 극적인 참회 의식인 타지야를 통해 무슬림과 비무슬림에게 시아의 순교에 대한 강렬한 이미지를 남기려 하고 있다. 시아파는 이런 참회 의식을 행하면 이맘 후세인이 최후의 심판 날에 중재자로 등장해 자신들을 천국으로 이끌 것이라고 믿고 있다. 그러나 수니파는 시아파가 알리와 후세인에 대한 그릇된 종교 의식을 강요했다고 비난했다.

비록 수니파와 시아파 사이에는 여러 가지 차이점이 있지만, 그보다 훨씬 많은 공통점이 존재한다. 이들은 이슬람의 가장 기본적인 종교적 믿음과 교리를 공유하고 있을 뿐만 아니라 결혼은 물론, 상대방의 모스크에서 자유롭게 함께 예배를 보기도 한다. 수니-시아의 갈등은 정치적인 성격이 강하며 두 종파 간의 이질감은 실제로 심각하지 않다.

참수형과 손목을 자르는 샤리아는 실체인가, 허구인가

살인자에 대한 참수형, 도둑의 손을 자르는 신체 절단형 등 일반적인 상식으로 이해할 수 없는 사건이 생길 때면 빠짐없이 등장하는 단골 메뉴가 이슬람법을 지칭하는 샤리아(Shari'a)다. 도대체 샤리아가 무엇이기에 문명화된 첨단 사회에서 그토록 잔혹하고 반인류적인 형벌을 강제하고 시행하는가? 어디까지가 실체이고 어디까지가 과장인가?

이슬람은 다른 종교와 달리 삶과 종교가 상당 부분 구분되지 않고 혼재해 있다. 즉 이슬람 사회는 서구 사회와 달리 종교가 삶에 완전히 녹아 있고, 삶이 곧 종교이다. 그래서 세속과 종교를 무 자르듯이 구분하기는 사실상 어렵다. 물론 많은 이슬람 국가가 현재 이슬람법인 샤리아보다는 스위스 민법과 서구의 법체계를 받아들여 시행하는 추세가 강하다. 그러면서도 민법의 많은 부분, 즉 상속, 결혼, 이혼, 가족 문제, 부채 관계, 토지 문제 등에서는 전통적인 이슬람 문화와 율법을 따르면서 형법에서는 서구식 법률을 시행하는 이중적인 법체계가 공존한다.

그중 이란과 탈레반 집권 시기의 아프가니스탄같이 정교일치 체제를 고수하거나 사우디아라비아같이 완고한 정통 이슬람 관습을 고집하는 나라에서는 샤리아가 형법에까지 적용되는 경우를 목격할 수 있다. 신체 형벌이 자행되는 사우디아라비아 같은 나라에서도 모든 살인죄에 참수형, 절도죄에 신체 절단형 등이 일괄적으로 적용된다기보다는 일벌백계의 사회적 필요에 의해 전과가 많은 상습범이나 가정 파괴범, 사회적 윤리에 심각한 위협을 주는 범죄 등에 선별적으로 대처하고 있다. 물론 터키 같은 나라처럼 살인죄나 간통죄 자체가 폐지돼 오히려 서구 사회보다 앞선 개혁적인 사법 제도를 갖춘 이슬람 국가도 있다. 그럼 도대체 샤리아는 어떤 법이고, 현재 무슬림에게 어떤 의미일까?

샤리아는 '성스러운 계명과 지침의 길'이라는 뜻이다. 또 다른 의미는 '샘에 이르는 길'이다. 사막의 뜨거움 속에서 샘으로 향하는 길은 바로 생명의 길, 알라의 길이다. 꾸란과 하디스에서 가르치는 길을 정확하고 충실하게 따라가는 것이 무슬림에게는 가장 올바른 삶의 길이다. 알라가 제정한 우주 질서를 유지하는 기본법인 셈이다. 만약 인간이 신의 계율을 어기고 죄를 짓는다면, 인간은 죄를 인정하고 회개하고 진정한 용서를 빈다. 그것은 잠시 신을 잊고 신을 버린 인간이 다시 신과 화해하는 방식이고 과정이다. 신에 대한 인간의 자세는 절대적이고 무조건적이다. 이슬람이란 바로 인간의 신에 대한 절대복종을 의미한다. 따라서 샤리아란 인간이 신에게 완전히 복종하는, 즉 '이슬람'하는 외적인 신앙의 표출인 셈이다.

21세기 현재 이슬람법의 절대 규범이 완전히 시행되는 이슬람 국가는 거의 없는 실정이다. 이슬람 전통 사회에서 무슬림은 이슬람법이야말로 인간의 모든 행위를 판결할 수 있는 보편적이고 절대적인 규범이라고 믿어 왔다. 지금도 대부분의 이슬람권에서는 이슬람법이 사회의 많은 영역에서 적지 않은 영향을 끼치고 있는 것도 사실이다. 더욱이 이슬람법은 민법과 형법뿐만 아니라 생활 전반에 대한 규범이다. 그러므로 서구식 법체계를 도입해 사용하고 있는 이슬람 국가에서도 유산 상속, 결혼, 이혼, 장례, 가족 문제 등은 이슬람법 관행을 따르는 경우가 많이 있다.

꾸란 구절들을 자세히 살펴보면 시대나 환경의 변화에 상관없이 지켜야 할 절대적인 규범과 시대나 환경의 변화에 따라 이성으로 판단해서 새롭게 정의해 갈 수 있는 일반 규범으로 나누어져 있음을 알 수 있다. 따라서 절대 규범에 해당하는 종교 의례와 인간 사회의 기본적 자치와 질서를 유지하는 문제에 관해서는 독단적 해석을 막기 위해 비교적 상세한 규정을 명시하고 있지만, 일반적 규범에 관해서는 원칙만 밝히고 세세한 설명이 결여돼 있다. 즉 인간의 합리적인 판단으로 공동체의 선을 위해 얼마든지 재해석이 가능하도록 문호를 열어놓은 셈이다. 이것이 이슬람법의 특징이다.

이슬람법의 원천은 무엇인가? 모두가 공감하는 네 개의 신학적 원천이 가장 중요하다. 신의 말씀 그 자체인 꾸란(Qur'an), 오류를 범하지 않는 예언자 무함마드의 언행록인 순나(Sunnah), 해당 적용 법규를 꾸란과 하디스(Hadith)◆에서 유추해 적용하는 끼야스(Qiyas, 유추), 이슬람 율법학자 울라마들의 전원 합의인 이즈마(Ijma, 합의)가 그것이다.

무슬림의 신앙생활에서 절대성을 갖는 꾸란과 순나가 이슬람법

◆ 무함마드의 언행을 순나라 하고, 순나 중에서 신빙성 있는 것을 선별해 책으로 편찬한 것을 하디스라 한다. 하디스에는 여러 판본이 있으나, 이맘 부하리(Imam Bukhari)의 하디스와 무슬림 사히흐(Muslim Sahih) 하디스가 가장 정통한 책으로 이슬람 세계에서 널리 통용된다.

의 법원(法源)이 되는 것은 당연하지만, 끼야스나 이즈마는 상당한 설명이 필요하다. 세 번째 법원인 끼야스는 유추이다. 현대적 인간관계에서 빚어지는 사건 사고의 정황들이 모두 구체적으로 꾸란과 순나에서 찾아지는 것은 아니다. 그래서 울라마들은 한 사건에 적용할 수 있는 가장 유사한 사례들을 꾸란이나 예언자 무함마드의 언행에서 찾아서 유추하여 법의 정통성을 인정하는 방식이다. 물론 끼야스에는 인간의 이성적 잣대가 개입할 여지가 있으므로 학자 간의 완전한 합의와 엄격한 적용 방식이 요구된다.

네 번째 이즈마는 인간 사회의 범죄나 다툼에서 꾸란이나 순나에서 유추해 결정할 수 있는 근거나 합리적 조항을 찾지 못할 때, 당대 울라마들의 심사숙고와 전원 합의를 거쳐 이슬람법으로 규정하는 방식이다. 이는 비슷한 사례를 찾아 유추하는 끼야스보다 인간의 이성적 판단이 더 강하게 작용할 수 있다. 따라서 매우 신중한 절차를 따르며, 그 결정에 대해서도 정통파 사이에서는 이견이 있을 수 있다. 학자들이 개별적 해석을 할 수 있는 권한을 이즈티하드(Ijtihad)라고 하고, 유권 해석의 권한을 지닌 학자들을 무즈티하드(Mujtihad)라고 부른다. 이슬람법 해석에서 이즈티하드가 갖는 위험성을 간파한 많은 정통 울라마들은 이즈티하드의 문은 닫혔다고 주장하면서 더 이상의 무즈티하드를 인정하지 않는 경향이 강하다.

끼야스와 이즈마라는 공동체 합의 과정을 거치면서 어렵게 확립한 이슬람법 해석에 반기를 드는 무리도 당연히 나타났다. 이러한 무리의 행위는 비드아(bid'a), 즉 '이단' 혹은 '혁신적 행위'로 간주했다.◆ 이슬람법 해석에 꾸란과 순나 이외에 엄격한 과정을 가지는 융통성의 문을 인정하되, 일단 결정된 법률적 유권 해석에 대해서는 권위를 주는 방식으로 공동체 단합과 이단 문제를 조절해 나갔던 것이다.

4대 이슬람 법학파

이슬람법이 일상생활에서 체계화되고 자리 잡은 것은 압바스 왕조 초기인 9~11세기였다. 다마스쿠스의 우마이야조를 이어 이라크 바그다드에 도읍한 압바스 왕조는 인종이나 체제, 문화면에서 국제적인 제국의 성격을 분명히 했다. 따라서 복잡해진 공동체나 국가 사회의 기초를 위해 이슬람법의 구체화와 체계화 필요성이 대두되었다. 이 시기 법학자들은 꾸란, 순나, 끼야스, 이즈마 같은 기본적인 샤리아 법원을 존중한다는 점에서는 기본적으로 일치했지만, 구체적인 시행 세칙에서는 서로 이견을 보였

◆ 비드아는 이슬람에서 정통에 반대되는 혁신, 이단의 개념이다. 비드아는 경건하지만 단순한 메디나 교의, 헬레니즘 문화의 오랜 전통, 서아시아의 영지주의 사이에 서로 연결될 수 없는 틈 등으로 생겨났다. 8~9세기경 이라크에서 수많은 비드아가 생겨났다. 물론 이슬람의 비드아는 그리스도교에서 말하는 이단의 개념과 다르다. 그리스도교의 이단이 신학적인 오류, 즉 교리상으로 잘못된 판단이나 적용에서 생겨난 현상이라면, 이슬람의 비드아는 신학적이라기보다는 사회적 오류에 해당한다. 비드아는 선이라고 생각해 온 전통에서 멀어지는 행위인 것이다. 그리하여 이슬람 정통학파는 예언자의 순나에 바탕을 둔 전통에 대한 확고한 믿음에 배치되는 것을 비드아라 하여 배척했다. 그렇지만 일반적으로 비드아에 대해 극단적인 방법을 동원하지는 않았다. _ 김정위 외, 《이슬람 사상의 형성과 발전》, 아카넷, 2000, 96~97쪽

다. 여기서 이슬람법 해석과 법 적용의 규범과 범위 문제를 둘러싸고 학파가 갈렸다. 근본적인 교리 논쟁의 성격이 아니었기 때문에 통상 종파로는 부르지 않고 학파에 해당되는 마드하브(Madhhab)라고 부른다. 마드하브는 창시자의 이름을 따서 네 개 학파, 즉 하나피 학파, 말리키 학파, 샤피이 학파, 한발리 학파로 나뉜다.

물론 정통 수니파의 4대 학파 이외에도 현재 이란을 중심으로 시아파에서는 자으파르 학파가 영향력을 행사하고, 오만에서는 8세기부터 이바디파가 주도적인 역할을 하고 있다. 수니에 비해 시아파에서는 더 많은 분파가 복잡하게 난립하고 있다.

하나피 학파

압바스 왕조 초기의 법학자 아부 하니파(Abu Hanifa, 699~767)를 따르는 법학파이다. 이라크 학파를 대표하는 하나피 학파는 4대 학파 중 가장 온건하고 자유로운 성향을 띠며, 무엇보다 이성(ra'y)과 개인의 견해를 이슬람법 해석에서 폭넓게 인정한다. 오늘날 가장 많은 지역에 분포하며, 터키, 인도, 파키스탄, 아프가니스탄을 중심으로 중앙아시아 일대의 주된 흐름이다. 튀니지, 이집트 등지에도 분포하고 있다.

말리키 학파

이라크 학파와 함께 또 다른 큰 흐름인 메디나 학파를 대표하는 학자 말리크 이븐 아나스(Mailk Ibn Anas, 715~795)의 가르침을 따르는 법학파다. 말리크는 메디나에서 활동하던 재판관으로, 판결의 기초가 되었던 순나(전승)를《알무타와(Al-Mutawa, 표준의 길)》라는 책에 집대성했다. 이슬람 초기 메디나에서 통용되던 관습법에 근거하기 때문에 매우 보수적인 성향을 보인다. 현재 북아프리카의 대표적인 학파이며, 이집트 북부, 나이지리아, 수단, 걸프해 연안 국가들에 분포되어 있다.

샤피이 학파

말리크의 제자였던 알샤피이(Al-Shafi'i, 767~820)가 세운 학파이다. 엄격한 메디나 학파의 원칙을 고수하면서도 하나피 학파의 이성적 판단에 의한 유추를 폭넓게 수용하는 절충적 법학파이다. 오늘날 이집트와 인도네시아 중심의 동남아시아에 널리 분포되어 있고, 그 외 사우디아라비아 일부, 인도에도 샤피이 학파 방식이 적용되고 있다.

한발리 학파

9세기경 일부 이슬람 지역에서 여러 가지 이단적 성향과 혁신적 이슬람법 해석이 난무하자, 이에 대한 반발로 더 강력한 정통주의적 법 해석의 필요성을 주창하며 등장한 학파이다. 바그다드 출신인 아흐마드 이븐 한발(Ahmad Ibn Hanbal, 780~855)과 다우드 알자히리(Daud al-Zahiri)가 대표적인 학자였다. 자히리 학파는 후대 몇몇 학자들을 배출했으나 지지 기반을 얻지 못하여 약화됐다. 그러나 이븐 한발이 주창한 한발리 학파는 이라크와 시리아에서 강력한 호응을 받으면서 단단한 뿌리를 내렸다. 가장 보수적인 율법 해석과 메디나 시기의 교조적인 이슬람 정신을 계승하려는 성향을 강하게 보이며, 시대적 상황에 맞는 재해석의 문호를 인정한 다른 학파에 매우 부정적인 입장을 취한다. 한발리 학파의 정통주의와 보수성은 18세기 말 아라비아반도 중심부에서 와하비즘(Wahhabism)으로 부활했고, 오늘날 사우디아라비아의 중심적인 학파가 되었다. 현재는 사우디아라비아 이외에도 시리아, 이라크 등지에 널리 퍼져 있다.

수피즘 영적으로 알라를 만나는 새로운 방식

이슬람을 경전 중심의 이론과 교리로만 해석하지 않고, 다양한 방식으로 영적 본질에 다가가려는 종교적 신비주의를 수피즘(Sufism)이라 한다. 아랍어로는 타사우프(Tasawwuf)라고 한다. 수피즘은 어떤 특정한 인물이 창안하거나 주창했다기보다는 시대적 상황에서 자연스러운 영적 운동으로 생겨난 종교적 경향이라고 할 수 있다. 이미 우마이야 왕조(661~750) 시대에도 수피적 경향이 싹텄으나, 본격적으로 수피즘이 뿌리를 내린 시기는 압바스 왕조(751~1258) 시대였다.

수피즘을 이해하려면 먼저 두 가지 주된 배경을 설명해야 한다. 첫째는 세계 제국으로 확대된 압바스 시대의 물질적 번성과 풍요가 주는 이슬람의 세속화와 4대 학파를 중심으로 발전한 이슬람 법리 논쟁의 와중에 진정한 영적인 가치를 찾고자 하는 움직임이다. 둘째는 이슬람이 비아랍권으로 확산해 감에 따라 하느님의 꾸란 말씀인 아랍어에 대한 이해가 어려워진 상황이다. 당시 민중의 절대다수가 문맹인 상황에서, 모국어가 아닌 아랍어 꾸란을 배워 하느님의 뜻을 깨우치고 그에게 다가간다는 것은 거의 불가능한 일이었다. 여기서 수피라 불리는 사람들은 기존의 화려한 치장과 물질적 풍요에 빠져 지루한 교리 논쟁을 일삼는 경직된 이슬람 율법주의에 환멸을 느끼고 진정한 영적 가치를 찾으려는 참다운 고뇌를 시작했다. 그들은 수프(suf)라 불리는 남루한 모직 천을 걸치고 오로지 하느님에게만 매달리는 새로운 신앙의 길을 선택했다. 명상, 신에 대한 끊임없는 찬미, 찬송과 기도, 무한의 사랑, 자신을 던지는 해탈의 몸짓 등을 통해 그들은 신을 만나고 신의 뜻에 다가가는 그들만의 방식을 창안했고, 노래와 춤, 시와 염원이 주요한 신앙 의례가 되었다. 그들끼리는 타리까(tariqa)라 불리는 종단을 만들고, 종단 지도자인 셰이크(shaykh)를 중심으로 진정한 영적 이슬람을 받아들였다. 그들의 기본 생활 철학은 검소와 절제, 신에 대한 절대적 의존이었으며, 지도자인 셰이크의 가르침에도 혼신을 다해 따랐다.

물론 압바스 말기 과도한 영적 방식을 채택한 일부 수피에게서 이슬람의 근본적 틀을 위협하는 일탈 행위들도 나타났다. 악령인 진(Jinn)을 숭상한다든지 차력과 마술을 이용해 민중을 속이는 유사 의례가 빈번했고, 이슬람의 금기인 와인을 마시거나 죽은 자의 무덤 앞에서 기도하면서 영적인 교감을 하겠다는 무리까지 등장했다. 이러한 도를 벗어난 수피의 행위는 오늘날까지도 보수주의 이슬람 교단이 수피즘에 대해 극도의 편견과 부정적인 견해를 갖는 원인이 됐다.

그러나 수피즘은 급속도로 확산됐다. 특히 비아랍어권 이슬람 지역인 터키, 페르시아, 인도, 중앙아시아 문화권에서 주도적인 입지를 구축했다. 더는 수피즘을 정통 이슬람의 틀에서 잘라내기 힘들 정도로 번성했다.

무분별한 수피즘의 확산이라는 시대적 상황에서 이를 합리적인 정통 이슬람의 틀 속으로 끌어들여 새로운 이슬람의 방향을 제시한 학자가 중세 이슬람 최고의 철학자 알가잘리(Al-Ghazali, 1058~1111)였다. 그는 스스로 수피가 되어 수피즘의 영적인 매력을 확인했고, 종래 율법 중심의 경전 가르침과 수행을 통한 영적인 깨달음을 모두 이슬람의 정통적 신앙 방식으로 받아들여 접목하는 데 성공했다. 그의 노력 덕택에 오늘날 수피즘이 이슬람의 정통 속으로 들어오게 되었으며, 적어도 두 세력 간에 상호존중의 전통이 되었다. 수피즘이 이슬람의 세계적인 확산에 기여한 것도 이 때문이다. 실상 아라비아반도를 제외하고 이슬람이 전 세계로 확산된 데는 정통 이슬람 교리보다 수피즘의 영향이 절대적이라고 말할 수 있을 정도다.

수피즘은 토착 종교와 의례에 대해 배타적이지 않으며, 지역 주민과의 일체감을 통해 근대 러시아나 서구의 식민지 침탈에서 가장 강력한 저항 세력으로 독립 투쟁을 주도하기도 했다. 이처럼 수피즘은 종파라기보다는 하나의 의례이며 경향이라고 할 수 있다. 수니파나 시아파 모두가 동시에 수피가 될 수 있는 것이다.

오늘날 가장 대표적인 수피 종단이 잘랄레딘 루미가 결성한 메블라나 종단이다. 터키 코냐를 중심으로 뿌리를 내린 루미 추종자들은 알라의 99가지 속성을 외우면서 신을 찬미하는 신비주의 음악에 맞춰 세마(sema)라는 회전 춤을 추며 엑스터시를 경험하고, 자아를 던지며 신을 만나는 고도의 영적 수련법으로 유명하다. 잘랄레딘 루미 외에도 유명한 중세 수피 지도자에는 압둘 까디르 질라니(Abdul Qadir Jilani, 1077~1166), 무히유딘 이븐 아라비(Muhiyuddin Ibn 'Arabi, 1165~1240), 파크루딘 이라키(Fakhruddin 'Iraqi, 1213~1289) 등이 있다. 역사상 최초의 여성 수피는 8세기 라비아 알아다위야(Rabi'a al-Adawiya, 796년 사망)였다. 그녀는 명상과 밤샘 기도, 겸허한 마음가짐으로 신을 찬미했으며, 다음과 같은 명상 시를 남겼다.

주여!
제가 만일 지옥이 두려워 당신을 숭배한다면 저를 지옥 불에 태우시고,
천국에 가고자 당신을 찾는다면 천국에서 저를 내치옵소서!
당신만을 사랑하고 조건 없이 당신만을 섬긴다면
당신의 영원한 아름다움으로부터 저를 붙잡아 주옵소서.

이슬람 문화의 향기

모스크의 의미와 황홀한 건축미

모스크는 무슬림이 예배를 드리는 공간이다. 하루 다섯 차례 신과 인간을 연결해 주는 신성한 공간이자 공동체의 중심에서 삶을 끌어안는 역동적인 현장이기도 하다. 그래서 성스러운 종교 공간이란 의미로 성원(聖院)이라고 부르기도 한다.

새벽 4시가 넘어 서서히 여명이 밝아 오는 이슬람 도시들은 언제나 아잔(Azan) 소리로 하루를 열어 간다. 아잔은 예배 시각을 알리고 예배를 보러 오라고 청하는 낭송의 소리다. 잠을 깨우는 귀찮은 소리인 동시에 신을 만나는 경건한 시간에로의 초대다. 한 곳에서만 들리는 부름이 아니다. 여러 곳의 모스크에서 울리는 아잔 소리가 동시다발적으로 은은한 오케스트라를 연출한다. 에밀레종 소리의 잔향처럼 끊어지고 이어지는 소리가 반복된다. 하루 다섯 번씩 빠지지 않고 울리는 아잔 소리는 삶의 주기를 알리는 공동체 시계 역할을 한다.

모스크 옆에는 반드시 미나레트(Minaret)라고 하는 높고 뾰족한 첨탑이 있는데, 그 첨탑 위에서 무아진(Muazzin)이라 부르는 독경사가 아잔을 낭송한다. 낭랑하고 신심 어린 목소리를 가다듬고 육성으로 신의 소리를 전하는 것이다.

신은 위대하다.

신은 위대하다.

신은 오직 한 분이시고, 그분 이외에 그 누구도 없도다.

무함마드는 그가 보낸 사도이니라.

예배 보러 올지라. 성공의 길로 올지라.

신은 오직 한 분이시다.

이슬람 역사상 최초의 무아진은 에티오피아 노예 출신의 개종자 빌랄(Bilal)로 알려져 있다.

무슬림은 모스크 정원 안뜰에서 손과 발을 씻고 세수를 하고는 예배를 본다. 하루 다섯 번씩 반복되는 삶의 한 부분이다. 예배는 신을 만나는 신성한 시간이며, 누가 보든 상관없다. 신과 자신만의 관계이고, 자신의 선악은 신만이 알고 계시기 때문이다. 신에게 하루를 낱낱이 고하고 그에게 용서를 빌고 앞으로의 옳은 길을 위해 스스로를 다지는 시간이다. 그 과정은 천사가 일일이 보고 기록해 심판일에 구원이나 응징의 판단 자료가 된다. 특히 매일 빠지지 않고 주기적으로 허리를 굽히고 머리를 땅바닥에 조아리는 예배는 훌륭한 운동의 반복이다. 수시로 세정을 하니 무좀이나 치질 등의 병은 찾아보기 힘들며, 허리가 굽은 노인이나 류머티즘 등으로 고통받는 사람들도 다른 서구 사회와는 비교가 되지 않을 정도로 드물다. 시간을 맞추어 행하는 예배가 주는 은총이다.

돔과 첨탑, 막 떠오른 초승달과 별로 장식한 모스크는 처음부터 이런 모습이지는 않았다. 이슬람 초기 최초의 예배 장소는 예언자 무함마드의 집이었다. 아무런 장식이 없는 평범한 아랍식 토담집이었다. 점차 이슬람 공동체가 아랍 문화권 밖으로 확장되면서 주변 문화를 적극적으로 받아들여 모스크 양식에 지역적인 특성이 가미되었다. 비잔틴과 만나면서 둥근 돔이 생겨나고, 첨탑의 모양도 다양해졌다. 완만한 선의 편안함을 담은 둥근 돔은 우주와 평화를 상징한다. 일부 아랍인은 이 돔이 카라반(대상)을 하던 유목민이 타고 다니던 단봉낙타의 봉에서 힌트를 얻었다고 주장하기도 한다. 돔의 끝에는 보통 초승달과 별을 살짝 얹어 놓았다. 이슬람의 상징이자 진리의 시작을 의미한다. 초승달과 샛별이 빛나는 밤, 무함마드가 최초의 계시를 받았다고 믿기 때문이다.

이슬람 건축의 핵심은 모스크, 마드라사(신학교), 궁정, 묘당 등이다. 모스크(Mosque)는 아랍어 마스지드(Masjid)가 스페인어 메스키타(Meszquita), 프랑스어 모스케(Mosquée)를 거쳐 영어로 변한 것이다. 마스지드는 '이마를 땅에 대고 절하는 곳'을 뜻한다. 이슬람에서 가장 중요한 의무인 예배를 위한 장소이다. 단순히 예배뿐만 아니라 만남과 모임의 집회소이고 자신의 죄를 털고 가는 청산의 공간이기도 하다. 모스크에는 또한 교육 기관, 묘지, 여행자를 위한 숙소의 기능도 있다. 신을 끌어안고 살아가는 무슬림은 모스크를 중심으로 하루하루를 엮어 간다. 그래서 모스크는 항상 마을의 한가운데서 가장 생생한 삶의 현장을 이룬다. 삶의 중심 공간으로서 모스크는 그리스 시대의 아고라(Agora)나 로마 시대 포럼(Forum)의 성격과도 닮았다.

모스크 옆의 하늘을 향해 높이 솟은 미나레트는 어디서나 보이는 방향키이다. 가끔은 꼭대기에 색색의 불빛으로 날씨를 예보하는 기능을 갖춘 곳도 있다. 제대로 갖추어진 아랍 최초의 모스크인 우마이야 모스크의 미나레트는 시리아의 그리스도 교회 첨탑을 모델로 삼고 고대의 등대, 지구라트, 뾰족한 종교탑 등을 참고해 이슬람식 첨탑을 완성했다고 전해진다. 형태나 모양도 지방에 따라 다양하게 바뀌었다. 북아프리카의 사각형 첨탑부터 인도나 중앙아시아의 높고 둥근 첨탑, 오스만 제국 시대의 가늘고 둥근 형태, 이라크 사마라 지방의 나선형 첨탑에 이르기까지 독특한 미나레트 건축 양식을 창안했다.

한편 미나레트 역시 지역에 따라 형태를 달리한다. 북아프리카나 스페인 남부 안달루시아 지방에서는 사각형 사면체 첨탑이 주류를 이루고, 이라크 지방에서는 고대 메소포타미아의 영향을 받아서인지 나선형 첨탑이 성행했다. 이란과 터키에서는 가장 보편적인, 길쭉하게 하늘로 솟은 원통형 첨탑이 유행했다.

보통 작은 모스크에는 한 개의 첨탑을 세우지만, 그 크기에 따라 두 개 이상의 첨탑을 세우기도 한다. 사파비 왕조와 이란 문화권의 몽골, 티무르에서는 한 쌍의 첨탑이 거의 정착됐다. 오스만 시대에 들어 모스크 규모가 커지면서 서너 개로 늘어났고, 17세기 초에 세워진 술탄 아흐메트 모스크는 '블루 모스크'로 알려지면서 여섯 개의 아름다운 고딕형 첨탑으로 세계인의 찬사를 받고 있다. 순례객이 몰려드는 사우디아라비아의 성지 메카에 있는 하람 모스크는 이슬람의 심장부답게 9개의 첨탑을 갖고 있다.

나라마다 모스크 건축의 특징도 달라졌다. 이란에서는 에이완(Eywan)이라는 독특한 건축 구조를 갖추었다. 건물 내부 정원에 설치된 에이완은 돔으로 된 건물과 주랑, 정원을 결합한 형태를 말한다. 정원을 둘러싼 사방 벽 중간에 각각 설치되는데, 첫 번째는 입구를 이루고, 두 번째와 세 번째는 좌우 양측의 중앙에 주어진다. 마지막 네 번째는 입구 맞은편에 위치하는데, 이것이 돔으로 된 모스크 내부와 연결돼 있다. 셀주크 시대 이후 11세기 말경부터 등장한 것으로 보이는 에이완은 현재 이스파한 이맘 모스크 내부에 남아 있는 가장 큰 규모의 것이다. 이러한 에이완식 건축이 이란 전통이라는 사실은 이미 파르티아 시대부터 왕국이나 신전 건축물에서 발견된다는 점으로 알 수 있다. 셀주크 시대에 들어와서 네 개의 에이완이 있는 건물 형식은 모스크 건축에서 특히 마드라사를 지을 때 많이 채용됐다.

이란식 모스크 건축의 또 다른 양식적 특징은 무카르나(Muqarna)라고 하는 '벌집형 천장'이다. 무카르나는 모스크 입구 벽과 그것을 덮고 있는 둥근 천장 사이의 공간에 장식을 극대화하며 독특한 예술성을 선보였다. 아랫줄에 반쯤 파인 공간을 배치하고 그 위로 돌출된 부분부터 다시 똑같은 모양의 공간을 판다. 위로 올라갈수록 파인 공간의 숫자가 적어져 마치 원추를 반으로 자르고 그 내부를 기하학적으로 파 놓은 것과 같은 모양이 된다. 이러한 형식은 이란뿐 아니라 페르시아 문화의 영향을 받은 중앙아시아 이슬람 세계 전역으로 확대되어 종교적인 건물은 물론, 일반 건물에도 널리 적용되었다.

오스만 튀르크의 모스크는 비잔틴으로부터 절대적인 영향을 받았다. 비잔틴 건축의 전형인 6세기 성 소피아 성당을 본떠 중앙에 큰 돔을 올리고 주위에 작은 돔을 여러 개 배치해 하중의 분산을 꾀하는 건축학적으로 완벽한 계산을 시도했다. 따라서 모스크 내부에는 기둥을 쓰지 않고 중앙 홀이 넓게 열리도록 만들어 보다 효율적인 이슬람 공동체의 예배 공간을 마련하는 데 성공했다.

모스크 건축의 구성과 이해

모스크의 건축 구성은 3M(Masjid - Minbar, Mihrab, Minaret)으로 표현한다. 모스크 내부에서 예배 방향인 메카를 표시해 주는 미흐랍(Mihrab)과 금요일 합동 예배의 설교대인 민바르(Minbar), 모스크 바깥의 높은 첨탑인 미나레트(Minaret)가 그것이다.

모스크 내부로 들어가면 카펫이 횡렬로 나란히 줄을 맞춰 깔려 있다. 일렬로 평등한 예배를 드리고자 하는 배려다. 알라 앞에 모든 인간이 평등하고, 신분이나 출신 성분에 상관없이 모든 신자는 한 줄로 예배를 본다. 앞줄이 채워지지 않는 한, 두 번째 줄에 서서는 안 된다. 왕과 거지가 나란히 어깨를 맞대고 예배를 보는 성스러운 공간이다.

모스크 실내 중앙에는 샹들리에가 돔 천장에서 내려와 달려 있다. 스테인드글라스의 화려한 색깔이 햇빛에 반사되어 빛나고, 벽면을 푸른 타일로 장식한 모스크도 있다. 아라베스크 문양으로 장식한 꾸란 구절이 돔 천장이나 벽면을 아름답게 꾸미고 있다. 그렇지만 모스크 실내 어느 곳에서도 천사들의 프레스코화나 그 흔한 예언자 혹은 성자들의 그림이나 조각이 보이지 않는다. 모든 살아 있는 피조물의 숭배를 엄격하게 금하는 이슬람교의 기본 가르침이 모스크 실내 장식에 그대로 반영되어 있다. 그 대신 하느님을 상징한, 끝도 시작도 없이 반복되는 기하학적 문양만이 독특한 이슬람 예술 장르를 개척하며 모스크 실내를 꾸미고 있다.

그중에서도 가장 눈에 띄는 부분이 미흐랍이다. 미흐랍은 예배가 실제로 이루어지는 내부 공간에 메카 방향을 표시하고자 벽면을 움푹 들어가게 깎아 낸 곳이다. 메카 방향을 끼블라(Qibla)라고 부른다. 예배의 중심이자 모든 신자를 공간적, 정신적으로 통일시키는 접합점이다. 그 때문에 모스크 건축에서도 가장 아름답게 장식하는 것이 일반적이다.

두 번째 구성 요소는 설교를 위한 계단식 연단인 민바르이다. 새벽, 낮, 오후, 일몰, 취침 전의 순으로 매일 다섯 번 예배가 개인 예배 형태로 가정이나 직장에서 비교적 자유롭게 이루어진다. 하지만 금요일 낮 예배는 반드시 모스크에 모여 합동으로 이루어진다. 이를 주마 예배라 한다. 이때 예배를 주관하는 이맘이 민바르에서 설교한다.

민바르에서의 설교는 매우 중요한 정치적 의미가 있다. 신의 말씀을 깨우치는 고유한 종교적 역할 외에도 국가의 주요 정책을 공표하고 왕의 임명과 퇴위를 알리는 공식적인 홍보 창구가 된다. 보통 통치권을 가진 지배자의 이름이 주마 예배나 설교에서 공식적으로 언급되는데, 어느 날 다른 왕이나 총독의 이름이 언급되면 정권이 교체되었다는 것을 의미했다.

세 번째 요소는 앞서 살펴본 미나레트이다. 보통 한 개에서 여섯 개까지의 뾰족한 첨탑이 있는데, 이곳에서 무아진이 하루 다섯 번씩 예배 시각을 알리는 낭송을 한다.

종합적인 예배 기능을 갖춘 대사원 중에 유명한 곳은 성지 메카에 있는 하람 사원, 이스탄불의 술레이마니에 모스크, 블루 모스크로 알려진 술탄 아흐메트 모스크, 메디나 예언자 모스크, 스페인 남부 코르도바의 메스키타, 이스파한의 이맘 모스크 등이 있다. 역사적인 모스크 건물로는 예루살렘의 바위의 돔(691), 다마스쿠스의 우마이야 모스크(705), 이라크 사마라의 모스크(846~852), 튀니지의 알자이투나 (732), 모로코 페스의 알까라위인(862), 중국 광동의 광탑사(7세기) 등이 있다.

모스크 바깥 실내에는 에이완, 즉 네 개의 회랑으로 둘러싸인 정원이 있다. 이곳에는 대부분의 경우 세정 의식(우두)을 위한 분수(Sahn)나 흐르는 물이 설치되어 있다. 정원은 실용적인 목적과 심미적인 기능을 동시에 갖는다. 물을 사용할 수 있는 쾌적한 공간과 함께 널찍하고 그늘진 회랑 사이에 휴식과 대화의 공간을 마련해 준다. 복잡한 도시민에게는 편안한 느낌을 주고, 또 신도들끼리 만나서 일상 대화는 물론, 비즈니스, 정치적 견해, 시대적 담론을 자유롭게 나누는 장소이기도 하다.

모스크의 사회적 기능

여행자들은 멀리 모스크의 불빛만 발견하면 일단 안도의 한숨을 내쉰다. 무엇보다 모스크는 나그네를 위한 쉼터다. 단순히 신에게 경배를 올리는 예배 공간만이 아니라 공동체의 중심부에 자리 잡은, 가장 역동적인 삶이 펼쳐지는 생활 공간이다. 그래서 모스크를 중심으로 생활 편의와 중심 기능을 담당하는 목욕탕, 여관, 식당, 병원, 시장에 이어 도서관과 학교까지 갖추어져 있다. 가난한 사람과 경비가 떨어져 오갈 데 없는 나그네들을 위한 숙소와 먹을 것이 준비된 곳이기도 하다. 그들은 함께 예배를 보고, 낮에는 카펫이 깔린 폭신한 모스크 바닥에서 잠을 자거나 휴식을 취한다. 모스크 바깥에 항상 흐르는 깨끗한 물로 몸을 청결하게 유지할 수도 있다. 금요일 낮에는 공동체 전체 무슬림은 물론, 여행자와 나그네들도 모두 참석하는 합동 예배가 열리기 때문에 거대한 교역 시장이 열리고 거래가 이루어지기도 한다.

가장 대표적인 공간이 터키 이스탄불의 술레이마니에 모스크이다. 모스크를 중심으로 이스탄불 대학과 병원, 고문서 도서관, 목욕탕, 카팔르 차르시라 불리는 그랜드 바자르가 하나의 종합 건축 공간으로 시민 생활 공간의 중심이 되었다.

합동 예배 날은 여성들도 모처럼 외출하는 날이다. 아랍의 보수적인 국가에서는 여성의 모스크 출입을 장려하지 않지만, 많은 모스크가 별도 공간에 여성을 위한 예배 공간을 마련하고 있다. 좁은 공간일 경우에는 한쪽 옆에 보이지 않게 커튼을 치거나 남성의 뒷줄에서 예배를 보도록 허용한다. 무슬림이 아닌 사람에게도 모스크는 항상 개방되어 있다. 다만 예배가 진행되는 10여 분 동안은 예배를 방해할 수 있으므로 출입을 제한하기도 한다. 이슬람의 성소로 여겨지는 일부 이슬람 모스크에서는 아예 비무슬림을 내부로 받아들이지 않는 곳도 있다. 여성이 모스크 내부로 들어갈 때는 노출을 삼가고 머리에 히잡을 두르는 것이 기본 예의다. 관광객이 많이 찾아오는 모스크에서는 비무슬림 참관인들을 위해 히잡이나 옷가지를 준비해두고 있다.

모스크는 또한 무덤 공간이다. 통치자나 고매한 고승들은 죽어 모스크 뜨락에 묻힌다. 그래서 이슬람 세계의 큰 모스크에는 거의 반드시 주변에 묘지가 조성되어 있다.

무엇보다 모스크의 가장 중요한 사회적 기능은 정치적 담론을 형성하는 공간으로서의 역할이다. 예배 전후 무슬림은 매일 벌어지고 있는 팔레스타인 이슈를 필두로 국내 문제에 이르기까지 다양한 정치적 입장으로 토론을 벌인다. 물론 이러한 기능은 항상 권위주의 독재 정권과의 필연적인 마찰을 동반한다. 수많은 비밀경찰을 침투시켜 반정권적 인물을 색출하고 위험한 집회를 차단하는 등 눈에 보이지 않는 감시를 한다.

가장 영향력 있는 사람은 당연히 대중을 향한 금요 설교권을 갖고 있는 이맘이다. 그의 말 한마디가 바로 여론 형성의 가이드라인이 될 수 있으므로 이슬람 정권은 그를 회유하거나 관제화시켜 건전한 시민 사회의 형성을 막기도 한다.

아랍 문학을 이야기할 때 우리는 '천일야화'로 잘 알려진 아라비안나이트를 떠올린다. 어린 시절 〈신드바드의 모험〉, 〈알리바바와 40인의 도적〉, 〈알라딘과 요술램프〉 등으로 접한 최초의 아랍 문학 작품은 우리에게 이국 세계에 대해 경이로움과 감탄을 주었고 우리를 모험과 신비의 세계로 안내했다.

그런데 이렇게 진기하고 재미있는 아라비안나이트 곳곳에 외설적인 성의 이야기가 가득 차 있다는 사실을 알면 우리는 이 이야기들이 문학 작품인지, 아니면 음란한 외설 작품인지 판단의 딜레마에 빠질 수밖에 없다. 이런 갈등은 1993년 어느 여름날의 해프닝에서도 잘 드러난다.

당시 한 출판사가 아라비안나이트를 우리말로 완역해 12권으로 출판했다. 그때 나는 일간지에 한 페이지에 달하는 긴 서평을 썼다. 서평이 나가자 마침 새 학기를 맞은 초중고 학생들에게 이 전집이 불티나게 팔려나갔다. '아라비안나이트'라고 하니 당연히 신비롭고 호기심 어린 아랍 문화를 상상했겠지만, 첫 페이지부터 등장하는 적나라한 음화와 외설적인 내용에 학부모들이 놀란 것은 당연했다. 항의가 들어오고 반품 소동이 났다. 성인물로의 아라비안나이트를 제대로 접해 보지 못하고 동화로서만 받아들인 결과였다.

아라비안나이트는 아랍어로 기술된 대중 설화 문학의 집대성이다. 180편의 큰 줄거리와 100여 편의 소주제가 1,001일에 걸친 밤의 이야기로 구성된 이 작품의 모태는 6세기 페르시아의 설화집인《하자르 아프사나(천의 이야기)》로 알려져 있다. 아랍어로 번역되어 구전된 시기는 850년경으로 추정되며, 10세기 중엽 아랍 작가인 마수디와 이븐 나딤이 그들의 작품에서 페르시아어《하자르 아프사나》를 '천일(1,000일) 밤의 이야기'로 번역, 소개함으로써 아라비안나이트가 구전 문학에서 아랍의 기록 문학 속으로 자리 잡게 되었다. 아라비안나이트는 인도의 이야기를 주축으로, 페르시아를 거치며 많은 이야기가 변형, 첨가, 삭제된 채 아랍으로 전달됐다. 아랍은 여기에 아랍적인 요소들을 첨가함으로써 결국 아랍화된 문학으로 자리매김했다.

당시 아랍 세계는 바그다드에 중심을 둔 압바스 왕조 전성기였다. 세 대륙에 걸친 영토의 정복과 다양한 문물의 유입으로 아랍 세계는 활력이 넘쳤다. 셈족의 유목 문화에 페르시아, 이집트, 인도 문화가 유입되고, 고대 그리스-로마 문화가 아랍어로 재해석되어 흡수됐다. 즉 이 작품은 인류 4대 문명 중 세 권역의 문명을 포괄하고 있다. 바그다드라는 문화 용광로 속에 녹아든 세계 문화의 요소를 그대로 반영한 작품이 바로 아라비안나이트인 것이다. 이런 문명사적 위치에 기담과 무용담, 직설적인 성애, 신선담, 우화와 일화, 기행과 역사적 교훈이라는 인류 사회의 모든 대중적 문학 장르가 총망라되었다. 당연히 이 작품은 명실공히 인류 문학의 금자탑이 되었다.

아라비안나이트가 오늘날의 형태로 완성된 시기는 이집트와 터키의 민간전승이 가미되면서 내용이 더욱 풍부해진 16세기경으로 보인다. 아주 많은 숫자를 '1천1'로 표현하는 비잔틴과 오스만 튀르크의 영향 아래 '천 밤의 이야기'가 '1천1 밤의 이야기'로 바뀐 시기도 이때이다.

그러나 아라비안나이트는 정작 본고장인 아랍-이슬람 문화권에서는 크게 주목받지 못했다. 이는 표준어와 정형화된 문체에 의존한 식자층의 아랍 문화만이 중시되고, 과장과 무한한 상상력으로 포장되고 대담한 성적 표현으로 도덕의 틀을 뛰어넘는 대중 설화 문학을 교양 없는 것으로 비하하는 풍조 때문이었다.

아라비안나이트가 유럽에 최초로 소개된 것은 앙투안 갈랑(Antoine Galland, 1646~1715)이 프랑스어 번역을 내놓으면서부터이다. 루이 14세 시대의 여행가이자 번역가였던 갈랑은 1704년부터 번역을 시작했고, 그가 사망한 이후인 1717년에 12권으로 완역되었다. 그 이후 레인과 페인이 영어 번역판을 출간했고, 마르드뤼스는 현대적 감각에 맞는 프랑스어판을 다시 내놓았다. 리트만은 가장 원전의 분위기를 잘 전달했다는 평가를 받는 독어판을 선보였다. 20세기 초 영국 민속학자 앤드루 랭은 《청소년을 위한 천일야화》를 집필했는데, 이 책이 우리말로도 번역 출간되었다. 이로써 유럽 사회에 아라비안나이트 번역 붐이 일게 된 것이다.

19세기에 들어 유럽 각국이 중동 지역에 식민지 진출을 본격화하면서 영국과 독일, 덴마크에서 아라비안나이트 번역본이 연이어 출간되었다. 그중 아라비안나이트의 본질에 비교적 근접한 영역판이 바로 리처드 버턴의 작품이다. 버턴은 당시 아랍을 속속들이 이해했던 인물로 제1차 세계대전 때 사막의 영웅이었던 '아라비아의 로

렌스'의 선배쯤 되는 인물이다. 그는 탐험가이자 외교관으로 아랍 세계를 두루 여행했고, 유럽인으로서는 드물게 메카 순례도 했다. 버턴은 이슬람 문화에 대한 깊은 이해와 아랍어에 대한 해박한 지식으로 아라비안나이트의 정서를 유럽인의 취향에 접목하는 데 성공했다. 아라비안나이트는 당시 유럽인의 동방에 대한 막연한 동경과 환상을 충족시키는 문학적인 효과뿐만 아니라 동방의 식민지 지배를 위한 민족지 역할도 톡톡히 했을 것으로 보인다.

아라비안나이트가 우리나라에 소개된 것은 생각보다 훨씬 빨랐다. 1886년, 이야기의 첫날밤만을 떼어 《유옥역전》이라는 제목으로 번역했으니 벌써 125년 전이다. 이 제목은 여주인공 샤흐라자드의 이름에서 따온 것이다.

한편 아라비안나이트는 '세기의 기서'라는 칭호에 걸맞은 규모와 형식과 내용을 고루 갖추고 있다. 문장은 고전적인 장중함을 그대로 간직하고 있으며, 알라에 대한 경건함, 절대 왕권에 대한 복종 등이 특유의 아름답고도 유장한 문체와 어우러지면서 현대인에게 잃어버린 왕조 시대의 고전미를 그대로 맛보게 한다. 구성의 치밀함과 끈기도 놀랄 만하다.

1,001곳의 결정적인 장면은 하나같이 절정을 이룬다. 동침한 처녀를 다음 날 반드시 죽이고야 마는 술탄이 1,001일 동안 매일 아침 처형을 미루게 하자니 재미가 있어야만 했다. 게다가 인간의 일을 솔직하게 털어내는 데 성애 이야기가 빠질 수 없다. 여기서 그려지는 성 이야기는 귀부인의 귀를 막을 만큼 노골적이다. 대개의 문학이 침

실로 가면 대충 그러려니 하고 눈을 돌리는 데 반해, 이 작품은 끝까지 따라 들어가 전모를 드러내고야 만다. 이 책이 음서로 찍혔던 것도 이 때문이다.

아라비안나이트는 시작부터 요란하다. 중세 이슬람 제국을 통치한 한 훌륭한 왕이 있었는데, 그에게는 '샤흐리야르'와 '샤흐자만'이라는 두 왕자가 있었다. 왕이 죽은 후 두 왕자는 각각 바그다드와 사마르칸트를 중심으로 한 왕국을 통치했다.

왕국의 뛰어난 통치자로 자리 잡은 두 형제는 서로를 그리워하다가 사절들을 통해 연락한 후 동생이 형의 왕국을 방문하게 된다. 그런데 동생은 궁궐을 벗어나자마자 형에게 줄 귀한 선물을 두고 왔다는 사실을 깨닫는다. 동생은 다시 선물을 챙기러 궁으로 돌아갔고, 그때 왕비가 흑인 노예와 자신의 침대에서 음란한 정사를 행하는 것을 목격한다. 분노한 왕은 왕비와 노예를 죽이고 형을 만나러 길을 떠났으나 슬픔은 쉽게 가라앉지 않았다.

형인 샤흐리야르 왕은 바그다드에 도착한 동생을 반갑게 맞이했다. 형제는 오랜 회포를 나누었으나 동생은 조금도 즐겁지가 않았고, 자신을 위해 마련한 연회나 사냥대회에도 관심이 없었다. 결국 피곤에 지친 동생을 두고 형은 사냥을 나갔다. 동생은 홀로 왕궁에 남아 왕비의 불륜만 골똘히 생각하면서 하렘(남성 출입이 금지된 왕실의 안뜰)의 정원을 거닐었다. 그러다 형수인 왕비가 흑인 노예와 대낮에 분수대에서 공공연히 정사를 나누는 장면을 목격한다. 이후 동생은 위대한 형도 자신과 같은 처지임을 깨닫고 약간의 위안을 얻고 기운도 회복했다.

절친한 두 형제가 서로 안부를 묻고 회포를 나누는 가운데 결국 동생은 형수의 불륜 사실을 형에게 고했다. 믿을 수 없었던 형은 동생의 말이 진실인지 알기 위해 다음 날 다시 사냥대회를 열고 외출했다. 그러고는 몰래 왕궁으로 숨어들어 와 왕비의 불륜을 직접 확인했다. 크게 상심한 형과 동생은 함께 모든 권력과 부를 버리고 정처 없이 길을 떠났다.

어느 날 바닷가 근처의 우물에서 물을 마시고 쉬고 있는데, 갑자기 바다에서 마신이 나타났다. 두 형제는 놀라서 우물 옆에 있는 나무 꼭대기로 숨었다. 마신이 나무 밑에서 일곱 개의 상자를 열자 그곳에서 깊숙이 감춰둔 아름다운 미녀가 나왔다. 마신은 결혼 첫날밤에 그녀를 훔쳐 일곱 겹의 상자 속에 감춰두고 혼자 소유하는 즐거움을 만끽한 것이다. 그런데 마신이 잠들자 미녀는 나무 꼭대기에 숨어 있는 형제에게 사랑을 나누자고 재촉했다. 마신을 깨우겠다는 미녀의 위협에 두 형제는 할 수 없이 관계를 했다. 그런 후 미녀는 자신의 상자 속에 보관 중인 570개의 반지를 보여 주며 모두 자신과 관계를 맺은 남자들에게 뺏은 것이라고 했다. 두 형제도 반지를 뺏기고 겨우 도망쳤지만, 마신까지 속이고 사는 여자에 대한 깊은 불신과 저주의 마음을 품게 되었다.

다시 궁으로 돌아온 후 형은 바로 왕비와 노예를 죽이고 대신에게 매일 밤 새로운 처녀를 자신의 처소에 바치도록 했다. 왕은 첫날밤 신부의 처녀성을 빼앗은 후 다음 날 아침 바로 죽이기를 3년간이나 계속했다. 나라는 거덜 나고 왕의 요구를 거절할 수 없었던 대신은 마지막으로 자신의 두 딸인 '샤흐라자드'와 '둔야자드'를 왕에게 보냈다. 영리한 큰딸 샤흐라자드는 세상의 진기한 이야기와 역사, 전설을 많이 알고 있었다. 샤흐라자드는 왕과 동침을 한 후 왕과 동생 둔야자드에게 진기한 이야기를 밤마다 한 소절씩 들려주었다. 그녀가 하는 이야기가 너무나 재미있어 왕은 다음 날이 밝아도 처형을 미루면서 1,001밤을 함께 보낸다.

작품의 선정성에서도 아라비안나이트는 아랍 문학과 서구 문학에 큰 영향을 끼쳤다. 많은 아랍 작가들은 소설, 시, 희곡 등에서 아라비안나이트를 문학적 소재로 인용했다. 서구에서도 마찬가지였다. 유럽인이 최초로 아라비안나이트의 내용과 형식을 접한 것은 근대 이전이며, 십자군 전쟁 당시 이탈리아와 이슬람 지배하에 있던 스페인을 통해서였다. 그리하여 르네상스 시대의 유럽 예술에 적지 않은 영향을 끼친 것으로 보인다. 그 결과 보카치오의 《데카메론》을 비롯한 14~16세기 이탈리아 소설, 14세기 영국 초서의 작품들과 심지어 16~17세기 셰익스피어의 작품 일부에서조차 아라비안나이트의 흔적이 엿보인다. 이러한 영향은 18세기 이후에 더욱 분명하게 나타난다. 토머스 모어의 소설 《랄라 로크》, 찰스 디킨스의 소설 《천일의 숫자》, 에드거 앨런 포의 소설 《세헤라자데의 1천2번째 이야기》 등이 대표적인 작품들이다.

아라베스크 문양의 신비

이슬람 예술의 가장 큰 특징은 작품에 사람이나 동물을 그리거나 조각하지 않는 것이었다. 우상 숭배를 철저히 금지한 교리에 비추어 사람과 동물의 형상이나 그림들이 우상을 숭배하는 도구로 전락할 수 있다는 가능성 때문이었다. 그러면서 다른 종교가 성화나 성물을 만들어 숭배하는 의식에 경멸의 눈길을 보냈다. 그것은 하느님 외에 누구도 섬기지 말고, 하느님 이외에 누구에게도 고개를 숙이거나 경배를 드리지 말라는 이슬람의 철저한 가르침에 근거했다. 따라서 이슬람 예술에서 회화와 조각이 퇴조하는 것은 당연한 결과였다. 그리고 세속적인 음악도 배척되었다.

아라베스크(arabesque)는 이러한 시대적 상황과 종교적 배경에서 피어난 대안 예술이자 새로운 문화였다. 사람과 동물 대신 꽃과 나무, 식물과 자연 현상을 아랍어 서체와 결합해 기하학적으로 배치해 예술성을 표현했다. 아라베스크는 반복과 대칭이 특징이며, 꾸란 구절을 아랍어 서체로 장식했다. 모든 예술은 결국 하느님의 뜻에 따른다는 의미를 담았고, 시작도 끝도 없는 반복과 대칭 구도 자체가 바로 오묘한 신의 예술이었다.

무미건조한 종교적 근엄함에 갇혀 있던 무슬림 예술가들은 아라베스크라는 새로운 분출구를 통해 그들의 예술성을 표출하기 시작했다. 그리고 지구촌 다른 곳에서는 찾을 수 없는 그들만의 독특한 예술로 승화시켜 대단한 성공을 거두었다. 억눌리고 막혀 있던 인간

본연의 예술성이 아라베스크로 솟구쳤다. 정교하고 화려한 꽃잎과 아름답게 뻗어 가는 나뭇가지, 비틀어지고 휘감기면서도 정연한 질서와 신의 메시지를 담은 꾸란의 기하학적 서체, 천국을 상징하는 꽃과 잎, 물과 정원의 묘사는 사람의 마음을 움직이고 역동적인 창조성을 자극했다. 음양이 조화를 이루고 좌우가 대칭되며, 꼬리에 꼬리를 물고 이어지는 연결 철학, 디자인의 상상력, 반복과 회전과 같은 인간의 모든 예술적 성향이 실험되었다.

한편 우리나라에서는 아라베스크 문양이 당초문(唐草紋)으로 알려졌다. 꽃과 식물을 기본 모티브로 사용한 디자인이 당나라를 통해 들어왔기 때문이다. 처마의 와당 장식, 불교 사찰의 단청, 청자나 백자에 그려진 문양, 전통 가옥의 문살 등에서 흔히 보이는 당초문은 아라베스크를 그 원형으로 한다. 그래서 박물관에 가면 당초문의 영문 번역이 대부분 아라베스크로 되어 있다.

이처럼 아라베스크는 처음 이슬람교 사원의 벽면 장식이나 공예품 장식에서 발달했다. 후에 기독교 미술에도 응용되었다. 다양한 모티브를 사용한 종합적이고 융합적인 예술 형태는 후일 다른 분야에도 큰 영향을 주었다. 음악에서는 하나의 악상(樂想)을 화려한 장식으로 전개하는 악곡(樂曲)을 말하며, 슈만은 1839년에 작곡한 피아노 소곡(Arabesque, Op.18)에 아라베스크란 이름을 붙였다. 드뷔시의 초기 피아노곡(1888)도 아라베스크 계열의 작품으로 유명하다. 무용에서는 고전 발레 자세의 하나로, 한 발로 서서 한 손은 앞으로 뻗고 다른 한 손과 다리는 뒤로 뻗은 자세를 아라베스크라고 한다.

이슬람 생활 예술의 꽃을 들라면 단연 카펫이다. 이슬람의 긴 역사와 삶의 애환, 무슬림의 예술성과 기술, 진한 일상의 시간이 축적된 종합 예술품이다. 이스탄불 카팔르 차르시 시장의 '바자르 54'에 가면 날마다 카펫의 향연이 펼쳐진다. 숙련된 가게 주인의 신기에 가까운 손동작에 따라 카펫은 하늘을 나는 양탄자처럼 공중을 맴돌다 바닥으로 떨어진다. 형형색색 카펫의 움직임을 따라 수많은 사연이 흩날린다. 방향이 바뀔 때마다 색상도 수시로 바뀐다. 말로는 표현할 수 없는 오묘한 색감이다. 각도와 움직임, 방향과 불빛, 그날의 기분에 따라 카펫은 온갖 모습으로 자신을 표현한다.

카펫은 이슬람의 역사이고 작품이다. 더욱이 이슬람이 우상 숭배를 금지하면서 사람이나 동물을 형상화할 수 없게 되자 풀과 나무, 꾸란의 서체를 이용한 독특한 예술적 문양을 창출해 냈다. 구도의 기본 디자인을 형성하는 것도 아라베스크 문양이다.

2,500년을 이어 온 카펫의 신비

인류가 카펫을 사용한 기간은 2,500년이 넘는다. 1949년 카자흐스탄의 파지리크(Pazyryk) 고분에서 기원전 4~5세기의 것으로 추정되는 카펫이 발굴됐다. 인류 최초의 카펫으로 높은 수준의 채색, 직조 기술을 담고 있어 인류를 놀라게 했다.

카펫은 처음 중앙아시아의 유목 민족이 만들기 시작했다. 그들에게 카펫은 단순한 장식품이 아니었다. 생활의 중요한 동반자였다. 텐트를 가리는 스크린이자 바닥 깔개이고, 벽을 가리는 커튼, 말안장 등 포기할 수 없는 실용품이었다. 유목민은 항상 목초지를 따라 혹은 교역을 위해 이동을 전제로 살았기 때문에 매우 간편한 도구로 카펫을 직조했다. 동시에 끊임없이 이동하며 카펫 문화를 이웃에 전해 주었다.

역사적으로 카펫 산업이 가장 발달한 곳은 터키와 페르시아이다. 두 지역이지만 한 문화권이다. 이탈리아 여행가 마르코 폴로는 1271년 아나톨리아로 알려진 오늘날의 터키 지역을 두루 여행한 후 그곳 카펫의 기하학적 문양이나 동물 문양이야말로 세계에서 가장 아름다운 작품이라고 극찬했다. 터키 카펫의 문양은 유명한 미술가의 그림에도 자주 등장한다. 16세기 초 독일의 미술가 한스 홀바인(Hans Holbein, 1497~1543)은 기하학적 문양의 카펫을 자기 작품에 자주 사용했기 때문에 유럽에서는 이를 '홀바인 카펫'이라고 부를 정도였다.

이슬람 세계의 환상적인 카펫의 아름다움이 서구에 소개되어 주목받은 것은 이탈리아 상인 덕분이다. 특히 지중해 교역의 중심이었던 베네치아가 유럽에 카펫을 공급하는 중요한 시장이었다. 그 덕분에 베네치아인은 일찍부터 집안에 카펫을 깔거나 창문에 드리웠으며, 자신의 유람선을 카펫으로 치장하곤 했다. 그러나 페르시아 카펫이 유럽 사회에 널리 알려져 사용된 것은 19세기부터였다.

페르시아 카펫이라고 모두 이란산은 아니었다. 오히려 터키산이 주류를 이루었다. 카펫 명칭은 산지의 이름과 함께 문양과 직조 방식의 차이에서 유래되었다. 역사적으로 유명한 카펫 생산지는 페르시아를 비롯해 터키, 캅카스, 중앙아시아 지역이다. 아프가니스탄, 파키스탄, 네팔, 인도, 중국 등도 카펫 생산지로 유명하다. 한때 아랍의 지배를 받았던 스페인도 유럽에서는 수공 카펫으로 이름을 날렸다.

화려한 색상과 정교한 아라베스크 문양에 넋을 잃은 유럽인에게 카펫은 실용적인 도구이기보다는 장식용 예술품이었다. 이슬람 세계의 수공 카펫이 유명한 것은 정교한 직조, 디자인, 염색, 내구성 등에서 어느 것과도 비교할 수 없는 독특한 아름다움과 실용성이 있었기 때문이었다. 고급 카펫에는 1제곱인치당 500~1천 올이 들어가 있어 매우 촘촘하다.

카펫 디자인

카펫은 디자인 예술이다. 디자인만 보고도 그것이 어느 시대에 어디에서 생산됐는지 알 수 있을 정도이다. 디자인 양식에 따라 카펫 생산 지역은 크게 두 지역으로 나눌 수 있다. 꽃무늬 양식과 기하학적 양식이 주류를 이룬다. 꽃무늬 양식은 주로 페르시아와 인도에서 사용했고, 캅카스 및 중앙아시아의 투르코만은 기하학적 무늬를 선호했다. 터키에서는 기하학적 무늬가 더 많이 사용됐지만, 두 가지 양식이 모두 애용되었다. 중국 카펫에는 용이나 봉황, 간혹 도깨비 그림이 등장한다. 같은 디자인이라도 문화권에 따라 그 해석은 각기 다르다. 중국에서 용은 황제의 의미를 내포하지만, 페르시아에서는 악마이며, 인도에서는 죽음을 의미한다. 간혹 페르시아 카펫에 등장하는 날짐승들은 조로아스터교의 영향으로 선과 악의 싸움을 의미한다.

식물이나 꽃, 기하학적 무늬도 특별한 의미를 내포한다. 실삼나무는 슬픔과 사후의 영원성을 의미하며, 대추야자나 코코넛 나무는 축복과 충족을 뜻한다. 작약은 부를 상징하고, 연꽃은 가문의 영광을 상징한다. 기하학적 문양의 예로 중국에서 만(卍) 자 무늬는 평화를 상징한다. 독일 나치 때문에 이 무늬가 공포의 대상이 되었던 유럽에서와는 상반되는 이미지이다. 간혹 이슬람의 상징으로 묘사되는 초승달은 진리의 시작이자 신앙심을 의미하며, 끝이 없이 연결되는 매듭 모양의 기하학적 무늬는 지혜와 불멸을 의미한다.

이슬람의 예언자 무함마드가 그림에 인간이나 동물의 형상을 사용하지 말도록 권하였기 때문에 기하학적 무늬인 아라베스크가 발전했다. 그러나 페르시아에서는 카펫에 간혹 꿈과 같은 분위기 속의 인간이나 동물 형상을 그려 넣기도 했다. 예배용 깔개로 제작된 터키 카펫은 디자인의 정교함으로 유명한데, 대부분 메카로의 예배 방향을 알리는 미흐랍을 아치 모양으로 장식하고 있다.

카펫의 꽃은 실크 카펫이다. 실크 카펫은 보는 방향에 따라 색이 달라져 신비한 느낌을 줄 뿐 아니라 가는 실로 짜기 때문에 디자인도 정교하다. 그러나 짜는 데 시간이 오래 걸리고 가격도 비싸서 대중화된 제품은 아니다. 따라서 실크 카펫은 전통적으로 성스러운 곳이나 궁전을 장식하는 데 사용되었다.

자연은 카펫의 무대이다. 양을 키워 털을 깎아 모으고, 야생화의 뿌리와 잎에서 신비한 색깔을 얻는다. 텐트의 지붕을 덮어 보온하고, 땅에 깔아 잠자리를 만든다. 벽에 걸어 시름에 젖은 자의 위로가 되며 메카를 향해 고개를 숙이는 예배용 깔개가 된다. 이스탄불로, 또 그곳에서 유럽 중심부로 나들이를 하면 그들의 자식을 공부시키는 재산이 된다.

터키 카펫의 진한 붉은색은 유혹과 낭만을 머금었다. 아무리 보아도 싫증 나지 않고, 세월이 흐를수록 더해지는 정감은 터키 카펫만의 매력이다. 삶과 역사의 진솔한 무게가 그대로 깔려 있기 때문이다. 그래서 수많은 사람이 수없이 밟고 지나가며 사연을 하나씩 남긴 색바랜 카펫의 가치는 무엇과도 바꿀 수 없다. 카펫은 단순한 공예품이나 예술품이 아니다. 바로 인간이 만들어 내는 다양한 삶의 궤적 그 자체다. 사람은 카펫을 만들었지만, 카펫은 또 사람을 키우고 길러내는 산실이다. 이렇게 인생의 사이클을 대변한다.

커피 문화의 본향 모카커피, 터키 커피, 아랍 커피

모카커피의 그윽한 향과 쏩쓸하면서도 구수한 맛은 이제 포기할 수 없는 삶의 한 부분이다. 나는 특히 모카커피만 찾는다. 미식가이거나 커피에 깊은 이해가 있어서가 아니라 커피의 유래와 역사에 얽힌 의미 때문이다.

커피의 대명사 모카는 아라비아 남부 예멘에 있는 항구 도시다. 커피의 원산지는 에티오피아의 카파(Kaffa) 지방으로 알려졌지만, 동부 아프리카의 뾰족한 곳을 따라 좁은 홍해 건너면 모카 지방이야말로 커피의 본향인 셈이다. 커피의 유래에 관해서는 다양한 주장이 난무하다. 염소 떼가 커피 열매를 먹고 흥분해서 껑충껑충 뛰는 것을 보고 사람들이 신기해 먹어 보았다는 이야기가 널리 퍼져 있으나, 사실인지 확인할 길이 없다.

초기에 커피는 음식의 일종으로 먹었던 것 같다. 자생하는 커피의 효능을 일찍부터 알고 있던 동부 아프리카나 아라비아 남부 주민은 분쇄된 원두를 동물의 기름과 섞어 응고시켜 오랜 행군이나 전쟁 중에 힘을 보충하기 위한 목적으로 복용했을 것이다. 전쟁 필수 에너지바였던 셈이다. 이처럼 커피의 전파와 효능의 확산은 많은 문명 전파 과정이 그러했듯이 어쩌면 전쟁의 산물이었는지도 모른다.

인간이 커피를 일상적 음료로 널리 마시기 시작한 것은 14세기 이후 예멘 지방이었던 것 같다. 주로 이슬람 신비주의자나 종교 지도자 사이에 먼저 유행했다. 오랜 명상과 기도를 해야 했던 그들에게 커피는 최상의 효과를 가져다주었다. 잠을 쫓고 맑은 정신 상태를 유지해 주는 커피는 예멘 지방의 독특한 특산물로 자리 잡았다. 이성을 흐리는 하람(금기)인 알코올에 대비해 정신을 가다듬어 절대자 알라에게 헌신할 수 있는 음료로 알려지면서 커피는 순례객을 따라 이슬람 세계 전체로 빠르게 전해졌다. 1511년에는 이슬람 최고 성지 메카에서도 커피를 마셨다는 기록이 남아 있다. 그 뒤 메카로 몰려든 순례객들을 통해 이집트와 시리아는 물론, 멀리 인도, 동남아시아, 중앙아시아에까지 급속히 확산되었다. 예멘이 오스만 튀르크의 지배를 받으며 커피는 이슬람 세계를 뛰어넘어 국제화의 길을 걷는다. 커피가 예멘을 대표하는 특산물로 오스만 궁정이 있는 이스탄불에 진상됐기 때문이다. 이리하여 1554년에는 세계 최초의 카페인 차이하네(Chayhane)가 이스탄불에 문을 열었다. 16세기는 세계 제국 오스만 튀르크가 가장 활력에 넘치는 시대였으며, 이 시대를 반영하듯 수도 이스탄불에는 600개가 넘는 카페가 성업했다. 화려한 카페 문화가 꽃핀 시기였다.

밤의 문화가 화려하게 꽃피웠던 이스탄불 궁정에서 커피는 최고의 인기 음료였다. 값비싼 특권층의 음료이기도 했다. 특히 밤의 문화에 익숙하지 않은 유럽 외교관들은 잠을 쫓기 위해 커피를 거의 매일 밤 상용했다. 그들은 점차 커피 중독자가 되었다. 임기를 마치고 유럽으로 돌아갈 때쯤이면 이미 커피 없이는 살아갈 수 없는 상태가 되곤 했다. 외교관들은 오스만 당국의 커피 유출 금지에도 외교 행랑을 이용해 원두를 자국으로 빼돌렸으니, 이것이 유럽에서 커피를 마시게 된 배경이다.

유럽 최초의 커피 하우스는 1652년 영국 런던에 문을 연 파스카 로제 하우스였다. 한 영국 가죽 상인이 이스탄불에서 런던으로 올 때 데려온 그리스인 하인이 커피를 잘 끓였는데, 그의 커피가 소문나면서 커피 하우스를 열게 된 것이다. 당시 영국인의 표현에 의하면 그는 '지옥처럼 검고 죽음처럼 독하고 사랑처럼 달콤한 커피를 끓였다'

라고 한다. 커피는 런던 상층부 사회에서 선풍적인 인기를 끌었고 몇 달 만에 하루 600잔 이상 판매하는 신기록을 세울 정도였다. 더러운 물 대신 술을 마셔 알코올에 절어 있던 영국 사회에서 커피는 '맨정신의 시대', 이성적 대화의 문을 열어 준 음료가 되었다. 1683년경에는 런던에만 3천 개의 커피 하우스가 생겨났다. 그해 빈에서도 오스만 튀르크 군대가 패퇴하면서 그들이 전해 준 커피 문화를 좇아 아르메니아 상인들이 수많은 카페를 열었다. 동시다발적으로 유럽 주요 도시에 커피 하우스가 문을 열었고, 유럽 상류 사회에 새로운 유행과 문화 바람을 불러일으켰다. 이탈리아 최초의 카페 플로리안이 성 마르코 광장에 문을 연 것도 1683년이었으며, 곧이어 베네치아에만 200개가 넘는 카페가 생겨났다. 유럽 카페의 명소인 플로리안에는 명사들의 발길이 멈추지 않았다. 나폴레옹, 괴테, 니체, 스탕달과 바이런, 릴케, 찰스 디킨스, 모네와 마네 등이 이 카페의 단골이었다.

커피가 순조롭게 그 사회에 정착한 것은 아니었다. 격렬한 종교 논쟁과 많은 사람의 목숨을 앗아 가는 고통과 시련의 과정을 거친 이후에 얻어진 영광이었다. 처음 중세 가톨릭교회에서는 시커먼 커피를 보고 이교도가 개발해 마시던 음료라고 하여 악마의 음료로 간주했다. 즉 커피의 음용은 불경스러운 일이었다. 교황의 이러한 유권 해석을 어긴 수많은 사람이 목숨을 잃거나 불이익을 당했다. 결국 교황 클레멘스 8세가 직접 커피를 마신 후 하나의 기호식품으로 인정했다. 커피에 세례를 준 셈이다. 이로써 유럽에서 커피는 아무런 종교적 걸림돌 없이 모든 사람이 즐길 수 있는 기호 음료로 서서히 자리 잡았다.

그러나 커피 생산과 유통을 장악하고 있던 오스만 튀르크 당국의 독점으로 값은 여전히 상승했다. 유럽은 새로운 시장을 찾았다. 1602년 네덜란드 동인도회사가 인도네시아에 식민지 뿌리를 내림과 동시에 유럽 강국들은 앞다투어 동남아에 진출했다. 물론 후추나 정향, 육두구 같은 향신료가 첫 번째 목표였지만, 이미 커피의 진가를 알게 된 그들에게 동남아시아는 커피 재배의 매력적인 실험지이기도 했다. 1,500m 이상 고산 지대의 적도 남북회귀선 사이 덥고 건조한 커피 지질대를 찾아다녔다. 첫 번째 실험 대상지는 네덜란드가 식민 지배하던 인도네시아 자바였다. 영국은 인도 서부 카르나타카 고산 지대와 실론에 눈독을 들였다. 한편 인도에서도 17세기 말 이슬람 무굴 제국 시대 메카 순례를 다녀왔던 바바 부딘(Baba Budin)이 모카 지방의 원두를 밀반입해 카르나타카 1,800m 고지에서 커피 재배가 시작됐다는 전승이 퍼져 있다. 당시 오스만 제국의 엄격한 커피 원두 반출 통제로 커피 재배는 황금 재배 산업이었다.

커피 생산을 위해 유럽 각국은 서로 경쟁했고, 가장 먼저 1616년 네덜란드의 무역상 피테르 반 데르 브뢰크(Pieter van der broeck)가 모카 지방의 커피 묘목을 몰래 암스테르담에 이식했다. 이후 네덜란드는 오랜 시행착오 끝에 드디어 자국 식민지인 실론과 인도네시아에 커피 묘목을 대량 이식했고, 1696년에는 자바에서 대규모 커피 플랜테이션에 성공했다. 이리하여 1712년 첫 자바커피 895파운드가 암스테르담에 입성했다. 실론은 1796년 영국이 차지한 후 커피를 대량 재배하면서 한때 세계 커피의 50%를 생산하는 동남아 커피 플랜테이션의 메카로 떠올랐다. 그러나 1869년 실론에서 커피 녹병(Leaf Rust)이 퍼져 삽시간에 커피나무들이 고사했고 커피 산업은 초토화되었다. 이후 실론은 차나무를 이식해 세계적인 차 생산지로 새롭게 번성했다. 영국인이 커피 대신 차를 마시게 된 배경이기도 하다.

유럽 상인들은 자바섬에서 가져온 묘목을 암스테르담에서 다시 재배했고, 1706년 라틴 아메리카 수리남과 카리브해 일대에 이식함으로써 라틴 아메리카 커피 플랜테이션 시대를 열었다. 현지인 노동력을 착취하고, 값싼 아프리카 노예 노동력을 동원해 어마어마한 커피 농장이 생겨났다. 1818년에는 브라질산 커피 7만 5천 파운드가 유럽 시장에 등장하면서 커피 대중화 시대가 활짝 열렸다. 프랑스도 피식민 국가인 베트남에서 대량의 커피 농장을 시작했다. 이제 커피 생산량은 아라비아 지방을 훨씬 능가했고, 브라질이 세계 최대의 커피 생산국이 되었다. 브라질, 베트남, 콜롬비아, 인도네시아가 차례로 커피 생산 대국이 되었고, 품종 개량과 블렌딩 기술의 개발로 다양한 기호와 취향에 맞는 명품들이 쏟아져 나오고 있다.

미국에서는 1773년 보스턴 차 사건으로 커피가 독립과 저항의 문화적 아이콘이 되었다. 남북 전쟁(1861~1865)을 거치면서 잠을 쫓고 각성 효과를 주는 전쟁의 필수 음료로 자리 잡은 커피는 급속한 세계화의 길에 들어섰다.

이제는 오히려 커피 원산지 모카가 주변으로 밀려난 상황이 되었다. 그러나 모카는 아직 그 이름만으로도 커피를 상징하는 키워드가 되었고, 근대 유럽인을 매료시켰던 가루째 끓이는 방식의 커피는 지금 터키 커피라는 이름으로 더 잘 알려져 있다.

터키 커피는 원두와 불의 성질, 끓이는 순간의 기술이 어우러져 만들어 낸 하나의 새로운 문화였다. 과거 김치를 잘 담그는 것이 좋은 며느리의 덕목이었던 것처럼, 커피를 제대로 끓이는 것은 새 신부의 가장 중요한 가치가 되었다. 좋은 원두를 골라 잘 볶아내고 이를 갈아 향과 맛이 살아 있는 커피를 끓이는 것은 터키인의 일상적인 문화가 되었다. 자그만 구리 잔에 원두 가루를 넣고 찬물을 부은 다음 약한 불에서 커피를 끓인다. 거품이 일어 커피포트 위로 넘치려는 순간 불에서 멀리해 커피 향이 새 나가지 않도록 하는 것이 비법이다. 기호에 따라 설탕을 넣고 끓이기도 한다. 작고 앙증맞은 도자기 커피 잔에 따르면 3분의 2가량의 커피 원두가 진흙처럼 가라앉고, 그 위쪽의 맑은 커피 물을 음미한다. 진한 터키 커피는 빈속에 마시면 머리가 핑 돌 정도로 강하다. 그러나 양고기를 먹고 기름진 식사 후에 마시는 터키 커피 한 잔으로 무엇과도 바꿀 수 없는 깔끔한 맛을 느낄 수 있다.

커피를 다 마신 다음에는 커피 점을 친다. 원두 가루가 가라앉은 커피잔을 접시 위에 거꾸로 엎어 식을 때까지 기다린다. 이때 마신 사람이 손을 가볍게 잔에 얹으며 자신의 소원을 담는다. 식어서 커피가 응고된 후에 커피 점을 보는 사람이 그의 운명을 점친다. 젖은 원두가 흘러내린 모양, 쌓여 있는 머드의 양, 서로 뒤엉킨 형태를 보며 그의 과거와 현재, 미래를 말해 준다. 자신을 괴롭히던 일이 있는데 곧 지나가게 될 것이라는 이야기부터 재물과 이사 운, 승진과 여자 문제까지 걱정과 설득을 겸하여 담담하게 이야기해 준다. 비록 점괘를 읽어 주는 사람이 친한 친구이고 평소 허물없이 지내던 이웃이라 해도 이 순간만큼은 듣는 사람의 태도도 진지하고 심각하다. 그리고 항상 알라의 도움으로 난관을 극복하게 될 것이라는 긍정적인 주문으로 마무리한다.

지금은 아랍 세계 어디를 가나 커피 하우스가 있다. 차와 커피를 함께 판다. 하릴없는 사람들이 모여 앉아 온종일 주사위 놀이를 하거나 담소를 하며 커피 하우스를 지키고 있다. 모두 고개를 바깥으로 돌리고 지나가는 사람들을 응시한다. 모든 사람을 뇌리에 각인하려는 듯이 쳐다본다. 길가는 사람들은 그들이 외국인이건 마을 사람이건 그들의 시선에서 벗어날 수 없다.

이미 식은 커피잔을 탁자에 놓아두고 이번에는 긴 물담배를 피워 문다. 옆 사람과 대화를 하면서 물담배는 돌아가며 주인이 바뀐다. 라디오에서는 템포 느린 아랍 음악이 쉴 새 없이 흘러나오고, 글자를 아는 사람들은 신문을 펼쳐 든다. 글자를 모르는 사람들은 주사위 놀이에 여념이 없다. 아침부터 저녁까지 그들은 커피 하우스를 채운다.

때로는 정치 토론도 이어진다. 그러나 일반적으로 국내 정치에 대한 언급은 매우 조심스럽다. 정보 정치가 판치는 상황에서 자칫 화를 입게 될지도 모르기 때문이다. 대신 팔레스타인 문제는 빠지지 않고 등장하는 단골 메뉴이다. 미국이 이스라엘을 일방적으로 두둔하는 내용, 거의 매일 아침 신문 지상을 장식하는 유혈 충돌과 이스라엘군의 만행이 실릴 때마다 분노한다. 피가 끓는 복수를 다짐한다. 그들은 팔레스타인 문제만 등장하면 흥분한다. 배우고 못 배우고는 아무 문제가 되지 않는다. 어쩌면 팔레스타인에서 자행되는 아랍인 박해야말로 22개국으로 찢어져 개별 국가 이익에 만족하는 아랍 민족을 통합하는 유일한 힘이라는 생각이 들 정도이다.

한때 당당하게 식민지 투쟁을 하며 독립운동을 하던 커피 하우스는 이제 일자리를 잃고 시간을 보내는 젊은이들의 대기소로 바뀌고 있다. 이렇게 커피 하우스는 아랍의 정서와 낭만을 담고 아직도 많은 아랍 남성을 끌어들이고 있는 문화적 공간이다.

아랍 카페에서는 아직도 그들만의 아랍 커피를 마신다. 주둥이가 기다란 날렵한 청동 커피포트에 담긴 잘 다린 아랍 커피를 작은 잔에 따라 준다. 색깔은 오히려 초록색이다. 카르다몬과 향신료를 절묘하게 배합한 커피는 대추야자와 함께 귀한 손님에게 대접하는 귀한 음료다.

그러나 이제 커피의 종주국인 예멘이나 터키, 아랍 국가에서도 아랍 커피나 터키 커피 대신 유럽의 인스턴트커피나 유명 브랜드 커피가 인기다. 커피 하우스에서는 터키식 원두커피보다 브랜드 커피의 값을 두 배 이상 비싸게 받는다. 사람들의 입맛도 바뀌었다. 그들은 유럽식 커피를 무조건 네스카페라 부른다. 이 상표가 제일 먼저 진출해 아랍인의 입맛을 바꿨기 때문이다. 요즘은 어디를 가나 '아메리카노'이다. 불행히도 아메리카노와 네스카페는 근대화와 엘리트 계층의 상징이 됐지만, 터키 커피는 이슬람과 보수 계층의 상징으로 굳어져 간다. 하나의 희망은 아직도 전통과 역사를 이야기할 때 터키 커피가 빠질 수 없는 아랍의 정서로 남아 있다는 점이다.

세밀화 압축과 절제의 예술

세밀화는 사람이나 동물의 모습을 아주 작게 그려 역사적 이야기나 삶의 다양한 모습을 표현하고자 하는 이슬람 문화권의 특징적인 예술이다. 사람의 모습을 그리고 동물을 조각하는 행위를 우상 숭배로 엄하게 금지하는 이슬람의 종교적 가르침 속에서 어떻게 이런 예술이 자리 잡을 수 있었을까?

이슬람은 아랍의 종교로 출발했다. 사우디아라비아 메카에서 아랍인 무함마드에 의해 아랍어로 계시됐고, 꾸란은 아랍어로 편찬되었다. 그러나 새롭게 이슬람의 영역으로 들어온 이란이나 중앙아시아 튀르크족, 인도 등지에서 아랍어는 너무나 어려운 외국어일 뿐이다. 이슬람은 글자를 아는 1퍼센트도 안 되는 지적 엘리트 계층만이 독점하는 폐쇄적 종교로 변질되고 있었다. 여기서 이슬람 사회는 심각한 전환기를 맞았고, 두 가지의 변신을 가져왔다. 종교적으로는 수피 사상이고, 예술적으로는 세밀화(미니어추어)가 발달한 것이 그것이다.

이슬람 신비주의로 번역되는 수피 사상은 꾸란의 언어적 해석을 깨치지 못하더라도 누구든지 하느님을 만나고 가르침을 깨달을 수 있는 새로운 방식의 길을 열어 주었다. 노래와 춤, 끊임없는 염원과 명상을 통해 일반 신자에게 또 다른 대중적 이슬람의 길을 제시했다.

세밀화의 수용과 성행은 곧 글자를 모르는 신자를 위한 종교 교육을 그림으로 대신하는 우회적인 방식을 선택한 것이다. 그렇더라도 인물이나 동물을 묘사하는 것이 우상 숭배라는 전통 가르침의 규율을 뛰어넘기는 절대 만만치 않았다. 여기서 종교와 예술의 절충이 시도된다. 될 수 있으면 그림을 작게 그려 실제적인 이미지를 최소화하고자 한 것이다. 또한 원근법과 입체감을 사용하지 않고 생동감을 줄이는 방식으로 우상 숭배의 위험성을 회피하려고 시도했고, 이것이 세밀화로 나타났다.

무엇보다 결정적인 변화는 이슬람 문화 자체에 있었다. 이슬람이 실크로드를 따라 페르시아 문화권에 뿌리를 내리면서 토착 문화를 광범위하게 수용했고, 이슬람 이전 전통 예술에서 인물과 동물들의 이미지 묘사를 완전히 배제할 수 없었던 상황도 세밀화 발전에서 중요한 점이다. 적어도 터키, 중앙아시아, 인도를 포함하는 페르시아 문화권에서는 우상 숭배라는 종교적 금기 때문에 인물화나 동물의 묘사가 전적으로 부정되는 상황은 발생하지 않았다. 종교적 금기와 예술적 표현이 자연히 공존하는 현상이 받아들여졌다. 오늘날 이슬람 세밀화가 페르시아 세밀화와 거의 동일시되는 것도 이러한 이슬람 문화의 특징과 깊은 관련이 있다.

세밀화의 역사와 발전

이슬람의 세밀화 전통은 9세기부터 조심스럽게 시작됐다. 유럽의 입체 화법이 도입돼 본격적인 영향을 받기 전까지 동물의 모습을 묘사할 때 신체 부분들이 잘 드러나지 않도록 실루엣 방식으로 처리하거나 그림자나 상징 등으로 나타냈다. 동물이나 사람의 모습을 복잡한 풍경에 살짝 숨기기도 했다. 이런 방식으로 형상을 묘사한 벽화들이 그려졌고, 많은 삽화가 책 속에 표현됐다. 이런 현상은 두 가지 측면으로 이해할 수 있다.

첫째, 이슬람 이전 비아랍권의 회화 전통이 이슬람 세밀화 장르의 탄생과 발전에 부분적으로 영향을 끼쳤다. 헬레니즘 미술의 입체적 사실성, 비잔틴 예술의 양식적 전통, 사산 왕조 미술의 군주 칭송 주제, 토착 문화의 샤머니즘 요소까지 과감하게 수용하는 중앙아시아와 인도 이슬람 예술의 영향이 이슬람권 세밀화의 탄생에 커다란 자극제가 되었다. 세밀화로 상징되는 이슬람과 타 문화의 예술 혼합적 현상은 두 문화의 경계 지점에 있던 시리아, 시칠리아, 이란 등지를 통해 점차 이슬람 세계 전체로 확산됐다.

둘째, 그리스 학문 서적을 아랍어로 번역하고 편찬하는 과정에서 정확한 이해를 도모하고 주해를 다는 데 삽화의 필요성이 대두됐다. 그 결과 11~17세기에 걸쳐서 편찬된 이슬람 과학 서적에 삽화나 그림들이 광범위하게 도입되었고, 그중에는 인간과 동물 형상도 있었다. 보수적인 종교학자의 비난을 피하려고 무슬림 후원자들은 삽화가 든 서적들을 자기 집 밀실에 보관했다.

이처럼 세밀화는 벽화나 책 속의 삽화 형태로 '무라가(Muraqqa)'라 불리는 개인 앨범으로 만들어져 극소수의 애호가만 열람했다. 이로써 공공연히 이슬람의 예술적 금기에 도전한다는 대중적 의혹을 피해 갈 수 있었다. 더욱이 일부 군주들이 예술의 주된 후원자 역할을 했는데, 벽화나 서적에 삽입된 전쟁을 묘사한 그림은 군주의 권력과 영광을 묘사하는 것이 많았고, 사자나 독수리, 신비한 새들도 왕권의 상징으로 이용됐기 때문이다.

이런 배경에서 이슬람 세밀화는 10~12세기 사이 이란 북부에 자리한 가즈나조나 이집트에 세워졌던 시아파 파티마 왕조 시대에 이미 등장하기 시작한다.

13세기부터는 페르시아가 단연 이슬람 세밀화의 중심지가 되었다. 페르시아는 3세기 마니교 시대부터 종교화에 그림이 등장하는 전통을 이어 왔다. 이렇게 오랜 역사성을 가진 점도 중요한 한편, 몽골 침략으로 압바스 왕조가 멸망하고 이슬람 세계가 몽골 일한 제국의 영역이 되면서 중국의 영향을 크게 받았기 때문이다.

13세기 몽골 일한 제국에서 발전한 페르시아 세밀화 전통은 14세기에 이르러 고전 페르시아 서사시에 세밀화가 대폭 삽입되면서 크게 확산됐다. 대표적인 것으로는 피르다우시(Firdawsi, 940~1020)의 《샤나메(Shahnameh)》와 니자미(Nizami)의 《캄사(Khamsa)》에 묘사된 정교한 세밀화이다.

조형 예술은 공적인 종교 집단 사이에서는 여전히 터부시되었지만, 이러한 터부도 시간이 흐름에 따라서 점차 약화됐다. 페르시아

시인 사디(Sa'di, 1184~1291)는 동물의 형상 묘사를 다른 존재들과 마찬 가지로 신의 창조물로 여겼다. 신비주의 시인인 잘랄레딘 루미는 꾸란에 등장하는 유명한 유수프(Yusuf), 천국의 미녀, 지옥의 마귀 등의 형상을 묘사했고, 교육적인 가치와 영적인 명상에도 유용하다고 생각했다. 그는 예술을 창출하는 화가들이 사용하는 붓도 지식의 전달체인 갈대로 만들어진 펜과 같은 가치로 보았다. 버나드 루이스,《이슬람 1400년》, 까치, 2001, 95~96쪽

이 시기의 세밀화 묘사 기법을 보면 특히 조형적인 상상력이 발달했으며, 다채로운 형태의 세련된 회화가 특히 셀주크 왕조에서 성행했다. 그러나 무함마드를 그려서는 안 된다는 금기는 페르시아 문화권에서는 종종 지켜지지 않았다. 한 예가 13세기 유명한 역사가 라시드 알 딘이 집필한《종합사》〈예언자 무함마드의 탄생〉 삽화에서 확인된다.

페르시아 세밀화는 과감하게 밝은색과 원색을 사용하면서도 인물들은 정면보다는 45도의 측면 묘사를 선호했다. 주요 인물은 주변 인물보다 크게 묘사했고, 중앙아시아나 중국인은 둥근 얼굴 형태로 차별화했다. 후일 중국 미술의 영향을 받으면서 산, 구름, 용의 상징적 이미지들이 이슬람 세밀화에 도입되기도 했다. 14세기부터는 세밀화에 프레임을 주는 것이 유행했는데, 이는 중국의 영향으로 보인다.

페르시아 세밀화는 사파비 왕조 시대 시라즈를 중심으로 15~16세기에 절정을 이루면서 주변 이슬람 사회로 급속히 퍼져 갔는데, 오스

만 제국의 터키 세밀화와 인도 북부 무굴 제국 시대의 세밀화 전통으로 이어졌다.

당시 세밀화 작업에는 몇 가지 원칙들이 지켜졌는데, 꾸란이나 종교 서적은 일반적으로 인물 세밀화 묘사를 피했고, 일한 제국 이후 예언자 무함마드가 세밀화에 등장하는 파격적인 상황에서도 그의 얼굴을 하얗게 처리하는 방식으로 불필요한 종교적 논쟁을 피하려는 경향이 강했다.

한편 인도 무굴 제국의 후마윤은 특히 회화에 관심을 쏟았고, 예술가들도 새로운 후원자들의 욕구와 취향을 만족시키고자 책 제본과 삽화 작업에 페르시아의 전통을 받아들여 새로운 변화를 시도했다. 이란 사파비 왕조의 궁정 화가였던 리자는 초상화에 화려함을 있는 그대로 과감하게 표현했다.

15~16세기 이란과 16~18세기 터키에서 만들어진 세밀화들도 색채에 대한 무슬림의 예민성을 보여 준다. 책의 각 페이지에 있는 제한된 공간에 여러 종류의 원색과 약간의 이차색을 집중적으로 사용했다. 이와는 대조적으로 선이나 음영을 이용해 형체를 그려내는 방식은 초기에는 사용하지 않았고, 뒤에 소위 '중국 취향'이 유행하면서 나타났다. 특히 17세기에 들어와서 이러한 새로운 기법이 활기를 띠면서 결국 이슬람 예술의 쇠퇴를 가져왔다.

17세기부터 역사적 로맨스를 주제로 다룬 삽화의 인기가 시들해지면서 이란과 인도, 오스만 제국에서는 삽화가 들어 있는 책의 중요성이 점차 감소했다. 16세기에 꽃피웠던 삽화가 들어 있는 책 대신, 낱장에 글이나 그림을 담는 예술 작품이 오히려 인기를 끌기 시작했다. 세밀화의 대중화 시대가 서서히 열린 것이다. 삽화가 그려진 책은 부자만이 가질 수 있는 값비싼 예술품이었지만, 낱장의 그림은 저렴한 가격으로 누구나 가질 수 있는 대중적 작품이었기 때문이다.

군주와 자본가의 후원을 잃은 화가들은 17세기 이후 초상화나 유명한 서예가의 글씨에 채색하거나 꽃이나 동물, 사람을 그린 그림들을 본격적으로 제작하기 시작했다. 이러한 변화는 관변 예술에서 대중 예술로 옮겨 가는 과정이었으며, 동시에 예술가의 개인적 취향도 크게 변하는 계기가 되었다.

무슬림은 어떻게 살아가나

이슬람은 왜 돼지고기를 금하는가

이슬람에서 가장 중요한 금기는 돼지고기와 술이다. 꾸란에도 하느님의 명령으로 돼지고기 금기가 명시되어 있다. 지나친 음주는 이성과 판단력을 흐리게 하므로 많은 종교에서 술을 금하는 것이 일반적이다. 그러나 이슬람에서의 돼지고기 금기에는 좀 더 복합적인 이유가 있다.

우선 생태적으로 돼지는 습기 없는 메마르고 무더운 환경에서 서식하기 어렵다. 돼지는 스스로 이동할 수 없는 동물이므로, 끊임없이 이동하는 유목 사회에서 돼지를 업고 다닐 수는 없는 노릇이다. 둘째, 돼지는 잡식 동물이다. 풀이 귀한 곳에서 사람과 먹을 것을 경쟁하는 동물이다. 결정적으로 돼지는 인간에게 한 방울의 잉여 젖도 주지 못한다. 새끼가 많아 새끼에게 먹일 젖도 부족하기 때문이다. 낙타, 양, 염소, 소 등 초식 동물은 풍성한 잉여 젖을 사람들에게 제공해 주어 다양한 치즈, 버터, 요구르트(겔 상태), 라반(졸 상태의 마시는 요구르트), 유당, 젖술 등 어마어마한 양질의 음식을 제공한다. 자급자족이 불가능한 오아시스 생태계에서 유제품은 생존에 필수적이다. 돼지고기는 지방질이 풍부하고 병원균이 서식하기에 적합해 아무리 좋은 환경에서도 쉽게 부패한다. 상한 돼지고기를 먹고 탈이 나는 것은 21세기가 된 지금도 마찬가지다. 또한 자연 건조가 어려워 다양한 보존 방법으로 수개월간 한 가족의 식량을 보장해 주는 낙타나 양 등 다른 동물에 비해 선호도나 음식 경쟁력이 현저히 떨어진다. 오히려 집단 감염의 위험으로 공동체에 재앙을 가져오기 일쑤다. 배설물도 마찬가지다. 연료로 사용할 수 있는 동물 배설물은 모두 초식 동물의 것으로, 잡식 동물인 돼지의 똥은 연료로 쓸 수 없다. 털과 가죽도 거의 사용할 수 없어 의식주 보조 역할로 따지면 거의 낙제점이다. 그래서 같은 서아시아의 유목적 생태에서 출발한 유대교도 돼지고기를 금하고 있다. 그렇다면 왜 동남아시아나 동아시아 등 농경, 도시 정주 사회의 이슬람 공동체까지 돼지고기를 금하고 있는가? 이는 신학적, 종교적 이유에서 찾아야 한다.

종교적으로는 이슬람의 가장 중요한 경전인 꾸란에서 돼지고기 금기를 명시해 놓았으니 신자로서는 당연히 따를 수밖에 없다. 물론 피의 순수성과 동물의 품성을 중시하는 종교적인 이유에서 보면, 돼지는 다른 동물보다 게으른 품성인 데다 지방질과 병원균을 많이 함유했으므로 금기되는 이유를 짐작할 수 있다. 인간은 인지가 발달할수록 동물을 가려 먹게 되었고, 초식 동물을 중심으로 품성이 온순한 것을 취하게 되었다는 설명이다. 이런 점에서 보면 돼지는 분명히 선호 동물에서 벗어난다.

이슬람의 음식 문화는 허용된 것(할랄, halal)과 금지(하람, haram)돼야 할 것을 규정하고 있다. 예언자 무함마드도 그의 하디스에서 "할랄은 하느님께서 허락하신 것이고, 하람은 금지하신 것이나 꾸란에 아무런 언급이 없는 사항은 모두 너희에게 허락되어 있느니라."라고 대답했다. 따라서 몇 가지 금기 사항만 유의하면 모든 것이 허용된 것이 이슬람 음식의 특징이다. 꾸란에 담긴 음식 금기의 정의를 보자.

믿는 자들이여, 하느님께서 너희에게 부여한 양식 중 좋은 것을 취하고 그분께 감사하고 그분만을 숭배하라. 죽은 고기와 피와 돼지고기를 먹지 마라. 그러나 고의가 아니고 어쩔 수 없이 먹을 경우는 죄악이 아니다. 하느님은 진실로 관용과 자비로 충만하신 분이니라. 꾸란 2장 172~173절

이어 꾸란의 다른 구절(5장 3절)에서는 먹을 수 없는 육식에 대해 더 구체적으로 언급하고 있다. 즉 하느님의 이름으로 잡지 않은 것, 목 졸라 죽인 것, 때려잡은 것, 떨어뜨려 죽인 것, 서로 싸우다 죽은 것, 다른 야생 동물이 먹다 남은 것, 우상에 제물로 바쳐졌던 것, 화살로 점을 치기 위해 잡은 것 등이다. 이처럼 꾸란에서는 동물에 관해 돼지고기와 죽은 고기, 피, 하느님의 이름이 아닌 다른 이름으로 죽인 동물의 고기만을 금지 사항으로 규정해 놓았다.

나아가 무함마드는 하디스에서 뾰족한 엄니나 독치를 가진 동물, 날카로운 발톱을 지닌 맹수, 독수리, 매, 송골매, 솔개 같은 조류를 먹어서는 안 될 동물로 규정해 놓았다. 결국 양, 소, 염소, 낙타 등과 같은 초식 동물을 인간이 먹을 수 있는 동물로 한정했지만, 반드시 하느님의 이름으로 기도를 드리고 잡은 고기를 취하도록 규정했다. 한편 모든 해양 동식물은 정당하게 먹을 수 있다. "바다에서 취해진 음식은 너희와 여행자들을 위해 허용하니라."꾸란 5장 96절라고 했고, 무함마드 또한 "바닷물은 깨끗한 것이며 그 안에서 죽은 동물 또한 먹어도 좋은 음식이니라." 하고 말했다.

이처럼 육식에 여러 가지 제한을 두었지만, 굶주림이나 강제와 같이 불가피한 상황에서 허용하는 문도 열어 둔 것이 이슬람 음식 문화의 특징이다. 육식 중에서도 유독 돼지고기를 금한 이유에 대해 이슬람 학자들은 돼지고기가 보유한 여러 가지 선충들이 인간의 몸에 해롭다, 돼지의 습성이 나쁘다, 돼지고기는 사막 기후에서 부패하기 쉬워 적합하지 않다는 등의 견해를 내세운다.

이슬람이 처음 발생했던 아라비아의 생태적 환경과 삶의 방식을 고려하면 돼지고기 금기가 충분히 이해된다. 아라비아 사막 생활에서 낙타가 주는 효율성과 비교하면 돼지의 비효율성은 다음의 낙타 편에서 더욱 구체적으로 드러난다.

오아시스의 꽃 낙타 낙타를 알면 아랍이 보인다

아랍 지역은 크게 사막이 주가 되는 남부의 아라비아반도, 북부 산지와 고원 그리고 중간의 메소포타미아 평원으로 이루어져 있다. 따라서 지중해와 흑해 연안, 메소포타미아 평원을 제외한 대부분의 지역은 건조 기후 지역으로, 유목과 오아시스 농경이 특징적인 생활 양식으로 나타난다. 아랍인에게 사막은 서구인보다 훨씬 단순하고 분명한 대상이다. 그러나 우리에게 사막은 황량하고 무덥고 물을 앗아가 생명을 위협하는 불모의 땅이라는 이미지가 강하다. 유목민에게 사막은 'bi-aban(without water)'으로 불린다. 물이 없는 곳, 즉 사람이 살 수 없는 곳이다. 반대로 오아시스는 물이 있는 곳, 사람이 살 수 있는 곳이다. 오아시스에서는 수원(水源)을 중심으로 의식주 생활에 결정적인 동반자 역할을 하는 낙타와 양의 사육이 주를 이루며, 대추야자를 주요한 식물성 식량으로 삼는다.

여기서 물의 중요성은 다시 언급할 필요가 없다. 물은 생명 그 자체이고, 물의 양과 지속성에 따라서 공동체의 규모가 결정되기 때문이다. 대추야자는 오아시스에서 생산되는 거의 항구적인 식물성 식량원이다. 여름에는 녹색 열매가 포도송이처럼 주렁주렁 매달려 무게를 이기지 못해 아래로 다발을 늘어뜨리다가, 겨울이 되면 까맣고 끈적끈적한 당도 높은 열매로 완성된다. 사막을 횡단하던 카라반(대상)들이 대추야자 두 알로 한 끼를 해결할 정도로 자연 당과 칼로리 보충에 뛰어나다. 사막의 비상식량인 셈이다. 그러나 오아시스에서 무엇보다 중요한 것은 낙타와 보조 동물인 양이다. 그들이 의식주 생활에 끼치는 영향력이 절대적이기 때문이다.

일반적으로 지역의 생태 환경과 문화적 특성에 따라 동물 사육의 선호도가 달라진다. 중국 남부에서는 돼지, 몽골 초원에서는 말, 안데스 고원 지방에서는 라마, 티베트 고산 지방에서는 야크, 툰드라 동토 지방에서는 순록, 아프리카에서는 소, 중앙아시아 대초원 지대에서는 양을 많이 사육한다. 그리고 오아시스에서는 낙타와 양이 주목을 받는다. 왜?

유목 사회에서 가축 사육의 선호도를 결정하는 요소로는 수송과 이동 기능, 의식주 동반자 기능, 전쟁 수행 보조 기능 등이 고려된다. 이런 면에서 낙타는 오아시스 생태권에서 가장 중요한 생존의 요소이다.

낙타는 300킬로그램 이상의 짐을 질 수 있고 물이나 식량의 보급 없이 400킬로미터를 이동하는 놀라운 수송력을 지니고 있다. 무려 17일 동안이나 아무것도 먹지 않고 견딜 수 있는 능력이 있다. 따라서 뜨거운 사막을 횡단하는 대상이나 새로운 오아시스 생태계를 찾아 떠나는 아랍 유목 사회에서 낙타는 없어서는 안 될 사막의 동반자이다. 또한 낙타는 양질의 고기는 물론, 풍부한 젖을 공급한다. 낙타 한 마리를 잡으면 적어도 200킬로그램 정도의 고기가 나온다. 5인 가족이 매일 2킬로그램(3근 반)의 고기를 소비한다 해도 3~4개월을 견딜 수 있는 양이다. 따라서 식량 수급 계획에 맞춰 장기적으로 여러 가지 육류 보존법을 발전시킬 수 있었다. 연기에 그을려 훈제로 만들거나 소금을 뿌려 염지하고, 향료나 양념을 바르기도 하며, 뜨거운 모래 구덩이에 묻어 발효시키기도 한다. 그리고 대부분은 건조해 육포를 만든다. 보존 식품이 유목 사회에서 발전해 세계로 퍼져 나간 사실은 결코 우연이 아닐 것이다.

그러나 길에서 만난 아랍 사람들에게 낙타 고기를 먹어 봤느냐고 물어보면 많은 사람이 그렇지 않다고 대답할 것이다. 낙타는 잡아서 고기를 취하는 것보다는 살려서 활용하는 혜택이 훨씬 크기 때문이다.

우선 낙타는 인간에게 풍부한 젖을 제공해 준다. 가끔은 사람들이 물처럼 낙타 젖을 그냥 마시기도 한다. 이때 처음 먹는 사람은 매우 조심해야 한다. 기름진 낙타 젖을 그냥 마시면 십중팔구는 설사와 배탈이 난다. 마시고 남은 젖으로는 겔 상태의 응고된 요구르트를 만들고, 다시 발효시켜 졸 상태의 빽빽한 막걸리 같은 라반(마시는 요구르트)으로 만들어 먹는다. 또한 수백 종류의 치즈를 만들기도 한다. 일주일 정도 먹을 수 있는 두부 같은 치즈부터 몇 년을 두어도 변하지 않는 바위처럼 딱딱한 치즈에 이르기까지 다양한 치즈로 만들어 먹는다. 윗부분에 응고된 지방 성분으로 버터를 만들고 락토스라는 유당을 추출해 당분을 해결한다. 말려서 분유나 전지분으로 보관하기도 한다. 무엇보다 중요한 것은 주정 발효시켜 술을 빚는 일이다. 인간의 삶에 술이 없어서는 안 될 일이다. 훌륭한 낙유주(駱乳酒)가 젖에서 얻어지는 셈이다. 물론 이슬람을 받아들인 이후에 술은 금기시되었지만, 낙유주는 인간이 애환을 달래고 낭만을 노래하게 한 유목 생활의 청량제였음이 분명하다. 이처럼 낙타는 젖을 통해 완벽한 유제품 문화를 만들어 주었다.

젖 이외에도 가죽으로는 텐트나 신발, 옷을 만들고, 털로는 카펫이나 깔개를 짠다. 뼈판은 기록이나 그림의 캔버스로 사용한다. 요즘도 이스탄불이나 테헤란, 카이로 등지의 관광지에서는 낙타의 뼈판에 채색을 하고 패널 속에 아름다운 세밀화를 그려 판매하는 것을 흔히 볼 수 있다. 심지어 낙타 오줌은 약재나 머리를 감는 샴푸 대용으로 사용한다. 물이 귀한 생태 환경에서 물로 세수나 목욕을 하고 빨래를 한다는 것은 자연에 대한 일종의 도전이요, 범죄 행위라 할 수 있다. 그래서 여인들은 오줌을 큰 통에 받아 두었다가 날을 잡아 머리를 감는다. 지금은 관개 시설이 완비된 데다 담수화 시설 덕택에 도시에서 멀리 떨어지지 않은 곳에서는 집마다 물이 공급된다. 하지만 아직도 고립된 오아시스에서는 이런 삶의 지혜가 남아 있다. 이런 상황에서 여성의 사회적 신분이나 부의 척도를 가늠하는 가장 중요한 질문은 그 여자가 얼마나 자주 머리를 감느냐 하는 것이다. 오줌으로 머리 감는 횟수는 바로 소유하는 낙타의 수와 비례하기 때문이다.

그럼 낙타 똥은 어디에 사용할까? 배설물을 말리면 훌륭한 연료가 된다. 아마 유일무이한 연료일지도 모른다. 석유는 생태계를 위협할 수 있으므로 좀처럼 쓰지 않는다. 또한 낙타 똥은 생각보다 잘 타서 요리하는 데 아무런 문제가 없다.

낙타는 수송과 전쟁에서도 없어서는 안 되는 중요한 동물이다. 목축과 제한된 오아시스 경작이 주가 되는 경제 순환에서 교역은 필요한 물자를 주고받는 주된 통로이다. 그러나 부족이나 국가 간에 평화가 유지될 때는 교역이 제대로 기능하지만, 평화 구도가 깨어지면 금세 약탈과 침략으로 돌변한다. 어떤 경우라도 낙타는 필수 불가결한 수단이다. 낙타 없는 교역이나 전쟁은 상상할 수 없다. 낙타는 생존과 동의어이다. 돼지와 극명하게 대비된다.

이슬람 세계의 축제 이들 피트르와 이들 아드하

이슬람 세계의 공동 축제는 크게 두 가지다. 한 달 간의 단식 뒤에 고통을 딛고 즐기는 이들 피트르(Eid al-Fitr)와 평생의 의무인 성지 순례를 마치고 자신을 가다듬고 공동체 결속을 다지는 이들 아드하(Eid al-Adha)가 그것이다. 그 밖에 라비아 아왈(Rabia Awwal) 달 12일에 행하는 예언자 무함마드의 탄신일(Mawlid al-nabi)◆, 예언자 무함마드의 예루살렘에서의 승천기념일◆◆(Mawlid al-miraj), 시아파에서는 이맘 후세인의 순교를 기념하는 무하람 달(이슬람력 1월) 10일째의 아슈라 애도 축제 등이 있다. 모두가 종교 축제인 셈이다.

이들 피트르

모든 무슬림은 이슬람력으로 아홉 번째 달인 라마단 한 달 동안 단식을 한다. 한 달 내내 굶을 수는 없으므로 해 있는 동안에는 일체의 음식을 먹고 마시지 않는다. 그래서 새벽 4시경이면 모두 일어나서 음식을 만들어 먹고, 5시부터는 단식을 시작한다. 단식의 목적은 가진

◆ 시아파는 무함마드 탄신일 기념을 라비아 아왈 10일 대신 같은 달 17일에 행한다. 이날은 시아파 6대 이맘 자으파르 알사디끄(Ja'far al-Sadiq)의 탄신일과 겹치기도 한다.

◆◆ 꾸란 17장 1절에서는 어느 밤 무함마드가 천사 가브리엘의 인도로 하얀 날개 달린 말을 타고 메카에서 예루살렘으로 여행한 다음 그곳에서 승천해 천국의 가장 높은 일곱 번째 하늘까지 여행하고 돌아온 사실을 기록하고 있다. 무슬림은 이날을 의미 있는 날로 기념한다. 예루살렘에서의 승천을 기념하고자 건축된 바위의 돔 모스크는 지금도 예루살렘의 가장 중요한 이슬람 성지로 남아 있다.

자와 가난한 자 모두가 똑같은 조건에서 이웃의 배고픈 자와 빼앗긴 자의 아픔과 고통을 몸소 체험하자는 종교적 의미가 있다. 구호나 형이상학적인 가르침이 아닌 실질적이고 구체적인 행위를 통해 소득 재분배와 사회 공동체의 강화를 가져오자는 의미가 함축되어 있다. 이 기간에 모든 무슬림은 열심히 단식한다. 평소 예배를 열심히 보지 않았거나 비교적 이슬람 생활에 소홀했던 사람들도 이 기간 만큼은 최선을 다해 단식하며 신을 기리고 주변의 가난한 자를 돕는 데 인색하지 않다.

단식이 끝나면 약 5일간의 축제를 즐긴다. 이들 피트르 축제다. 터키에서는 세케르 바이람(Sheker Bayram), 말레이시아 등지에서는 하리 라야(Hari Raya)라 불린다. 아침 일찍 일어나 깨끗하게 목욕한 다음, 전통 의복으로 갈아입고 식사 전에 모스크로 향한다. 함께 모여 축제 예배를 드리고 이맘의 설교와 덕담을 듣는다. 서로 껴안고 단식을 무사히 마친 것을 축하하고, 그동안 서먹했던 사람끼리도 화해하고 용서하는 감동적인 만남의 장이 펼쳐진다. 그러고는 피트라라고 하는 일종의 종교세를 낸다. 가난한 사람을 위한 희사도 아끼지 않는다. 일 년 중 희사가 단식 축제 기간에 가장 많이 걷힌다는 사실은 단식이 얼마나 많은 사람의 마음을 움직여 상부상조하는 정신을 실제로 일깨우고 있는지 보여 주는 좋은 예이다. 모스크에서의 만남과 인사를 마치고 집에 돌아와서 가족들이 모여 앉아 맛있는 축제 음식을 든다. 이 시각 이후 단식이 깨어지고 마음껏 먹고 싶은 것을 먹을 수 있다. 음식에 감사하고, 굶주리는 이웃을 항상 생각하게 된다.

가족끼리 축제 음식을 들고 나서는 가까운 어른에게 인사를 다니고 친지를 만나러 간다. 이때 고향으로 향하는 거대한 행렬이 시작되기도 한다. 인사를 나누고 신을 찬미하면서 모처럼 잃어버렸던 가족애를 나눈다. 어른들은 덕담을 하며 아이들에게 선물이나 세뱃돈을 준다. 물론 가족 간에 준비한 선물을 교환하는 훈훈한 모습도 빼놓을 수 없다. 이때 아이들은 자기 가족뿐만 아니라 이웃집을 돌며 집마다 문을 두드리며 축제 인사를 드린다. 이웃 어른들은 세뱃돈이나 선물, 사탕을 주면서 그들의 앞날을 축원해 준다. 마지막 순서로 가족들은 함께 공동묘지로 가서 돌아가신 부모나 먼저 떠나보낸 가족들을 기리며 그들의 영혼을 위한 기도를 드린다. 음식 대신 자그만 꽃다발을 준비하고 꾸란 한두 구절을 낭송하며 신의 가호를 빈다.

닷새간의 축제는 성스러운 종교적 의무의 완성일 뿐만 아니라 건강한 사회 통합의 과정이다. 적의가 줄어들고, 서먹서먹했던 관계로부터 복원되는 놀라운 힘을 축제가 발휘하는 셈이다.

이들 아드하

두 번째 큰 축제인 이들 아드하는 이슬람력 12월(Dhul al-Hijja) 첫 주에 행하는 성지 순례를 마감하면서 벌이는 이슬람권 전체의 축제이다. 이 순례를 하즈라고 한다. 하즈는 하느님의 집이 있는 성지 메카를 순례하는 무슬림의 5대 의무 중 하나이다. 하느님의 집(바이툴라)이라고 명명된 카바 신전은 이슬람 시대 이전 아랍인이 수백 개의 우상을 모시던 신전이었다. 예언자 무함마드가 우상 숭배를 배척하고 일신교를 확립하면서 이곳을 파괴하고 하느님의 집으로 상징화한 것이다. 그래서 지금도 전 세계 15억 명의 무슬림은 매일 다섯 차례 카바 신전을 향해 기도를 드린다. 하느님의 집을 향해 모든 무슬림이 동심원을 이루는 것이다.

그러나 순례는 두 가지의 전제 조건, 즉 재정과 건강 상태가 충족되어야 한다. 신앙 고백, 하루 다섯 차례의 예배, 한 달간의 단식, 자신의 수입 일부를 회사하는 자카트 같은 의무는 절대적이지만 순례는 상대적인 의무이다. 두 전제 조건이 충족되지 않은 사람들은 다른 선행을 많이 쌓음으로써 순례라는 상대적 의무를 대신할 수도 있다.

매년 약 300만 명 이상의 무슬림이 순례를 위해 메카로 모여든다. 하느님의 집에서 하느님을 만나기 위해 평생을 준비해 온 순례 의무를 성스럽게 마치는 것이다. 그들은 카바 신전을 일곱 바퀴 돌면서 신을 염원하고 생각한다. 신전에 있는 흑석에 입 맞추고, 아라파트 동산에 오르고 미나 평원에서 야영하며 정해진 순례 의식을 마친다. 사파와 마르완이라고 불리는 두 언덕 사이를 일곱 차례 오가기도 한다. 마지막에는 사탄의 기둥을 향해 돌을 던지며 자신의 신앙을 정화한다.

이 순례가 끝날 무렵, 둘 히자달 10일째에 희생제를 치른다. 바로 이들 아드하이다. 가족 단위로 소나 낙타를 잡기도 하지만, 대부분 양을 희생한다. 희생제는 아브라함의 고사에서 연유한다. 하느님이 아브라함에게 아들을 번제로 바치라고 명했을 때, 하느님의 명령을 충실히 따른 아브라함은 아들을 번제로 바치고 칼을 대려고 했다. 그러나 그의 신앙을 확인한 하느님은 아들 대신 양을 번제로 놓이게 하는 기적을 보여 준 것이다. 이를 기념하기 위해 순례를 마치며 양을 잡는 희생제를 행한다. 재미있는 사실은 구약에서는 번제에 올려진 아들이 본처 사라에게서 태어난 이삭이고, 꾸란에서는 하갈의 몸에서 난 이스마일로 바뀌어 있는 점이다. 이슬람에서는 당연히 처음 낳은 이스마일을 장자로 보는 것이다.

희생제와 함께 전 세계 이슬람은 또 한 번의 거대한 축제를 즐긴다. 축제를 즐기는 방식은 이들 피트르와 거의 유사하지만, 양을 잡는 의식이 장관이다. 하루에 수천만 마리의 양이 도살되는 장면을 상상해 보자. 희생제는 순례에 참가한 사람뿐만 아니라 모든 무슬림이 참여하는 의식이기 때문이다. 이때 세계 모피 업계와 육류 가공업체가 비상 체제에 돌입한다. 얼마나 좋은 품질의 고기와 가죽을 확보하느냐에 따라서 그해의 업계 판도가 결정되기 때문이다. 이처럼 희생제가 세계 경제에 끼치는 영향도 지대하다.

동시에 순례는 일종의 교역 엑스포와 정보 교류의 장으로 기능한다. 지구상 수백 개 나라에서 모여 서로 의견을 나누고 지구촌 곳곳에서 일어나는 소식을 접할 기회가 된다. 막대한 순례 비용을 조금이라도 덜기 위해 꾸려 온 토산품을 사고파는 거대한 교역 시장이 열리기도 한다. 아프리카의 상아와 걸프해의 산호와 진주, 동남아시아의 보석과 향료 등을 중국의 비단, 도자기 등과 교환하는 국제 무역의 장이 형성되는 것이다.

이슬람권의 두 축제는 종교적, 사회적으로 이슬람 사회에 큰 영향을 끼칠 뿐만 아니라 경제적으로 지대한 영향을 미친다. 라마단 월의 단식 기간을 맞이하여 관공서나 직장 대부분이 근무 시간을 단축하며, 이에 따라 생산량도 줄어든다. 반대로 가족과 친척들 간의 빈번한 왕래와 식사로 소비가 증가하는 현상이 나타난다. 즉 소비와 생산의 불균형이 물가 상승이라는 결과를 초래하는 것이다. 이렇게 오른 물가는 라마단 월이 끝난 후에 예전의 물가로 다시 돌아가지 않고 상승한 상태로 계속 유지된다. 따라서 라마단 달의 물가 상승률이 이슬람 국가 1년간의 소비자 물가 상승률의 척도이다.

이들 아드하 축제도 경제 활성화에 엄청난 순기능을 한다. 이 기간에 무슬림이 고향을 방문하면서 도시의 돈이 농촌으로 유입되며, 농촌 경제가 활성화된다. 도시와 농촌 간의 경제적 교류 측면에서도 이들 아드하는 의미 있는 역할을 한다. 두 축제 모두 가족 관계 복원이나 풍습, 경제적인 면에서 우리의 구정이나 추석과 매우 흡사한 성격을 갖는다.

할랄과 이슬람 세계의 음식

이슬람에서는 허용된 음식만 취한다. 무엇을 먹어야 하고 무엇이 금기시되는가? 모든 육류는 알라의 이름으로 잡은 것만 먹을 수 있다. 이를 할랄(halal, 허용된 것)이라 한다.

할랄은 도살 방식에서 생명 존중이라는 영성 의례 과정을 거친다. 첫째, 동물을 도살할 때 한 생명을 앗아가는 일이기 때문에 신의 허락을 받아 신의 이름으로 잡는다. "비쓰밀라(신의 이름으로)"를 세 번 외치면서 인간을 위한 탐욕의 대상으로 한 생명을 의미 없이 죽이지 않도록 한다. 둘째는 고통을 가장 적게 하는 방식으로 도살한다. 목의 경동맥을 칼로 잘라 가장 빠른 순간에 가장 적은 고통으로 생명을 앗아가는 배려를 한다. 셋째, 피는 부패하기 쉬울 뿐만 아니라 생명의 상징이기 때문에 먹지 않는다. 도살한 이후에는 몸속의 피를 되도록 많이 뽑아내고 고기만 취한다. 당연히 선지도 먹지 않는다. 넷째, 고기와 가죽, 털을 깔끔하게 해체하고 정리하여 완전한 순환을 이룬다. 털과 가죽도 손상 없이 잘 수습하여 자선단체에 희사해 힘들고 버림받은 약자의 삶에 도움을 준다. 생명을 희생시킨 대가로 사회적 소득 재분배에 기여하게 한다. 다섯째, 판매를 목적으로 하지 않는 축제 때 잡은 고기는 삼등분하여 함께 나누는 미덕을 강조한다. 종교적 축일에는 보통 3분의 1은 가난한 이웃에게, 3분의 1은 공공단체에, 3분의 1은 가족들이 먹는다. 또한 아주 어린 생명이나 사고로 죽은 동물은 팔거나 취하지 않는다. 오랫동안 우리에 가두어 고통을 주면서 키운 동물도 할랄에서 멀어진다. 방목을 장려하는 해피 애니멀(Happy animal)을 추구한다. 한마디로 할랄 식품은 청정과 영성을 준 신뢰의 식품이라는 강점이 있다. 현재 유럽이나 심지어 우리나라에서조차 할랄 식품 소비자 중 무슬림보다 비무슬림 일반인이 더 많다는 통계는 시사하는 바가 매우 크다.

그 외에도 바다에서 생산되는 모든 먹거리는 종교적으로 할랄 음식이기 때문에 자유로이 식용할 수 있다. 다만 연체동물, 비늘 없는 생선, 갑각류 등은 종교적 금기가 아닌 유목 사회가 갖는 문화적 혐오 때문에 잘 먹지 않는다. 이런 음식에 대한 종교적 의미를 토대로 실제 생활에서의 음식을 살펴보자.

아랍의 전통 음식 문화는 가족이나 손님이 바닥에 모여 앉아 함께 먹는 식사가 특징이다. 그래서 항상 음식을 푸짐하게 준비하고, 외부인이 있을 때는 남녀가 따로 식사한다. "비쓰밀라(신의 이름으로)"를 외치며 식사를 시작한다. "자, 듭시다."라는 의미이다. 마치고는 식후 감사 기도를 하고 "알 함두릴라(신께 감사합니다)"라고 하며 끝이 난다. 순서는 홀에서 시원한 음료를 마시며 대화하다가 식탁으로 옮겨 샐러드, 수프, 메인 육류 고기, 생선 요리, 과일, 디저트와 차와 커피 순으로 이어진다. 주말 만찬은 3~4시간이 기본이다.

아랍 음식을 대표하는 나라는 역시 레바논이다. 동부 지중해에 자리 잡아 아랍 내륙과 유럽 에게해 음식, 북쪽 터키 음식의 영향을 받았고, 무엇보다 프랑스 식민지를 경험하면서 유럽 요리의 특성까지 종합한 레바논 음식은 최고의 아랍 음식으로 자리매김했다. 레바논 출신들이 아랍의 요리 상권을 장악하고 있다. 그래서 아랍 지역을 여행하다가 특별한 선택이 없을 때 레바논 식당에 가면 실패할 확률이 매우 낮다고들 이야기한다.

아랍 음식은 크게 세 요소로 이루어진다. 빵과 양고기 그리고 요구르트와 샤이(차)이다. 빵은 진흙으로 바른 아궁이에 불을 지펴

달군 다음 밀가루 반죽을 뜨거운 면에 붙여 구운 것이다. 얇게 민 빵에서 두꺼운 바게트에 이르기까지 다양한 종류의 빵을 만든다. 육류는 주로 양고기와 닭고기를 사용해 조리하며, 특히 양고기 요리가 발달했다.

숯불에 요리하는 고기를 일반적으로 케밥(kebab)이라고 부른다. 케밥이라는 이름은 페르시아어에서 유래했고 오스만 제국을 거치면서 터키의 대표 음식으로 자리 잡았다. 아랍에서도 케밥으로 통용된다. 케밥은 양 한 마리 부위를 차곡차곡 둥글게 쌓아 숯불에 빙글빙글 돌려 구워 내는 샤부르마(터키에서는 됴네르)를 비롯해 고기를 다져 둥글게 구워 내는 코프타, 양고기 꼬치구이인 쉬시 케밥 등이 있다. 또한 땅에 넓고 깊은 구덩이를 파고 불을 지핀 뒤 표면에 진흙을 바른 양 한 마리를 통째로 넣고 밀봉해 열기로 굽는 진흙 통구이 등 수백 가지 양고기 요리를 발달시켰다.

대표적인 아랍 음식으로는 토마토, 고추, 양파에 달걀을 넣고 졸인 음식으로 상큼함이 입맛을 돋우는 샥슈카(Shakshuka), 쌀밥 위에 양고기를 얹은 사우디아라비아의 캅사(Kabsa)나 걸프 지역의 마크부스, 순례 명절인 이들 아드하 때 즐기는 무갈갈(Mugalgal), 사우디 왕가 음식인 리조토 같은 살레(Saleeg) 등을 들 수 있다. 튀니지, 모로코 같은 북아프리카 아랍 국가에서는 꾸스꾸스라는 음식도 널리 만들어 먹는다. 세몰리나(Semolina)라는 좁쌀 같은 작은 밀가루 알갱이에 생선이나 고기, 병아리콩, 당근, 감자 등을 넣고 양념으로 맛을 낸 대표적인 지중해 음식이다. 모로코의 타진(tajine)이라는 음식은 뚜껑 있는 토기 속에 고기와 각종 채소와 향신료를 넣고 찐 대표 요리다.

무엇보다 필자가 먹어 본 아랍 최고의 명품 요리는 낙타 바비큐다. 어린 낙타를 잡아 배를 가르고, 그 속에 어린 양을 넣고, 그 배 속에 칠면조나 닭 한 마리를 넣는다. 빈 곳에는 밥이나 불구르(Bulgur, 밀을 데쳐서 빻아 만든 곡류), 호두, 잣, 대추야자, 아몬드, 건포도 등을 각종 향신료에 버무려 채운다. 배를 꿰매서 닫은 다음 쇠막대에 꿰어 낙타 배설물을 말려서 지핀 약한 불에 10시간 이상 돌리며 굽는 음식이다. 기름이 바닥에 떨어지며 서서히 익다가 찜 수준으로 속까지 골고루 익으면, 세로로 썰어서 큰 접시 위에 바깥부터 낙타 고기, 양고기, 칠면조 고기, 닭고기를 차례로 얹고 밥과 견과류 속을 함께 낸다. 주로 왕실 주요 행사나 큰 경사가 있을 때 나오는 진귀한 음식이다.

육류 못지않게 유제품도 중요한 음식이다. 양젖과 염소젖, 낙타젖은 물론, 요구르트와 마시는 발효유인 라반을 만들어 먹는다. 염소젖이나 양젖으로 만든 수백 가지 치즈도 음식 문화를 발달시킨 주요한 요소이다. 식물성 음식으로는 검은 올리브와 대추야자를 선호한다. 대추야자는 라마단 단식 기간에 저녁 일몰과 함께 단식이 깨어질 때 제일 먼저 먹는 음식이며, 사막을 횡단하는 카라반(대상)의 비상 식품 역할도 한다. 샐러드를 만들어 먹을 때는 반드시 올리브유를 쓰고 레몬즙을 뿌린다. 올리브는 중동 일부 지역과 북아프리카가 주산지인 지중해성 기후의 대표 작물로, 절여서 피클을 만들고 비누를 만드는 데도 이용한다.

아랍에서 주로 즐기는 채소는 오이, 당근, 양파 등이다. 재미난 것은 토마토를 불에 굽거나 삶아서 음식과 함께 먹는 것이다. 빵이나 채소 등을 찍어 먹는 병아리콩을 갈아 만든 후무스도 지구촌을 매료시킨 고소한 소스이다. 고추, 오이, 양파, 배추로 만든 피클이 매우 다양하게 발달한 것도 특징이다. 과일은 지역에 따라 다르지만, 날씨가 덥고 건조한 기후 때문에 포도, 오렌지, 무화과, 자두 등이 풍성하다. 지금은 대부분의 아랍 국가에서 수입이 자유화되어 전 세계의 과일을 마음껏 맛볼 수 있다. 상대적으로 감, 딸기, 배, 망고 같은 과일이 귀한 편이다. 음료로는 깨끗한 냉수를 가장 선호하고, 설탕을 진하게 넣은 붉은 홍차를 마신다.

설탕은 아랍-이슬람 시대에 멀리 동쪽에서 서쪽으로 전래된 작물로 오늘날의 사탕수수였다. 페르시아에서 설탕은 '세케르(sheker)'나 '칸드(qand)' 등 두 가지로 불렸으며, 두 단어 모두 현대 영어에 남아 있다. 설탕은 그리스-로마 시대에는 거의 알려지지 않았고, 의료용 이외에는 사용되지도 않았다. 필요한 경우에는 꿀로 단맛을 냈다. 이슬람 중세 동안 설탕의 경작과 정제 방법이 이집트와 북아프리카로 전해졌고, 설탕은 기독교 유럽으로 수출되는 중동-이슬람 세계의 주요 상품이었다. 설탕 재배와 플랜테이션 기술은 북아프리카에서 이슬람 치하의 스페인으로, 그곳에서 다시 대서양, 결국 신대륙으로 전해졌다. 한편 현대 음료인 콜라는 거의 펩시로 통한다. 코카콜라가 유대 자본이라 하여 오래전부터 아랍 사회에서는 금기시됐기 때문이다. 물론 걸프전 이후로는 많은 아랍 국가에서 코카콜라 간판을 쉽게 볼 수 있다.

아침은 빵에 꿀을 발라 먹거나 검은 올리브 몇 알, 따뜻한 홍차로 가볍게 끝낸다. 점심은 주로 오후 서너 시경 먹고, 저녁은 가족이 함께 모여 9시경부터 비교적 성대하게 마련한다. 주말에는 가까운 친구나 친지까지 초대해 밤새워 먹고 마시기도 한다.

바자르 생생한 삶의 현장

바자르는 전통 시장이다. 이 말은 페르시아어에서 유래해 이슬람권 전역에서 광범위하게 사용된다. 자선 행사를 의미하는 바자회라는 말도 여기서 나왔다. 바자르와 함께 터키에서는 파자르, 차르시, 아랍에서는 수크라는 말도 널리 쓰인다. 약간의 차이는 있지만, 보통 시장을 일컫는다.

바자르의 가장 큰 특징은 중세의 문화적 전통이 수백 년이 지난 지금도 이어지고 있다는 점이다. 물품의 다양성, 거래 방식, 시장 분위기, 그곳에서 행해지는 신앙과 의례, 가격 흥정이라는 매력까지 중세의 정지된 시제를 반영하고 있다. 바자르에 가면 누구나 신이 나고 편안함을 느낀다. 그곳에는 차이와 다름을 뛰어넘는 하나 됨이 있기 때문이다. 낯선 곳에 대한 두려움과 호기심, 기이한 것에 대한 작은 소유욕이 가장 진솔하고 인간다운 멋을 최대로 발휘하게 하는 곳이다.

바자르는 삶의 중심 공간이었다. 마을 한가운데 우뚝 솟은 모스크 주위에는 예외 없이 상설 시장이 들어서 있다. 예배를 보고 집으로 돌아가면서 필요한 물건을 고르고 구입한다. 노점상과 가게 주인들은 단골과 인사를 나누고 가족의 안부를 묻는다. 수십 년째 맺어진 끈끈한 관계이다. 지난 30년간 매주 빠지지 않고 그 자리, 그 시간에 감자와 양파를 팔던 한 노인이 어느 날 갑자기 시장 바닥에서 사라진다. 얼마 지나 그 자리에는 그의 자식들이나 아니면 그를 이어가는 또 다른 젊은 주인이 나타난다. 그리고 또 30년간 그 자리를 지켜 갈 것이다.

바자르는 단순히 삶의 순환을 연결하는 장소가 아니다. 감동이 있고, 애환이 있고, 역사가 있다. 수숫단 대신 나일론 빗자루가 등장하고, 대나무 그릇 대신 플라스틱 제품들이 형형색색의 아름다움을 자랑하며 그 자리를 채워도 주인은 바뀌지 않는다.

바자르의 주인공들은 물건만 파는 것이 아니다. 그들은 정보 전달자이자 말하는 신문이다. 이웃 마을에서 있었던 새로운 사건이나 최근 소식을 약간의 재미와 과장을 보태 전해 준다. 매일매일 요일별로 동네를 이동해 가는 노점상이야말로 세상 돌아가는 인심이나 상황을 가장 흥미롭게 전해 주는 삶의 메신저이다.

그래서 이슬람 지역 어느 곳에 가도 바자르가 있다. 그들의 삶의 중심이기 때문에 아무리 현대화의 바람이 거세더라도 바자르의 전통만은 포기하지 않는다.

알무바라키 시장은 세계에서 가장 국민 소득이 높은 석유 부국 쿠웨이트의 도심 언저리에 있는 전통 시장이다. 프랑스제 향수와 이탈리아산 첨단 패션이 즐비한 고급 쇼핑 아케이드를 끼고 포목점과 철물점, 귀금속 장신구들이 늘어선 알무바라키 시장에는 언제나 사람들이 붐빈다. 옷 한 벌에 수천 달러씩 하는 정찰제 최고급품에 대한 구매력을 갖추었지만, 전통 시장을 찾아 옛날 방식대로 흥정하고 1디나르를 깎고자 혼신을 다하는 모습은 참으로 인상적이다.

결혼식을 앞둔 신부가 어머니를 따라 반지를 맞추고, 여러 가지 원단을 들춰 보며 커튼과 이불의 형태와 색깔을 구상하는 모습도 흔히 볼 수 있다. 금은방에서 손가락과 팔목을 재고 서양식 스타일이 아닌 아랍식 보석을 고르는 사람들이 가득하다. 보석 상가는 밤이면 발 디딜 틈이 없다.

이집트의 카이로 구시가지 중심지에 있는 수크 엘칼릴리는 전통 시장으로 형성된 역사 지구이다. 수천 개의 상점이 좁은 골목 좌우에 미로를 이루며 과거의 삶을 이어 오고 있다. 후세인 모스크 광장 옆 골목으로 들어서면 자개 제품과 동판 공예, 정교한 유리 향수병들이 골목을 채우고, 안으로 들어갈수록 세상에 존재하는 모든 물품이 전시돼 있다.

첫 번째 골목에서 왼쪽으로 돌면 역사와 전통을 자랑하는 엘피샤위 카페가 있는데, 항상 사람들로 붐벼 좀처럼 자리를 잡을 수가 없다. 이곳에서는 가수의 여왕 움 쿨숨의 노래가 아랍 정서를 풀어 놓는다. 끝이 보이지 않는 좁은 골목마다 펼쳐지는 쇼윈도와 가판에는 상품들이 어지럽게 널려 있다. 단 하나의 공통점은 모두가 주인을 찾고 있다는 것이다. 수백 년간 주인을 기다려 온 골동품도 수두룩하다. 쉴 새 없이 부닥치는 몸을 이리저리 피하며 안으로, 옆으로 발걸음을 옮기다 보면 도저히 빠져나갈 수 없는 곳까지 밀려간다. 서로 자기 가게로 들어오라는 호객 행위, 싼값을 외치는 목소리에 익숙해지기가 무섭게, 붙잡은 손을 뿌리치는 일도 여간 곤혹스러운 일이 아니다.

한 동판 가게에서 흥정을 해 보자. 둥근 동판에 은을 입히고 수공으로 아라베스크 문양을 정교하게 조각한 작품이다. 지름 30센티미터쯤 하는 동판 가격이 약 35달러. 5달러는 받지 않고 30달러에 주겠다고 한다. 좋은 물건을 좋은 가격에 사게 되었다며 주인은 자기가 먼저 열을 올린다. 다시 가격 흥정을 해서 20달러에서 15달러까지 내려가고, 10분의 흥정 끝에 팔겠다는 최종 가격은 8달러. 완전히 밑지고 판다고 엄살이다. 내가 요구하는 최종 가격은 5달러니 좀처럼 결론이 나지 않는다. 팽팽한 긴장 속에 포기하고 가게를 나선다. 마지막 순간에 다시 가격은 7달러로, 1달러 더 떨어진다. 도저히 안 되겠다며 완전히 가게를 나서 뒤돌아보지 않고 천천히 발길을 옮긴다. 그제야 점원이 쫓아 나오며 5달러를 받고 물건을 던지듯이 건넨다. 기나긴 흥정의 결과이다.

이곳에서는 인내와 끈기로 흥정에 투자한 시간과 노력에 비례해 가격이 내려간다. 마지막까지 가게를 나오는 척할 때와 완전히 가게를 나올 때의 가격이 다르다. 물론 모든 물건의 가격이 이런 법칙을 따르는 것은 아니지만, 최소한 엘칼릴리에서는 손해 본 사람이 없다는 점은 분명하다.

이처럼 바자르에서 물건을 사는 것은 바로 삶의 모든 것을 체험하는 행위이다. 제법 넓은 골목을 벗어나 두 사람이 겨우 지나갈 만한 좁은 샛길로 접어들면 분위기가 또 달라진다. 갑자기 1,500년 된 미라를 구경하지 않겠냐며 달콤한 유혹을 하는 어린 소년이 나타난다. 달러를 싼값에 사지 않겠냐며 접근해 오는 젊은이도 끈질기게 따라온다. 문화재를 통째로 팔겠다며 영어를 완숙하게 구사하는 배포 좋은 아저씨도 따라붙는다. 이제부터는 위험하다는 신호가 느껴진다. 그저 미소를 보이며 서둘러 큰길로 나와야 한다. 그러고는 후세인 모스크 광장의 카페를 발견하고서야 겨우 안도의 숨을 돌린다.

엘칼릴리는 중세 아라비안나이트의 무대를 현대로 옮겨 놓은 듯한 착각을 불러일으킨다. 가장 아랍적인 정서와 분위기가 생생하게 녹아 있는 아랍 문화의 체험 현장이다.

아랍 곳곳에 살짝 숨어서 살아 있는 바자르는 가장 본질적인 인간 내면을 만나는 곳이다. 바자르를 찾는 사람들에게 그 순간만큼은 문화의 차이와 색깔의 다름이 의미를 상실한다. 최대한 값싸게 사고 싶은 충동, 깎고, 설득하고, 애원하면서 자신의 역량과 성격, 잠재력을 유감없이 발휘하는 곳이기 때문이다. 중동-아랍 문화를 단시간 내에 가장 압축적으로 느껴 보고 싶을 때 아랍이나 터키, 이란, 파키스탄 등지의 전통 바자르로 달려가면 크게 후회하지 않을 것이다.

남아가 곧 행복

하디스에서는 '아이들이 없는 집 안은 축복받지 못한다'라고 명시한다. 이슬람 사회에서 출산은 신의 은총이며, 사회적으로는 가계의 승계, 노동력 증가, 전사 확보 등의 의미가 있다. 무엇보다 아랍 사회에서는 오아시스 유목 사회가 갖는 환경적 특수성과 엄격한 남성 위주의 가부장적 문화 때문에 남아 선호 풍습이 매우 강하게 나타난다. 이는 이슬람 사회의 일부다처 제도가 첫 번째 부인이 남아(男兒)를 낳지 못했을 때 가장 보편적으로 적용된다는 사실과 '남아가 곧 행복'이라는 아랍 속담에서 잘 나타난다. 이러한 남아 선호 사상은 여아가 태어났을 때 종종 아이를 유기하던 아랍의 여아 살해(femicide) 관습을 낳기도 하였는데, 이슬람 시대 이후 이러한 관습은 완전히 근절됐다.

이슬람에서는 임신 순간부터 출산에 이르는 산모의 전 과정을 성스러운 투쟁으로 묘사한다. 심지어는 출산 중에 목숨을 잃은 산모를 순교자로 간주하여 천국에서의 보상을 약속한다. 출산 중이나 출산 직후 사망한 아이들은 천사가 되어 최후의 심판일 때 부모를 위해 기도해 준다고 믿는다. 이러한 출산의 중요성 때문에 임신을 위해 각종 기원을 하며, 출산할 때도 각종 비이슬람적 주술 행위가 성행한다.

임신을 위한 기원 행위로는 쿠웨이트에서 종종 행해지는 산모의 젖이나 시체를 씻은 물로 목욕하기, 새로 판 우물의 첫 물 마시기,

사고사를 당한 남자 시체 위로 건너가기 등이 있다. 일단 임신이 확인되면 임산부는 유산을 막고 건강한 아이를 출산하기 위해 각종 미신에 빠져든다. 예를 들면 태아가 산모의 왼쪽 배를 차는 것을 느끼면 아들을 낳게 된다고 믿는다. 임산부가 달을 쳐다보거나 누워 있는 임산부 위로 누가 지나가면 유산의 징조로 간주한다. 또한 임신 기간이 12개월인 낙타의 고기를 금하는데, 이는 출산의 지연을 원치 않기 때문이다. 유산을 막기 위한 조치로는 7대 이상의 조상 때부터 가업을 이은 대장장이가 주조한 팔찌나 발찌를 해산 때까지 차고 있거나, 이것이 여의치 않으면 출산 때까지 어린 양을 젖병을 물려 양육한다. 무사히 출산하면 그 양을 희생시켜 고기는 가족이나 친지들에게 나누어 주고, 뼈는 집 문지방에 묻는다.

출산이 임박해 오면 공동체 내에서 평판이 좋고 노련한 조산원을 고용하여 작은 칼과 명주실 등 출산에 필요한 준비물을 챙긴다. 임신한 부인은 조산원으로 활동하지 못한다. 아기의 옷가지는 물론, 악귀를 쫓기 위해 호적(護籍, 보통 푸른 구슬 바탕에 흰자와 검은 눈동자를 그린 것으로 지금도 아랍 일대에서 널리 통용되고 있다)을 준비하고, 꾸란을 주머니에 넣어 아기가 태어날 방의 벽에 메카 방향으로 걸어 둔다. 이때 아기 용품도 꾸러미로 만들어 그 속에 참깨를 뿌리고 호적과 꾸란 밑에 나란히 건다.

출산에는 호두나무로 된 반원형 의자를 사용하는데, 주로 서거나 앉아서 출산하는 것이 전통적인 방식이다. 남성은 격리되고 조산원과 이웃 여인들이 꾸란의 개경장과 "알라후 아크바르(알라는 위대하다)"를 외치며 출산을 돕는다. 꾸란 구절로는 마리아의 예수 출산과 지진에 관한 부분을 계속해서 낭송한다.

아기가 태어나면 탯줄을 자르고 그 순간 첫 번째 이름이 주어진다. 그리고 참깨 세 알을 배꼽 위에 놓고 포대기(흰색을 주로 사용하되 노란색은 금기이다)로 싸고 겉옷을 입히는데, 즉시 준비한 호적에 붉은 리본을 달아 아기 옷의 어깨 뒤쪽으로 매단다. 이는 흉안(凶眼)의 해악으로부터 아기를 보호하고자 하는 의식이다. 산모의 침대 위에는 꾸란과 그 밑에 양파, 마늘, 빗자루, 푸른 눈 호적을 매달아 출산 첫날 맹렬한 공격을 가하려는 악귀의 위험에서 벗어나고자 한다. 쿠웨이트에서는 아이와 산모의 얼굴에 즉시 푸른 물감을 칠하기도 한다.

태반과 탯줄은 지역에 따라 처리 방법이 조금씩 다르다. 일반적으로 특수 방향(芳香) 처리를 해서 2~3개월 상자에 담아 두었다가 아이가 눈병이 생겼을 때 약재로 사용하기도 하고, 아이가 공부를 잘하고 종교적인 심성을 갖게 해 달라는 뜻에서 학교나 모스크 근처에 묻기도 한다. 이집트에서는 태반과 탯줄을 잘라 하얀 솜으로 싸서 나일강에 던진다. 생물의 먹이가 되었다가 다시 사람에게 돌아오라는 풍요의 기원이다.

조산원이 출산 소식을 전하면 아버지는 첫 번째 의식으로 아기 머리가 메카 쪽으로 향하도록 안고 오른쪽 귀에 아잔(예배를 알리는 낭송), 왼쪽 귀에 이까마(아잔과 비슷한 내용으로 모스크 내에서 예배 직전에 낭송)를 불러 주며 알라에게 아기의 탄생을 고하고 알라의 은총을 구한다.

아잔을 부르고 난 후에는 아기의 강건함을 기원하는 의미로 신선한 대추야자 열매를 씹어 그 액을 아기의 입에 넣어 주는 의식을 치르는데, 이것을 '타흐리크'라고 한다. 갓 태어난 아이는 처음 이틀 동안은 꿀이나 설탕물을, 세 번째 날에는 식물성 식용유 한 숟가락을 먹이고 산모의 젖을 빨기 시작한다.

특히 남아를 간절히 고대하던 산모가 남아를 출산하면, 조산원은 그녀가 냉정을 되찾을 때까지 여아를 출산했다고 거짓을 알리는 지혜를 발휘한다. 이는 산모가 남아 출산을 너무나 기뻐한 나머지 혼절하는 사태를 막기 위함이다.

산모는 여아를 출산한 경우 즉시 가사로 복귀할 준비를 해야 하지만, 남아를 출산한 경우 최소 3~6일간 침대에서 산후조리를 하며, 그 뒤 40일간 휴식을 취한다. 그동안 산모는 '무가드'라는 죽과 아침 식사용으로 고기와 향료를 넣고 끓인 수프인 '알 후소', 당밀과 달걀, 양파를 다져 만든 반죽인 '알 아시다'를, 점심에는 미트볼인 '알 카부트', 차와 우유와 함께 마시는 향료 배합 음료인 '알 루훔' 등을 먹는다.

산모는 출산 후 40일이 되는 날, 신부 옷을 꺼내 입고 신부와 같은 대접을 받으며 남아 출산에 따른 보상을 받는다. 그리고 일상으로 복귀한다. 그러나 지금은 아랍이나 동남아시아 이슬람 사회에서도 점차 여성의 사회 진출이 늘면서 남아 선호 사상이 급속히 변하고 있다.

탄생 축제와 작명

　　　　　　　　　　　　출생 의례의 가장 중요한 부분을
차지하는 것은 생후 7일째 행해지는 탄생 축제(Sebu, 7일제)와 작명 의
식이다. 성대한 잔치를 병행하는 작명 의식에 가까운 이웃이나 친지
들이 선물을 준비해 처음 아기를 보러 온다. 하렘(여성 거주 공간)에 여인
들이 들어오면 조산원은 아기 침대에 묶어 둔 소금 주머니를 풀어서
뿌리며 "예언자의 은총을 받지 못한 자의 눈 속에 소금이 들어가기
를……" 또는 "사악한 자의 눈 속에 더러운 소금이 함께하기를……"
이라고 중얼거린다.

　　소금을 뿌리는 행위는 우리와 마찬가지로 부정하고 사악한 것,
특히 손님 중에 숨어 들어올지 모르는 악귀의 해악으로부터 아기와
산모를 보호해 달라는 기원의 표시이다. 이때 여인들은 선물로 자수
손수건의 한 모퉁이에 금화를 싸서 아기 침대 위에 놓는다. 그러고
나서 여인들이 아기에게 덕담하는데, "주님이여 우리의 예언자 무함
마드를 복되게 하소서."라는 내용이다. 만약 아기 모습을 이례적으
로 칭찬하면 주인은 기겁하고 즉시 부정하며 혹시 질투의 기운이 아
기에게 미칠까 의혹의 눈길로 상대를 본다. 이날 주인공인 남아에게
는 파란색 옷을, 여아에게는 분홍색 옷을 입힌다. 지극히 동양적이
다. 아기 침대 주변에는 꾸란에 나오는 일곱 가지 곡식으로 장식하는
데 옥수수, 보리, 완두콩, 흰콩, 강낭콩, 땅콩, 소금 등이다. 인생살이
의 풍요를 빌어 주는 의미다.

축제가 시작되면 상류 사회에서는 여성 가수와 밴드를 동원해 산모를 위로하며, 아기의 출산에 직간접적으로 관계된 여인들이 한바탕 함께 즐긴다. 이때 아기에게도 그 소음을 경험하게 하는데, 특히 여인들은 두 금속을 아기 옆에서 부딪쳐 소리를 들려주며 어떤 일에도 놀라지 않는 대범한 기개를 길러 준다.

그런 다음 아기를 체 속에 담아 심하게 흔들어 대는데 아기의 복통을 방지해 주는 데 매우 유용하다는 민간 습속에서 비롯되었다. 탄생 축제는 생후 일주일부터 5주째까지 매주 각각의 독특한 의례가 이어지는데, 가장 중요한 것이 일주일째의 작명 의식이다.

작명에는 크게 세 가지 방법이 있다. 첫째는 알라의 이름인 99가지 덕목을 따는 것이다. 알라는 친절하고 아름답고 신실하고 정직하고 지혜롭고 전지전능하고 위대하고 등등 99가지 덕목을 이름으로 따오는 방식이다. 그 덕목들은 알라에게 속한 것이므로 이름 앞에 '종'이란 의미로 압둘(Abdul-)을 붙인다. 즉 알라의 종인 압둘라(Abdullah), 압둘 라흐만(자비), 압둘 라힘(자애), 압둘 알림(지혜), 압둘 카림(위대함), 압둘 자밀(아름다움) 등이다.

둘째는 성서에 나오는 예언자의 이름을 따는 방식이다. 놀라운 것은 마리아, 예수, 솔로몬, 요셉, 요한, 아담 같은 성경에 나오는 많은 이름이 그대로 무슬림의 이름으로 쓰이고 있다는 사실이다. 여아인 경우 마리아에서 마리얌(Mariam), 예언자 무함마드의 부인이었던 카디자, 하프사, 할리마, 살라마, 자이납, 아이샤, 그의 외동딸 파티마 등의 이름을 사용하는 것이 일반적이다. 물론 가장 많은 무슬림 이름은 이슬람의 마지막 예언자인 무함마드이다. 초기 세 명의 정통 칼리파를 찬탈자로 보고 인정하지 않는 시아파에서는 아부 바크르, 우마르, 우스만 등의 이름을 피한다. 4대 칼리파 알리에 맞섰던 무함마드의 아내 아이샤도 시아파에서는 싫어하는 여성 이름이다. 따라서 시아파에서는 알리, 후세인, 하산, 파티마 등의 이름을 더 선호한다.

셋째는 다른 문화권에서도 일반적으로 발견되는 지명이나 고향, 행복, 사랑, 자연물(바다, 장미, 바위 등) 등을 이름으로 사용하는 경우다. 유목 생활을 하던 아랍인은 '성'이란 개념이 없었기 때문에 자기 이름과 아버지 이름 사이에 빈(bin)이나 빈트(bint)를 붙여 부자, 부녀간을 표시해 가계를 나타냈다. 예를 들면 사우디아라비아 국왕은 'Abdullah bin Abdul Aziz bin Al-Saud(알사우드의 아들, 압둘 아지즈의 아들인 압둘라)'로 표시된다. 딸은 아버지 이름 앞에 bin 대신 bint를 붙이면 된다. 현재는 많은 이슬람 국가에서 성을 만들어 쓰고 있다. 가장 대표적으로는 성이 없던 터키가 1928년 성씨법을 통해 모든 국민에게 갑자기 성을 만들어 사용하게 하면서 여러 많은 부작용과 급격한 전통 의식의 변화가 생겨나기도 했다.

전통 시대의 우리나라와 마찬가지로 중앙아시아나 일부 이슬람 지역에서는 귀한 자식을 보호하는 수단으로 상당 기간 동물이나 곤충의 이름, 혐오스러운 표현, 발음하기 어려운 낱말을 이름으로 사용하기도 한다. 이는 사악한 기운으로부터 아이를 보호하고자 하는 풍습의 반영이다. 악귀가 예쁜 얼굴이나 차림, 고귀한 이름을 가진 아이에게 집중적인 관심을 보이고 공격하게 되리라는 믿음 때문이다.

아끼까 희생 의식

생후 7일째 작명하는 날, 아기의 머리털을 정수리만 남기고 자르고 그 머리털의 무게에 해당하는 금이나 은을 가난한 사람에게 희사한다. 이러한 의식은 작명과 함께 새로운 삶과 세계로의 입문을 의미한다. 그다음 주인은 손님을 초대해 동물들을 희생한다. 보통 남아인 경우에는 양 두 마리, 여아인 경우에는 양 한 마리를 잡는다. 아끼까(Aqiqah) 의식은 생후 7일째뿐만 아니라, 지방에 따라서는 14일째와 21일째에도 행한다. 이 의식은 부모가 그의 자식들을 위해 희생 의식을 치르지 않으면, 그 자식이 곧 죽게 되거나 최후 심판일에 자식이 부모를 변호해 주지 않을 것이라는 믿음에서 기인한다.

희생 제물은 일반적으로 삼등분해 한 몫은 집 안에서 요리하여 손님들을 대접하고, 한 몫은 가까운 친지나 친구, 조산원에게 나누어 주고, 또 한 몫은 가난한 이웃에게 희사한다. 이러한 삼분 희사 방식은 여러 다른 희생 의식에서도 공통으로 발견된다.

할례 진정한 사회 구성원으로 성장하다

남성 할례는 이슬람의 전통이자 관습이다. 몸과 마음을 정결히 하여 하느님과 대면하기 위한 기본적

328

인 준비 자세다. 그래서 신체의 가장 더러워지기 쉬운 부분 일부를 잘라내어 질병을 막고 정결을 유지하도록 하는 것이다.

할례의 시기는 다양하다. 일반적으로 아랍 사회에서는 작명 의례를 행한 직후인 생후 8일째에 할례를 행한다. 그러나 아랍권 일부에서와 비아랍권에서는 생후 40일째 또는 아이가 좀 더 성장한 후인 5~7세 때 할례를 행한다. 상류층 자제가 할례를 할 때는 가진 자가 비용을 대 수십 명의 고아와 가난한 자의 자식들이 함께 할례를 행하는 것이 미덕이다. 할례에는 성대한 잔치와 할례복 준비에 많은 경비가 소요되기 때문이다.

할례일이 공고되면 대상자들은 터번과 새 옷으로 단장하고 악사들과 함께 말이나 낙타를 타고 동네 주위를 배회하면서 자신들이 곧 진정한 사회 구성원으로 입문하게 되리라는 사실을 알린다. 할례일에는 많은 친지가 지켜보고 축송을 하는 가운데 마취 없이 간단한 수술을 행한다. 어린 나이에도 절대 울지 않는 강건함을 보여 줌으로써 남성의 세계에 입문할 자격을 인정받는다. 갖가지 선물과 함께 모든 공동체 구성원이 하나가 되어 최고의 관심과 축하를 표명한다. 모로코에서는 할례한 소년을 말에 태워 동네 한 바퀴를 도는 퍼레이드를 펼치기도 한다.

여아 할례는 이슬람에서 규정된 관습이나 권고 사항이 아니며, 이슬람 이전 아프리카 풍습의 잔재다. 여아 할례는 지역에 따라 적용되는 방법과 정도가 매우 다양하게 나타난다. 특히 수단과 이집트에서는 아직도 여아 할례가 매우 보편적인 데 반해, 메카와 메디나를 중심으로 하는 사우디아라비아, 북아프리카, 터키, 이란, 파키스탄 등지에서는 거의 소멸해 가고 있다. 할례 방식도 수단에서는 소음순과 음핵의 돌출 부분을 포함한 광범위한 부위를 제거하는 데 비해, 대부분 지역에서는 음핵의 일부(1~3밀리미터)를 예리한 칼로 제거하는 형태를 취하고 있다. 현대의 이슬람 학자 대부분은 여아 할례를 이슬람 이전 시대의 비종교적 의미로 배척하는 경향을 보이지만, 일부 아랍인은 이를 관습적으로 행하고 있다. 그들은 여성 할례가 여성의 성적 기능과 충동을 억제하는 수단으로 행해진다고 알고 있다.

아이는 무수한 통과 의례를 거치면서 성장한다. 첫 이가 났을 때, 첫걸음마, 첫돌 의식 등이 그것이다. 산모는 꾸란의 규정으로 만 2년 이상 모유로 양육할 책무를 진다. 건강상의 이유로 수유 기간을 단축하려면 남편의 동의가 있어야 한다. 이런 경우 우유나 분유 대신 유모를 고용한다. 모유의 신성함 때문에 같은 유모의 젖을 빨았던 유아들은 후일 아무런 인척 관계가 없음에도 결혼이 엄격히 금지된다. 유아기에는 어머니의 역할이 특히 강조된다. 이슬람은 자식을 샤하다(이슬람 신앙 고백)를 암송할 수 있는 나이까지 잘 키워 부모에게 복종하고 신을 경외할 줄 아는 사람으로 만든 어머니에게 천국을 보장한다.

자식이 갖는 소중함과 의미가 크면 클수록 부모는 질병을 유도하는 진(jinn)이라 불리는 사악한 영적 존재나 흉안(凶眼)의 해악으로부터 자식을 보호하고자 미신에 가까운 여러 가지 방책을 강구한다. 가장 대표적인 방법이 아이의 몰골을 지저분하게 하거나 현란한 장식을 달아 진의 관심을 딴 곳으로 돌리는 것이다. 터키 동부나 쿠웨이트, 시리아 일부 지역에서는 남아를 여장(女裝)시켜 악귀의 눈을 피하도록 하고 있다. 가난하고 지저분한 아이보다 부유층 자제가, 여아보다 남아가 더욱 진의 시기를 받기 쉽다고 믿기 때문에 왕족이나 상류층 자제는 취학 연령에 도달할 때까지 하렘에 칩거하면서 외부인과의 접촉을 제한한다.

할례 이후부터는 아버지에게 절대적 복종과 존경심의 바탕에서 예절, 사회 관습과 관례, 종교 지식 등의 엄격한 가정 교육을 받는다. '셰이크'라는 가정 교사를 고용하기도 한다. 말하기 시작할 때 처음 받는 교육은 샤하다를 외우며 무슬림 영역으로 들어가는 것이다. 5세부터 세정과 예배 의식을 행하고 어머니나 할머니로부터 선조의 영웅담이나 신화적 전설을 전해 듣는다.

7세가 되면 남녀가 유별해 하렘에 함부로 왕래할 수 없으며, 여아는 바깥출입 시 베일을 쓴다. 이때부터 남자는 서당이나 학교에서 꾸란과 하디스를 배우는 체계적인 교육을 받는다. 여아는 남자보다 교육 혜택을 덜 받는 경우도 있다. 일류 상류층에서는 여교사를 초빙해 가정에서 글자를 익히고 꾸란 낭송 및 종교적 교육을 받게 하지만, 대부분의 집안에서는 엄격한 통제 속에 수예, 방직, 카펫 짜기 등의 기술 교육을 익히도록 한다.

결혼의 의미와 절차

　　　　　　　이슬람에서 결혼은 사회 결속과 가족 연대를 강화하는 기능, 성적 욕구의 충족이라는 본능을 제도화하는 의미를 갖는다. 꾸란과 하디스는 인간의 덕목을 유지하고자, 종족을 번창하게 하고자, 인간 사이의 사랑과 동정심을 확립하고자 결혼 생활을 장려하며 찬양하고 있다. 따라서 결혼은 남성과 여성 사이의 신성한 계약이며 종교적 의무이다. 이슬람권의 혼례가 다른 문화권의 혼례와 확연히 구별되는 것은 신분과 직업에 상응하는 중매혼, 일부다처의 허용, 결혼 지참금 제도, 사촌 결혼, 남성 위주의 결혼 생활 등이 있기 때문이다.

　　이슬람 전통 사회에서 결혼은 개인적인 문제라기보다는 가족이나 혈연 공동체 모두에게 관련되는 공통의 관심사이다. 따라서 자유연애결혼은 상상할 수도 없다. 남자 18~20세, 여자 16~18세의 결혼 적령기에 도달하면 흔히 마을에서 가장 명망이 높고 평판이 좋은 사람이 중매인이 되어 양가의 사회적 신분, 재산, 직업, 결혼 당사자의 교육 정도나 됨됨이를 고려해서 신랑 신부의 혼담을 진행한다. 요즘은 아랍 사회에서도 결혼 연령이 상당히 늦춰졌다. 나라별로 혹은 도시와 지방 간에 다소 차이가 있겠지만, 남자는 25~30세, 여자는 22~27세가 새로운 결혼 적령기가 되었다. 연애결혼이 허용되지 않는 아랍 전통 사회에서 카타바(중매인)의 역할은 여전히 중요하다.

　　여기서 사회적 신분이란 그 가계의 혈통이 예언자 무함마드와 관련이 있는지, 종교적 헌신도나 신앙 정도, 노예 상태에서 해방된 후 몇 세대가 지났는지, 재산, 가정의 도덕적 규율 상태 등을 살핀다. 시아파와 달리 수니파에서는 남자는 자신보다 낮은 지위에 속한 가문의 여자와 결혼할 수 있으나, 여자의 경우에는 자신보다 비천한 가문의 남자와 결혼하는 것이 허용되지 않는다.

일부 지역에서는 유아기에 양가 사이에 약혼하는 관례가 강하게 남아 있다. 또 아무런 인척 관계가 없더라도 어릴 때 같은 유모의 젖을 공유한 남녀의 결혼은 관습적으로 금지하고 있는 점이 중동 사회에서의 젖의 신성함과 관련해 매우 특이하다.

신랑감은 아버지, 신붓감은 어머니가 고르는 것이 일반적이지만, 배우자의 최종 결정권은 아버지가 갖는다. 신부에게 아버지가 없는 경우 남자 형제가 아버지 역할을 대신하지만, 신부는 남자 형제가 고른 신랑감을 거부할 수 있다. 그러나 침묵은 종종 동의로 받아들여진다. 여자는 부모가 선택해 준 신랑 후보를 거절할 수 있으나 본인이 좋아하는 사람을 선택할 권리는 일반적으로 인정되지 않는다. 결혼 후보자는 부모나 후견인과 함께 신랑 혹은 신부를 볼 기회가 주어지기도 하지만, 혼례일까지 상대의 얼굴을 보지 못하는 경우가 많다.

결혼하기에 가장 좋은 달은 샤왈(히즈라 10월)이고, 회피하는 달은 무하람(히즈라 1월)이다. 시간은 주로 금요일 저녁이나 월요일 저녁을 택한다.

결혼이 금지되는 근친의 범위는 어머니, 딸, 여자 형제, 배다른 누이, 숙모, 고모, 이모, 외숙모, 조카, 질녀, 장모, 의붓딸, 아버지의 다른 부인들, 며느리 등이며, 두 자매와의 동시 결혼, 같은 유모의 젖을 공유했던 사람, 노예와의 결혼도 금지된다. 또한 남녀 모두 부부 생활을 위협하는 지병이나 신체적 결함이 없어야 하고, 남자는 네 명의 아내를 갖지 않은 상태, 여자는 이혼한 후 전 남편과의 관계를 청산하고 재혼 금지 기간을 충족한 상태여야 한다.

부족에 따라서는 처가 사망한 경우 처제나 처형과의 결혼이 보편적이고, 형제가 사망하는 경우 형수나 제수를 아내로 맞이하는 수계혼(嫂繼婚) 제도가 성행하기도 한다.

종교적으로 무슬림 남자는 이교도 여인 중 기독교도나 유대교도와의 결혼이 허용되지만, 무슬림 여자가 이교도 남자와 결혼하는 것은 허용되지 않는다. 결혼이 허용되더라도 이교도 아내는 개종하지 않은 상태에서는 남편의 유산 상속권을 갖지 못한다.

결혼 조건이 충족된 상태에서 쌍방 합의가 이루어지면, 신랑, 신부, 보호자와 각각 두 사람의 증인이 참석한 가운데 까디(판관)에 의해 결혼의 합법성이 공표된다. 전통 관습법은 서면 양식 없이 판관에 의해 쌍방 합의가 공동체에 공표됨으로써 효력이 발생했다. 지금은 여성 보호 차원에서 모든 조건을 세부적으로 명시한 혼인 계약서가 작성돼 공개된다. 성혼(成婚) 절차는 주례인 판관이 결혼 계약의 구체적 사실을 확인하고 동의한 다음 결혼의 의미와 이슬람적 가르침을 설법한다. 그리고 신랑, 신부가 오른손 엄지를 세워 서로 누르며 손수건으로 그 위를 덮는다. 신랑, 신부가 꾸란의 첫 장인 개경장(Surat al-Fatiha)을 함께 낭송하면 절차는 끝난다.

이러한 법적 절차와 함께 관습적인 절차의 충족도 결혼 성립에 매우 중요하다. 가장 대표적인 것이 신부의 처녀성 문제이다. 이는 흔히 첫날밤을 지낸 후, 하얀 천에 묻은 혈흔을 대중에게 공개함으로써 처녀성을 증명하고, 그 결혼이 사회적으로 인정받는 절차로 나타난다. 그러나 요즘은 혈흔을 직접 공개하는 일이 매우 드물다.

아랍 사회에서 권장된 결혼 관습 중 하나는 사촌 결혼이다. 사촌 중에서도 부계(父系) 사촌, 즉 숙부의 딸을 신부로 맞이한다. 부계 사촌 누이동생에 대한 권리와 의무는 거의 절대적이어서 남자가 그녀와의 결혼 의사를 포기하지 않는 한, 다른 사람이 그녀와 결혼하기란 거의 불가능하다. 반면 신랑이 가족의 압력에 의해 부계 사촌 누이와 내키지 않는 결혼을 했을 때, 그는 자신의 의사로 두 번째 부인을 얻음으로써 그 보상을 얻기도 한다.

사촌 결혼 풍습은 크게 가족 연대 강화, 상속에 따른 재산권 보호, 결혼 후 원만한 가족 관계의 기대, 과다한 결혼 지참금 지불이라는 경제적 압박에서 해소된다는 측면에서 설명될 수 있겠지만, 남녀가 철저히 분리되고 교제가 통제된 사회 구조에서 사촌 누이가 내외하지 않고 자유로이 교통할 수 있는 유일한 근친 이성이라는 현실적 측면도 강하게 작용하는 것 같다.

신랑이 신부를 데려오는 대가로 신부 측에 일정한 재화를 지불하는 마흐르 제도는 이슬람 이전 아랍 사회에서도 잔존하던 유습이다. 애초에 마흐르는 부족이나 가문 간의 연대 표시를 위한 기능이 강했다. 그러나 이슬람 이후 이 제도는 종교적인 강제 규범으로 승화되어 순수하게 이혼이나 재해 시에 여성을 위한 최소한의 복지금이라는 의미로 정착되었다. 따라서 마흐르는 남편과 함께 사는 동안에는 친정에서 관리하고, 필요할 때 여성에게 전달된다. 친정에서 이 돈을 임의로 처분할 수 없도록 이슬람법으로 엄격히 규제하고 있다.

마흐르의 액수는 신부 집안의 사회적 신분이나 신부의 교육 정도 등에 따라 다르지만, 일반적으로 부모의 도움 없이 독신 남성이 준비하기에는 매우 벅찬 금액이다. 따라서 나이 든 노총각과 이혼녀의 결혼이 보편적인 현상으로 편견 없이 행해진다. 초혼과 재혼에 따라 그 비율도 달라 처녀일 경우를 100으로 할 때, 이혼녀는 75, 미망인은 50에 해당하는 마흐르를 받을 수 있다. 마흐르는 결혼 성립을 위한 절대 필요충분조건이며, 쌍방이 합의하는 경우 액수가 조정되거나 3분의 2를 결혼 시에 지불하고, 나머지 3분의 1은 이혼 때 지불하기도 한다. 또 사촌혼의 경우 마흐르는 상징적인 액수에 그치기도 한다. 한편 최근에는 가난한 총각들을 위해 아랍 은행이 마흐르 금액을 장기 융자해 주기도 한다.

이슬람 장례 하루만의 매장

이슬람에서 죽음은 종말이나 생명의 손상이 아닌 영혼과 육체의 일체감이 소멸함을 의미한다. 생명이 육체에 대한 영혼의 집중이라면, 죽음은 생명열의 소화 상태이다. 그러므로 죽음은 종말이 아니라 새로운 시작이고, 고통으로부터의 해방이므로 기쁨이라고 본다. 즉 내세는 이승과는 비교도 되지 않는 고차원적인 삶의 양태가 보장되는 곳이다.

이처럼 이슬람교에서 죽음은 이승과 저승을 연결한 매듭이고, 새롭고 영원한 삶에 이르는 교량이다. 따라서 죽은 자를 화장하면 영혼의 안식처가 소멸된다고 보며, 매장해 무덤이라는 영혼의 거주 공간을 만들어 주도록 가르친다. 또한 죽은 자의 무덤을 방문해 고인을 추모할 때 두 영혼의 교감으로 영적인 지도를 받을 수 있다고 믿는다. 나아가 영혼이 분리된 이후에도 육체와 영혼 간의 사랑은 끝나지 않고 상당 기간 지속된다고 보기 때문에 사체에 대한 손상이나 무덤 위를 밟고 다니는 행위는 금기시된다. 이런 이유에서 이슬람 사회에서의 장례는 빠른 매장(보통 24시간 이내), 간단하고 엄숙한 상례, 내세에 대한 강한 믿음 등의 특징으로 규정된다.

제 죽음을 인지한 자는 세정 의식을 행하고 얼굴을 메카 방향으로 향한 상태에서 마지막 순간까지 샤하다(신앙 고백)를 낭송한다. 그럴 기력이 없는 상태에선 가족이나 친지들이 샤하다를 낭송해 들을 수 있게 한다. 꾸란 구절로는 〈야신〉 장이 조용히 낭송된다. 이때 생리 중인 여자, 출산 후 40일이 지나지 않은 여인, 기타 정결하지 못한 상태에 있는 자들은 자리를 함께하지 못한다.

운명하면 사자(死者)의 얼굴이나 머리를 메카로 향하게 한다. 사체 수습을 위해 우선 눈을 감기고 입을 다물게 하며, 발목을 묶고 두 손은 가슴 위에 놓는다. 가족이나 무가실(장의사)이 향료를 넣은 비눗

물로 사체를 세정한 후 염(殮)을 한다. 이때 남편이 아내의 시신을 혹은 아내가 남편의 시신을 세정하는 것은 허용된다. 고인의 머리털과 체모를 깎는 풍습이 일반적이다. 그런 다음 솜으로 입과 귀, 코 등을 막으며 염습을 하고 하얀 무명천이나 자루를 이용해 한 겹 또는 여러 겹으로 둘러싼다. 이때 하나의 천을 사용하고 천을 서로 연결해 쓰지 않는다. 흰색이나 푸른색의 수의를 입히기도 한다.

임종 순간 통곡으로 애도가 시작된다. 죽음을 알리기 위해 즉시 부고를 하되 큰 소리로 울거나 비탄에 젖어 울부짖거나 뺨을 때리고, 옷을 찢는 등의 행위는 이슬람 이전의 관습으로 금기시된다. 다만 조용히 흐느끼는 행위에 대해서는 어떤 제재도 가하지 않는다. 그러나 일부 지역에서는 가족 중 여자(부인)가 큰 소리로 곡을 시작함으로써 죽음을 알린다. 쿠르드족의 애도는 극심한 울음소리와 격정적인 통곡과 몸짓이 특징이다. 이슬람 이전의 관습으로 매장될 때까지 통곡과 꾸란 낭송이 그치지 않는데, 통상적으로 '네다비'라는 여자 대곡자(代哭者)를 고용하여 "왈왈라", "월왈"이라 외치며 계속해서 통곡한다. 또한 꾸란 낭송을 위해 파끼흐, 즉 이슬람 법학자가 초대되기도 한다.

아침에 시신이 관에 실려 집을 나설 때 모든 친지와 이웃이 상여꾼이 되어 모스크까지, 또는 그곳에서 묘지까지 운반한다. 상여꾼을 별도로 고용하는 경우는 거의 없는데 이것은 강력한 사회 연대 의식의 표현이다. 터키에서는 상여가 집 앞에서 출발하기 전에 이맘이 모인 사람들에게 큰 소리로 생전의 고인에 대한 이웃의 평판을 질문한다. 이때 모여든 이웃들은 한목소리로 고인을 위해 좋은 증언과 변호를 한다. 사회적 평판이 내세에서의 심판일에 주요한 판단 자료가 된다는 믿음 때문에 공동체에서의 적극적인 삶과 협력이 강조되는 의식인 셈이다.

가까운 모스크에서 홀수 열을 만들어 보통 낮 예배에 이어 장례 예배를 마친 다음 영구 행렬은 장지로 향한다. 카이로에서는 선두에 맹인이나 걸인이 두셋씩 짝지어 앞장서고, 남자 친지 그룹이 뒤를 따르는데 이때 한 소년이 꾸란 제30장을 편 채 행진한다. 마을 사람과 친지들은 관을 번갈아 매면서 행렬을 이뤄 장지까지 동행하고 고인의 여자 가족들은 푸른 띠를 베일 위에 동여매고 행렬에 참여한다. 푸른색은 조의를 표하는 애도의 색깔로, 손수건처럼 손에 묶거나 어깨에 걸치기도 한다.

상여 행렬에는 상주 그룹, 그 뒤를 이어 여자 그룹 그리고 고용된 대곡자들이 통곡하며 따른다. 부유한 집에서는 음식을 실은 낙타 떼를 동원하는데, 일부는 무덤에 넣고 나머지는 이웃에게 나누어 주기 위해서다. 심지어 무덤가에서 물소나 동물을 잡아 희생제를 치르기도 하는데, 이런 풍습은 고기를 가난한 참석자에게 나누어 줌으로써 고인의 죄가 경감될 수 있다는 믿음 때문이다.

장지에 도착한 운구는 묘지 옆에서 대기한다. 시신은 관 없이 매장하는데, 땅에 묻기 전에 시신을 세 차례 들었다 내리고는 '몰라'의 기도와 꾸란 낭송으로 매장을 시작한다. 매장 시각은 한밤중이나 일출, 일몰 때이며 태양이 정중앙에 있을 때는 피하는 것이 일반적이다. 사람 키 높이로 비교적 깊고 넓게 판 묘실에 얼굴을 메카 방향으로 향하게 시신을 안치하고, 하얀 천으로 싼 시신 위에는 아무것도 덮지 않은 상태에서 공간을 두고 그 위를 큰 돌이나 석판으로 덮는다. 그러고는 흙을 다져 봉분 없이 지표면보다 약간 높게 평분을 만들고 표식을 한다. 비문을 세우기도 하는데, 여자의 경우 남편의 이름 대신 친정아버지의 이름을 표시한다. 그런 다음 장례 행렬에 참석했던 사람들이 하나씩 묘지 위의 흙을 어루만지며 고인과 마지막 작별 인사를 나눈다. 운구해 온 나무 관은 집으로 다시 가져오는 것이 금지되어 있으므로 묘지 옆에 그냥 놓아둔다.

시신을 관에 넣은 채로 매장하는 경우는 매우 드물다. 화장하지 않고 매장하는 풍습은 내세에서 영혼과 함께 육신도 부활한다는 믿음 때문이다. 묘실은 서너 명이 매장될 수 있도록 넓게 파는데, 한 세대가 지나면 한 무덤에 또 다른 가족을 매장하는 복장(復葬) 관습 때문일 것이다. 묘소에 집을 짓고 비석을 세우는 것은 일반적으로 금지되었는데, 후일 아랍 이외의 지방에서 왕묘나 성자들의 묘소에 대규모 묘당을 짓는 유행이 생겨났다. 우즈베키스탄 부하라의 이스마일 샤마니 영묘, 사마르칸트의 티무르 묘당, 인도 무굴 제국 시대의 타지마할이 가장 대표적이다.

장례식 당일에는 고인의 집에서 일체의 음식을 만들지도 않고, 대접하지도 않는다. 음식은 모두 동네 사람들이 분담해 만든다. 장례 후 첫 사흘간 밤새 꾸란을 낭송하는 관습이 일반적이고, 지역에 따라 사흘째, 40일째, 1년째 가족들이 추모 집회나 기도 의식을 거행하기도 한다. 매장한 후 사흘째에 무덤에 가서 꾸란을 외우는 추모 의식을 갖기도 한다.

다음 날에는 여러 가지 음식을 만들어 무덤을 방문하고 그 음식을 가난한 이웃에게 나누어 주는 추모 의식을 반복한다. 이러한 행위는 장례 후 하루가 지나면 영혼이 육체를 완전히 떠나 최후의 심판을 기다리는 대기 장소로 이동하지만, 처음에는 매주 금요일마다 자기 무덤으로 되돌아온다는 민간 신앙 때문이다. 영혼들은 주로 금요일 오후 예배 이후에 무덤으로 돌아와서 육체에 접목되고, 밤새 지내다가 일출과 함께 돌아간다고 믿는다.

통상 장례식 후 40일간 추모 의례가 다양한 형태로 지속된다. 유족들은 화려한 차림을 피하며 주로 금요일에 가족과 친지가 모여 음식을 장만하고 꾸란을 독경하는 주기적인 추모 의식을 행한다. 1주기가 돌아올 때까지 가족들은 근신하는 자세로 경건하고 검소한 일상을 보낸다. 추모 기간에는 집에서 음주가무는 물론, 축제나 결혼식 같은 세속적인 모든 즐거움을 유보하며, 붉은색 옷이나 진한 화장, 천박한 행동은 삼가야 한다. 마지막으로 모든 마을 사람을 초대하여 1주기 추모식을 치름으로써 고인을 위한 일련의 의례는 끝이 난다.

추모식은 한 가족이 감당하기에는 벅찬 규모여서 이웃과 친지들이 돈과 양은 물론, 버터, 식용유, 치즈 등을 보내 주어 함께 치르는 미덕을 보인다. 고인의 새 옷은 태워 없애지 않고 1년간 보관했다가 애도 기간이 끝나면 성직자나 장례를 위해 애써 준 '몰라'에게 선물

한다. 묘석은 사후 1~2개월, 어떤 경우에는 1년이 지난 후 세운다. 이때 고인의 이름과 사망 일시, 심지어는 고인이 물담배를 좋아했으면 물담배를 새긴 묘석을 세우기도 한다. 과거에는 말이나 양 모양의 묘석을 세우는 일도 있었으나 오늘날 이런 형태는 거의 사라졌다. 고인이 지체가 높은 경우에는 장례를 위해 희생된 말이나 숫양의 머리를 따로 무덤 옆에 놓아두는 풍습도 있었다. 가족들이 고인을 기리는 또 다른 방식은 형편에 따라 고인의 이름을 딴 공동 우물, 고아원, 다리 등을 지어 공동체에 귀속시키는 것이다.

미망인은 4개월 10일간 외간 남자와의 접촉을 피하며 집에서 지낸다. 이는 재혼 금지 기간인 잇다(iddah)를 지켜 자유로운 재혼권을 획득하는 과정이다. 그러나 일반적으로 미망인은 1년 후 재혼이 허용된다. 재혼 대상에는 제한이 없으나 전통적인 유목 사회에서는 근친이나 족내혼이 권장된다. 이는 공동체의 약화를 막고, 아이의 양육, 공동체의 결속과 보호 등을 위한 장치로 해석된다. 미망인이 다른 가문이나 부족의 남자와 재혼하는 경우, 집안의 수치로 받아들여 가문 간 불협화음과 부족 간 적대 관계의 원인이 되기도 한다.

이슬람 여성, 억압과 현실

두 얼굴의 이슬람 여성 부르카와 여성 총리 사이에서

이슬람은 여성을 억압하는 종교인가? 이슬람 사회에서 많은 여성은 억눌리고 고통받고 있는가?

두 질문은 사실 다른 명제인데, 서로 구분 없이 논의된다. 이슬람 종교가 여성을 억압한다는 것은 맞지 않는다. 적지 않은 이슬람 국가가 꾸란을 재해석해서 오히려 서구보다 앞선 여성의 사회 활동과 제도적 개혁을 이루어 내고 있기 때문이다. 두 번째 질문에는 아직도 고개를 끄덕일 수밖에 없다. 여성이라는 이유만으로 억압받고 차별받는 이슬람 사회가 엄연히 존재하기 때문이다. 그것은 이슬람의 문제라기보다는 그 사회가 가진 토착 관습, 문맹률, 경제 수준, 삶의 질, 글로벌 지수 등과 밀접한 관련이 있다. 발전 과정에 있는 국가들이 갖는 일반적인 현상과 크게 다르지 않다. 민도가 낮은 권위주의 이슬람 국가에서 이슬람의 이름으로 여성을 억압하고 차별하는 행태 때문에 이슬람과 여성 억압이 동일시되는 경우가 허다하다.

아프가니스탄의 탈레반 정권을 보자. 탈레반은 1996년 집권하자마자 이슬람의 가르침이라고 강변하며 잔혹한 여성 탄압을 시작했다. 부르카로 얼굴까지 가리고 학교 교육과 사회 참여를 원천적으로 봉쇄했다. 책에 손대면 교육 모독죄요, 하이힐을 신고 소리를 내면 공공 소음죄요, 진한 화장을 하면 남성 유혹죄로 다루었다. 심지어 여성은 이슬람의 경전인 꾸란에도 함부로 손대지 못하게 했다. 간통을 저지른 여성에게는 가장 끔찍한 투석형을 실시하고 신체적 상해를 입히는 잔혹한 처벌을 허용한다. 종교의 이름으로 행해진 현대 판 마녀사냥이었다. 그뿐이랴. 우상 숭배를 금지한다고 인류의 소중한 문화유산인 바미안 석불을 폭파하고, 다른 종교의 활동을 법으로 금지했다. 이처럼 반이슬람적인 행태들이 이슬람의 이름으로 행해졌다. 이슬람을 잘못 적용하고 정권에 악용된 전형적인 문명 범죄들이다.

이슬람의 종주국이라 자부하는 사우디아라비아의 여성 차별도 도를 넘고 있다. 전 여성에게 검은 히잡을 뒤집어씌운다. 외국 여성도 예외가 아니다. 자국 여성들에게는 눈만 나오는 검은 니캅을 쓰게 해서 얼굴까지 가리게 한다. 그들은 남편이나 남자 형제들의 동행 없이 마음대로 이동할 자유도 없었다.

사우디아라비아와 아프가니스탄 탈레반 세력의 극단적 여성 차별에 우리 모두 분개한다. 그리고 커다란 의문 하나를 던진다. 도대체 이슬람이란 종교는 21세기가 되어도 어떻게 저토록 반여성적이며 반문명적일 수 있는가? 탈레반은 이슬람의 거울이 아니다. 사우디아라비아도 이슬람의 표준이 아니다. 반대로 가장 잘못된 이슬람의 전형일지도 모른다. 그래서 탈레반 정권이 붕괴하자마자 여성들은 얼굴을 드러냈다. 물론 보수적인 집안이나 아직 탈레반이 영향력을 행사하고 있는 남부 지방에서는 부르카가 완전히 사라지지 않았지만, 여성 장관이 배출되고 의사나 판사 등 사회 각계각층에서 여성들이 조금씩 자신의 역량을 발휘해 나가고 있다.

최근 들어 사우디아라비아에서도 여성들에게 주민등록증이 발급되었고, 30년 사회 논쟁 끝에 2017년 9월 여성 운전을 겨우 허용했다. 1,400년간 이슬람의 이데올로기를 팔아 여성을 옥죄어 왔던 남성들의 기득권과 '남녀 7세 부동석'이라는 금기 영역을 깨뜨렸을 때 폭발할 사회적 변화를 와하비 보수 집단이나 왕정 모두 감당할 준비가 아직 되지 않았기 때문이다. 특히 30대 중반의 젊은 실세인 왕세자 무함마드 빈 살만(Mohammed bin Salman)이 야심 차게 추진하는 'SAUDI 2030 VISION' 개혁 정책에 따라 여성 운전 허용에 이어 보호자 남성의 동행 없는 단독 해외여행 허가, 경기장 출입, BTS 리야드(사우디 수도) 공연을 촉매제로 한 외국 공연 허용 등 획기적인 변화를 시도하고 있다. 히잡 강제 착용 여부도 국가 최고 위원회에서 논의를 시작했다고 하니 조만간 이 문제도 해결될 전망이다.

그렇다면 다른 이슬람 국가의 사정은 어떤가? 터키 같은 이슬람 국가는 사형 제도를 폐지하고 아예 간통죄까지 폐지했다. 세계 최대 이슬람 국가인 인도네시아에서는 국민의 직접 선거로 메가와티 후보를 인도네시아 최초의 여성 대통령으로 선출했고, 국민의 99퍼센트가 이슬람을 믿는 보수적인 성향의 파키스탄에서도 베나지르 부토를 민선 총리로 뽑았다. 바로 이웃의 방글라데시도 1980년 선거 혁명을 통해 칼레다 지아가 최초의 여성 민선 총리에 취임했고, 그 뒤를 이어 하세나가 총리에 당선되며 화려한 여성 지도자 시대를 열었다. 말레이시아에서 여성의 사회 진출은 오히려 서구 사회를 앞질렀고, 이란과 주변 이슬람 국가의 대학에서는 이미 여학생 숫자가 남학생을 앞지르고 있다. 히잡을 쓴 여성 축구부와 태권도 팀도 창설됐다. 이슬람 사회는 종잡을 수 없고 이슬람 여성관도 나라마다 다양하다.

그렇지만 아랍 국가의 여성은 아시아 여성 무슬림보다 여러 가지 측면에서 열악한 환경에 처해 있다. 아랍 사회에는 아직도 유목 전통의 영향으로 가부장제, 부계 중심, 남아 선호, 남성 주도의 경제적 행위라는 전통문화가 팽배해 있다. 이러한 산업 구조나 문화적 습속 때문에 여성들은 상대적으로 취업이나 사회 진출, 자유로운 정치 참여의 기회에서 매우 불리할 수밖에 없다. 이는 결과적으로 여성이 남자에게 경제적으로 의존하게 하는 악순환을 가져온다. 결국 이슬람의 문제라기보다는 아랍 사회의 문제인 셈이다.

이슬람은 여성에 대한 남성의 사회적 부양을 의무화하고 있다. 이슬람은 지참금(마흐르)과 함께 부양 생계비(나파까)를 아내에 대한 남편의 의무로 규정한다. 혼인 계약 때 이러한 남성의 의무가 명문화된다. 만약 남편이 이 의무를 제대로 수행하지 않으면 아내는 법적 부양을 요구할 수 있으며, 심한 경우 이혼을 청구할 수도 있다. 재정적인 측면에서 여성은 독자적인 부동산과 재산을 소유할 수 있고, 결혼 시 가져오는 지참금의 소유권과 유산으로 상속받는 재산이나 선물에 대한 소유권, 결혼 도중 자신의 노동력을 통해 얻은 재산은 법적으로 분명히 여성 소유이다.

우리나라의 경우 1998년에 비로소 가족법이 개정되어 여성이 남성과 동등한 몫을 가지게 되었다. 그러므로 이슬람의 여성 상속법은 우리보다 무려 1,400년이나 앞선 제도이다. 사실 이슬람은 여성의 상속권뿐만 아니라 여성의 사유재산 소유권도 이슬람 초창기부터 인정하고 있다. 따라서 당시 서구에서 여성을 남성의 소유물로 인정하던 관행에 비추어 이슬람 여성들은 이미 그러한 권리를 누리고 있었다.

오늘날 세계 여성들이 이룩한 지위는 남성이 부여하거나 존중해 줌으로써 생겨난 것이 아니라 기나긴 투쟁과 희생을 감수하면서 쟁취한 것이다. 특히 사회적으로 여성의 헌신과 노고가 필요했던 양차 세계대전과 기술 혁신 시기를 통해 여성의 권리를 보장받을 수 있었다. 그러나 이슬람권 여성의 경우, 여성의 지위와 권리가 7세기 당시 환경을 반영했다거나 그 후 여성의 압력이나 조직적인 대응으로 획득된 것이 아니라 하느님으로부터 명령받은 것이다. 이것이 바로 서구 여성과는 뚜렷하게 구별되는 이슬람권 여성의 지위와 권리인 것이다.

유럽에서는 16세기까지만 해도 여성들은 성경에 손을 대지도 못했으며, 20세기에 들어와서야 비로소 참정권을 행사할 수 있었다. 우리나라에서도 남존여비 사상이 지배적이었으나 해방 이후 점차 개선되었음을 감안하면, 이슬람권에서 여성의 지위가 일찍부터 보장받았음은 다시 한번 깊이 생각해 볼 일이다.

이처럼 여성 인권 혁명을 가져왔던 이슬람 세계가 오늘날 왜 여성을 억압하는 사회로 지탄받고 있는가? 이런 비판에 대해 많은 이슬람 국가에서 여성 스스로가 시민단체와 여성 인권운동을 통해 진지하게 고뇌하면서 대안을 찾고 있다. 그러나 그들의 논의와 방향은 서구의 인권 개념을 그대로 받아들이기보다는 이슬람의 초기 정신에 바탕을 두고 21세기 새로운 이슬람 여성으로서의 정체성을 추구하고 있다. 그러면 꾸란의 가르침에 근거한 원래의 이슬람 여성관을 살펴보자.

꾸란의 여성관 남성은 남성, 여성은 여성

이슬람은 꾸란의 가르침에 따라 남성과 여성의 역할 분담을 강조하고, 신체적이고 정서적인 차이를 인정한다. 남성에게는 외적으로부터 가족을 지키고 경제적인 삶을 책임지는 의무를 부과하는 한편, 여성에게는 가족을 부양하고 자녀들을 양육하는 것을 미덕으로 권장한다. 그러다 보니 이슬람 문화는 여성의 사회 진출과 정치 참여를 상대적으로 힘들게 만드는 경향이 강했다. 이러한 현상은 비교적 보수적이고 개발 도상에 있는 이슬람 사회 여러 곳에서 쉽게 발견된다. 우선 여성에 대한 꾸란의 기본 가르침을 살펴보자.

첫째, 꾸란은 남녀 모두 알라의 피조물이며, 동등한 가치와 존엄을 가진 존재로 규정한다. 물론 남녀 동등 개념은 외적, 물질적 가치의 동등이나 동격체를 의미하는 것은 아니다. 꾸란은 흔히 구약에서 가르치는 여성의 창조 기원설을 배격한다. 즉 최초의 여성이 하느님에 의해 남성보다 열등한 가치로 창조되었다던가 남성의 갈빗대 하나로 창조되었다는 사실을 언급하지 않는다. 대신 서로를 완성하기 위해서 '한줌 영혼(Nafsin Wahidatin)'으로부터 남녀가 동격체로 창조됐다고 가르친다.꾸란 4장 1절, 7장 189절 또한 토라나 구약에서는 이브를 사탄을 도와 아담으로 하여금 하느님께 불복종케 한 에덴동산의 유혹자로 다루지만, 꾸란에서는 두 남녀가 똑같은 죄를 범하고 함께 에덴동산에서 추방당하는 벌을 받았으며 그들이 진실로 회개했을 때 차별 없이 용서받았다고 기록한다.

둘째, 꾸란에서는 종교적 의무 수행과 보상은 물론, 허용과 금기에서도 조금의 차등 없는 동등한 권리와 의무를 부과한다.

> 알라께 복종하고 귀의하는 남녀, 믿음을 가진 남녀, 신앙이
> 독실한 남녀, 진실한 남녀, 신념이 확고한 남녀, 겸손한 남
> 녀, 자선을 행하는 남녀, 단식을 행하는 남녀, 정절을 지키
> 는 남녀, 항상 알라를 기억하는 남녀에게 알라께서는 용서
> 와 커다란 보상을 마련하셨도다.꾸란 33장 35절

> 남녀를 불문하고 선을 행하고 믿음을 지킨 자는 참된 삶이
> 확실히 주어질 것이며, 그들이 행한 바에 따른 최대의 보상
> 이 있으리라.꾸란 16장 97절

셋째, 남녀가 동등하게 교육받을 기회에 대해서도 꾸란은 물론, 무함마드의 언행록인 하디스에서 많은 예를 찾을 수 있다. 꾸란은 모

든 사람에게 하느님의 말씀을 읽고, 암송하고, 생각하고, 깊이 명상하고 배우도록 반복해서 가르치고 있다. 하디스에서도 남녀 구분 없이 '지식의 탐구를 위해서라면 중국까지 가라'라는 유명한 구절을 찾을 수 있다. 무함마드는 노예에게까지 교육의 기회를 주었으며, 시파 빈티 압둘라로 하여금 자신의 부인인 하프샤 빈티 우마르를 가르치도록 했다. 또 그의 부인 아이샤는 꾸란 연구의 권위자로 알려졌는데, 그의 제자들에게 아이샤로부터 이슬람을 배우라고 충고했을 정도였다.

넷째, 꾸란에는 법적 측면에서 여성을 보호하는 장치가 언급돼 있다. 요람에서 무덤까지 여성의 상당한 법적 소유와 지위에 관해 명시하고 있다는 점이다. 바로 지난 세기까지만 해도 기혼 여성이 자기 자신의 재산을 소유하고 타인과 직접 계약을 체결하고, 남편의 동의 없이 자신의 재산을 처분할 수 없었던 서구의 현실과는 달리 꾸란은 여성에게 매매 권리는 물론, 계약, 이윤 취득, 사유 재산의 소유와 운영 등에 관한 권리를 선언하고 있다. 꾸란은 여성에게 가족 구성원으로서의 상속의 권리를 부여하며,^{꾸란 4장 7절, 4장 11절} 상속의 부당한 탈취로부터 여성을 보호하는 규정을 두고 있다.^{꾸란 4장 19절} 결혼 지참금의 일종인 마흐르는 그녀의 소유이며, 본인의 의사에 반하여 그녀 남편에게 절대 양도되지 않도록 보호받는다.

이러한 특권이 주어지는 만큼 여성의 법적인 보호와 동등한 지위에는 책임 완수라는 의무가 동시에 부과된다. 즉 여성의 과오에 대해 꾸란은 남성보다 더하지도 덜하지도 않은 징벌을 명시했으며, 여성이 피해를 보았을 경우 남성과 똑같은 보상을 받을 수 있었다. 즉 꾸란 사회는 남녀 동등을 장려하는 차원을 넘어 그것을 강력히 주장하고 있다.

다섯째, 꾸란은 양성 사회를 지향한다. 남녀 사이에 외적, 정서적, 지적 차이가 없다면 그들의 역할과 기능에서도 당연히 차이가 없어야 한다는 서구 사회의 인식과는 달리, 꾸란은 남녀 모두에게 특별하고 고유한 책임이 분배되어 있다고 믿는 전통적인 양성 사회를 지지한다. 다만 역할 분담과 상호 보완 관계를 강조한다. 남성에게는 더 많은 경제적 책임을 부과하는 반면, ^{꾸란 2장 233~234절, 4장 34절} 여성에게는 자녀 양육과 보호에 더 많은 기여를 요구한다. ^{꾸란 2장 233절, 7장 189절} 따라서 유산 분배에 있어 경제적 책임을 갖는 남성에게 여성보다 더 많은 상속을 인정한다. 동시에 여성에게는 가정 경제와 자녀 양육, 가족의 정서적 조화와 복리에 더 많은 역할과 권리를 준다. 따라서 여성 차별 조항으로 자주 거론되는 꾸란의 몇몇 구절은 재해석되어야 한다. 즉 꾸란 2장 228절의 '남자는 여자의 상위에 있다'라는 표현이나 꾸란 4장 34절의 '남자는 힘이 강해 여자의 보호자가 된다'라는 표현, 상속에서 남녀 간의 배분율을 2대1로 하는 조항 ^{꾸란 4장 11절} 등은 남성 우월주의라기보다 이슬람 사회의 남녀 역할 분담에서 남성이 경제적 책임과 관련해 월등히 많은 의무가 있는 것과 관련해 이해해야 한다.

632년에 완성된 꾸란의 내용을 21세기 관점에서 자구 그대로 해석하면 오해를 불러일으킬 만한 부분적인 구절이 없지 않다. 하지만 이슬람의 가르침을 꾸란의 전체적인 맥락에서 정리해 보면, 남녀 사이의 상호 보완과 협력의 관계가 이슬람의 기본 정신임은 분명하다. 예를 들면 아내와 남편의 관계는 서로를 감싸 주는 옷으로 표현되기도 하고,_{꾸란 2장 187절} 부부를 평온 속에 안주하는 동반자로 비유하기도 한다._{꾸란 33장 21절, 2장 187절 참조} 남성과 여성은 대립과 대결보다는 상호 보완을 지향하며, 서로서로 보호자와 협력자가 된다._{꾸란 9장 71절} 이를 위해 꾸란은 남녀는 물론, 사회 모든 계층의 구성원들에게 공동체의 복리를 위해 자신에게 분담된 책임과 의무를 규정한다._{꾸란 17장 23절, 264장 1, 7~12절, 2장 137절, 8장 41절, 16장 90절 참조}

다만 1,400여 년 전 꾸란에 확립된 여성에 대한 논의는 분명 당시에는 여권 혁명을 의미하는 인류 역사상 가장 놀라운 변화였음이 틀림없다. 현재의 서구 관점과 획일화된 가치관으로 바라보는 이슬람권 여성은 일반적으로 남성보다 열등하고 차별화된 존재로 각인되어 있다. 이는 1차적으로 꾸란의 재해석과 현실 문제와의 절충이 다른 종교들보다 그 폭이나 수용 방식에서 매우 제한적인 데 기인한다. 그러나 더욱 중요한 점은 이것이 이슬람 종교의 문제이기보다는 이슬람 국가가 처해 있는 사회적 환경, 관습 등과 밀접하게 관련된 문제라는 것이다. 무엇보다 여성의 지위와 관련하여 잘못된 관행에 순응하는 여성 자체의 문제 인식 정도도 매우 중요한 요인이다.

또 한 가지 아사비야(Asaabiya, 부족 연대 의식)를 토대로 아랍인의 자존심과 명예가 살아 있을 때는 상대적으로 여성에게도 관대하고 권리와 복지에도 훨씬 유연한 입장을 취해 왔다. 그런데 19~20세기 들어 서구의 침략과 식민지를 경험하면서 여성이 1차적인 성적 희생양이 되는 상황을 목격했고, 이로써 나타난 여성을 과도하게 보호하고자 하는 문화적 현상을 고려해야 한다. 여성의 순결과 명예야말로 가족과 부족의 가장 중요한 덕목인 전통 구조에서 여성의 사회 참여와 자유로운 권리는 필요 이상으로 억눌렸다. 같은 이슬람 국가라도 여성 수상을 배출하고 여성의 정치적, 사회적 참여가 오히려 서구 유럽 국가보다 앞서는 이슬람 국가들이 있는 반면에, 아직도 여성을 매질하고 남성의 노예처럼 부리는 이슬람 사회가 엄연히 상존한다.

결론적으로 이슬람법의 해석이 가부장적 사회 제도와 부계 중심 구조에 근거하고 있는 한, 아내와 딸, 어머니로서 여성의 지위는 남성보다 열등할 수밖에 없는 것이 이슬람 사회의 현실이다. 그러나 꾸란에서는 분명하고 단호하게 여성에게 현대 사회에서 차별하는 어떤 제약이나 금기를 두고 있지 않다. 비록 여성에 대한 인식의 변화나 여성 스스로의 변화가 아직은 서구적 기준에서 보면 매우 느리고 미진한 수준이지만, 그 변화의 속도 또한 그 문화권 사람들이 결정해야 한다. 사회에 대한 기여와 여성의 능력 발휘라는 구호 아래 가정을 뛰쳐나간 공백을 이슬람 사회는 아직 감당할 준비가 되어 있지 않고, 건강한 가정과 자녀들의 교육이야말로 더욱 의미 있는 사회적 기여라는 공감대가 강하게 작용한다. 결국 여성의 사회 진출과 자질 발산에 대한 가치관은 문화권에 따라 서로 다르게 적용돼야 한다.

이처럼 이슬람 사회에서 여성의 역할이 변하고, 여성을 바라보는 시선도 변하고 있다. 1,400년 전 여성 인권의 혁명적 선언을 했던 이슬람의 가르침이 오늘날까지 지켜지고 있는가? 그것은 물론 아니다. 아직도 많은 이슬람 사회는 서구보다 교육, 여성의 사회 참여, 시민 사회의 형성 등에서 후진적 상태에 있다. 이슬람이 아닌 이슬람 사회의 낙후성이다. 여성에 대한 새로운 인식과 양성평등 의식으로 이슬람 사회도 커다란 변화를 경험할 것이다.

한 지붕 아래 한 남편과 네 아내가 함께 살기

한 남자가 네 명의 아내를 둘 수 있는 이슬람에 우리는 분개하고 이해하지 못한다. 한 남자를 두고 네 사람의 아내가 어떻게 한 지붕 아래서 살아갈 수 있을까? 질투가 없을까? 잠자리는 어떻게 나누지? 각기 다른 어머니에게서 태어난 자식의 문제는 또 얼마나 복잡할까? 왜 이런 전근대적인 악습이 아직도 근절되지 않고 있는 것인가? 이슬람이 여성을 억압하는 종교라는 것은 일부다처 제도만 보아도 분명해 보이지 않은가?

그러나 놀랍게도 이슬람의 기본 결혼 제도는 일부일처이다. 다만 전쟁이나 기근과 같은 특수한 조건에서는 일부다처의 문을 열어놓고 있다. 일부다처제가 발생한 원인은 여자 수가 남자 수를 능가하거나, 한 명 이상의 여성과 결혼하고 싶어 하는 남성의 욕구, 많은 자손을 갖고자 하는 욕망 등이다. 그렇다면 이슬람 사회에서 일부다처제는 왜 발생했으며, 장기간 존속할 수 있었던 요인은 무엇일까?

일부일처를 고집하는 것보다는 일부다처를 허용하는 사회가 위기 상황에서 공동체 생존 전략을 마련하는 데 유리한 경우가 있다. 이것은 윤리를 뛰어넘는 생존의 문제다. 이슬람의 다처주의는 시대적 상황을 이해할 필요가 있다. 7세기 초 이슬람 국가 건설 초기에 연이은 전쟁으로 남자가 부족하고, 사냥과 약탈, 전쟁이 생존 수단이 되는 사막 오아시스에서 여성이 혼자 살아간다는 것은 죽음을 의미했다. 이슬람 초기 전투에서 많은 남성이 사망하자 과부와 고아들이 생겼고, 그들을 구제할 수 있는 효과적인 방도는 한 남자가 여러 아내를 맞아들이는 것이었다. 이것이 초기 이슬람 사회에서 일부다처제를 선택한 직접적인 이유였다. 622년 메디나에 새로운 공동체를 건설한 이슬람 예언자 무함마드는 생산력을 가진 남성이 절대 부족한 상황에서 하느님(알라)께 해결책을 위한 간곡한 기도를 올린다. 이때 무함마드의 기도에 대한 응답으로 내린 계시가 일부다처 허용 율법이다. 다만 무분별한 다처를 막기 위해 최대 네 사람까지로 제한했다.

> 만일 너희가 고아들을 공평하게 대해 줄 수 없을 것 같은 두려움이 있다면 결혼을 할 것이니 너희가 마음에 드는 여인으로 둘, 셋, 또는 넷을 취할 것이다. 그러나 그녀들을 공평하게 대해 줄 수 없을 것 같은 두려움이 있다면 한 여인이나 아니면 너희 오른손이 소유한 것(노비)을 취할 것이다. 그것이 너희가 부정을 범하지 아니할 최선의 길이다. 꾸란 4장 3절

전통적으로 서아시아-아랍 사회에서는 일부다처가 매우 성행했다. 구약에 나오는 솔로몬과 다윗, 아브라함 같은 훌륭한 선지자들도 모두 일부다처주의자였다. 이슬람 이전 아랍 사회의 여성들은 재산의 일부로 상품처럼 거래됐고, 남성에게 예속된 성적 노예 수준이었다. 인구 과잉일 때는 필요에 따라 여아를 살해하는 관습도 통용됐다.

이런 비참한 상황에서 꾸란은 여성을 보호하기 위한 제도로 까다로운 조건을 걸어 네 사람의 아내를 허용했다. 결혼할 때마다 마흐르라 불리는 상당한 액수(여성의 노후 안전 자금 수준)의 결혼 지참금을 신랑이 신부에게 지불하도록 명문화했고, 모든 아내의 상속 지분을 동일하게 했다. 아내들에 대한 사회적 편견이나 차별도 없다. 그리고 네 아내의 자식들도 모두 적자로 하등의 법적, 사회적 차별이 없다. 잠자리는 공평하게 해야 하고, 선물을 살 때도 반드시 아내 수만큼 준비해야 한다. 두 번째 부인을 얻으려면 첫째 부인의 동의를 받아야했다. 예를 들어 네 번째 아내를 얻으려면 세 부인의 동의를 모두 얻어야 하므로 현실적으로 불가능한 경우가 많다.

이처럼 그 제도를 확립하고 유지하는 데는 종교적 신앙에 가까운 단서가 붙어 있다. 바로 남편은 아내들을 편애 없이 공평하게 대해야 한다는 것이다. 공평성이 지켜지지 않을 때 제도는 성립이 불가하며, 설혹 결혼했어도 아내의 합법적인 이혼 조건이 된다.

일부다처제를 지탱케 하는 공평성의 주요 내용으로는 아내들의 공동 거주, 공정 부양, 공평 상속 등이 있다. 그런데 서로 차이 나는 성격과 생각을 가진 여인들에 대해 이러한 공평성은 지켜지기 어려울 수밖에 없다. 이를 두고 꾸란에서는 아내들을 '공평하게 대하기는 어려울 것'이나 그렇다고 하여 '다른 아내들을 무시하고 한 아내만을 편애해서는 안 된다'라고 경고하고 있다. 이와 같은 사실과 더불어 한 남편이 여러 아내를 부양해야 할 부담을 감안할 때, 일부다처제는 애초부터 일정한 조건 아래서만 허용되고 또 가능한 혼인 제도임이 틀림없다. 따라서 현재 일부다처제를 인정하는 이슬람 국가들에서도 현실적으로 여러 명의 부인을 두는 경우는 지역에 따라 다르지만 실제로는 많지 않다.

　문제는 이슬람의 인류애적인 초심을 버리고 아랍 국가 일부에서 남성이 사회적인 신분을 과시하거나 성적 욕구를 충족하기 위한 수단으로 다처 제도를 악용하고 있다는 점이다. 이 점은 비난받아 마땅하다. 오늘날 일부다처가 성행하는 것으로 알려진 걸프 지역 아랍 국가들의 다처 비율은 전체의 5퍼센트 정도로 조사된다. 현재 대부분의 이슬람 국가에서는 일부다처를 법으로 금지하고 있고, 이런 추세는 확산될 전망이다.

탈라끄, 남성의 일방적 이혼 통고

이슬람 관행에서 남편이 다처를 두고 싶은데 첫 번째 아내가 동의하지 않으면 남성은 탈라끄(Talaq)라 부르는 일방적인 이혼 통고 제도를 활용한다. '나는 당신과 살기 싫다'라는 표현인 탈라끄를 석 달의 시차를 두고 세 번만 하면 이혼이 성립되는 제도다. 대표적인 여성 인권 침해 조항이다. 그러면 여성은 마음이 떠난 남편을 붙들기보다는 탈라끄를 당한 대가로 밀린 마흐르와 위자료를 받고 새로운 출발을 준비할 수 있다.

쿨, 여성의 이혼 청구

남편에게 일방적으로 예속돼 살 수 없다면 남편의 동의 없이도 이혼을 청구할 수 있는 길이 이슬람법으로 보장되어 있다. 이를 쿨(Khul')이라고 한다. 이혼 청구 사유를 증명할 수 있는 자료를 잘 모아야 하며, 이때 여성은 결혼 시 받았거나 약속받은 지참금의 일부 혹은 전부를 포기해야 한다. 그 액수는 법원이 조정해 결정해 준다. 그러나 꾸란은 남성이 이혼하는 아내의 지참금을 도로 받는 것을 권장하지 않고 있다.

무슬림 여성은 왜 베일을 쓰는가

이슬람 세계의 무슬림 여성을 연상하면 가장 먼저 떠오르는 모습은 피부 색깔, 옷차림, 어린 시절 신드바드의 모험에서 본 듯한 아라비아 공주의 이국적인 아름다움, 혹은 '히잡'이라는 가리개로 얼굴을 가린 모습일 것이다. 대개는 얼굴만 가리지만 때로는 차도르처럼 몸 전체를 가리기도 하는 그 모습은 이방인에게는 우선 폐쇄적인 느낌을 준다. 더 나아가 자신의 신체를 가려야만 하는 데 대한 연민과 동정을 일으키기도 한다. 한편 그 속에 감춰진 여성의 얼굴을 연상할 때는 매우 신비로운 느낌도 든다. 어쨌든 히잡은 그들을 다른 문화권의 여성과 구별시키는 주된 요인으로 자리 잡아 왔다.

그렇다면 무슬림 여성은 왜 히잡을 쓰는 것일까? 그리고 히잡을 단순히 여성의 패션으로 받아들여야 할까 아니면 종교적 관습으로 받아들여야 할까?

히잡은 여성이 자신의 몸을 가리는 머리쓰개의 통칭이지만, 정확히는 머리를 가리고 얼굴을 내놓는 것을 의미한다. 얼굴을 내놓고 몸 전체를 가리는 것은 차도르라 한다. 검은 옷을 걸친 이란 여성을 상상하면 된다. 아프가니스탄에서처럼 얼굴까지 망사로 가리는 형태를 부르카, 사우디아라비아에서처럼 얼굴과 몸을 가리는 검은 가리개를 니캅이라고 한다. 터키에서는 히잡을 투르반(turban), 인도네시아에서는 푸르다(purda)라고 한다.

이처럼 히잡의 모양과 색깔은 지역, 종교적 성향, 계층, 나이, 취미 등 여러 요인에 따라 달라진다. 예를 들어 사우디아라비아를 중심으로 한 걸프 지역의 여성은 검은색 히잡을 쓰고 온몸을 가리지만, 북아프리카 여성들은 흰색이나 다양한 색의 히잡을 선호하며 얼굴을 내놓는 두건 형태의 히잡을 쓰거나 아예 쓰지 않는다. 튀니지같이 비교적 개방된 국가에서는 히잡을 쓴 여성을 거의 찾아보기가 힘들다. 또 종교적 믿음이 강한 보수 성향의 여성은 온몸을 가리는 히잡을 착용하는 반면, 개방적인 여성은 두건 형태의 히잡을 쓰거나 아예 쓰지 않기도 한다. 나이에 따라서도 젊은 여성은 원색 계통의 화려한 히잡을 좋아하고, 나이 든 여성은 단색 계통의 히잡을 좋아한다. 이렇게 보면 히잡도 하나의 패션으로, 취향에 따라 선택한다.

이슬람 국가는 모두 57개국이다. 이 중에서 여성의 얼굴을 강제로 가리게 하면서 법적 제재를 가하는 나라는 사우디아라비아와 이란 정도이다. 나머지 50여 개국에서는 이미 히잡이 여성을 억압하는 정치적 상징에서 벗어나 문화적, 종교적 정체성을 상징하는 다양한 전통으로 바뀌었다. 히잡을 벗어 던지는 젊은 무슬림 여성도 늘어나고, 서구의 페미니즘이 몰아치면서 히잡을 벗었던 이슬람 여성이 다시 히잡을 쓰는 변화도 이집트를 중심으로 확산되고 있다.

1970년대까지 여성을 억압하던 정치적 상징이었던 이슬람 사회의 히잡은 구소련이 붕괴한 1980년대 말에서 1990년대 초 커다란 변화를 경험했다. 히잡이 문화와 종교적 정체성을 드러내면서 반서구의 상징으로 바뀐 것이다. 서구 교육을 받은 의식 있는 무슬림 여성 운동가들이 주도한 '히잡 쓰기' 운동은 한때 이슬람 세계를 뒤흔들었다.

그러던 히잡은 2001년 9·11 테러 이후 거의 패션의 하나가 되었다. 쓰고 싶은 사람은 쓰고 벗고 싶은 사람은 벗되, 히잡을 쓰더라도 종래처럼 검은색이나 하얀색 같은 획일화된 국민 유니폼은 싫다는 것이다. 색상과 디자인이 가미되고 실크 같은 다양한 재질이 히잡에 응용되었다. 버버리, 에르메스, 프라다, 구찌 같은 주요 패션 회사들은 앞다투어 이슬람 여성 히잡을 명품으로 내놓고 있다.

역사적으로 히잡 착용의 관습은 이슬람 이전 시대부터 존재해 왔다. 그러나 구체적으로 명시된 것은 꾸란에서였다.

> 밖으로 나타내는 것 이외에는 유혹하는 어떤 것도 보여서 는 아니 되나라. 즉 가슴을 가리는 수건을 써서 남편과 그의 부모, 자기 부모, 자기 자식, 자기 형제, 형제의 자식, 소유하 고 있는 하녀, 성욕을 갖지 못하는 하인, 성에 대해 부끄러 움을 알지 못하는 어린이 이외의 자에게는 아름다운 곳을 드러내지 않도록 해야 하느니라.꾸란 24장 31절

이 구절을 보면 '유혹하는 것'과 가슴이라고 언급했을 뿐 무슬림 여성이 가려야 할 신체 부위가 구체적으로 언급되어 있지 않다. 다만 이슬람 법학자들의 해석에 따라 가려야 할 부위가 결정되었다.

수 세기 동안 이슬람 세계에서 이러한 관습은 다양한 문화와 인 종 집단에 의해 여러 가지로 해석됐다. 일부 지역에서는 여성의 온몸 을 덮게 했고, 다른 지역에서는 얼굴 전체를 가리는 것이 적절한 것 으로 인식되었다. 또 어떤 지역이나 특정 시대에는 얼굴의 아랫부분 만 가리도록 했고, 얼굴은 완전히 노출한 채 머리카락만 가리도록 하 는 지역도 있었다. 그러면 무슬림 여성들은 왜 히잡을 착용하는가? 이 물음에 대한 대답은 우선 꾸란에서의 여성관, 즉 여성을 보호해야 한다는 측면에서 해석할 수 있다.

그러나 오랜 시간이 흐르면서 히잡 착용의 상징성이 변했다. 즉

지배 계층의 하렘에서 여성 격리가 성행하자 히잡은 지배 계층 여성의 경제와 사회적 지위를 나타내는 표시가 되었다. 한편 히잡은 여성의 순결성을 나타내는 상징이기도 했는데, 그것은 히잡을 쓰지 않은 여성을 유혹의 원천으로 간주했던 보수적 시각에 기인했다. 이로써 히잡 착용 여부가 남성의 성적 욕구를 자극해 남성을 타락하게 하는 기준으로 간주됐고, 히잡은 여성의 순결성과 가문의 명예를 나타내는 상징이 되고 말았다.

1979년 이란의 이슬람 혁명은 이슬람 운동이 확산되는 결정적 계기가 되었다. 문화적 정체성과 정통성을 최고 이념으로 삼았던 이슬람주의자들은 무슬림 여성을 이슬람 문화의 가치와 전통의 상징으로 받아들였다. 이슬람 운동의 확산 후 이슬람 세계의 여성은 자신들을 이슬람적 가치의 상징으로 삼으려는 이들의 주장을 받아들임으로써 전통적 페미니즘 운동을 촉발했다.

전통적 페미니즘은 이슬람적 가치에 근거해 여성의 사회적 지위와 정체성을 보호하는 운동이다. 그리고 이 운동의 상징이 바로 여성의 히잡 착용이었다. 히잡 착용은 전통적 페미니즘의 상징으로 많은 여성이 따랐으나, 또 다른 한편에서는 이러한 규제를 거부하기도 했다. 그러나 최근에는 이슬람 운동에 따라 여성의 히잡 착용이 국가와 사회 계층에 따라 다양하게 나타나고 있으며, 특히 엘리트 여성들의 히잡 착용이 늘고 있다. 그 이유는 히잡 착용이 무슬림 여성의 정체성을 유지하는 강력한 수단으로 인식되고 있기 때문이다.

또한 히잡 착용은 다양한 사회적 순기능을 하기도 한다. 예를 들어 이란 여성은 히잡을 정치적, 경제적 권한을 확보하기 위한 여성 운동의 수단으로 활용하고 있다. 이집트에서는 히잡이 여성에게 사회적, 경제적 혜택을 가져다준다는 인식이 확산되면서 자발적인 착용이 늘어났다. 한편 사우디아라비아에서 히잡 착용은 여성의 자유로운 이동은 물론, 사회 활동의 많은 영역을 확보해 준다. 또한 히잡은 여성을 남성과 구분하고 여성의 지위를 나타내는 상징으로서 오히려 여성의 사회적 활동을 보장하는 수단이 되는 경우도 많다.

서구 시각에 히잡 착용은 여성의 권리와 자유를 제약하는 악습으로 비쳤다. 그러나 이것은 이슬람의 종교적 가치관을 이해하지 못한 편견과 오해에서 비롯된 것이다. 히잡은 무슬림 여성을 속박하는 개념이 아닌 여성을 보호하는 측면에서 이해하는 것이 타당하다. 또한 그것은 이슬람 문화의 독특한 특성과 상황을 고려하지 않는 서구적인 시각에서 탈피해 상대주의 원리에 입각해 무슬림 여성을 바라보는 시각을 요구한다. 다만 히잡을 벗는 자유까지 속박하는 일부 무슬림 국가의 경직된 제도가 문제이다.

명예살인과 여성 할례

명예살인, 이슬람 여성의 저주

파티마라는 요르단 여성이 가족이 반대하는 남자를 사랑했다는 이유로 목숨을 잃어야 했다. 어떤 남자에게 성폭행을 당했던 훈자르라는 파키스탄 여성도 가족의 손에 억울하게 죽임당했다. 나이지리아 북부의 어느 이슬람 마을에서도 한 소녀가 이웃 청년에게 성폭행을 당한 후 종교적 부정행위로 간주돼 잔혹한 투석형으로 목숨을 잃었다. 사랑한 것도 아니고 불가항력의 사고에 단순히 순결을 잃었다는 이유만으로 목숨을 잃어야 하는 여성의 운명에 세계는 치를 떨었다.

이처럼 제도권의 틀에 박힌 결혼 방식이 아닌 어떠한 다른 방식으로 순결을 잃었을 때 여인이 치러야 하는 대가는 너무나 가혹하다. 가문과 부족 공동체의 명예에 흠집이 났기 때문에 그녀를 제거함으로써 손상된 명예를 되찾겠다는 섬뜩한 논리다.

정해진 관습과 부족의 케케묵은 가르침에 따라 공동체의 여인이 다른 부족의 남성에게 마음을 뺏기는 경우, 도저히 용납할 수 없는 모욕으로 간주됐다. 더럽혀진 부족이나 가문의 명예는 당사자들을 공개적으로 처단함으로써 지켜질 수 있다고 믿는 것이다. 그리하여 딸은 스스로 목숨을 끊거나 직계 가족에 의해 목이 졸리고, 상대 남자는 복수의 대상이 된다.

두 당사자 모두가 죽음으로써 가문의 명예는 회복될지 몰라도, 또 다른 피의 보복이 기다리고 있다. 이번에는 피해자 남성의 부족이 또 다른 복수를 해 자신들의 명예를 지키려 한다. 대를 이은 복수는 복수를 낳고, 심지어 공동체에 단 한 명의 남성 구성원만 살아남을 때까지 서로 죽고 죽이는 살인 게임을 계속한다. 명예를 위한 살인, 소위 명예살인(honor killing)이다. 일반적으로 가족 중 아버지나 남자 형제가 간통이나 성적 부정을 저지른 여성을 살해함으로써 공동체 내에서 불명예스러운 집안이란 낙인에서 벗어나고자 하는 극단적 범죄 행위다.

이토록 잔혹한 살인 게임은 주로 남성 중심의 부족 공동체에 잔존하는 유목 사회의 악습이다. 남성이 생산자와 전사의 역할을 독점하는 혈연 중심의 부족 공동체에서는 일반적으로 여성에 대한 남성의 소유 의식과 성적 독점욕이 매우 강하게 나타난다. 나아가 여성의 성적 정절이 아주 중시된다. 적령기에 도달한 여성이 다른 부족과 족외혼을 하려면 신랑은 신붓집에 상당한 액수의 신부 지참금을 지불해야 한다. 신부 지참금 관습은 이슬람 시대에 들어서 여성을 위한 노후 보장책으로 그 성격이 바뀌지만, 관습적 맥락에서는 여전히 빼앗긴 노동력에 대한 일종의 보상인 셈이다. 이런 사회적 구도에서 여성은 중요한 재산이자 상품인 셈이다. 그런데 간통이나 부정행위가 밝혀졌을 경우 정상적인 결혼의 길이 막히고, 그 여성이 헤쳐나갈 수 있는 길은 거의 없다. 명예살인이 직계 가족에 의해 처단 형식으로 이루어지는 배경이다.

명예살인은 대부분 국가에서 살인죄보다는 관행으로 다루어져 1년 미만의 가벼운 형벌에 처했다. 부족 전통에 따른 가족과 가문의 명예를 회복하기 위한 필연적인 행위이며, 단순한 명령과 신념에 따른 행위이므로 극악한 살인 행위로 보기 힘들다는 법원의 판단 때문이다. 최근에는 무거운 형벌을 피해 가기 위해 가족 구성원 중 가장 어린 미성년 남자가 가족을 대표해 범행을 저지르는 경우도 빈번하게 발생한다. 21세기 첨단 사회에 왔어도 명예살인이 근절되지 못했

던 주된 이유다. 그러나 요르단, 파키스탄, 터키 등 전통적으로 명예
살인 사건이 빈번하게 일어나던 나라들이 최근 모두 이 악습을 살인
죄로 다루기 시작했다.

명예살인은 수니파, 시아파 할 것 없이 꾸란이나 이슬람의 가르
침에 정면으로 반하는 배교 행위이다. 그런데도 명예살인이 종교적
배경을 가진 것처럼 이해되는 것은 일부 이슬람 국가에서 일어나는
토착적인 악습과 이슬람 율법을 구분하지 못하는 무지에서 비롯된
편견이다.

여성 할례, 이슬람 여성의 족쇄

소말리아 출신의 세계적인 패션모델 와리스 다리는 유엔 아프리카
여성 인권을 위한 특별대사로 활동 중이다. 무슬림인 와리스는 무엇
보다 아프리카 여성에게 지울 수 없는 고통의 족쇄인 여성성기절제
술(FGM)을 근절하기 위한 캠페인을 벌이고 있다. 음핵과 음순을 절제
하고 성기를 아예 봉쇄해 버리는 이 지독한 관습이 아직도 일부 아프
리카 이슬람 사회에 남아 있다.

남성 할례는 정신적 순수와 육체적 정결을 요구하는 이슬람의
가르침에 따른 권장 사항으로 많은 무슬림이 이를 지킨다. 생후 7일
째에 행하는 남아들의 할례는 결혼식 다음으로 성대한 의식이며, 남
성을 사회에 입문시키는 중요한 관문이다.

반면 여성 할례는 종교적 가르침과 전혀 상관이 없다. 단순히 성
적 쾌감을 줄이고, 결혼 전까지 성행위를 원천적으로 봉쇄하려는 여

성 할례나 여성성기절제술은 이슬람의 가르침에 위배된다. 따라서 아프리카 일부 사회를 제외하고 여성 할례를 강요하는 이슬람 사회는 거의 없다. 무분별한 일부다처가 성행하는 아프리카 사회의 토착적 악습일 뿐이다.

빈번한 전쟁과 사막을 횡단하는 고되고 위험한 교역으로 의식주를 유지하는 오아시스 유목 사회에서는 남성만이 전사이고 생산자이다. 여성은 아이를 출산하는 기능 외에 소비자 역할만 하는 부차적인 존재일 뿐이다. 철저한 부계 중심, 가부장적, 남아 선호 관습이 유목 사회에서 생겨난다. 이런 환경에서는 특히 이슬람 이전 무지 시대처럼 많은 여성이 태어나자마자 죽임을 당하는 여아 살해 관습이 성행했다. 이슬람이 소개되면서 이 관습은 겨우 금지될 수 있었다.

가사 노동과 농사일이 대부분 여성에게 강제된 아프리카 사회에서 일부다처는 부인들의 과도한 노동력을 분산시키기 위해 오히려 여성 쪽에서 요구하는 경향이 있을 정도다. 일반화되고 과도한 일부다처 사회는 궁극적으로 여성의 성적 요구를 터부시한다. 더욱 놀라운 것은 여성성기절제술을 받지 않은 여성은 결혼할 수 없다고 믿게 하는 집단 심리적 병리 현상이다. 그러한 제도를 신앙과 결부시켜 놓았다.

이처럼 종교적 가치는 도처에서 약자와 보호받지 못하는 무지한 사람들에게 영적인 위안이 되기보다는 두렵고 피하고 싶은 도그마가 되어 인간을 괴롭히고 위협하기도 한다.

이슬람 경제와 비즈니스 관행

"인샬라(Inshallah)", 신의 뜻대로! 아
랍인이 인사할 때 약방의 감초처럼 빠뜨리지 않는 일상적인 대화의
하나다. 모든 것을 자신이 결정할 수 없고 신의 뜻에 맡긴다는 이 말
한마디가 1970~1980년대 처음 아랍에 진출하기 시작할 무렵 많은
한국인 비즈니스맨을 울렸던 일화는 유명하다. 그리고 인샬라는 종
잡을 수 없고 약속을 잘 지키지 않는 믿기 어려운 아랍인의 기질을
표현하는 대표적인 용어로 자리 잡았다.

거꾸로 생각하면 인샬라는 신의 뜻을 걸었기 때문에 노력에 따
라서 반드시 성사될 수 있다는 강한 긍정의 메시지이기도 하다. 무슬
림은 일상생활의 모든 과정이나 비즈니스까지 우주를 주관하는 알
라의 의지로 움직인다고 믿는 정명(定命) 사상이 무척 강한 편이다.

척박한 오아시스에서 제한된 생태계를 무대로 미래가 예측되지
않는 삶의 조건이 만들어 낸 지혜이고 철학이다. 따라서 인샬라에는
다분히 종교적인 특성이 있다. 씨를 뿌리고 땅을 가꾸고 수확했다가
비축하며 1년을 계획할 수 있는 예측 가능한 순환 경제 형태를 보인
농경 정주 사회와는 달리 전쟁과 교역이 주된 삶의 방편인 아랍 유목
사회의 전통적 삶은 온통 불확실하다. 모든 성패를 알라에 거는 심성
은 오히려 자연스럽다. 그러다 보니 두터운 신뢰가 축적되지 않은 외
부인이나 이방인에 대한 불신이 무엇보다 강하다. 그들과 거래할 때
는 신뢰가 필요하다. 시간을 두고 관찰하면서 신뢰를 쌓아가는 과정

이 인샬라라고 할 수 있다.

그들은 비즈니스의 귀재다. 시간 승부에 특히 강하다. 신의 뜻에 맡기고 기다리고 협상하면서 그들의 태도나 신뢰를 시험해 보는 것이다. 물론 가격 협상을 유리하게 이끌어 가려는 속셈은 기본이다. 그들은 스스로가 시간의 노예가 되는 것을 싫어한다. 정해진 시간 내에 반드시 해치워야 하는 시간 강박 개념이 아니라 자신들이 시간을 창조해 간다고 생각한다. 정해진 월요일이 비즈니스를 끝내는 시간이 아니라 자신이 만족하고 비즈니스를 마무리해야겠다고 판단하는 순간이 바로 비즈니스가 성사되는 시점이다. 그 시점은 알라만이 안다고 생각하지만, 사실은 자신이 결정하는 것이다. 결정의 가장 중요한 요소는 역시 상대에 대한 신뢰이다. 일회성이 아니라, 신뢰는 계속 사업을 해야 하는 데 가장 든든한 자산이기 때문이다.

어떻게 하면 아랍인과 성공적인 비즈니스를 창출할 수 있을까? 우선은 그들의 기다림 전략에 익숙해야 한다. 함께 어울리고 여유를 갖고 그들의 문화를 이해하는 자세를 보여야 한다. 예배 시간이 되면 종교와 상관없이 함께 예배를 보거나 적어도 관심을 표명하고, 음식을 먹을 때나 모임 같은 그들만의 소통 공간에 머뭇거리지 말고 적극적으로 참여해야 한다. 외부자나 이방인의 위치에서 얼마나 빨리 내부자의 위치를 확보하는가가 관건이다. 일단 내부자가 된다면 신뢰가 형성되는 것이고, 비밀 보장은 물론, 이익을 함께 나눌 수 있는 사이가 된다. 지속 가능한 비즈니스 파트너십이 형성되는 것이다. 아랍인이 한번 관계를 맺은 사람과 오래 거래하고, 새로운 공사를 계속

맡기는 것도 이런 맥락에서 이해할 수 있다.

인샬라는 기다림의 미학이다. 반드시 성사되는 비즈니스 노하우다. 신의 뜻을 건 이상 함부로 일을 내팽개칠 수는 없는 노릇이기 때문이다. 인샬라에 익숙하고 인샬라를 아름다운 인사로 받아들이면 아랍인의 심성이 보이기 시작할 것이다.

아랍인은 부정적이거나 비판적인 표현을 잘 하지 않는 편이다. '잘 모릅니다', '진짜 안 풀리네', '잘못했어요'라는 표현 자체가 서구 문화권보다는 현저하게 덜 일상화되어 있다. 또한 일상 대화에서 인샬라 외에도 "말리쉬(Maalesh)"나 "마피쉬 무쉬킬라(mafishi mushikillah)"를 입에 달고 산다. '문제없어! 다 잘될 거야!'란 의미다. 동부 아프리카인이 자주 쓰는 스와힐리어 '하쿠나 마타타(Hakuna matata)'와 정확하게 같은 의미다. 스와힐리어는 아랍어와 토착 아프리카어가 섞인 언어이고, 동부 아프리카가 7세기 초기부터 이슬람화돼 아랍 문화와 밀접하게 접촉한 지역이었으니, 같은 문화적 현상을 보이는 것은 당연하다. 그러나 실제 상황에서 '말리쉬'는 결코 '괜찮다', '걱정하지 마'라는 의미가 아니다. 그들의 희망이고 책임 회피인 경우가 허다하다. 그들의 말을 그대로 믿지 말고 철저히 따지고 점검해 미리 문제를 막는 것이 매우 중요하다. 이와 함께 무슬림은 "알함두릴라(Al hamdulillah, 알라여 감사합니다)"를 읊조리며 작은 일이든 큰일이든 항상 알라에게 감사한다. 거래가 잘 성사되어도, 화장실을 잘 다녀와도 "알함두릴라"다. 그리고 축하의 말은 "마부룩(Maburuk)"이다.

아랍인이 즐겨 사용하는 인사를 총칭해서 외국인들은 'IBM'이

라는 용어를 만들었다. 아랍인과 비즈니스를 하는 한국 기업인에게
도 익숙한 표현이다. 'I'는 '인샬라'의 머리글자, 'B'는 '부크라(Bukra, 내
일)' 그리고 'M'은 '말리쉬(Malesh, 걱정하지 마라)'의 머리글자이다. 이 세
가지는 아랍인이 가장 많이 사용하는 인사말로, 되는 일도, 안 되는
일도 없이 미루기만 하는 답답한 아랍인의 사고를 대변하는 용어로
굳어졌다. 부정적 IBM에서 긍정적 IBM으로 바꾸는 지혜가 비즈니스
의 묘수다.

아랍인과의 첫 만남과 인사

"앗쌀라무 알라이쿰(알라의 평화가 당
신에게)!" 무슬림이 첫 만남에서 나누는 첫 인사말이다. "마 쌀라마(평화
가)!" 헤어질 때도 평화다. 평화로 만나고 평화로 헤어진다. 그런데도
아랍과 이슬람이란 이미지를 떠올릴 때면 평화보다는 폭력적인 이
미지가 강하다. 너무나 오랫동안 분쟁과 갈등의 역사가 계속됐기에
평화의 약속과 갈구가 인사말이 되었는지도 모른다.

무슬림, 특히 아랍인은 만나면 서로 껴안고 상대의 볼에 입을 맞
춘다. 상황에 따라 두 번, 세 번 등 횟수가 다르다. 악수는 거리를 두
는 인사법이다. 거리는 적의가 스며들 수 있는 공간이고, 상대를 공
격하고자 무기를 휘두를 수 있는 공간이다. 서로 껴안고 공간을 없
애는 것은 적의감 대신 친근감을 적극적으로 표현하는 중요한 제스

처다. 그래서 서로 만나 악수만 할 때와 서로 껴안고 체취를 나누며 공간을 없애는 인사를 하는 것은 친밀감에서 비교가 되지 않을 정도로 다르다. 처음 만나는 사람이라도 반갑게 껴안는 인사를 할 수 있다면, 그만큼 불필요한 탐색 과정을 줄이는 친근한 만남이 된다. 그러나 이성 간에는 어느 정도 친하지 않으면 신체 접촉을 피하는 것이 좋다.

아랍인은 만나서 인사하는 시간이 세계에서 가장 긴 민족이다. 날씨에서 안부로, 세상 돌아가는 현안에서 어제 먹었던 맛있는 식당에 이르기까지 길고 긴 체면치레의 인사말을 나눈다. 상대에 대한 신뢰와 친근감을 높여 가는 중요한 과정이다. 그런 다음 비즈니스 본론은 아주 천천히 뜸을 들여 시작된다.

인간관계에서 아랍인은 부족이나 고향 같은 개인적인 네트워크를 중시하는 면이 강하다. 직원 채용 때도 개인의 장점이나 성취보다 성격 또는 인간관계를 훨씬 많이 고려한다. 또한 손님 접대도 지나칠 정도로 후하게 한다. 환대를 통해 남들로부터 존경받고, 평판이 좋은 것은 신뢰 자산의 핵심이기 때문이다.

아랍인은 가족이 삶의 중심이고, 가족에 대한 예의와 만남을 소중하게 생각한다. 그렇더라도 남녀 내외 관습과 이성 간 격리 문화 때문에 아내나 딸 등 여자 가족의 안부는 여간 친숙한 사이가 아니면 묻지 않는 것이 좋다. 이때 부인끼리, 또 자녀끼리 서로 알고 지내면 훨씬 신뢰가 단단해질 수 있다.

옷차림은 지나친 노출이나 반바지 등을 피해 이슬람 관습에 어울리는 차림을 해 상대를 존중하고 있음을 보여 주어야 한다. 특히 첫인상이 중요하다. 흔히 첫 만남에서는 여유 있고 사교적인 분위기가 유지되도록 해야 한다. 그들은 '우리가 이 사람하고 거래할 수 있을까?' 결정할 것이다. 관계를 많이 맺는 것보다는 오래 지속할 수 있는 관계를 생각해야 한다.

아랍인은 외국인을 만날 때 첫인상을 강하게 심어 주기 위해 큰 목소리로 말하며 크고 과장된 몸짓을 자주 사용한다. 그들은 대화할 때 상대방의 눈을 주시하거나 신체 접촉을 자주 한다. 그러나 한국인처럼 허리를 굽히거나 머리를 굽혀 인사하지 않는다. 두 손을 합장하는 방식도 자연스럽지 않다. 그것은 아랍인의 종교적 배경에서 관습화된 것으로 하느님 외에는 허리나 머리를 굽히거나 엎드려 절하지 않는다.

또 아랍인에게 되도록 왼손을 내밀어서는 안 된다. 이슬람 관습상 오른쪽은 선과 행운, 왼쪽은 악과 불행의 상징으로 해석한다. 왼손은 화장실에서의 뒤처리에 사용하므로 음식을 먹거나 꾸란을 다룰 때는 반드시 오른손을 쓴다. 왼손을 내밀면 매우 불쾌한 반응을 불러일으킬 수 있다. 악수할 때도 두 손보다는 오른손만 내미는 것이 바람직하다.

아랍인의 정서 이해와 비즈니스 수칙

이슬람은 비즈니스 종교다. 정당한 거래를 조장하고 공정한 이익을 매우 강조하는 종교다. 예언자 무함마드가 천부적인 상인이었다는 사실을 기억할 필요가 있다. 무함마드를 따르고 닮으려 하는 많은 무슬림 지도자가 상인의 길을 마다하지 않았고, 지금도 아랍 무슬림의 DNA 속에는 상인 기질이 넘쳐난다. 고대 해상 교역을 장악했던 페니키아 시대부터 수천 년을 이어온 아랍의 비즈니스 역사를 이해하고, 그에 대응하려면 다음을 유념해야 한다.

1) 충분한 시간을 가지고 임하라. 아랍인의 시간관념에서 두 가지 잠언을 상기하자. '아랍에서 서두르는 것은 상대를 모독하는 것이다', '내일 해도 되는 일은 철저히 내일로 미루자'. 불확실한 것은 더욱 그렇다. 대화 중에 시계를 자주 보는 것은 이런 시간관념에 배치되는 좋지 않은 행위이다. 인내가 최고의 미덕이다.

2) 신뢰를 줄 수 있는 확실한 카드를 준비하라. 체면과 예의를 중시하는 이들은 처음 만나는 외국인에게 일반적으로 친절하지만 의심이 많으므로 처음부터 마음을 터놓고 이야기하지 않는다. 상대의 의심을 잠재울 확실한 신뢰 카드를 미리 준비하는 것이 좋다. 인적 네트워크, 다른 바이어와 차별화된 가격이나 조건, 상대가 자부심을 느끼는 것(문화, 종교, 성취 등)에 대한 공감과 깊은 이해가 신뢰 형성에 도움이 된다.

3) 아랍에서는 과거를 중시하는 경향이 강하다. 급속한 진보와 빠른 변화보다 전통과 관습의 보존을 훨씬 중시하기 때문이다. 그래서 근대적인 경영 기술이나 새로운 기법의 도입에서 보수적인 경향을 보인다. 시간을 갖고 꾸준히 설득하는 인내심이 필요하다.

4) 동시다발적인 협상 방식을 존중하라. 아랍인은 몇 개의 회합을 동시에 갖는다. 한 가지 일에만 몰두하거나 하나의 일을 끝내고 다음 단계로 넘어가는 체계성이 약하다. 이 일 저 일, 이 손님 저 손님, 또 중간에 예배보고 식사하고 차 마시고, 업무 스타일이 산만해 보이기도 한다. 그러나 그것이 그들의 기질이고 특성이다.

5) 그들에게 흥정은 생활이고 익숙한 오락이다. 흥정을 즐기는 것이 생활화되어 있다. 조급한 사람은 흥정에서 패하기 일쑤다. 기다리면서 여유를 가지고 좋은 조건을 만들어 갈 줄 안다.

6) 아랍인은 생사의 선택을 자주 내려야 하는 오아시스의 험난한 생활 습관 때문인지 '모른다'와 '잘못했다'라는 표현을 잘 쓰지 않는다. 목숨 걸고 길을 찾아 떠나는 카라반에게 모른다는 것은 죽음이고 절망의 표현일 수도 있다. 잘못했다는 것은 용서를 구한다기보다는 패배에 대한 시인이고 비굴함의 표현일 수도 있다. 그래서 아랍인은 부정적인 표현보다는 습관적으로 '예'라는 말을 즐겨 쓴다. 정말 긍정의 '예'인지, '그럴지도 모른다'인지 아니면 '아무 뜻도 없다'라는 건지 잘 따져 보아야 한다. 길을 물어도 모른다는 대답 대신 아무 방향이나 가리킨다. 거짓 친절함을 따라가다 보면 반대 방향으로 가는 일이 아랍에서는 일상이다.

7) 친한 사이라도 문서와 거래 관계는 분명히 하라. 부자간에도 이익과 돈에는 조금도 양보가 없는 천부적인 장사꾼들이다. 아랍인의 교역 역사는 2,500년이 넘었다. 기원전 5세기 오만과 로마까지 사막을 가로지르는 유향 교역으로 2천 배의 이익을 얻던 그들이다. 인간적인 신뢰는 장사하기 위한 전제 조건이지만, 거래할 때는 관련 서류나 계약 조건, 금전 관계 등을 완벽한 법적 문서로 준비해 두어야한다. 인간적으로 친하다고 문서 부분을 소홀히 했다가 낭패를 당하는 경우가 흔히 있다. 어떤 문화권도 마찬가지겠지만, 특히 아랍에서는 인간적인 신뢰가 깨지면 거래가 언제든지 뒤집힐 위험이 도사리고 있다.

8) 문화적인 혐오나 종교적인 금기에 조심한다. 술과 돼지고기는 꾸란에 명시된 금기이다. 그러나 술은 종교적 금기이지만 일부 무슬림에게 문화적 혐오는 아니다. 즉 이슬람 문화권 바깥에서는 술을 마시는 무슬림을 많이 볼 수 있다. 한편 돼지고기는 종교적 금기인 동시에 강한 문화적 금기이다. 따라서 돼지고기는 신앙의 강약에 상관없이 아주 강한 혐오 음식이다. 이는 돼지고기 금기에 대해 우리가 철저히 그들의 문화를 존중해 주고 배려해야 하는 이유다.

9) 자존심과 명예를 목숨보다 소중히 여기는 유목 문화의 전통이 사고방식과 삶에서 아직도 펄펄 살아 움직인다. 어떤 경우라도 그들의 종교적, 문화적, 종족적 자존심을 건드리는 것은 적극적으로 피해야 한다. 아랍인은 가난하지만 비굴하지는 않은 편이다. 1991년 걸프 전쟁 때, 사담 후세인이 1퍼센트의 승산 가능성도 없으면서 미국

과의 전쟁을 불사한 태도나 리비아 카다피나 이란 종교 지도자들이 실익보다는 자존심과 명분 때문에 강대국과 무모한 소모적 대결을 벌인 것도 이런 맥락에서 이해할 수 있다.

10) 한없이 소탈하게 보이다가도 일순간 예의와 격식을 엄격하게 따진다. 그들은 호혜 관계를 매우 소중히 여긴다. 초대를 받았으면 이른 시일 내에 반드시 초대로 갚아야 한다. 손님이 떠날 때는 문밖까지 배웅한다든가 건물 밖까지 나가 차가 떠날 때까지 배웅하는 예의를 갖춘다. 그리고 가까운 사이에도 서로 치부를 가리는 예의와 목욕 관습을 존중한다. 터키탕 하맘(hamam)이나 아랍 목욕탕 함맘(hammam)에서도 남녀를 구분하는 것은 기본이고, 공중탕에서 서로 벌거벗고 함께 목욕하는 경우는 거의 없다. 가운을 입고 땀을 흘린 뒤 커튼이 쳐진 개인 샤워실에서 목욕한다.

11) 누구를 방문할 때는 항상 선물을 빼놓지 말아라. 아랍 사회는 선물 문화권이다. 옆집을 가든, 손님이 오든 선물을 준비하고 선물을 주고받는다. 호의의 상징이고 손님에 대한 예의라 생각한다. 그들이 선호하는 한국 선물을 잘 고르는 것도 비즈니스의 중요한 한 부분이다. 고위층일 경우 자개로 만든 아라베스크 문양(동물 문양은 지양) 장식품들, 인삼과 도자기, 한국산 전자제품과 자식들을 위한 아이돌 스타의 사진이나 관련 소품 등이 인기다.

12) 아주 가까운 사이가 아니면 국내 정치나 최고 통치자 이야기는 삼가는 것이 좋다. 특히 비즈니스를 하는 아랍인 중에는 체제 옹호론자들이 많고, 산유국 왕정이나 공화정 할 것 없이 폐쇄된 권위

주의 정권이 장기 집권을 하고 있다. 따라서 외국인이 만나는 주변 사람 중에 첩보원이 많다는 생각을 항상 하고 지내야 한다. 반미 정서가 뿌리 깊고 팔레스타인 문제의 정당성에 대한 집착이 강하다. 그러므로 사적인 만남에서 자칫 유대인이나 이스라엘 문제에 관해 토론하면 지나치게 민감한 반응을 보인다. 그러면서도 미국과 서구에 대한 이중적 정서가 있는 경우가 많다. 아랍 지식인은 미국과 서구에 대해 동경과 적의 사이에서 혼란을 겪을 때가 종종 있다.

13) 아랍에서 서비스는 일반적으로 남성의 몫이다. 집안 초대에서도 남자가 접대하는 경우가 많고, 남성이 시장을 보는 것이 당연한 문화다. 서구 교육에 익숙한 일부 사람 외에는 식사 때에도 초대된 남녀가 따로 분리되는 경우가 많다. 최근에야 아랍 특급 호텔에서 외국인 여성 종업원이 드물게 등장하고 있을 정도다. 아랍계 항공사 승무원 대부분이 외국인 여성인 것도 이런 이유 때문이다. 아랍에서는 여성 전용 서비스 공간인 미용실, 화장품 부티크에서조차 남성 종업원이 근무하고 있다. 남녀가 완전히 격리되는 사우디아라비아에서 최근 여성 속옷을 파는 가게의 남성 종업원을 여성으로 바꾸어 달라고 여성 단체들이 정부 당국에 탄원할 정도이다. 즉 여성들의 업무 활동, 특히 서비스업 종사는 아직도 바람직한 직업으로 여겨지지 않는다.

14) 아랍 남성의 속도감에 주의하라. 지상에서는 한없이 느리던 아랍인이 말만 타면 최고 속도로 빠르게 달린다. 자동차 경주하듯이 과속하는 습관 때문에 인구 대비 스포츠카가 가장 많이 팔리는 지

역이 아랍이며, 대형 사고도 자주 발생한다. 그들은 '낙타 모드'와 '휴식 모드'를 구분한다. 낙타 등에 올라타면 속도가 곧 생존이다. 교역할 때는 낙타를 타고 전속력으로 교역 도시에 상대보다 빨리 도착해야 한다. 도망갈 때나 적을 추적할 때 역시 낙타는 속도의 대명사다. 그러나 일단 낙타 등에서 내리는 순간 휴식 모드로 전환된다. 비스듬히 누워서 휴식을 취하거나 담소를 나누면서 맛있는 음식을 든다. 거의 꼼짝하지 않고 속도를 조절하는 것이다. 낙타가 사라진 지금 자동차가 낙타 기능을 대신한다. 그래서 그들은 자동차 문이 닫히는 순간 낙타 모드로 전환하여 빠른 속도감을 만끽하는 것이다.

이자 없는 이슬람 은행, 어떻게 운영되나?

이슬람 은행은 이자 없이 운영된다. 이슬람 경제에서 고리대금은 철저하게 금기이다. 꾸란에서도 돈을 가지고 가난한 사람들을 착취하고 부당한 이득을 취하는 것을 강하게 비난한다. 사악한 행위로 보기 때문이다. 대신 이윤은 철저히 보장된다. 자신의 노동이나 노력, 투자와 지식을 통해 얻는 이익은 신성한 것으로 폭넓게 인정한다. 이자는 금지지만 이윤은 인정하는 것이 이슬람 경제의 골격이다.

그러나 이자에 대해서는 이슬람 학자 간에도 금기와 허용 여부를 두고 팽팽한 논쟁을 거듭하고 있다. 아직도 보수적인 아랍 세계에서는 이자조차 고리대금의 일종으로 금기시하는 경향이 강하다. 반면 일부 이슬람 국가에서는 은행 이자는 일정한 이율을 받고 돈을 빌려주거나 저축에 대해 일정한 이익을 나누어 주는 것이기 때문에 이윤으로 보아 허용하기도 한다. 물론 모든 이슬람 국가에서는 이슬람 은행과 함께 서구식 은행도 함께 영업하고 있어 국제 교역에는 아무 문제가 없다.

다만 사채의 일종인 고리대금은 지나치게 높은 이율과 자본가의 일방적인 횡포로 세계 어느 곳에서나 커다란 사회 문제로 대두되고 있다. 따라서 도덕 경제를 표방하는 이슬람에서 고리대금을 금지하는 것을 쉽게 이해할 수 있다.

그렇다면 고리대금을 금지하는 이슬람 가치의 기본 정신과 이자를 금지하는 이슬람 은행의 운영 방식은 무엇인가?

공동체 유지를 위한 이슬람의 기본적 가치관은 경제적으로 어려운 채무자를 돕는 것이다. 고리대금이란 돈을 가진 자가 더 많은 돈을 갖기 위해 채무자를 막다른 골목으로 몰아넣는 행위이며, 인간으로서 지켜야 할 모든 동정심을 빼앗으면서까지 가진 자의 이기심을 채우는 부도덕한 악행으로 간주한다. 더욱이 고리대금은 힘든 노동 대신 가난한 사람에게 기생하는 것이기 때문에 온전히 이슬람적인 삶의 태도가 아니라고 생각한다. 자본과 노동 사이의 갈등과 투쟁 과정에서 이슬람은 노동의 편에 서고, 고리대금 금지를 통해 자본과 노동의 균형을 회복하며 노동이 자본에 예속되지 않도록 하고 있다. 이것은 노동의 고귀함을 중요시하는 이슬람의 기본 가르침과 맥락을 같이한다.

꾸란에서도 서로에게 이익을 주는 통상적인 거래가 아닌 일방의 이익만을 보장하는 고리대금업 같은 거래는 알라나 예언자에 대한 전쟁으로 간주할 정도로 엄하게 금지한다. 꾸란에서 이자는 '리바(riba)'로 표현하며 단어적 의미는 빌려준 원금에 대한 '웃돈'을 의미한다. 꾸란에서 금지한 리바를 고리대금 성격의 거래에만 한정해서 적용해야 한다고 주장하는 학자도 있고, 이율의 높고 낮음을 떠나 은행이자도 리바의 개념에 포함된다고 해석하는 학자도 있어 그들 사이의 논쟁이 팽팽하다.

바로 이런 생각에 기초해서 이슬람 은행은 이자를 주지 않는다. 그런데 실제로는 이슬람 사회의 많은 시민이 확정 이자도 없는 이슬람 은행에 예금하고, 일반 서구식 은행보다 더 많은 예금을 예치한다. 그것은 신앙의 문제만은 아니다. 저축에 대한 이슬람 은행의 연말 배당이 서구식 시중 은행보다 높기 때문에 이슬람 은행으로 몰리는 것이다.

저축에 대한 확정 금리는 이슬람의 이자 규정에 저촉될 수 있다. 그러나 고객이 맡긴 돈을 은행이 기업에 투자하는 것은 정상적인 경제 거래이다. 정상적인 거래란 이슬람에서 금지하는 술, 담배, 매춘, 마약과 같은 사업에 투자하지 않는 것이다. 이를 감시하기 위해 이슬람 은행에는 샤리아 위원회, 즉 이슬람 율법위원회를 설치해 모든 거래가 이슬람의 도덕 경제 정신을 위반하지 않는지 감시하고 유권 해석을 내려 준다. 이에 따라 은행은 기업과 공동으로 사업을 벌이고,

벌어들인 수익 일부는 비용으로 제외하고 고객에게 공평하게 나누어 준다. 어찌 보면 고객과 사업자가 함께 사업하는 셈이며, 여기서 창출된 이익을 배당하는 것이다. 이에 따라 이슬람 은행의 고객들은 정기적으로 저축한 예금에 대한 배당 수익을 받는 셈이다.

정상적인 상거래는 이슬람에서도 가장 축복받는 삶의 형태이기 때문에 아무 문제가 없다. 이런 경우 은행은 투자에 실패하여 오히려 고객 예금에 손해를 끼칠 수도 있다. 그러나 이슬람 은행은 확실하고 건강한 기업에 투자하기 때문에 실제로 손해를 보는 경우는 아주 드물다. 이 점이 바로 무슬림 고객들이 이자도 없는 이슬람 은행에 돈을 맡기는 이유다. 연말 배당도 시중 은행보다 높고 이슬람의 정신도 지키는 이슬람 은행은 그래서 경쟁력을 갖는다.

이슬람은 자본가와 노동자의 합작을 장려하며, 이익뿐만 아니라 손실까지도 함께 나눈다는 전제가 있다. 고정이율 제도는 사업이 적자를 내더라도 자본은 항상 이윤을 본다는 것이며, 거꾸로 사업이 잘될 때는 자본에 대한 이윤이 회사의 이윤보다도 훨씬 적다는 것을 의미한다. 이슬람은 이러한 모든 불확실성에 대해 어떤 경우에도 자본가나 노동자 중 어느 한쪽이 부당한 이득을 보거나 부당한 손실을 보아서는 안 된다고 강조한다. 그러므로 만일 사업이 이익을 낳을 경우 자본은 이익의 정당한 몫을 갖고, 손해가 날 경우에는 손실 또한 나누어 책임진다. 무슬림은 이 방법으로 자본주의가 발전하면 할수록 자본가들은 부유해지고 노동자들은 경제적으로 더욱 어려워지는 신자유주의 경제의 모순을 상당 부분 치유하고 공동체 복지를 증진

할 수 있다고 믿는다. 또 자본주의 체제에서 발생하는 빈부 간 갈등과 사회적 병폐의 한 원인이 자본주의의 꽃인 이자 제도에서 발생한다고 주장한다.

현대 무슬림은 이슬람 은행에 계정을 유지하는 것을 종교적, 도덕적 의무라고 생각한다. 따라서 이슬람 은행들은 예금 유치를 위해 다른 은행들과 경쟁할 필요가 없다. 동시에 무슬림 고객들은 외환이나 해외 업무, 국제적인 무역 거래를 위해 시중 은행을 자유로이 이용한다.

최근 들어 이슬람 금융의 원칙과 이슬람 경제 원리들이 새롭게 관심의 초점이 되고 있다. 신자유주의 시장 경제가 부른 이익 지상주의와 양극화라는 사회적 병폐를 해소하는 대안 경제로 이슬람 경제가 떠오르고 있다. 우리나라에서도 이슬람 채권인 수쿠크의 도입으로 이슬람 금융 시스템을 가동하는 첫 시도가 이루어질 전망이다.

수쿠크 이슬람 채권과 펀드 금융

수쿠크(Sukuk)는 이슬람 채권이나 펀드 금융을 말한다. 이자를 금지하는 이슬람의 꾸란 정신을 살리기 위해 이자 대신 수익과 임대료 개념으로 금융 기관과 고객이 거래하는 금융 상품이다. 기존 저축 예금의 운용 방식이 고객 예금으로 기업과 함께 사업을 벌이고 거기서 창출된 이익을 배당 형식으로 나누어 주는 것이라면, 이슬람 채권의 운용 방식은 종교적으로 금지된 대출 이자를 받는 대신 고객이 원하는 주택이나 부동산을 은행이 대신 구입해 주고 고객이 거기에 살면서 은행에 수수료와 임대료를 내는 방식이다. 오일 달러가 몰려 있는 걸프 지역 아랍 국가에서는 금융 거래의 약 20퍼센트가 이슬람 시스템으로 운용되고 있을 정도로 보편화됐다. 현재 금융 시장에서 이슬람 수쿠크 규모는 2조 달러 정도이며, 중동-이슬람 주요 국가뿐만 아니라, 영국, 홍콩, 싱가포르 같은 금융 선진국에서도 대규모 수쿠크를 발행하고 있다. 우리나라도 도입을 진행하고 있다.

이슬람 금융 기법의 핵심인 이슬람 채권 수쿠크의 발행 형태는 크게 네 가지로 분류한다.

무라바하(Murabaha) 금융 회사가 고객 대신(고객이 구입 주체) 주택 등을 구입한 후 고객에게 수수료와 월세를 받고 빌려주는 거래

이자라(Ijara) 금융 회사가 건물이나 설비를 구입해 임대료를 받고 빌려주는 일종의 리스 계약

무다라바(Mudaraba) 금융 회사가 사업자의 프로젝트에 출자하고 배당금을 받는 계약

무샤라카(Musharaka) 금융 회사와 사업자가 프로젝트에 공동 출자한 후 일정 비율로 수익을 배분하는 것

① 은행의 일반 예금 거래도 이자가 거의 없으므로 확정

이율 대신 고객의 돈을 이슬람 율법에서 허용된 사업이나 기업에 투자하여 그 수익을 고객과 배분하는 형태를 취한다.

② 주택 담보 대출도 은행이 집을 사서 임대하고, 원금과 이자는 수수료로 상환받는 형식을 취한다.

③ 통상 고객의 예탁금에 대해 시중 은행의 확정 금리보다 높은 수익을 보장해 주기 때문에 많은 돈이 이슬람 금융 기관으로 몰리는 현상이 있다.

이슬람이 금하는 사업에 고객의 돈이 유입되는 것을 감시하기 위해 샤리아 위원회가 이를 감독한다. 마약, 주류, 돼지고기, 매춘 같은 비도덕적 사업은 물론, 원금 보전 계약도 불가능하다. 또한 현실에 존재하지 않는 물건의 거래도 금지된다. 이슬람 금융 시장은 서구 제도를 그대로 도입하면서도 고정 금리로서의 이자 금지라는 율법적 제한을 회피한다는 보수적 울라마의 비난에도 불구하고 시장 규모는 점점 확대되어 가고 있다.

일어나지 않은 미래의 사태에 대한, 거래 행위에 대한 부정적 견해 때문에 보험 금융이 상당히 위축됐다. 그러나 최근 가장 보수적인 사우디에서 불의의 자동차 사고로 인한 운전자의 경제적 파산을 막기 위해 책임 보험 제도를 인정함으로써 향후 이슬람 국가에서 새로운 개념의 이슬람 보험 상품이 개발, 확산될 전망이다.

사우디아라비아와 부유한 걸프 국가들,
석유를 넘어 미래를 설계하다

사우디아라비아 왕국은 전 세계 석유 매장량의 25퍼센트(약 2,600억 배럴)를 차지한 세계 최대의 석유 생산국이자 수출국이다. 글로벌 석유 수요가 줄어들었음에도 여전히 하루 1천만 배럴 이상을 생산해 대부분 수출하고 있다. 700억 배럴이 매장된 것으로 확인된 세계에서 가장 큰 단일 유전 가와르(Ghawar)에서만 매일 500만 배럴의 석유를 생산한다. 그동안 사우디가 석유로 벌어들인 수입은 기하급수적이다. 배럴당 100달러 시대에는 매일 10억 달러(1조 원)씩 벌어들인 셈이다. 수출의 90퍼센트가 석유 관련 사업이니 석유로 먹고사는 나라라고 해도 지나친 표현이 아니다. 그러나 석유가 언제까지 인류의 에너지원으로 남게 될지 알 수 없다. 석유가 주도적 에너지 소비재로 기능하는 시기는 길어야 20년 이내라고 전문가들은 예상한다. 그럼 석유 이후에는 어떻게 될 것인지 당연한 궁금증이 생긴다. 사우디 사람들은 이에 대한 충분한 대비와 경쟁력이 있다고 주장한다.

첫째, 농산 부국으로의 발돋움이다. 우리는 사우디가 밀과 채소, 과일을 생산하는 나라라는 사실을 상기할 필요가 있다. 사우디는 엄청난 석유 자본으로 벌어들인 오일 달러를 미래를 위해 가장 중요한 사회 간접 시설에 투자하고 있다. 바로 담수화 시설이다. 물이 절대적으로 부족하고 일 년 내내 비가 거의 내리지 않는 땅이기 때문이다. 가정용수의 경우 일부 지역에서는 지하수를 사용하지만, 대도시에서는 대부분 담수화 시설에서 정제된 물을 사용한다. 이 물은 석유보다 몇 배 비싸다. 그래서 사우디 사람들은 이 물을 한 번 쓰고 버리지 않고 생활용수로 재처리하고, 관개수로를 만들어 농사를 짓는 데 공급한다. 스프링클러 기법으로 광활한 평원에 물을 주어 4모작까지 가능하다. 건조하고 햇볕이 뜨거워 섭씨 50~60도 되는 곳에서는 병충해도 거의 없다. 그래서 현재 사우디는 프리미엄 밀을 생산하고 수출할 수 있는 역량을 갖추었다. 한때 우리나라도 사우디 밀을 수입한 적이 있었다. 과일과 채소도 유기농으로 대량 생산한다. 다른 산유국인 리비아에서도 대수로 공사를 통해 사하라 사막의 물을 퍼 올려 사하라 사막의 옥토화 작업을 진행 중이다. 미래의 식량 대국을 꿈꾸고 있다.

둘째, 관광이다. 원래 사우디아라비아는 석유가 산업화되기 전인 20세기 중반까지만 해도 세계 최고의 관광 국가였다. 매년 수백만의 순례객이 몰려들기 때문이다. 지금도 성지 순례 시즌에만 200만~300만 명이 몰려든다. 2013년 관광 비자 발급 이후에는 일반 관광객도 증가해 2019년도에는 약 1,800만 명의 순례객과 관광객이 방문했다. 성지 순례는 이슬람의 필수적인 의무이다. 따라서 모든 무슬림은 평생에 적어도 한 번 순례하기 위해 돈을 모으고 자신을 가꾼다. 19억 무슬림이 모두 잠재적인 순례 관광객인 셈이다. 정해진 순례 기간 이외에도 성지 순례가 허용되어 있어(우무라) 연중 쉴 새 없이 메카와 메디나 그리고 비행기가 내리는 제다로 몰려와서 짧게는 일주일에서 길게는 몇 달씩 머물고 간다. 특히 사우디에는 모래만 있는 것이 아니라 대규모 쇼핑몰도 있고, 숨어 있는 고대 유적지도 비교적 잘 보존되어 있다. 유네스코 세계문화유산으로 등재된 것만 해도 동부 쪽의 알아흐사(Al-Ahsa) 오아시스, '사우디의 페트라'라고 불리는 메디나 근교의 1세기 나바테아 왕국 시대 교역 도시 마다인 살레(Mada'in Saleh) 유적지, 사우디 최초 왕가가 자리 잡은 리야드 근교의 디리야 성채, 하일 지방의 1만 년 전 암각화 유적 등이 있다.

사우디 2030 비전의 핵심 전략 프로젝트 중 하나가 관광 활성화이다. 사우디 곳곳에 숨어 있는 고대 유적지와 자연 풍광을 관광 자원화하고, 홍해 연안에 건설 중인 600조 규모의 네옴(Neom) 신도시 개발과 수영장을 갖춘 리조트 산업을 연계해 관광 대국으로 거듭난다는 계획을 추진하고 있다. 바로 이웃에 있는 아랍에미리트의 두바이가 불모의 사막에 신기루를 건설해 새로운 관광 도시로 탈바꿈한 사례를 보면 충분히 가능한 일이다.

셋째, 새로운 에너지 자원에 대한 투자와 준비다. 걸프 지역의 부유한 산유국 대부분은 이미 고도의 산업화 단계를 넘어 세계 최첨단의 종합 도시로 거듭나고 있다. 금융 허브, 교통과 물류 중심지, 엔터테인먼트의 메카, 쇼핑 천국, 세계적인 스포츠 대회 유치, 새로운 콘셉트의 관광 등 많은 아랍 도시가 총체적 탈바꿈에 성공하고 있다. 동시에 엄청난 자본을 투자해 미래의 새로운 대체 에너지인 태양 에너지의 개발과 이용에도 앞장서고 있다.

OPEC의 비애와 유가의 불편한 진실

OPEC(Organization of Petroleum Exporting Countries)은 석유수출국기구의 영문 약호이다. 현재 사우디아라비아, 리비아, 이란, 이라크, 쿠웨이트, 카타르, 아랍에미리트, 알제리, 인도네시아, 나이지리아, 베네수엘라 등 11개국이 회원국으로 있다. OPEC은 지난 반세기 동안 세계 에너지 공급망을 통제하며 막강한 영향력을 행사해 왔다. 하지만 2020년대에 들어 미국이 셰일 오일을 중심으로 세계 최대의 원유 생산국으로 부상하고, 뒤이어 러시아까지 천연가스 자원을 통해 제2의 에너지 공급 국가가 되면서 중동 산유국의 영향력은 현저히 떨어지고 있다. 그런데 지난 반세기 동안 중동 석유의 가장 큰 수혜자는 사실상 미국과 일부 유럽 국가였다.

중동에 석유가 알려진 것은 20세기가 시작되면서부터였다. 영국과 프랑스, 네덜란드 등이 중동 석유의 중요성을 알고 경쟁적으로 채굴권과 생산, 판매를 독점하면서 실제로 산유국에 돌아가는 비중은 극히 미미했다. 석유가 발견된 1900년대 초부터 1970년까지 배럴당 원유가는 놀랍게도 평균 2~3달러 수준이었다. 석유 1배럴이 약 159리터 정도이니 1리터에 0.6센트도 채 안 되는 가격이었다. 그런데도 소비자는 거의 1달러에 자동차 휘발유를 사야 했다. 최종 소비자 가격이 생산 원가의 200배에 달하는 엄청난 수익 구조다. 생산에서 정부 지분율 일부만 산유국이 갖고, 시추, 채굴, 생산, 수송, 정제, 판매, 유통, 서비스, 고객 관리 등 모든 과정의 이익은 석유 회사, 그것도 소위 세븐 시스터즈(Seven Sisters)◆라 불리는 석유 재벌이 차지해 온 것이다.

이런 왜곡된 구조는 거의 70년간 지속됐다. 알라가 무슬림에게 내려 준 은총을 고스란히 서구의 손에 빼앗기고, 자신들은 그들의 상품 시장화되어 고가의 정제된 석유 제품을 몇십 배를 주고 도로 사는 왜곡된 경제적 악순환을 되풀이해 왔다. 제값을 받으려는 정당한 요구와 석유를 국유화하려는 시도는 석유 재벌과 강대국의 폭거에 의해 번번이 무산되었다.

참다못한 산유국들은 1960년 생존권을 함께 지키자는 비장한 각오로 OPEC을 창설해서 공동 전선을 펴기로 했다. 그때는 아랍 민족주의가 성행해 아랍 민중의 자의식이 그 어느 때보다도 강할 때였다. OPEC의 결성은 형제애의 연대를 통해 석유 이권을 부분적이나마 되찾고자 하는 아랍의 강한 열망의 표시였다. 그러나 산유국을 다 합해도 그들의 영향력은 일개 석유 회사의 자국 지사장 수준에도 미치지 못했다. 산유국이 생산 또는 가격 결정에 참여했던 것이 아니

◆ 1940년대부터 1970년대까지 세계 석유 시장을 독점한 일곱 개의 거대 석유 회사. 1950년대 이탈리아 사업가 엔리코 마테이(Enrico Mattei)가 처음 사용했다. 지금도 세계 석유 시장에 큰 영향력을 행사하는 일곱 개 회사는 스탠더드 오일 오브 뉴저지(Standard Oil of New Jersey), 스탠더드 오일 오브 뉴욕(Standard Oil of New York, 엑손 모바일Exxon Mobil), 스탠더드 오일 오브 캘리포니아(Standard Oil of California), 걸프 오일(Gulf Oil), 텍사코(Texaco, 셰브론Chevron), 로열 더치 셸(Royal Dutch Shell), 앵글로-페르시아 오일 컴퍼니(Anglo-Persian Oil Company, BP) 등이다. 1973년에는 세계 석유 시장의 85퍼센트를 이들이 장악했을 정도였다. 이들 중 미국계 석유 자본은 대부분 록펠러의 스탠더드 오일 회사 계열이고, 로열 더치 셸은 영국과 네덜란드 합자 회사이다. 1888년 네덜란드인 사업가 자이커르가 자신들이 식민 지배하던 북부 수마트라 랑캇에서 석유 시추에 성공해 질 좋은 석유를 생산하면서 1890년 네덜란드 왕국 석유 회사를 설립했다. 1907년 이 회사와 영국 셸사가 합병해 로열 더치 셸이라는 당시 세계 최대의 다국적 석유 기업이 탄생했다.

다. 석유 회사들은 산유국 정부와 비공식적인 계약을 맺고 최종 생산품의 가격을 통제하고 독과점으로 자신들에게 매우 유리하게 운영했다.

초기의 OPEC은 시장 가격을 상승시키는 데 실패했다. 이 때문에 원유 가격이 계속 떨어져 1969년에는 배럴당 1.29달러라는 가장 낮은 가격에 이르렀다. 결국 OPEC은 개별 산유국 정부를 대신해 수입에 따르는 공시 가격을 1.80달러로 고정했다. 또한 산유국의 안정적인 이익을 위해 로열티는 배럴당 고정 수수료로 바꾸었다. OPEC 설립 이후에도 산유국을 약화시키고자 몇 차례 원유가의 하락 시도가 있었고, 무모하게 석유 국유화를 시도했던 이란의 모사데크 수상은 석유 재벌들의 보이콧으로 몇 개월을 못 버티고 정권을 잃었다.

OPEC이 나름의 영향력을 발휘하고 자신들의 자원에 제 목소리를 내기 시작하기까지 10여 년이 더 지나야 했다. 1969년 리비아에서 카다피 정권이 왕정을 무너뜨리고 등장하면서 새로운 기운을 얻었다. 영국 사관학교 재학 중 영국을 방문한 리비아의 이드리스 왕이 영국 정부에 치욕적으로 석유 이권을 넘기는 장면을 목격한 카다피와 청년 장교단은 귀국 후 9월 혁명을 통해 아랍 민족주의를 강력하게 표방했다. 동시에 그는 석유 재벌과의 힘겨운 투쟁을 통해 석유가의 주도권을 확보하는 데 성공했다. OPEC 역사상 신기원이었다.

당시 리비아는 자국 석유에만 의존하던 최대 인디펜던스 회사(석유 메이저 회사가 아닌 독자적인 개별 석유 회사)인 옥시덴탈을 상대로 정부 지분율 인상 협상에 성공해 다른 산유국에 좋은 전례가 됐다. 이에 따라 다른 산유국도 힘에 겨운 메이저 대신 인디펜던스를 상대로 정부 지분율과 석유가 인상 협상에 성공했고, 결국 메이저의 인상을 유도할 수 있었다.

이런 힘이 결집해 1973년 제4차 중동 전쟁을 기점으로 석유 무기화에 성공했고, 국제 원유 시장의 수요-공급 원칙에 따른 '원유 제값 받기' 시도가 본격적으로 태동했다. 따라서 1973년 산유국의 성공적인 카르텔 형성은 석유 재벌과 OPEC 간의 관계와 역할에 중요한 변화가 시작되었음을 의미한다.

1973년경, 유럽과 아시아의 석유 수요가 급증했고 미국을 비롯한 비산유국의 원유 생산량이 크게 증가하지 못했다. 이런 이유에서 상대적으로 OPEC 회원국 석유에 대한 세계 수요가 빠른 비율로 증가했다. 증가분의 대부분은 아랍 OPEC 회원국의 원유 생산량으로 충당했고, 생산량은 1972년 11퍼센트에서 1973년 17.5퍼센트까지 증가했다. 이는 두 가지 주요 변화를 촉발했다.

첫째, 1970년과 1973년 사이에 시장 가격이 두 배로 뛰었다. 이로써 1960년대 통상 1.80달러로 유지되던 원유가가 1973년 여름에 3달러로 갑작스럽게 상승했다. 동시에 산유국들은 고시 가격 상승과 생산 증가로 인해 수입이 올랐기 때문에 석유 회사들의 시추율을 올리려는 시도를 막을 수 있었다. 이로써 산유국의 석유 회사에 대한 협상 입지가 한층 강화됐고, 생산에 대한 산유국의 통제력이 상승했다.

특히 1973년 11월에 제4차 중동 전쟁의 여파로 비산유국 선진국들의 석유 가격이 6개월 사이에 4배로 상승했다. 전쟁이 시작된 이후 곧 이라크를 제외한 아랍 석유 수출국이 생산량을 감축했고, 미국 및 네덜란드 선적을 제한했다. 이런 일사불란한 생산량 삭감의 결과, 세계 원유 총공급량이 5퍼센트 이상 감소했다. 아랍 산유국은 사우디산 원유의 새로운 고시 가격이 배럴당 11.69달러라고 일방적으로 발표했다. 우리나라는 당시 가장 충실한 친미 국가로 분류돼 석유 공급에 막대한 차질을 빚었고, 역사상 최악의 경제 위기를 맞았다. 이것이 제1차 석유 파동이다. 그 후 우리 정부에서는 팔레스타인 해방기구(PLO)를 승인하고 친아랍 정책을 표방하는 등 획기적인 정책 변화가 있었지만, 아랍 석유 의존도가 높은 우리로서는 앞으로도 면밀한 석유 대책과 아랍에 대한 이해가 없으면 이런 사태가 반복될 수밖에 없는 상황이다.

1974년부터 제2차 석유 파동 전인 1978년까지 석유 시장은 상대적으로 조용했다. 그러나 실질 조건에서 가격이 약간 내려갔다. 1975년 선진 공업국들의 깊은 경제 침체에 따라 수요가 일반적으로 창출되지 못했고, 그 이유를 석유 가격 상승 그 자체로 돌렸다. 이후 OPEC이 석유 가격 결정에서 주도권을 잡으면서, 국제 원유 시장에서 가격은 점차 시장 경제 원리에 따라 서서히 안정 추세로 나아갔다.

그러나 1979년경 세계는 다시 제2차 석유 파동에 휘말렸다. 1979년과 1980년에 배럴당 12달러였던 석유 가격이 몇 차례에 걸쳐 36달러까지 치솟았다. 우선 1978년 가을 초 석유 근로자들의 파업은 이란의 석유 공급을 감소시켰다. 1979년 봄까지 종전의 절반 정도로 이란의 석유 생산이 재개됐지만, 석유가는 이란 혁명의 여파를 타고 1979년 후반에 38달러에 달할 정도로 계속 인상됐다.

1981년부터는 유가 안정기에 접어들었다. 최대 산유국인 사우디가 생산을 감소시켜 OPEC의 생산량을 조절했으며, 석유의 실제 가격을 떨어뜨려 OPEC 석유 수요를 지속해서 감소시켰다. 그 후 석유가는 1980년대부터 2000년까지 약 20년 동안 배럴당 20~30달러 시대를 이어 갔다. 그러다가 제3 세계의 급속한 경제 성장과 9·11 테러, 이라크 침공, 아프가니스탄 전쟁, 이란 경제 제재 등으로 유가는 한때 배럴당 100달러까지 유지하다가 에너지원이 다변화되고, 특히 미국의 셰일 오일이 수출되면서 유가는 2020년 초 20~30달러 수준까지 다시 하락했다. 현재 미국, 사우디, 러시아 등 원유 3대 강국들이 명운을 건 저유가 에너지 전쟁을 치르고 있지만, 개발 원가가 배럴당 9달러 선인 사우디가 생산 원가 19달러 선인 러시아나 30~40달러의 생산 원가를 부담해야 하는 미국보다 훨씬 유리한 상황에 있다. 그러나 자국 이익을 위해 합종연횡을 거듭하는 국제 관계의 속성 때문에 서로 어떻게 연대하느냐에 따라 유가는 수시로 요동칠 것이다.

이렇게 보면 석유가 발견된 후 거의 1세기 만에 시장 원리에 의한 석유가가 형성돼 자원 보유 국가들이 일차적인 몫을 챙기게 된 것이다. 그렇더라도 석유 재벌들의 시장 점유율은 여전하다. 그들은 아직까지 수송, 정제, 유통, 판매 과정을 장악해 막대한 부가 가치를 독점하며 소비자의 주머니를 위협하고 있다.

결과적으로 오늘날의 선진국들은 자원 보유 국가인 아랍 산유 국가의 혜택을 탈취하고, 배럴당 2달러 미만이라는 거의 공짜에 가까운 원유를 통해 지난 1세기 동안 이익을 얻고 선진 공업국으로 발돋움했다. 서구 선진 공업국의 오늘은 자원을 탈취당한 산유국의 희생이 바탕이 된 것이다. OPEC이 결성돼 자원 되찾기 운동이 시작되고 원유가가 시장 가격으로 바뀐 것이 극히 최근이라는 사실은 우리를 서글프게 한다.

새로운 블루오션 할랄 산업

할랄을 흔히 이슬람의 금기인 술과 돼지고기 같은 음식에 한정해서 생각한다. 그러나 사실 할랄은 식음료 분야뿐만 아니라 금융, 보험, 서비스, 관광(호텔), 제약, 화장품, 바이오산업, 사료, 의복, 패션 등에도 적용되는 무슬림의 일상을 지배하는 총체적 삶의 개념이다. 쉽게 말하면 할랄은 올바른 삶의 방식을 규정한다.

이슬람의 할랄은 단순히 깨끗한 육류와 영성적 음식을 취하겠다는 개념을 훨씬 뛰어넘는다. 인간이 인간답게 살아야 한다는 품격 있는 윤리 의식이 강하게 작용한다. 친환경, 동물 복지라는 새로운 인류의 라이프 스타일과도 상통하는 개념이다.

이런 점에서 할랄 산업의 미래는 먹고 마시는 식음료 분야에만 한정되지 않고, 유기체적인 상관관계를 가지며 거의 전 산업 분야로 확산될 것이다. 그것은 경작(비료), 사육, 도살, 처리 과정, 유통, 포장, 정의로운 거래, 소비재 구입 자금의 투명성, 이슬람에서 허용하는 산업에 투자한 금융의 이용 등과 같은 일련의 외적-내적 순환 메커니즘 전체에 주목한다. 예를 들면 도살되는 가축은 사육 과정에서 소위 행복한 조건에서 길러진 가축이어야 하며, 잡는 가축의 연령, 건강 상태, 임신 여부, 개체 수 균형 등을 고려하여 도살한다. 나아가 할랄 과정을 거치지 않은 동물 유지가 첨가된 화장품, 의약품, 식품, 동물 털이 섞인 섬유 제품, 동물 가죽으로 만든 피혁 제품, 심지어 상점에서 사용하는 돼지털로 된 옷솔 재료, 알코올 정제 과정을 거친 제품, 화학 섬유, 알코올 관련 제품, 화학 첨가물, 인공 첨가물, 호르몬 첨가물, 항생제 첨가물, GMO 제품, 도살된 가축이 울타리 없는 곳에서 방목되었는가의 여부 등이 모두 할랄 산업의 인증 기준으로 고려된다.

아랍 국가 대부분은 물론, 말레이시아나 인도네시아 같은 이슬람 국가에서도 식품 안전법, 소비자 보호법, 동물 사료 및 건강법 등의 법적인 조치를 통해 할랄 인증을 받은 소비재나 식품만을 수입하도록 하는 법령을 강화하고 있다. 물론 아직 할랄에 대한 국제적 표준이 확립되지 않았고, 이슬람 학파마다 조금씩 이견을 보이는 것은 사실이다. 하지만 할랄 인증 제도는 이슬람 국가별로 확산되고 있다.

현재 148개국에 살고 있는 19억 인구의 무슬림이 일상으로 먹고 찾는 소비재가 할랄이다. 할랄 산업의 현황과 전망에 관한 보고서는 매우 다양하고, 이슬람권 내에서도 통일된 연구 데이터를 제공해 주지 못하고 있다. 그래도 여러 자료를 비교 분석해 보면 세계 할랄 산업 규모는 놀랄 정도다. 할랄 산업 규모는 금융 부분을 제외하고도 2조 3천억 달러에 달하고, 앞으로 급속히 확산될 전망이다. 그중 식음료 부분이 1조 4천억 달러(67퍼센트), 제약이 5,060억 달러(22퍼센트), 화장품이 2,300억 달러(10퍼센트)를 차지했다. 이런 추세에 발맞추어 맥도날드가 할랄 버거를 출시한 것은 이미 오래전이고, KFC도 최근 영국 전역에 100여 개의 할랄 버거 전문 매장을 열었다. 그뿐만 아니라 버거킹, 도미노, P&G, 까르푸 등 다국적 기업들이 앞다퉈 할랄 인증을 받으며 글로벌 시장에 뛰어들었다. 터키, 말레이시아를 선두로 이슬람 국가는 물론, 미국, 영국, 프랑스, 호주, 캐나다, 중국, 일본 등도 발 빠르게 할랄 산업 진출과 연구를 강화하고 있다.

현재도 할랄 식품은 전 세계 식품 산업 매출의 약 20퍼센트 정도를 차지한다. 정확하게 무슬림 숫자의 비율과 일치한다. 더욱이 향후 10년 내 전 세계 인구의 약 30퍼센트를 차지할 것으로 예상되는 무슬림 고객뿐만 아니라 일반 소비자 사이에서도 할랄에 대한 수요가 꾸준히 늘어나고 있다.

우리나라도 CJ, 농심, 롯데, 풀무원, 아모레퍼시픽 같은 대기업을 중심으로 할랄 제품 생산과 수출에 주력하고 있다. 대부분은 말레이시아의 JARKIM, 인도네시아의 MUIS를 비롯한 국가별 할랄 인증 기관의 인증을 받아 수출하기도 하고, 부분적으로는 서울의 한국이슬람교(KMF)가 할랄인증서를 발급하기도 한다. 그러나 이슬람권 내에서도 통일된 할랄 인증 기관이 설립되지 않아 개별적으로 접근해야 하는 어려움이 있다. 또한 미래의 거대 시장인 할랄 산업에 대한 국내의 인식 부족, 일부 종교 단체들의 반대 등 넘어야 할 산이 아직 높은 실정이다.

CHAPTER

7

이슬람을 빛낸 문화 예술인

메블라나 잘랄레딘 루미 수피 철학자, 관용과 용서의 아이콘

메블라나 잘랄레딘 루미(Mevlana Celaleddin Rumi, 1207~1273)는 이슬람 수피주의의 큰 흐름인 메블라나 종단 창시자로, 중세 이슬람 세계의 지적 혁명과 영성 운동에 한 획을 그은 인류의 영적 스승이자 대사상가이다.

메블라나가 활동하던 13세기 중엽, 이슬람이 단단한 뿌리를 내리고 있던 아나톨리아의 셀주크 왕조 영역 내에는 십자군 전쟁과 몽골 침략이라는 역사적 격변의 영향으로 수많은 사상과 철학, 다양한 성향의 종교들이 난무하고 있었다.

이슬람 신학 내에서도 종파 갈등과 이론 논쟁들이 가열되면서 이슬람의 분파 그룹이 생겨났다. 이슬람의 순수성과 정통적인 모습이 변질되고 이슬람 내부의 분파적 모습과 현학적인 논쟁에 염증을 느낀 많은 뜻있는 무슬림은 아예 현실을 회피하면서 칩거를 선호했다. 그들은 '적게 먹고 적게 마시며 아무렇게나 옷을 걸치고' 기존의 권위와 형식에 맞섰다. 그들은 '수피(Sufi)'라 불렸으며, 명상과 기도를 통한 다양한 방식으로 이슬람의 가르침에 다가가려 했다. 메블라나 시대인 13세기에는 이미 수많은 수피 종단들이 생겨났고, 이슬람 신비주의자들로 알려진 수피는 나름의 방식으로 종교 공동체를 이루고 신앙생활을 지속했다.

메블라나는 1206년 아프가니스탄 발흐에서 태어났다. 그는 몽골 침략이라는 세계사의 대격변 때문에 아버지를 따라 셀주크조의 수도 콘야로 갔다. 인류 역사상 유례가 없는 영성의 파괴와 인간에 대한 무차별적인 도륙에 맞서 많은 종교인이 새로운 삶을 찾아 셀주 크조로 이주해 왔던 것이다. 13세기 셀주크조는 십자군 전쟁으로 큰 고통을 경험한 직후였다. 수많은 주민이 이교도란 이유만으로 죽임 당했고, 십자군이 지나간 지역은 거의 모든 종교 시설이 초토화되는 영적인 고통을 당했다. 곧이어 몽골군이 침략해 셀주크의 모든 영토 에는 다시 한번 약탈과 살육의 끔찍한 회오리바람이 휘몰아쳤다.

이러한 시기에 고통받는 민중을 위한 영적 돌파구를 마련해 준 것이 루미였다. 아랍어로 쓰인 꾸란은 비아랍권인 터키와 이란을 거 쳐 가면서 민중이 접근하기에 너무나 어려워졌다. 더욱이 오해와 왜 곡을 막기 위해 꾸란을 다른 외국어로 번역하는 것이 금지되면서 중 앙아시아 튀르크족과 이란인 사이에서 꾸란은 가진 자와 엘리트 지 배 계층만을 위한 신앙적 도구로 전락하는 경향이 강하게 나타났다.

메블라나 루미는 꾸란에 대한 깊은 이해 없이도 누구나 일정한 영적인 수련을 통해 신의 영역에 들 수 있는 새로운 길을 찾았다. 바 로 메블라나 종단이다. 세마(sema)라는 독특한 회전 춤을 통해 신의 의지를 경험하고, 궁극적으로는 신과 일체감을 이루면서 이슬람의 오묘한 진리를 체득하게 된다는 믿음이었다. 세마는 경전 중심의 이 슬람에 대한 반발이자 민중들을 위한 명상과 엑스터시를 통한 영성 수련법의 일환으로, 바로 메블라나 루미가 창안한 신비주의 춤이다.

세마 공연에는 갈색의 긴 모자와 둥글고 하얀 치마 위에 검은 망 토를 걸친 수도자들이 등장한다. 그들은 서로 팔을 감싸고 허리를 숙여 몇 차례 인사를 나누고는 검은 망토를 벗어 던지고 춤을 춘다. 두 손을 펼쳐 오른손은 하늘로, 왼손은 땅으로 향하게 하고 고개를 23.5도의 지구 자전축만큼 오른쪽으로 기울여서 회전한다. 자전을 상징하듯 자신이 돌고, 공전을 상징하듯 수도자들이 함께 돌면서 엑스터시 상태를 경험한다. 수도자는 그 순간 신과 일체감을 이룬다. 두 시간 동안 계속 돌면서 수도자들은 어느 순간 빨라진 음악에 맞춰 군무를 멈추고 서서 혼자 돌기 시작한다. 한 치의 흐트러짐도 없는 동작이 계속되면서 얼굴에는 평온한 무아의 경지가 찾아온다. 그때 신을 만나고 자신의 마음 깊은 곳에 신을 품게 된다. 그것은 곧 자신을 비우는 과정이다.

그의 사상은 민중에게 대단한 반향을 불러일으켰으며, 비아랍 문화권인 중앙아시아 전역에 정신적으로 커다란 영향을 끼쳤다. 무엇보다 토착 종교와 관습들을 존중한 그의 사상은 관용과 상생이라는 두 축으로 이슬람을 재해석했다. 심지어 비무슬림인 이교도나 무신론자들에게까지 구원의 손길을 펼쳐 인류 공동체가 용서와 화해를 통해 함께 사는 진정한 지혜를 제시했다.

> 지구상에 얼마나 많은 사람이 있느냐. 그들이 알라에게 다가가는 길도 그만큼 많을 수밖에……
> 오라 오라! 당신이 누구이든 간에!
> 방황하는 자, 우상 숭배자, 불을 섬기는 자, 아무것도 믿지 않는 사람도 모두 오라, 내게로 오라.

약속을 어기고 맹세를 100번이나 깨뜨린 사람도 좋다.

오라 언제든지 다시 오라.

우리의 길은 절망하는 길이 아니라 진리의 길이다.

그리고 용서하라, 또 용서하라.

나의 어머니는 사랑

나의 아버지도 사랑

나의 예언자도 사랑

나의 신도 사랑

나는 사랑의 자식

오로지 사랑을 말하고자 내가 왔음이라. Ibrahim Ozdemir, 2008:56

독선과 종교적 도그마를 뛰어넘는 놀라운 포용력이고 종교적 관용이다. 메블라나 루미는 인류에게 일곱 가지의 교훈을 남겼다.

남에게 친절하고 도움 주기를 흐르는 물처럼 하라.

연민과 사랑을 태양처럼 하라.

남의 허물을 덮는 것을 밤처럼 하라.

분노와 원망을 죽음처럼 하라.

자신을 낮추고 겸허하기를 땅처럼 하라.

너그러움과 용서를 바다처럼 하라.

있는 대로 보고, 보는 대로 행하라.

루미의 사상과 낮은 곳으로 향한 사랑은 유럽 지성 세계에 큰 영향을 끼쳤다. 16세기 르네상스 인문주의자 에라스뮈스, 종교개혁가 마르틴 루터, 17세기 화가 렘브란트, 18세기 작곡가 베토벤, 19세기 대문호 괴테 등도 직간접으로 루미 사상의 영향을 받은 유럽의 지성들이었다.

루미는 1273년 콘야에서 사망했다. 메블라나 종단은 지금도 콘야에 본부가 있다. 그곳에 있는 메블라나 루미의 묘당과 박물관은 수피주의의 성지로, 오늘날에도 전 세계 무슬림이 찾아가 기도한다. 메블라나의 수피 사상은 이집트를 비롯한 북아프리카 일부, 터키를 중심으로 실크로드를 따라 중앙아시아 전역에 널리 퍼졌다. 이슬람이란 종교가 전파 과정에서 아랍이라는 민족적 옷을 벗고 세계적인 종교로 성장할 수 있었던 배경에는 토착 문화를 적극적으로 수용하여 포용력을 갖추고 이슬람을 퍼트린 수피주의가 중심에 있었다.

나스레딘 호자 해학과 기지의 웃음 철학자

나스레딘 호자(Nasreddin Hodja, 1208~1284)는 13세기의 걸출한 민중 철학자이며, 그의 일화는《나스레딘 호자 이야기》로 널리 알려져 있다. 나스레딘의 애칭이 된 호자는 터키어로 '선생'이란 뜻이다.

이슬람이라는 엄격한 도덕률이 지배하던 사회에서는 술이 철저

히 금지됐고, 춤과 음악도 그다지 발달하지 못했으며, 더욱이 여자
는 함부로 쳐다보지도 못했다. 그런 상황에서 호자의 거침없는 한마
디 한마디는 한 줄기 빛이었고, 서민 삶의 청량제였다. 그의 일화에
는 뛰어난 해학과 세상을 거꾸로 읽어 내는 통찰력이 있다. 가장 인
간다운 심술과 순간적 어려움을 피해 가는 기지는 물론, 가슴을 저미
는 교훈과 질책이 들어 있다. 인간다운 모습의 전형으로 우리에게 숨
겨진 참모습을 찾아 주고자 하는 그의 지혜에는 그래서 재미뿐만 아
니라 숙연함도 있다. 그의 일화를 엮은 《나스레딘 호자 이야기》에는
이솝우화를 능가하는 사고의 방대함과 동서를 관통하는 문화적 특
성이 짙게 배어 있다.

물론 일화의 주요 무대와 주된 문화적 맥락은 가장 터키적인 것
에서 출발한다. 중앙아시아의 터키인이 11세기 이후 새롭게 정착한
아나톨리아반도를 배경으로 유목적인 전통 관습과 이슬람이라는 새
로운 정신적 가치가 어우러지는 가운데 펼쳐지는 호자 이야기는 한
편의 장대한 휴먼 드라마이다. 그 속에는 실크로드를 따라 들어온 동
양의 관습과 익살이 넘친다. 그리스-로마 시대의 신화의 숨소리는
물론, 가식으로 포장되지 않은 진정한 이슬람 문화의 묘미가 살아 있
다. 그래서 세계 문학계는 《나스레딘 호자 이야기》를 동서를 꿰뚫는
인류의 대서사시로 평가하는 데 조금도 주저하지 않는다.

나스레딘 호자의 생애에 대해서는 여러 가지 의견이 난무한다.
종합해 보면, 그는 1208년 아나톨리아반도의 내륙 중심부인 악셰히
르 시브리히사르의 호르토 마을에서 동네 성직자인 압둘라 에펜디

와 어머니 시디카 하툰 사이에서 태어났다. 호자는 호르토 마을에서 전통적인 기초 교육을 마친 후, 악셰히르와 당시 셀주크조의 수도인 콘야에서 학업을 계속했다. 그는 당대의 석학인 피르 알리와 세이드 마흐무드 하이라니 같은 학자와 교분을 맺으면서 매우 높은 수준의 학문적 업적을 이루었으며, 종교 지도자 수업도 받았다.

그러나 부친이 사망하면서 인생의 전기가 찾아왔다. 부친이 맡고 있던 동네 이맘직을 다른 사람에게 맡기고 그는 스승이 머물고 있는 악셰히르로 이주해 본격적인 법학 수업을 계속해 판관 지위에 올랐다. 그곳에서 결혼도 했지만, 결혼 생활은 아기자기한 편이 아니었던 것 같다. 첫 번째 부인에게 자식을 얻지 못하고 두 번째 부인과의 사이에 비로소 자식을 두었는데, 두 딸의 이름과 무덤만이 전해 올 뿐이다.

호자는 평생을 살아온 악셰히르의 초라한 집에서 1284년경 숨을 거두었다. 그의 묘비에는 사망 연도가 이슬람력 386년으로 적혀 있다. 재미있는 것은 실제 사망 연도는 이슬람력 683년이라는 사실이다. 묘비에까지 숫자를 거꾸로 새겨 평소 호자의 '거꾸로 철학'을 반영하고 있다는 사실이 흥미롭다.

우화의 성격을 갖는 호자의 일화에 등장하는 소재는 주변에서 일상적으로 일어나는 사건이며, 가장 중요한 소재는 당나귀와 아내, 늘 만나는 이웃 사람과 지나가는 나그네이다. 그중 당나귀는 터키를 비롯한 서아시아 사회에서 가장 멍청하고 어리석은 동물의 표상이다. 참기 어려운 욕 대부분은 당나귀를 빗댄 표현으로 구성된다. 당나귀의 의인화, 호자와 당나귀의 극적인 관계에서 표출되는 여러 가지 상황은 그래서 사람들에게 더욱 강한 이미지를 남기고 쉽게 매료시킨다. 더욱이 당나귀는 《나스레딘 호자 이야기》의 주류를 이루는 '거꾸로 철학'을 담아내는 그릇으로 곧잘 인용되었다.

나스레딘의 민중 철학과 삶의 지혜는 다른 이슬람 세계에도 널리 퍼져 같은 터키어 문화권인 중앙아시아 여러 국가의 국민 문학이 되었고, 아랍권에서는 《주하 이야기》로 소개되었다. 《나스레딘 호자 이야기》는 《아라비안나이트》와 함께 이슬람 세계의 삶과 관습을 알 수 있는 중요한 자료로, 아라비안나이트의 무대가 궁정이라면 호자 이야기는 우리 주변의 서민이 주인공이라는 점에서 차이를 보인다.

이븐 바투타 이슬람 세계가 낳은 중세 대여행가

이븐 바투타(Ibn Battuta, 1304~1368)는 이슬람 세계가 배출한 14세기 최고의 여행가이자 학자였다. 우리는 서양인의 여행기에는 익숙하다. 《히스토리아》를 저술한 고대 그리스 역사학자 헤로도토스에서 출발하여, 중세 원나라 때 마르코 폴로(1254~1324), 근대에 아프리카를 탐험한 리빙스턴(1813~1873)이나 남극을 발견한 아문센(1872~1928)에 이르기까지 세상을 찾아다닌 사람들은 줄곧 서양인이었다. 그러나 이슬람 세계 여행가로 인류 역사에 족적을 남긴 이도 적지 않고, 문명 교류와 인류 문명에 대한 그들의 공헌도 절대 적지 않다. 그 대표적인 인물이 중세 이슬람 세계가 낳은 대여행가 이븐 바투타이다.

그는 1304년 북아프리카 모로코의 도시 탕헤르에서 태어났다. 전통적인 이슬람 명문가에서 태어난 그는 무슬림 지도자로 오랫동안 법관에 봉직했다. 1325년, 21세에 그는 홀로 성지 순례를 목적으로 집을 나섰다. 평생에 한 번은 하느님의 집이 있는 메카를 방문하고자 하는 성지 순례의 열망은 모든 무슬림의 가장 큰 꿈이자 가장 흥분되는 종교적 이벤트이다. 이븐 바투타는 유년 시절부터 전통적인 이슬람 교육을 받았고, 이슬람 세계에 대한 지적 열망과 신앙에 불탔으니, 그의 여행 자체는 장사와 기이한 경험을 목적으로 떠나는 여행과 달리 순수성, 종교적 양식, 지적 욕구 등에 바탕을 두고 있었다.

북아프리카를 거쳐 이집트를 돌아서 아라비아반도로 들어간 그는 마침내 메카에서 종교 순례 의무를 마쳤지만, 그대로 고향에 돌아가지 않았다. 메카에서 바그다드로 귀향하는 이라크 순례단에 합류하면서 인류사 최고의 대여정을 시작한 것이다. 그는 이라크, 페르시아, 중앙아시아, 인도, 중국 등 동방 이슬람 세계 탐험을 결심하고 대여행에 나서 30년간 아시아, 유럽, 아프리카의 3대륙을 두루 여행하면서 정확하고도 섬세한 현지 방문 기록을 남겼다. 30년에 걸쳐 장장 12만 킬로미터에 이르는 여정을 답사한 기록이었다.

1345년 무렵에는 바닷길로 중국 남부 항구 도시 취안저우(천주)에 도착한 후 육로로 베이징을 여행했고, 1349년 다시 바닷길로 모로코로 돌아왔다. 그 후 다시 아프리카 여행에 나서 사하라 사막을 횡단하여 나이저 강기슭에 이르렀다. 이후 모로코로 귀환한 이븐 바투타는 군주의 칙명을 받아 1355년 여행기를 완성했다. 여행기 원본은 현재 사라지고 없지만, 이를 토대로 당대의 문필가 이븐 주자이(Ibn Juzai)가 원문을 윤색하고 다듬어 다음 해 완료해 오늘날 전해지고 있다. 이 책은 흔히 '이븐 바투타의 여행기'로 알려졌지만, 원제목은 '여러 지방과 희한한 일과 다양한 사실을 경험한 자의 진귀한 기록'이다. 동서를 막론하고 인류 여행 문학의 압권으로 손꼽힐 만하다. 대여행을 마치고 귀향한 이븐 바투타는 1368년 모로코에서 타계했다.

치밀하고 정교한 계획에 따라 여행을 계속한 이븐 바투타는 한번 갔던 길을 반복하지 않고 되도록 새로운 여정을 선택함으로써 다양한 세계를 경험하고자 하는 놀라운 야심을 드러낸다. 이는 단순한 호기심에 근거한 즉흥적인 여행이 아니라 매우 오랜 기간 준비하고 정확한 지리적 정보와 정치적 환경, 그 지방의 소상한 기초 정보를 파악하고 있었음을 시사한다. 그의 세계 여행 의지에 고개가 숙어지는 대목이다.

이븐 바투타의 여행기는 지역별, 종족별 민족지(Ethnography)적 성격을 갖춘 매우 훌륭한 기초 자료이다. 그는 방문한 지방의 모든 것을 그냥 넘기지 않았다. 직접 보고 들은 내용을 상세하고 풍부한 자료로 우리에게 남겨 주었다. 진한 감동을 주는 문체와 기록의 아름다움도 함께 물려주었다. 무엇보다 바꿀 수 없는 훌륭한 인류학 현지 조사 보고서이자 당시 가장 정확한 세계 민족지였다.

방문한 각 국가의 정치 문제, 내분, 통치자의 덕목과 악행, 도시 기능과 행정 조직 등은 물론, 경제 활동과 장사의 법칙과 상술, 물가와 통화 단위, 사람들이 살아가는 모습에 대한 솔직하고 상세한 설명이 돋보인다. 또한 다양한 의식과 지방별 독특한 통과 의례, 삶의 가치관 차이, 동물과 농작물 등 주요 산물에 이르기까지 의식주 전반이 잘 묘사되어 있다. 14세기 인류 역사에서 가진 자가 아닌 일반 대중의 삶을 있는 그대로 바라볼 수 있는 의미 있는 역사 기록이다.

나아가 이 여행기는 당시 각 지역의 다양한 이슬람 문화를 이해하는 중요한 자료이기도 하다. 아랍에서 발생한 이슬람이 특유의 포용력과 관용으로 어떻게 토착 문화와 부닥치며 서로 절충하고 동화해 가는지에 대한 기초 자료를 이 여행기가 제공해 주고 있다. 이 과정에서 이슬람 신비주의가 토착 문화와 섞이고 중앙아시아 여러 지방의 신앙 및 가치 체계와 접목하면서 어떻게 민중의 강력한 영적 기둥으로 작용하게 되었는지에 대한 해답을 준다. 이슬람과 토착 문화와의 갈등과 수용의 문제가 초기 이슬람 전파 과정을 연구하는 본질적인 핵심이므로, 이렇게 광범위하고 다양한 사례의 제공은 이슬람 전파사 연구의 귀중한 자료임이 틀림없다.

우리 사회가 안고 있는 서구 중심적인 지적 편중의 대표적인 예가 이븐 바투타의 여행기이다. 마르코 폴로의 《동방견문록》이 세계 각국어로 번역돼 중세 세계 여행기의 대명사로 자리 잡는 동안, 일반 대중에게 이븐 바투타는 겨우 그 이름만 전해 오는 수준이었다. 방대한 자료와 여행기의 깊이, 방문한 지역 정보의 신뢰도 등에 비춰《동방견문록》과는 비교도 되지 않는 이븐 바투타의 여행기는 특히 아랍어 원전의 난해함 때문에 서구학자에게는 큰 짐이 될 수밖에 없었다. 초간 이후 600여 년이 지난 지금까지 프랑스판만이 완역되었다는 것이 이를 단적으로 증명해 준다. 이런 면에서 세계 두 번째의 완역 ^{정수}일,《이븐 바투타 여행기 1, 2》, 창비, 2001이라는 영광을 국내 학계가 갖게 된 것은 참으로 다행이고 감사한 일이다.

오마르 하이얌 이슬람권 최대의 시성

오마르 하이얌(Omar Khayyam, 1048~1131)은 이슬람 세계가 배출한 가장 위대한 시인이자 대학자다. 고대 성인들이 그러했듯이 오마르 하이얌도 시만 쓰는 시인은 아니었다. 그는 훌륭한 업적을 남긴 뛰어난 수학자, 천문학자, 철학자였으며, 기계와 지리학, 음악에 관한 글도 남겼다.

오마르 하이얌은 이란 북동부 호라산의 수도였던 니샤푸르에서 태어났다. 하이얌은 '천막 장수'라는 뜻으로 가문의 직업 때문에 붙여진 이름이다. 그는 자신의 고향이자 학문과 문명의 중심지였던 니샤푸르에서 당시 최고 스승들로부터 천문학, 기하학, 철학 등의 학문을 골고루 교육받았다. 더욱이 더 넓은 견문을 위해 수시로 또 다른 학문 중심지인 중앙아시아의 부하라, 사마르칸트, 발흐 등의 도시로 가서 고매한 학자들과 교류했다. 특히 이슬람 세계 최고의 교육기관이었던 바그다드의 니자미야 학원을 설립한 셀주크 튀르크 제국의 재상 니잠 알물크와도 교류하면서 학식을 넓혀 나갔다.

오마르 하이얌은 처음에는 시인보다는 천문학 전공자로 인생을 시작했다. 1070년경 셀주크 제국의 술탄 말리크 샤 잘랄 알딘에 의해 사마르칸트의 천문대 관장으로 임명된 것이다. 그리고 술탄의 명에 따라 새로운 태양력 정비 작업에 착수했다. 그는 정확한 태양력을 만들고자 라이에 새로운 천문대를 세우고 연구에 몰두한 결과, 술탄의 칭호를 딴 잘랄리(Jalali)력을 완성했다. 이 역법은 20세기까지 이란에서 광범위하게 사용됐는데, 하이얌 시대보다 500년 후에 정리된 서양의 그레고리력보다 정확해 3,770년에 하루의 오차가 발생할 정도였다. 즉 1년을 365.24219858156일로 계산했는데, 오늘날 1년 길이가 365.242190일임을 참작하면 당시 과학 기술로는 놀라울 정도로 정확히 계산해 내었다.

오마르 하이얌의 업적 가운데 가장 손꼽히는 분야는 대수학 및 기하학 분야이다. 대수학에 관해 저술한《수학과 비교》는 이 분야의 학문을 한층 발전시킨 명저이다. 이 저서에서 오마르 하이얌은 13가지 종류의 3차 방정식을 소개하고 있다. 특히 그는 방정식을 푸는 방법으로 기하학적 접근 방식을 취했고, 원뿔 곡선이나 연속 포물선을 이용한 3차 방정식의 해법을 제시했다.

오마르 하이얌은 이항(二項) 정리를 개발해 이항 계수를 찾아내는 방법을 제시한 최초의 학자로 알려져 있다. 그는 한 저서를 통해 우리에게 잘 알려진 '파스칼의 삼각형'에 대한 이론도 먼저 발표했지만, 불행히도 오늘날에는 전하지 않고 있다. 그는 또한 비율에 대한 새로운 정의를 내려 유클리드 이론을 발전시켰으며, 평행선에 대한 이론도 발표했다. 유클리드 기하학의 평행선 공준(parallel postulate)과 관련된 깊이 있는 연구와 업적을 남기기도 했다. 이러한 업적들은 후일 서구에서 번역되어 서구 근대 과학의 태동에 단단한 밑거름이 되었다.

오마르 하이얌은 철학자로서도 이슬람 세계에서 큰 족적을 남겼으니, 당대 학자인 알자마크샤리(Zamakhshari)는 하이얌을 당시 세계적인 철학자로 평가했다. 하이얌은 고향인 니샤푸르에서 수십 년간 이슬람 세계 최고의 철학자인 이븐 시나의 철학을 가르쳤다. 그의 철학과 학문적 업적은 후일 서양 학자에게도 큰 영향을 끼쳤다. 영국 작가이자 오리엔탈리스트였던 토마스 하이드(Thomas Hyde, 1636~1703)는 오마르 하이얌을 본격적으로 연구했던 최초의 서구 학자였으며, 하이얌이 이항 정리를 개발해 이룩한 이항 계수 이론을 바탕으로 철학적 이원론(dualism)을 정립했다. 영국의 시인이자 번역가였던 에드워드 피츠제럴드(Edward FitzGerald, 1809~1883)는 하이얌의 작품을 번역하고 소개하면서 서구에 알려진 가장 유명한 동양의 시인으로 묘사했다.

오마르 하이얌은 수학 및 천문학, 물리학의 발전에도 공헌했지만, 그가 서구에 알려진 것은 학문적 업적보다는 그의 4행시 때문이다. 공직에서 물러난 다음에는 고향 니샤푸르로 돌아와 학문 활동에 전념했는데, 그때부터 시를 써서 '루바이'라고 하는 페르시아 4행시의 대가가 되었다. 그는 학문 연구 중에도 틈틈이 4행시를 썼는

데, 수피즘과 그의 철학과 사상을 주제로 삼았다. 그의 4행시는 모두 1,004행에 달하는 방대한 양을 자랑하며, 19세기 하이얌 연구자인 에드워드 피츠제럴드에 의해《오마르 하이얌의 루바이야트(rubaiyat, 루바이의 복수형)》로 번역돼 서구 사회에 널리 소개되었다. 오마르 하이얌의 시는 인간의 무한한 자유와 사랑을 노래하는데 근엄한 종교적 벽을 뛰어넘은 깊은 상징성을 담고 있다.

얼마나 더 많은 모스크, 더 많은 예배와 단식이 있어야 하나?
차라리 술 마시고 길거리에서 구걸하는 것이 낫지 않은가.
하이얌, 와인을 마셔라,
그러면 곧 흙으로 빚어진 너의 몸뚱어리가 술 컵을,
술병을 언젠가 술 단지를 만들게

장미가 활짝 핀 소식을 듣게 될 그때,
그때가 바로 때이거늘, 내 사랑, 와인을 부어라.
궁전이고 정원이고 천국이고 지옥이고
이건 다 지어낸 거짓말이니, 그 모든 것을 잊어버리게나.

오마르 하이얌의 작품 중 10권의 저서와 30편의 논문이 오늘날까지 전해지는데, 그 가운데 6편은 수학, 3편은 물리학, 3편은 형이상학에 관한 것이다.

중세 최고의 과학 문명을 자랑했던 '이슬람의 황금기'에는 오마르 하이얌 이외에도 이븐 시나, 비루니, 알콰리즈미 등과 같은 뛰어난 학자들이 활약했다. 그들의 저서는 라틴어로 번역되어 수 세기 동안 유럽의 주요 대학에서 교재로 사용되었고, 그들의 업적과 이론은 후일 유럽의 르네상스가 일어나는 지적 원동력이 되고 산업혁명의 토대가 되었다.

움 쿨숨 전설적인 아랍 가수

움 쿨숨(Umm Kulthum, 1898~1975)은 아랍이 배출한 역사상 가장 뛰어난 가수이자 가장 사랑받는 민중 가수다. 그녀가 간 지 반세기가 돼 가지만, 아직도 아랍인의 가슴 속에는 움 쿨숨의 향수와 가락이 전설처럼 넘쳐흐른다. 그녀의 콘서트나 생애가 드라마로 방영되는 시간이면 아랍 세계는 지금도 정적에 잠긴다. 어떤 아랍 지도자도 이루지 못했던 아랍의 정서적 통일을 움 쿨숨이 이루고 있다는 생각이 든다.

이집트 수도 카이로 시내의 자말렉 거리에는 움 쿨숨이 살던 집터가 남아 있고, 그녀의 이름을 딴 도로명과 그녀의 동상이 세워져 있다. 2001년 1월에는 이집트 정부가 움 쿨숨을 위한 '동방의 스타 박물관(the Kawkab al-Sharq)'을 건립했다. 카이로의 옛 궁전 언덕에 자리 잡은 박물관에는 움 쿨숨의 개인 소장품부터 레코드 음반, 그녀의 상징이었던 검은색 선글라스, 스카프, 공연 사진이 전시돼 있다. 시민들은 아침부터 그녀를 그리워하면서 박물관 앞에서 개관을 기다리며 줄을 선다. 오래전에 떠나간 한 가수를 이렇게 그리워하고, 그 가수를 위해 동상과 박물관을 지어 주는 경우는 이슬람 세계에서는 전에 없던 일이다.

아직도 아랍 길거리나 카페에서는 움 쿨숨의 묵직하고 심금을 울리는 노랫소리를 들을 수 있다. 특히 아랍의 짙은 향수와 영혼을 담은 그녀의 노래 〈알 필릴라 왈릴라(Alf Leila wa Leila, 천일야화)〉를 들으며 아랍인은 자신의 아랍 정체성을 수없이 확인한다.

아버지가 모스크 이맘으로 상당히 종교적인 집안에서 태어난 움 쿨숨은 어릴 때부터 꾸란을 읽었다. 꾸란을 낭송하는 그녀의 낭랑한 목소리는 후일 가수로서의 탁월한 재능을 보이는 시초가 되었다. 재능을 알아본 아버지는 당시 근엄한 보수주의 분위기 속에서도 12세 때부터 움 쿨숨을 남장시켜 음악을 교육했다. 16세 때는 당시 유명한 이집트 가수였던 모함메드 아불 엘라에게 아랍 클래식 음악을 지도받았고, 작곡가 겸 우드(아랍 기타) 연주가인 자카리야 아흐마드에게 발탁돼 카이로에서 음악 활동을 시작했다. 그녀의 음악성은 곧 명성을 얻었다.

그렇지만 움 쿨숨은 시대적 유행에 편승한 보헤미안 스타일의 가벼운 장르를 피하고, 아주 전통적인 아랍 가락에 깊은 의미를 담는 보수적인 그녀만의 방식을 고집스럽게 지켜 나갔다. 그러면서 그의 음악은 항상 낮은 곳을 향하여 대중을 사로잡았으며 대중의 사랑을 먹고 자랐다. 무엇보다 유명한 시인 아흐마드 라미를 만나면서 좋은 가사를 받을 수 있었다. 라미는 움 쿨숨을 위해 137개의 주옥같은 가사를 만들어 주었다.

1934년경 이미 움 쿨숨은 이집트만의 가수가 아니었다. 중동 전역에 그녀의 명성이 퍼지면서 다마스쿠스, 바그다드, 베이루트, 트리폴리 등지로 순회공연을 떠났다. 특히 그녀의 공연은 〈라디오 카이로〉에서 매달 첫째 목요일에 실황 중계되었다. 10월부터 다음 해 6월까지 계속된 실황 중계는 큰 인기를 누렸다. 중계 시간이 되면 길거리의 모든 사람이 라디오를 켰고, 공연을 듣기 위해 서둘러 집으로 가는 시민 때문에 교통이 막히는 현상이 일반화되었다.

그녀의 명성은 왕실에도 전해졌다. 남성 중심의 아랍 사회에서 여자 가수로서는 드물게 1944년 파루크 왕에게 최고훈장(nishan el kamal)을 받았다. 아랍의 정서와 조국에 대한 애국심이 유난히 강했던 움 쿨숨은 1948년 이집트-이스라엘 전쟁(제1차 중동 전쟁) 때는 이집트 군인을 격려하는 노래를 불렀고, 이를 계기로 당시 이집트 장교였으며 후일 아랍 민족주의 혁명으로 대통령이 된 가말 압둘 나세르는 움 쿨숨의 열렬한 팬이 되었다. 움 쿨숨의 인기가 어느 정도였는지, 나세르 대통령은 국정 연설을 할 때 국민의 관심을 집중시킬 수 있도록 움 쿨숨의 공연 중계 직후에 했다고 한다.

그녀가 노래로 불렀던 주제는 대중적 눈높이에서 누구나 즐길 수 있는 사랑과 동경, 기다림과 실연이었다. 노래는 심금을 울리는 목소리로 한 편의 장대한 서사시를 읊듯이 몇 시간씩 이어졌다. 일반적으로 움 쿨숨은 공연에서 두세 개 곡을 보통 서너 시간에 걸쳐 불렀다. 1960년대에 나이가 들어 목소리가 충분치 않을 때도 줄여서 부른 것이 두 곡을 2시간 반에서 3시간에 소화하는 방식이었다. 그녀는 또한 폭넓은 성량과 음색을 바탕으로 어떤 현대 악기와도 잘 어울리는 창법을 창안해 내었다.

움 쿨숨의 노래 중 시인 샤우키가 작사한 〈내 마음에게 물어봐 (Salou Qalbi)〉와 〈예언자가 태어났어(Woulida el Houda)〉가 특히 선풍적인 인기를 끌었다. 1965년부터는 운명적인 콤비를 이룬 작곡가 무함마드 압둘 와합과 작업하면서 주옥같은 작품들을 쏟아내기 시작했다. 〈당신은 나의 생명(Enta Omri)〉, 〈내 삶의 희망(Amal Hayati)〉, 〈나를 생각 나게 해 주네(Fakkarouni)〉가 대표적인 합작품이다. 노래 사이에 호흡을 자유자재로 조절하고 대중과의 교감을 극대화하면서 공연했기 때문에 그녀가 즐겨 부르던 〈야 잘렘니(Ya Zalemni)〉 같은 노래는 공연 시간이 45분에서 90분까지 왔다 갔다 할 정도였다.

움 쿨숨은 유럽에서도 널리 알려졌고, 밥 딜런, 마리아 칼라스, 장 폴 사르트르, 살바도르 달리 같은 명사들도 그녀의 음악을 극찬했다. 그녀는 여성의 가장 낮은 음역인 콘트랄토(contralto)인데, 제2 저음 옥타브에서 제7~8 고음 옥타브까지 자유자재로 노래했다. 1초에 약 1만 4천 바이브레이션을 구사했고, 누구도 흉내 낼 수 없는 음량과 음색으로 거의 마이크를 쓰지 않고 공연하곤 했다. 그녀는 아랍 역사 상 모든 아랍어 음계를 노래할 수 있는 다섯 명의 여성 가수 중 한 명으로 인정받았다. 아스마(Asmahan), 파이루즈(Fairouz), 사바흐(Sabah), 테크라(Thekra), 움 쿨숨 등이 그들이다.

나기브 마흐푸즈 이슬람 세계 최초의 노벨 문학상 수상자

나기브 마흐푸즈(Naguib Mahfouz, 1911~2006)는 아랍인 최초로 노벨 문학상을 받은 이집트의 현대 문학 작가다. 서구에서 거의 독점하던 노벨 문학상은 1988년 중세부터 인류 최고의 경지와 상상력을 제공한 아랍 문학에 주어졌다. 존재론과 사실주의적 기법으로 왕성한 작품 활동을 하던 대작가 나기브 마흐푸즈는 70년 이상 50권이 넘는 소설과 350여 편의 단편, 수십 편의 시나리오, 5편의 희곡 작품을 쓴 아랍 세계를 대표하는 지성이었다. 그의 작품은 이집트 역사에 바탕을 둔 것부터 현대화와 도시 생활의 급격한 변화를 겪는 서민의 심리와 갈등을 예리한 필치로 그려 낸 것에 이르기까지 사회적인 문제의식과 따뜻한 가족애를 잘 드러낸다.

무엇보다 그는 치열한 작가 정신으로 표현의 자유를 옹호했으며, 개방적인 사고로 극단적인 이슬람 과격파에게 수차례 생명의 위협을 당하기도 했다. 정치적으로는 이집트가 이스라엘과의 평화를 선택했던 1978년의 캠프 데이비드 평화 협정을 옹호했고, 이란의 호메이니에 의해 살만 루시디가 〈악마의 시〉 파문으로 종교적 사형 선고를 받자 끝까지 그를 위해 투쟁했다. 그는 이슬람 종교에 대한 신성모독을 담은 살만 루시디의 행동과 작품 내용에는 동의하지 않았지만, 문학 작품에 대한 표현의 자유는 누구의 간섭 없이 보호돼야 한다는 준엄한 작가 정신을 지켰다. 그는 "한 작가에게 죽음을 명하는 것이 이슬람과 무슬림에게 신성모독보다 훨씬 큰 해악을 끼친다."라는 유명한 입장을 세상에 알렸다. 그 때문에 그는 당시 카이로의 율법학자 오마르 압둘 라흐만에 의해 종교적 사형선고를 받았고, 자객의 공격으로 오른손 신경이 마비되는 상처를 입기도 했다.

카이로의 상인 집안에서 출생한 마흐푸즈는 1934년 카이로 대학 철학과를 졸업했다. 그는 대학교에서 프랑스어로 출간된 소설들을 접하면서 소설가로서 안목을 넓혔다. 발자크, 카뮈, 도스토옙스키, 플로베르, 월터 스콧, 톨스토이와 에밀 졸라 등의 작품에 매료되었다.

그의 첫 번째 소설인《운명의 게임》(1939)도 월터 스콧의 영향을 받아 탄생했다. 파라오 시대를 배경으로 한 이 소설은 압제 정권과 외국 통치의 타도를 그린 작품이다. 당시 군주제였던 이집트는 영국의 보호 아래 있던 시기였으므로 소설의 주제는 동시대적이었다. 그는 유학 경험이나 체계적으로 문학 수업을 받은 적이 없었지만, 세계 문학을 폭넓게 이해해 작품에 글로벌 메시지를 담았다.

나기브 마흐푸즈의 작품들은 시기별로 뚜렷한 차이를 보이는데, 그의 초기 작품 활동은 1938년《광기의 속삭임》으로 시작된다. 28편의 단편들을 담은 이 모음집에서 마흐푸즈는 억압받는 민중의 삶을 묘사하며 자신의 사회주의 신념을 보여 준다.

사실주의 소설을 발표하며 명성을 얻게 된 제2기(1945~1958)에 그는《새로운 카이로》를 위시하여《알 칸 알 칼릴리》,《3부작》등을 발표한다. 당시 극도로 불안하던 제2차 세계대전 전후의 사회 분위기를 중심으로 이집트인의 고뇌에 찬 삶을 예술적으로 형상화했으며, 비판적, 분석적 사실주의 경향의 작품을 집필했다. 사회적인 사실주의로 방향을 전환한 첫 작품인《새로운 카이로》(1946)는 사회주의자, 독실한 무슬림, 기회주의자라는 세 명의 대학생 주변에 집중한 작품이다.《알 칸 알 칼릴리》(1945)는 카이로 서민 계층을 다루면서 과감하게 사회 문제를 제기했고, 당시 이집트 사회의 전반적인 모습과 사람들의 애환을 카메라에 담듯이 투영한 작품이다.

특히 마흐푸즈는 당시까지 아랍 작품에 주도적으로 사용되던 문어체 아랍어의 한계에 머물지 않고 사실주의적 대화체를 창작에 가미하여 아랍어 문어체의 범위를 확장했다. 이러한 기법은 후대 아랍 작가들의 사실주의 문체에 큰 영향을 끼쳤다. 이 시기 마흐푸즈의 가장 성숙한 작품인《3부작(1956~1957) - 바인 알카스라인, 카스르 알샤우크, 알수카리야》는 카이로의 거리 이름에서 제목을 따온 작품이다. 이 작품에서 마흐푸즈는 카이로에 사는 한 가족의 30년 역사를 통해 제1~2차 세계대전을 거치면서 이집트가 경험했던 장엄한 현대사를 풀어헤치고 있다. 작품의 깊이와 방대한 내용으로《3부작》은 이집트는 물론, 아랍 세계에서 마흐푸즈를 독보적인 문학의 별로 만들어 주었다.

제3기(1959~1971)에 발표한 첫 소설인《우리 동네 아이들》(1959)은 사회 속에서 자신의 존재를 찾는 인간, 인생의 의미나 실현 불가능한 일을 추구하는 인간의 정신 문제를 다룬 상징적 철학 소설이라 할 만하다.

제4기(1972~2006)의《선술집 검은 고양이》나《버스 정류장에서》는 악몽 같은 세상을 묘사했다. 작품에 폭력 행위가 난무하고, 추상적인 우화 형식이나 부조리 문학이 주류를 이룬다.

마흐푸즈는 작가로서의 활동 외에 예술위원회와 영화위원을 맡았고, 〈알아흐람〉 신문의 편집위원을 지내면서 집필 작업에 몰두했으나 1994년 암살 사건으로 오른손이 마비된 이후 작품 활동이 현저히 줄어들었다. 노벨상 수상 이후 그의 작품은 전 세계에서 번역됐고, 1993년에는《나일강에서의 표류》, 1994년에는 몇 세기 동안 뒷골목에서 살아가는 이집트 가족의 이야기인《하라피쉬》가 출판되었다.

작품을 쓰다가 혼기를 놓쳐 43세에 결혼해 두 딸을 두었고, 청년 시절 탐정 소설에 탐닉했으며, 이집트의 전설적인 여가수 움 쿨숨의 노래를 즐겨 들었던 대작가는 평생 생명의 위협에 시달리다가 2006년 8월 95년의 생을 마감했다. 장례식조차도 일반 서민에게 활짝 열지 못하고 군경의 보호 속에 치러졌다.

압바스 키아로스타미 페르시아의 영상 마술사

압바스 키아로스타미(Abbas Kiarostami, 1940~2016)는 이란이 낳은 세계적인 영화감독이다. 1989년 로카르

노 영화제 최고상인 청동 표범상을 수상한 〈내 친구의 집은 어디인가〉가 국내에서 상영됐을 때 우리는 침묵의 감동에 휩싸였다. '주인공 소년의 달리기와 시선만으로 이렇게 많은 메시지를 담을 수 있구나' 하는 영화의 새로운 가능성을 보았기 때문이다. 압바스 키아로스타미, 그는 이슬람 혁명과 테러가 연상되는 이란에서 서구인의 상상을 깨고 놀라운 영화 장르를 만들어 낸 영상 마술사이다. 그것도 판에 박힌 물질주의적 서구식 영화가 아닌 동양적 사고와 명상을 배경으로 하는 독특한 이란식 영화를 창조했다.

영화 줄거리만 보면 너무나 단순하여 기가 막힐 지경이다. 친구의 공책 하나를 돌려주기 위해 꼬박 두 시간을 달리는 모습으로 이루어진 영화라니. 친구 때문에 걱정스러운 표정을 한 아마드는 달리고 또 달린다. 이리저리 언덕 위를 부지런히 달린다. 길에서 만난 사람들은 아이의 걱정에는 조금의 관심도 없이 오로지 자기 생각만 늘어놓으며, 아이를 잡고 시간을 붙잡는다. 그래서 영화는 더없이 늘어지고 늘어진다. 그런데 이 단순한 장면에서 사람들은 눈을 떼지 못한다. 정말 이상한 영화다. 압바스 키아로스타미라는 특출한 감독을 발견하는 순간이다.

1990년대에 들어 세계 영화계는 압바스 키아로스타미 감독을 특별히 주목했다. 그는 선보이는 영화마다 국제 영화제에서 수상하며, 현란한 기술로 볼거리를 제공하는 할리우드 영화나 관념적인 유럽 영화에 대해 새로운 영화의 가능성을 열어 주었다. 거대한 인공 세트나 직업 배우를 일절 쓰지 않으며, 기교를 부리지 않는 담백하고 절제된, 그러면서도 자연스러운 영상을 만들어 낸다. 쉽고 평범한 그의 영상이 담아내는 플롯은 매우 단순하고 명쾌하다. 마치 의도된 플롯이 있는지 의심이 갈 정도로 맑고 자연스럽다. 그의 영화를 보면 제작비가 적어서 좋은 영화를 만들지 못한다는 말은 금방 허구임이 드러난다.

키아로스타미는 1940년 이란 테헤란에서 출생했다. 어려서부터 그림 그리기를 좋아해 18세에 미술 공모전에서 수상했고, 테헤란 대학 회화과에서 시각 예술을 전공했다. 졸업 후 그는 자신의 전공을 살려 광고 분야에서 그래픽 디자이너로 일했는데, 1960년부터 1969년까지 그가 제작한 광고 필름만 150편이 넘는다. 이처럼 키아로스타미는 광고 필름 타이틀 제작이라는 직업적 경험과 영화 감상이라는 개인적 취미를 통해 미래의 영화 거장으로서의 자질을 축적해 나갔다. 그가 본격적으로 영상 예술에 전념하게 된 것은 1969년으로, 청소년지능개발연구소에서 일하며 청소년 문제에 관심을 가진 뒤부터이다. 이런 배경으로 그의 작품 대부분이 학교와 가정 속에서 일어나는 문제점이나 갈등을 다루고 있다.

이곳에서 만든 그의 첫 작품은 서정적 단편인 〈빵과 골목〉(1970)이다. 한 소년이 친구들로부터 하굣길을 방해받자 갖고 있던 빵 조각을 나누어 주면서 통과한다는 이야기를 다루고 있는 이 작품에 앞으로 키아로스타미가 추구할 영상 예술의 특성이 명백히 나타났다. 즉흥 연기, 다큐멘터리와 픽션의 적절한 조화, 대화보다는 침묵을 통한 호소가 담겨 있으며, 한 편의 서정시나 담백한 수채화처럼 관객에게

다가온다.

〈빵과 골목〉을 제작한 이후 약 30년 동안 키아로스타미는 아동용 단편 영화, 장편 영화, 장편 다큐멘터리, TV 연속극 등 20여 편의 영화를 제작했다. 그러나 그가 세계 영화계에서 주목받기 시작한 것은 80년대 후반부터이다.

그를 스타의 반열에 올려놓은 작품은 〈내 친구의 집은 어디인가〉(1987)이다. 로카르노 영화제 수상이 말해 주듯이 미학적인 화면 구도, 간결한 대화가 휴머니즘을 조용하게 호소한다. 이 작품은 〈그리고 삶은 계속된다〉(1992), 〈올리브 나무 사이로〉(1994)와 함께 소위 키아로스타미를 대변하는 '지그재즈 3부작'을 이룬다. 세 영화의 배경에 지그재그로 이어지는 오솔길이 등장하기 때문이다. 혹은 세 편 모두가 이란의 토속적인 코케 마을을 배경으로 하고 있어 '코케 3부작'이라고 불리기도 한다. 물론 뛰어난 작품성으로 서구 비평가들은 '지구를 울린 3부작'이라고도 평한다.

〈그리고 삶은 계속된다〉에서는 영화감독이 〈내 친구의 집은 어디인가〉에 출연했던 아역 배우들을 찾는 내용을 다큐멘터리 형식으로 담고 있다. 이 영화는 1992년 칸 영화제에서 '주목할 만한 시선상'을 수상했다. 지그재그 3부작 가운데 마지막 작품인 〈올리브 나무 사이로〉는 앞의 두 작품에 나왔던 아역 배우들이 성장한 후에 겪는 남녀 간의 사랑을 주제로 다룬 영화다. 이 작품 역시 1994년 칸 영화제에서 황금종려상 후보에까지 올랐으며, 같은 해 상파울루 국제 영화제에서는 비평가상을 받았다.

그러나 키아로스타미 자신이 가장 아끼던 작품은 〈클로즈업〉(1990)이다. 이 작품은 가난한 실직자이자 영화광이었던 알리 사브지안이 이란의 유명한 영화감독이었던 모호센 마흐말바프 행세를 하다가 고소당했던 실제 사건을 극화한 것이다. 키아로스타미의 영화는 자살을 주제로 다룬 〈체리 향기〉(1997)에서 완숙한 경지에 이르러 결국 1997년 칸 영화제에서 황금 종려상을 수상했다.

그의 영화는 이란의 실제 풍경 속에서 이란 사람이 겪는 삶을 절묘한 리듬으로 재배치해 놓은 듯한 느낌을 준다. 그의 영화와 서구 영화 스타일의 차이점이 바로 여기에 있다. 그의 영화가 대부분 실화에 기초한 것도 그런 이유 때문이다. 압바스 키아로스타미는 이제 이란 영화를 넘어 세계 영화계의 흐름을 주도한 중요한 작가로 명성을 굳혔다. 현실과 허구의 경계가 무너지고 영화와 현실이 뒤섞이는 그의 독특한 스타일이 끼친 영향은 비단 자파르 파나히, 마지드 마지디 같은 이란 감독에게만 국한되는 것은 아닐 것이다. 그의 영화는 언제나 끝이 없는 시작의 순환 고리처럼 이어져 있다. 그는 죽어 가는 영화, 점점 기계화되는 영화에 그것을 만드는 사람의 숨결을 불어넣은 것이다.

우선 키아로스타미 영화의 매력은 다큐멘터리를 보는 것과 같은 있는 그대로의 자연스러움이다. 등장인물 모두 배우가 아니라 실제 상황에 처한 일반인처럼 보인다. 소년 아마드는 물론, 그의 가족과 학교 친구들, 골목 귀퉁이에서 담배 연기를 뿜어 대는 노인까지 모든 인물의 표정이 마치 카메라에 우연히 포착된 것처럼 생생하다.

사실 등장인물은 텔레비전도 없는 코케 마을에 실제로 사는 사람들이다. 그러니 영화 장면에서 보이는 시선들이 순진무구할 수밖에 없을 것이다.

그의 영화가 단순히 전통과 느림의 미학만을 이야기하는 것은 아니다. 영화에는 외롭고 쓸쓸하게 죽어 가는 한 노인을 통해 죽음의 이미지를 살짝 깔아 놓고 있다. 그러나 영화에는 죽음의 이미지보다 새로운 생명의 메시지가 더 강하게 담겨 있다. 만삭의 여인과 새로 태어난 아이, 가사 노동에 열중하는 이란 여성의 생명력, 황금빛 들녘을 따라 흐르는 바람, 신선한 공기 같은 삶과 생명의 이미지로 가득하다. 그의 또 다른 작품 〈체리 향기〉에서도 삶의 의미와 생명력은 펄펄 살아 있다. 이 영화는 자살을 시도하던 아버지가 목을 매달 밧줄에 걸린 오디 열매를 먹으며 행복을 되찾는다는 이야기를 담았다.

삶은 그렇게 나쁘지 않은 건지도 몰라. 누구나 문제가 있기 마련이야. 세상엔 너무나 많은 삶이 있고 문제가 없는 삶은 하나도 없지. 그렇지만 생각해 봐. 아무리 힘들고 낯설다고 해도 아직은, 아직까지는 삶은 따뜻하고 아름다운 것들로 가득한 게 아닐까…….

그는 영화를 통해 이란의 현실을 고발한다. 시골 학교의 전통적인 수업 모습을 다루는 척하지만, 사실은 이란이 안고 있는 전근대적 전통 사회의 문제점을 꺼내려는 의도가 엿보인다. 부모 대부분은 교육 수준과 생활 수준이 낮다. 생계에 찌든 어른들은 아이들의 마음을 이해할 여유도 없다. 〈내 친구의 집은 어디인가〉에서도 주인공 아마드가 친구의 집을 찾아가도록 허락해 달라고 하자 부모는 부주의한 친구 걱정은 하지 말라고 무심하게 대답한다. 코케 마을에서 마주친 아저씨는 아마드에게 공책 한 장을 찢어 달라고 하는데, 소년은 친구의 공책이어서 안 된다고 거절한다. 아저씨는 공책을 빼앗다시피 해 한 장을 찢어 간다. 그러나 아이들은 그 속에서 자라난다.

키아로스타미는 비판의 시선 대신에 동심의 맑은 눈으로 어른의 세계를 바라본다. 그는 어른이 되어 가는 아이들의 노력으로 잘못된 지금의 현실을 감싸 안으려 든다. 아이들이 어른들의 잘못을 용서하면서 그것을 넘어서고 있다고 믿는다. 따라서 아이와 어른의 태도에서 생겨나는 차이는 오히려 유머와 긴장을 불러일으킨다. 마지막 장면에서 아마드가 친구를 위해 마련한 해결책은 틀림없이 당신의 입가에 미소를 만들어 낼 것이다. 바로 그런 의미에서 키아로스타미가 창조해 내는 다큐멘터리 같은 작품은 우리 시대에 아주 드문 희망의 영화이다.

현대 영화는 소설을 원작으로 만든 픽션이 주류를 이루지만, 이란 영화의 가장 큰 특징은 삶의 있는 그대로를 크리스털처럼 영롱하게, 올리브 나무처럼 진솔하게, 체리 향기처럼 아름답게 드러낸다는 점일 것이다. 그래서 이란 영화를 볼 때마다 지루하지만 긴장이 있고, 단순하지만 진한 감동이 일어난다.

이러한 이란 영화를 이해하는 키워드는 적어도 세 가지다. 이슬람과 때 묻지 않은 자연과 아이들, 가부장적인 이란 사회다. 그중에서도 아이들이라는 아마추어적인 등장인물이 가장 중요한 몫을 차지한다. 아이들의 눈빛과 언어, 구김살 없는 행동을 통해 인간 내면의 순수를 끌어내고, 사회의 부조리를 고발하고, 이란 사회의 왜곡된 이미지를 일순간에 뒤집어 놓는다. 아마도 이슬람의 강한 율법이 지배하고 다양한 생각을 마음껏 표출하지 못하는 통제된 사회의 제약 속에서 천재 예술가들이 선택하는 몸부림 같은 것일지도 모른다.

이러한 이란 영화의 전형이 압바스 키아로스타미 감독의 영화 〈내 친구의 집은 어디인가〉이다. 그의 개인적 명성은 물론, 이란의 존재를 일약 세계에 알리고 지구촌을 감동시킨 작품이다. 압바스 키아로스타미의 영화가 주는 감동은 오늘도 계속된다.

시린 에바디 이슬람 여성 최초의 노벨 평화상 수상자

이란의 판사 출신 인권 운동가 시린 에바디(Shirin Ebadi, 1947~)는 2003년 이슬람 여성 최초로 노벨 평화상을 받았다. 시린 에바디가 수십 년간 어려운 여건 속에서도 이란 여성, 약자, 어린이, 난민 보호에 헌신해 왔으며, 이란 인권 보호 단체의 선구자로 인권 개선, 여성들에 대한 차별 철폐, 이란 민주화를 위해 일관되게 행동해 온 실천 정신과 노력을 높이 산 결과였다. 당연하게도 에바디의 이러한 노력과 투쟁은 이란 신정 체제의 가치와 충돌하면서 때로는 정치적 박해와 정신적 고통을 받았다.

시린 에바디가 노벨 평화상 수상자로 결정되자 서구는 반겼지만, 이란 정부는 몹시 불쾌하다는 반응을 보였다. 시상식에서 에바디는 히잡을 쓰지 않음으로써 자유 의지를 표명함과 동시에 권위주의적인 이란 신정 정부에 대한 저항을 상징적으로 내보였다. 이 때문에 이란 국영방송들은 노벨 평화상 발표가 난 후 몇 시간 동안 침묵하다가 뉴스 시간에 마지막 보도로 아주 짧게 언급했을 뿐이었다. 당시 개혁파 대통령 하타미조차도 노벨 평화상은 정치적 결정이라며 그 의미를 축소해야만 했다. 2009년에는 이란혁명수비대가 그녀의 노벨 평화상 메달을 압수했다는 보도가 확인되면서 서방과 이란 사이에 시린 에바디의 자유로운 활동 보장을 놓고 첨예한 외교 분쟁이 빚어지기도 했다.

시린 에바디는 이란 하마단 출신으로 테헤란 대학교에서 법학을 전공하고 사법 시험을 거친 뒤 드문 여성 법조인으로 1969년 판사로 임용되었다. 성실성과 능력을 인정받은 그녀는 1975년 여성 최초로 테헤란시 법원 재판장이 됐지만, 1979년 이슬람 혁명이 일어나자 여성 판사에 대한 규제와 차별로 사임했다. 이후 1993년에야 겨우 변호사로 활동할 수 있었다.

실업 상태에 있던 15년 가까운 기간에 에바디는 법학 연구에 몰두했으며, 많은 저술과 논문을 남겼다. 합법적인 허가를 받은 1993년 이후 에바디는 변호사로서 본격적으로 인권 운동에 뛰어들었다. 무엇보다 여성과 어린이의 인권 개선을 위한 법적 투쟁을 병행하면서 부당하게 투옥된 정치범을 위한 변론에 앞장섰다. 1997년 대선 때는 개혁파 후보자인 모하마드 하타미의 대통령 당선에 크게 기여하기도 했다.

이란 사법사에서 그녀의 존재를 부각한 것은 다리위시 포루하르 가족 변론과 지식인 암살 배후를 파헤친 사건이었다. 다리위시는 개혁 성향의 엘리트 정치인으로 자택에서 부인과 함께 피살되었다. 다리위시 부부 사건은 당시 영문도 모르고 죽어 간 여러 건의 지식인 피살 사건 중 하나였다. 개혁파 요인 암살의 배후는 이란 정보부 내 극우 집단이었고, 하타미 대통령이 추구하는 개혁 정책을 방해하려는 고도의 정치 음모임이 밝혀진다. 이 사건은 정보 책임자 사드 에마미(Saeed Emami)가 법정 출두를 앞두고 자살함으로써 마무리되었다.

그 밖에도 그녀는 정치적 권력에 맞서 싸우다 피해를 당한 가족 편에 서서 정의를 외쳤으며, 국제기구와 연대해 어린이 학대 금지를 관철하려는 어린이인권보호단체(SPRC)와 인권보호센터(DHRC)를 설립해 인권 운동가로서 맹활약했다.

그렇지만 시린 에바디의 정치 투쟁은 이란의 국가적 가치인 이슬람 혁명 정신을 부정하는 것이 아니라 이슬람의 원래 경전에 보장된 인권의 소중함과 사람 간 평등을 일깨우는 방향으로의 투쟁을 선택함으로써 보다 현실적이고 구체적인 성과로 나타날 수 있었다. 그녀는 팔레비 샤 정권의 독재와 부의 축적을 비난했으며, 이란을 부당하게 침략하고 간섭하는 서구의 태도에 대해서도 날카로운 비난을 아끼지 않았다.

노벨 평화상 수상 이후에도 서구 인권 단체들이 연대해 이란의 인권 상황에 적극적으로 개입할 움직임이 보이자 에바디는 기자 회견을 통해 이란의 인권은 이란의 문제이며 이란 국민이 논의하고 해결해야 한다며 서구의 간섭과 개입을 막았다.

2008년에는 이란 사회의 금기 중 하나인 바하이 소수 종파 보호에도 관심을 보였다. 바하이는 이슬람의 이단 종파로 이란 내에서는 활동이 엄격히 제한되어 있었다. 에바디는 부당하게 체포당해 구금된 바하이 소수 종파를 변호했다. 그녀는 바하이 비밀신자라는 극우 언론의 비난에도 아랑곳하지 않고 버림받고 부당하게 대우받는 사람의 편에 서서 용감하게 변론했다.

시린 에바디는 수많은 국제 인권 평화상을 받았으며, 전 세계 수십 개 대학교에서 명예박사 학위를 받았다. 2006년 6월에 노벨 평화상 수상자 광주 정상회의에 참석하고자 한국을 방문한 이후, 2009년 8월 아시아기자협회 초청으로 다시 방한했다. 2009년에는 만해 평화상을 수상했다.

오르한 파묵 이슬람과 서구의 경계를 절묘하게 그린 노벨 문학상 수상자

오르한 파묵(Orhan Pamuk, 1952~)은 이슬람권에서는 나기브 마흐푸즈에 이어 두 번째로 노벨 문학상(2006)을 받은 터키의 소설가이다. 그는 노벨 문학상을 받기 전부터 이미 가장 주목받는 젊은 작가로서 탁월한 소설을 발표해 왔다. 그의 소설은 출간되자마자 곧바로 베스트셀러가 되며 전 세계 언어로 번역되었다. 지금까지 50개 이상의 언어로 번역되어 700만 부 이상이 팔렸다. 2005년 〈타임〉지가 선정한 '가장 영향력 있는 100명'에 이름을 올렸고, 2005~2008년 미국 〈포린 폴리시(Foreign Policy)〉와 영국 〈프로스펙트(Prospect)〉지가 인터넷으로 진행한 설문 조사에서 세계 100대 지식인의 상위에 선정되기도 했다.

대표작《내 이름은 빨강》에서처럼 파묵의 일관된 주제 의식은 두 문명과 시대의 만남과 갈등이다. 두 세계가 서로 만나 조화를 이루고 갈등을 겪으며 충돌하는 역사 도시 이스탄불에서 태어나 자라면서 공부해 온 파묵이 온몸으로 체득한 삶의 철학이고 경험일지도 모른다. 그는 작품에서 현실적 상황에 안주하지 않고 끊임없이 다양성 속의 정체성을 탐구한다. 그것은 외래문화와 터키 전통과의 접목이다. 다름 속에서 내가 누구인가를 묻는다. 그 과정에서 필연적으로 부닥치는 만남과 융합, 갈등과 연민, 안주와 변신 같은 역설적 경험들을 우리 모두의 이야기로 만들어 담아내는 독특한 기량을 선보인다.

서로 다른 두 문화의 갈등을 소재로 한 소설《새로운 인생》에서 서구 문화와 터키 전통문화가 충돌하는 풍경을, 1985년 발표한《하얀 성》에서는 유럽 학자와 터키 학자의 만남과 고뇌를 그렸다.

노벨 문학상을 안겨 준《내 이름은 빨강》에서는 이러한 시대적 중첩과 문명의 전환기에 지식인, 특히 화가가 헤쳐 가야 할 진솔하고도 험난한 길을 인간적인 고뇌와 숨겨진 수수께끼를 통해 풀어나

간다. 서양과 동양, 이슬람과 기독교, 신과 인간의 시선, 전통과 개혁, 사람과 자연, 산 자와 죽은 자, 이들이 때로는 하나가 되고 때로는 치열하게 대립하면서 맞물려 흘러간다. 전환기를 살아야 하는 모든 인간의 공통적 이야기가 되어 우리의 심금을 울린다.

파묵의 작품 세계를 형성시킨 공간은 이스탄불이다. 비교적 부유한 집안에서 태어난 그는 명문 이스탄불 공대로 진학했으나 자퇴하고 저널리즘으로 전공을 바꿨다. 1982년 역사를 전공하는 아내와 함께 미국에서 공부하면서 틈틈이 소설을 구상했다.

그의 첫 소설은 1982년에 출판된《제브데트 베이와 아들들(Cevdet Bey ve Ogullari)》이다. 이 책은 파묵이 자랐던 이스탄불 중심 지역인 니샨타쉬에 사는 부유한 한 가족의 삼대를 그린 작품이다. 1983년 '오르한 케말 소설상'을 받을 정도로 관심을 끌었으며, 소설가로서 파묵의 이름을 알리는 계기가 되었다.

본격적인 집필에 돌입한 그는 1984년에《침묵의 집》, 1985년에《하얀 성》을 잇달아 발표하면서 국제적인 소설가상을 휩쓸기 시작했다. 이 책으로 그는 〈뉴욕타임스〉 서평에서 '동방의 떠오르는 새 별'이라는 극찬을 받기도 했다.

2000년 오르한 파묵은《내 이름은 빨강》을 발표하면서 세계적인 소설가로 발돋움했고, 독특한 상상력과 단단한 역사성, 치밀하고 흥미진진한 구성을 지닌 새로운 소설을 선보였다. 2002년에는 터키 동부 도시 카르스를 배경으로 전통적인 이슬람주의자와 혁신적인 서구주의자들이 충돌하는 내용을 담은《눈(snow)》을 발표해 또 다른 주목을 받았다. 2003년에 발표한 자전적인 소설《이스탄불 – 도시 그리고 추억》은 다시 한번 세상을 놀라게 했다.

그는 2006년 터키 최초의 노벨 문학상 수상자가 되었다. 이때 세계 문단은 '당연한 결과'라는 일치된 반응과 평가를 했다.

노벨 문학상을 받은 이후 파묵의 행보는 평탄하지 못했다. 역사를 깊이 공부하고 남다른 통찰력을 가졌던 그는 조국 터키의 역사적 과오에 대해서도 공공연하게 발언하기 시작했다. 터키의 최대 금기 사항인 제1차 세계대전 당시 아르메니아 학살 사건을 공론화하면서 그는 법정을 오가는 신세가 되었다. 파묵은 "제1차 세계대전을 전후해서 100만 명의 아르메니아인과 30만 명의 쿠르드인이 터키 당국의 손에 학살당했다. 그런데도 터키는 지금까지 그 사실을 인정하지 않고, 그 사건에 대한 공개 언급이나 토론을 금지하고 있다."라고 주장해 터키 내에서 많은 논란을 불러일으켰다.

노벨상 수상자의 과감한 발언은 세계적인 이슈가 되었다. 그는 국제적으로는 용기 있는 지성으로 평가받았지만, 터키 내에서는 골칫덩어리 신세가 되었다. 아르메니아 학살 문제는 유럽연합 가입을 앞둔 터키의 아킬레스건이었기 때문이다. 자랑스럽게 여겨졌던 터키 최초의 노벨상 수상자는 극우파들에 의해 한순간에 매국노로 지목되었다. 그의 책은 길바닥에 내팽개쳐졌고, 그의 구속을 주장했다. 혼란의 시대에 갈등과 모순을 역설적으로 풀어낸 탁월한 소설가는 지금 그 자신이 과도기적 상황에서 어찌할 바를 모르는 또 다른 혼란을 경험하고 있는 셈이다.

무함마드 이븐 무사 알콰리즈미
(Muhammad Ibn Musa Al-Khwarizmi, 780~850)는 알고라즈미로도 읽는다. 오늘
날 알고리즘(Algorithm)이란 단어는 그의 이름에서 나온 것으로, 바로
연산법을 발견하고 정리한 장본인이다. 사람 이름이 학문 이름이 될
정도로 인류에 끼친 영향이 지대하다. 만약 연산법, 즉 알고리즘이란
수학 체계가 없었다면, 빅 데이터의 작동도, AI를 통한 4차 산업 혁명
도 무의미하다는 것을 생각하면, 그의 공헌은 아무리 강조해도 지나
치지 않을 것이다. 그뿐만이 아니다. 인도에서 도입된 아라비아 숫
자를 이용해 최초로 사칙연산(덧셈, 뺄셈, 곱셈, 나눗셈)을 만들고, 제로(0)
와 위치 값을 사용한 수학자이다. 오늘날 수학의 기초 개념인 대수학
(Algebra)을 창안한 것도 바로 알콰리즈미다.

알콰리즈미는 780년경 바그다드에서 태어났다. 지금은 이라크
의 중심 도시이지만, 당시에는 압바스 제국 수도로 세계 최대의 문명
도시였다. 원래 콰리즈미는 우즈베키스탄의 고대 도시 하레즘을 뜻
한다. 그의 조상이 중앙아시아 하레즘에서 이주해 왔기 때문에 고향
을 자기 가족의 성으로 사용했던 것 같다.

어릴 때부터 명석했던 그는 아버지에게 수학과 천문학을 배우
면서 당대 최고의 석학들이 운집해 있는 바그다드에서 최첨단의 지
식을 쌓았다. 칼리파 알마문(재위 813~833)이 바그다드에 설립한 세계
최초이자 최고의 종합 대학 '바이툴 히크마(지혜의 집)'에 입학해 그곳

에서 공부하고 연구했다. 탁월한 연구 성과를 보인 알콰리즈미는 830년에 이미 수학의 일차 방정식과 이차 방정식을 해설한 대표 저작《복원과 대비의 계산(Al-Kitab al-mukhtasar fi hisab al-jabr wa'l-muqabala)》을 집필했다. 알고리즘을 다루는 책은 825년에 쓴《인도 수학에 의한 계산법》이다. 그의 덕택으로 인도-아라비아 숫자와 계산법이 서양에 전해졌다. 그는 천문학에도 놀라운 재능을 발휘했다. 지리학자 70여 명을 동원한 대규모 연구 프로젝트를 지휘해 지도를 제작하고, 지구 둘레를 정확하게 측정하기도 했다. 천문 관측을 통해 지구 자오선 1도의 길이를 측정한 것이다. 나아가 그리스 천문학자인 프톨레마이오스의 천문표를 정교하게 보완하기도 했다. 알콰리즈미의 천문표에는 사인과 코사인, 삼각 함수 표가 잘 정리돼 있다.

대수학은 알콰리즈미의 가장 중요한 업적이다. 이차 방정식 및 여러 다른 문제를 푸는 방법을 취합한 그의 대수학 저술은 현대 대수학의 시초로 여겨지며, 12세기 중반에 라틴어로 번역됐다. 지리학 분야에서 그의 업적은 2,402개 도시의 좌표 및 지리적 특징을 상세히 묘사한《지구의 표면》이란 책을 저술한 것이다. 이 책의 유일한 복사본이 스트라스부르 대학교 도서관에 소장돼 있는데, 이를 통해 당시 잃어버린 세계 지도를 복원할 수 있었다고 전해진다.

이처럼 알콰리즈미는 다방면에 걸쳐 당대 이슬람 세계의 최고 학자였으며, 그의 업적은 후대 학문에까지 막대한 영향을 미쳤다. 물론 그의 대수학 연구를 기초로 아벨, 갈루아 같은 후대 학자들이 5차 이상 방정식의 대수적 풀이가 불가능하다는 정리를 증명했다. 알콰리즈미에서 출발한 대수학 개념이 갈루아 이론의 바탕이 됐고, 현대 수학에까지 지대한 영향을 미치고 있다. 미래 4차 혁명의 단단한 이론적 기초가 된 셈이다.

한국과 이슬람, 1200년의 만남

페르시아 왕자 아비틴과 신라 공주 프라랑의 사랑

페르시아 왕자가 신라에 와서 신라 공주와 결혼해 아이까지 낳고, 후일 신라에 관한 귀중한 기록을 남겼다면 잘 믿기지 않을 것 같다. 그러나 사실이다. 삼국 통일 직전 신라에 관한 내용을 담은 고대 페르시아어 서사집《쿠쉬나메(Kush-nameh)》가 2010년 말 새롭게 발견돼 한국 학계의 비상한 관심을 끌고 있다.◆ 지금까지 17명의 아랍-페르시아인 학자들이 편찬한 총 22권의 각종 역사서, 지리서, 백과사전, 풍물지 등에서 통일신라 시대 한반도 상황이 부분적으로 언급됐고, 이 내용은 이미 우리 학계에 소개됐다. 이와는 별도로《쿠쉬나메》는 삼국 시대 신라에 해당하는 7세기의 내용을 광범위하게 다루고 있다.

《쿠쉬나메》는 '쿠쉬의 책'이라는 의미로 쿠쉬는 이 서사시의 주인공이자 영웅이다. 640년경 사산조 페르시아 제국이 아랍의 침공으로 멸망 직전에 이르자, 사산조 페르시아의 마지막 황제 야즈데기르드 3세는 그의 아들인 피루즈(Firuz)를 중국에 피신시켜 아시아 내륙

◆ 《쿠쉬나메》는 오랫동안 구전으로 내려오던 서사시를 모아 1998년 이란 학자 마티니(Matini) 교수가 책으로 편찬하면서 이란 국내외 학계에 알려지기 시작했다. 더욱이 신라 관련 내용이 주류를 이루고 있다는 사실을 이란 국립박물관 관장이자 이란 아자드 대학 교수이며 고대 페르시아어를 전공하는 다르유시 아크바르자데(Daryoosh Akbarzadeh) 박사가 필자에게 그 내용을 전하면서 알려졌다. 다르유시 교수는 한국에서 열린 한 세미나에서 그 존재를 확인해 주었고, 현재 본격적인 해제 작업에 몰두하고 있다. 2010년 7월 24일에는 이란 국립박물관에서 개최된〈고대 한국과 이란 간의 문화 교류〉라는 제목의 국제 학술대회에서 다르유시 교수는《쿠쉬나메》에 대한 초보적인 소개를 했다. 현재《쿠쉬나메》는 영국박물관에 소장된 페르시아 원본 전문을 확보하여 영문으로 번역을 완료했으며, 《쿠쉬나메 모노그래프》연구서가 미국에서 출간될 예정이다.

에서 항쟁을 지휘하게 했다. 쿠쉬의 등장은 이 시기와 밀접하게 관련 있다. 중국 내부의 정치적 대혼란으로 더는 페르시아인 이주민의 안전과 장래가 보장받지 못하자 이란인은 당시 중국 주변국 중 한 왕의 주선으로 신라로 망명한다.쿠쉬나메 2196~2241절 따라서 쿠쉬 장군의 영웅담을 담은 서사시인《쿠쉬나메》많은 부분에 신라에 관한 이야기가 서술돼 있다. 사산조 페르시아와 신라와의 관계는 물론, 신라의 지리적 상황, 부속 도서, 여자, 군대, 궁정 생활 등에 관한 기록을 남겼다. 신라에 대한 가장 방대한 자료를 담고 있는 한반도 바깥의 귀중한 사료로 평가될 뿐만 아니라 지금까지 발견된 아랍어, 페르시아어 사료보다 훨씬 풍성하고 세세한 내용을 담고 있다. 구체적인 내용을 살펴보면 다음과 같다.

이란인은 (페르시아 왕자) 아비틴의 인솔 아래 마친(중국의 일부)에 도착했고, 마친 왕의 따뜻한 영접과 선물을 받고 배를 타고 신라로 향했다. 신라로 향하는 모든 배는 마친 왕이 마련해주었다. 험한 파도를 헤치고 신라에 도착한 이란인은 먼저 그곳 관리를 통해 마친 왕의 편지를 신라 왕에게 전달하도록 했다. 신라 왕은 크게 기뻐하며 이란인을 극진히 환영하고 그들을 맞을 준비를 했다. 신라 왕은 그의 두 아들을 이란인이 도착하는 항구로 보내 아비틴과 이란인을 영접하게 했다. 쿠쉬나메 2265~2614절

아비틴과 신라 왕 타이후르의 두 왕자는 서로 포옹하며 우의를 나누었고, 신라 왕이 있는 궁전으로 향했다. 신라 궁전에 도착하니 음악이 연주되고 큰 환영 행사가 준비되어 있었다. 그 후 아비틴은 신라 왕의 보호 아래 함께 사냥을 가기도 하고, 국정에 관한 조언자로 활동하면서 신라-이란 간 굳건한 연대를 다져 나간다. 국제 정세가 급변해 신라 왕이 이란인을 중국에 돌려보낼 가능성에 대해 아비틴이 우려를 표하자, 신라 왕은 신라는 오랜 기간 독립국으로서 친구를 배신하는 일은 없을 것이라고 확신을 준다. 나아가 신라 왕은 이란과 신라 간에는 아주 오래전부터 바다를 통한 무역과 거래가 있었다고 강조한다. 신라와 이란 관계는 더욱 돈독해졌다. 이를 두려워한 중국의 쿠쉬가 군대를 일으켜 신라를 침공했을 때, 아비틴이 이끄는 이란군이 신라를 도와 중국 군대를 물리치는 큰 공을 세우기도 했다.

두 왕은 최고의 관계를 유지했으며 때때로 폴로(polo) 게임을 함께 즐기기도 했다. 드디어 아비틴은 신라 왕의 공주인 프라랑(Frarang)과의 결혼을 요청한다. 신라 왕은 오랜 고민 끝에 결혼을 허용하고 프라랑은 아비틴의 아이를 임신한다. 많은 예언가가 장차 태어날 왕자가 바그다드의 자하크를 물리치고 이란인의 복수를 해 줄 것이라고 예언한다. 공주가 임신한 상태에서 아비틴은 이란인과 함께 다시 조국 이란으로 배를 타고 돌아가기로 결심한다. 중국을 거쳐야 하는 위험한 육로 대신 해로를 통해 이란으로 돌아간다. 이때 바닷길에 경험이 많은 노련한 신라 뱃사람의 안내를 받았다. 귀국 도중에 프라랑 공주는 아비틴의 왕자를 생산한다. 그의 이름은 파리둔(Faridun)이다.

아비틴이 이란으로 도망친 것을 안 중국 왕 쿠쉬와 바그다드의 자하크는 모든 군대를 풀어 아비틴을 찾아내어 그를 처형한다. 아버지의 운명을 모르는 어린 왕자 파리둔은 신하들의 손에 넘겨져 교육을 받으며 자라난다.

한편 신라에서도 타이후르의 왕자 가람(Karam)이 훌륭한 장군으로 성장해 중국의 공격을 몰아내고 신라를 굳건히 지켜 낸다. 몇 해가 흐른 후 신라 왕 타이후르는 딸 프라랑 공주에게서 한 통의 편지를 받는다.

내 아들 파리둔이 훌륭한 지도자로 성장해 바그다드의 자
하크를 공격하여 그를 철창에 가두고 그의 군사들을 몰살
시켰습니다.

이 편지에 신라 왕은 너무나 감격해 모든 신하와 병사들을 불러모아 큰 축하 파티를 열었다.

결국 신라 왕 타이후르는 나이가 들어 죽고 왕위를 아들 가람이 이어받았다. 장성한 이란인의 새 지도자 파리둔도 자하크와 그 군대를 물리친 내용을 담은 서신을 외할아버지인 신라 왕에게 보냈으나 그때는 이미 타이후르가 사망한 이후여서 새 왕 가람에게 편지가 전달되었다. 이에 가람은 너무나 기뻐하면서 큰 선물과 편지를 사절단을 보내 파리둔을 축하했다. 가람과 파리둔의 우정과 친선은 대를 이어 계속되었다.

쿠쉬나메 서사시의 신라 관련 내용에 전적으로 역사적 정당성을 주기는 어렵다. 그러므로 이 내용을 사료로 받아들일 것인가의 문제는 여전히 존재한다. 다만 기존의 고고학, 민속학, 역사학의 한계를 극복할 수 있는 유용한 해석의 길잡이임에는 분명하다. 신라 고분에서 출토된 여러 점의 페르시아계 유리 제품은 물론, 은제 그릇 표면에 타출 기법으로 양각된 여인이 페르시아 신화의 중심인물인 아나히타(Anahita) 여신상을 닮았고,《삼국사기》〈잡지〉 기록에 등장하는 모직 제품들이 페르시아 카펫일 가능성이 점쳐진다. 이런 상황에서 《쿠쉬나메》의 발견은 고대 신라와 사산조 페르시아 간의 긴밀한 접촉과 교류를 밝힐 수 있는 귀중한 단서가 될 전망이다.

통일신라 시대의 이슬람 문화

신라와 아랍-이슬람 문화의 접촉 가능성을 알 수 있는 시대 상황을 잠시 살펴보자. 통일신라 시대 및 고려 전기 무슬림과의 교류는 중국에서의 정치, 외교, 문화, 통상적 교류와 중국 동남부에 거주하던 무슬림 상인의 직접적인 한반도 진출로 이루어졌다고 할 수 있다.

세계 문명의 집산지이자 아시아 정치의 중심지였던 당의 수도 장안에는 이슬람 제국의 사절이 빈번히 내왕했고, 무슬림 상인을 통해 아랍과 서역 물품이 대량 유입됐다. 따라서 당과 연합해 삼국을 통일하고 긴밀한 정치, 경제 관계를 유지하던 통일신라인은 장안에서 이슬람권 사절 그리고 그곳에 거주하던 무슬림과 다방면에 걸쳐 접촉을 시도했음을 짐작할 수 있다.

신라는 매년 1회 이상 사절단을 장안에 파견했으며, 703~738년에는 당 조정의 각종 행사에 46회 이상 대규모 사절단을 파견했다. 동시에 중국 기록에는 651~798년에 최소한 37회의 아랍 사절단이 장안에 당도했다는 내용이 보인다. 《일본서기》 753년 기록에 의하면, 장안에서의 궁중하례에 신라와 일본 사절단 이외에도 아랍 사절의 참석을 전하고 있다. 당 조정에서 신라와 이슬람 제국 사절이 접촉했음을 짐작게 한다.

문화적인 면에서도 중국에서 활동한 신라 불교승이 성지 순례를 위해 인도를 내왕하며 이슬람화돼 있던 서역 및 아라비아까지 진출하기도 했다. 9세기 중엽 일본 승려 엔닌은 당에 10년간 체류하면서 수많은 신라승을 만났다고 전하고 있고, 당나라 승려 의정의 《대당서역구법고승전》은 인도와 서역을 기행한 일곱 명의 신라 구도승의 전기를 담고 있다. 《왕오천축국전》으로 유명한 혜초는 인도 순례를 마치고, 귀로에 이란, 아라비아 및 서역 일대를 거쳐 727년 장안에 당도했다. 특히 일부 불교 승려들은 해로를 통한 인도 순례 때 남방 해상권을 장악하고 있던 무슬림 상인의 교역선을 이용하기도 했는데, 이는 불교승과 무슬림의 종교적 접촉을 시사한다. 비슷한 시기에 신라에 거주하던 아랍 무슬림 상인이 죽자 아내와 자식들을 신라 배에 태워 이라크 바스라로 돌려보낸 《신드 정복기(Fathmamah-i Sind)》 기록도 최근 발견되었다.

통상 면에서 신라인과 무슬림의 접촉은 더욱 뚜렷이 나타난다. 남방 무역(아라비아-인도-중국 동남부)을 주도하던 무슬림 상인과 동북아시아 지역 경제(중국 동부-한국-일본)의 실력자 신라인과의 교역은 필연적이었으며, 양주를 중심으로 한 중국 동남부 무역항이나 무슬림의 직접적인 한반도 방문으로 광범위한 물물 교환이 이루어졌던 것으로 보인다.

당시 중국 동남부 도시에는 중국 당국이 아랍-페르시아 출신 무슬림을 위한 자치 공동체를 설치했다. 번방이라 불리는 그들만의 거주 공간에서 무슬림은 종교적 자유와 행정적 자치를 누렸고, 까디(qadi, 행정 책임자)와 셰이크(Shaikh, 종교 지도자)를 선출해 이슬람법과 고유의 관습을 유지해 나갔다.

이슬람 학자들의 저술에도 무슬림의 신라 진출과 신라의 위치, 자연환경, 산물 등에 관한 기록이 전해진다. 이 중《도로와 왕국 총람》을 쓴 이븐 쿠르다드비는 신라에 거주하는 무슬림을 언급한 최초의 이슬람 지리학자였으며, 마수디는 한반도에 이라크인이 진출, 거주했다고 전하고 있다.

신라의 무슬림에 관해 특징적이고 유의할 만한 내용을 담고 있는 것은 디마쉬키, 알누와이리, 알마크리지 등의 저서인데, 놀랍게도 우마이야 왕조(661~750)의 박해를 피하려는 일부 알라위족이 한반도에 망명한 사실을 밝히고 있다. 따라서 인근 중국 동남부에서의 이슬람 문화의 유입과 발전 과정을 생각한다면, 신라에 진출한 무슬림에 의한 종교적 영향, 이슬람 문화의 부분적 소개도 고려해 볼 수 있다.

처용은 아랍인인가, 무슬림인가

《삼국유사》 기록에 의하면, 서기 880년경 처용이 동해에 나타났다는 기록이 있다. 눈이 크고 코가 오뚝하여 누가 보더라도 외지인이 틀림없는 처용을 두고 그동안 아랍인일 가능성을 두고 많은 논의가 있었다. 그 가능성은 무엇보다 통일 신라 시대에 배를 타고 신라의 개운포(지금의 울산항)까지 올 수 있었던 해상 세력이 중국과 일본을 제외하면 아랍 상인일 수밖에 없는 상황론에 근거한다.

처용이 등장하는 9세기경 동아시아 해상 교역은 어땠을까? 중국 동부 해안 양주를 중심으로 북쪽은 신라 해상 세력이 장악했고, 남쪽은 아랍-페르시아 상인의 활동 무대였다. 심지어 양주에는 신라인이 모여 사는 신라방과 아랍인의 집단 거주지인 번방이 한 도시에 나란히 존재해 두 민족 간의 교역이 활발하게 전개될 수 있었다.

앞서 살펴본 대로 이 시기에 아랍 상인의 한반도 내왕도 매우 빈번하게 일어난다. 845년경에 편찬된 아랍 지리서 《도로와 왕국 총람》에 의하면, 아랍인은 자연환경이 뛰어나고 금이 많이 나는 신라를 동경해 많은 아랍인이 한반도로 건너가 영구 정착했다는 사실을 적고 있다. 이러한 정황 자료가 단편적이며 빈도가 낮다면 우연의 일치이거나 신빙성 없는 이야기로 돌려 버릴 수도 있겠으나, 9~15세기 사이에 17명의 이슬람 학자들이 쓴 20여 권의 책에서 아랍인과 신라인의 빈번한 접촉을 다루고 있다.

특히 9세기 중엽, 아부 자이드, 슐레이만 알타지르 같은 아랍 여행자들이 남긴 기록에 의하면, 876년의 '황소의 난' 기간 중 중국 동남부 해안 지대에서만 10만 명 이상의 외국인이 살상되었다고 한다. 그 수가 다소 과장됐다 해도 당시 그곳에 정착해 있던 외국인의 절대 다수가 아랍, 페르시아 상인이었다는 사실에 비추어 무슬림의 수적 규모를 짐작할 수 있다.

황소의 난 이후 외국인 집단 학살과 외국 문화 배척 기운은 그곳의 아랍-이슬람 상인 세력에게도 치명적인 위기였다. 그들은 살아남기 위해 이름을 바꾸고 중국 관습을 받아들여 중국화를 택했다. 나머지 사람들은 목숨을 부지하고자 본국으로 다시 돌아가거나 인근 인도차이나반도로 새로운 돌파구를 찾아 떠났다. 이러한 상황에서 일부 이슬람 상인 세력들이 신라로 유입됐을 가능성을 생각해 볼 수 있다. 처용이 등장하는 880년경은 바로 황소의 난이 끝나는 시점이다. 분명한 것은 당시 신라가 아랍 해상 세력에게 매우 매력적이었으며, 신라로 향하는 항로는 매우 친숙한 길이었다는 사실이다.

다시 원래의 물음으로 돌아가자. 처용은 아랍인인가, 무슬림인가? 당시는 국가 개념이 모호할 때이므로 구체적인 종족 분류는 의미가 없다. 크게 중요하지도 않다. 그렇다면 그는 누구인가? 기록에 없는 것은 역사가 아니라고 보는 사람들에게 그 대답은 영원히 주어지지 않는다. 그러나 당시 정황을 종합해 보면 아랍-이슬람 상인 세력 이외에 대안이 없다. 중국 동남부에 거주하던 수십만의 아랍-이슬람 집단 중 일부가 지척에 있는 통일신라에 교역을 위해 진출했다는 것은 명백한 사실이기 때문이다.

고려 개성의 이슬람 성원

고려의 수도 개성에 대규모 이슬람 집단이 머물면서 그들만의 종교 의례를 위해 이슬람 성원인 모스크를 짓고 살았다는데 사실일까? 만약 이러한 물음이 사실이라면 그들은 어디에서 무슨 연유로 한반도까지 흘러들어와 이 땅에 뿌리를 내렸을까? 그들과 결혼한 고려 여인은 어떤 사람이었으며, 그 후손은 지금 우리 사회에서 어떤 모습으로 살아가고 있을까?

우선 아랍 상인의 고려 진출을 적은《고려사》기록을 보자.

대식국(아라비아)에서 열라자 등 100명이 와서 왕을 만나 토산품을 바치니, 왕이 그들을 극진하게 대접하게 했다. 또 그들이 돌아갈 때 금, 은, 옷감 등을 선물로 주었다. 현종 15년(1024)

대식이라는 오랑캐 나라에서 하선과 라자를 중심으로 100명이 와서 토산품을 바쳤다. 현종 16년(1025)

대식국 상인 보나가 등이 와서 수은, 용치, 점성향, 몰약, 소목 등 귀한 물품을 바치니, 왕이 그들을 후하게 대접한 뒤 돌아갈 때 비단옷을 선물했다. 문종 원년(1047)

여기서 몇 가지 중요한 사실을 읽을 수 있다.

첫째, 아랍 상인이 한꺼번에 100명 단위로 대규모 선단을 이끌고 고려에 와서 왕을 상대로 교역했다는 사실이다. 이는 지나가다 우연히 들린 것이 아니라 이미 그 이전부터 빈번한 왕래가 있었으며, 고려 시장에 대한 풍부한 정보를 가지고 필요한 물품을 싣고 왔다는 것을 의미한다. 당시 이들이 왕을 만난 것은 개인 무역이 밀무역으로 금지되어 모든 국제 교역은 왕실과 직거래하는 공무역의 형태를 띠고 있었기 때문이다. 오늘날에도 대통령이 다른 나라를 순방할 때 100여 명의 경제인을 대동하는 경우는 매우 이례적이라는 점을 생각해 보면, 당시 무역 사절단이 얼마나 대규모였는지 쉽게 짐작할 수 있다.

둘째,《고려사》에 나오는 아랍 상인의 이름이 지금도 보편적으로 사용되는 분명한 이슬람식 이름이란 점이다. 이로써 통일신라기에 시작된 아랍-페르시아 상인의 해로를 통한 한반도 접촉은 고려 초기까지도 지속됐음을 알 수 있다.

그러나 이슬람계 주민들이 본격적으로 고려에 건너와 정착해 살았던 것은 고려가 원나라 간섭을 받게 된 고려 말부터였다. 두 차례의 원-고려 합동군의 공격을 잘 막아서 자주성을 유지할 수 있었던 일본에 비해, 같은 시기에 원나라 간섭 아래 고려에서는 무슬림의 대량 유입과 이슬람 문화의 전래가 두드러졌다. 중앙아시아 위구르-터키계로 추정되는 무슬림은 몽골의 고려 침공 시에는 몽골군의 일원으로, 후일 고려의 원 지배하에서는 몽골 관리, 역관, 서기, 시종무관 등의 직책을 가진 지배 세력으로 한반도에 정착했다. 그들은 고려 조정의 벼슬을 얻거나 몽골 공주의 후원을 배경으로 권세를 누렸다. 그러나 점차 고려 여인과의 결혼을 통해 동화 과정을 거쳐 갔다.

가장 대표적인 예가 1274년 고려 충렬왕의 왕비가 된 제국공주의 시종으로 따라온 삼가(三哥)라는 회회인(回回人)이다. 그의 부친 경은 원나라 세조인 쿠빌라이를 섬겨 서기가 되었고, 삼가는 고려 여인과 결혼해 고려에 귀화했다. 그는 왕으로부터 장순룡(張舜龍)이란 이름을 받고, 벼슬이 장군에 이르렀다. 현재 덕수 장씨의 시조로 알려졌다. 그는 중앙아시아의 위구르-튀르크계 출신 무슬림일 가능성이 크다.

고려에 거주하던 회회인은 몽골의 비호를 받아 왕실과 특수한 관계를 유지했다. 실크로드를 통해 체득한 국제 경제에 대한 경험과 정보를 바탕으로 고려 사회에 기여했으며, 많은 재산을 축적했다.

이러한 사실은 우리 기록에도 빈번하게 나타나지만, 중국 광저우 박물관에 소장된 한 묘비문에서도 그들의 경제 활동 영역을 엿볼 수 있다. 묘비문에는 1349년 고려인 라마단이 광주에 와서 병을 얻어 사망한 후, 이슬람 묘역에 안장되었다는 기록이 남아 있다. 이는 이미 고려 사회의 무슬림이 국내는 물론, 중국과도 긴밀하게 교류했음을 단적으로 증명해 주는 좋은 자료이다. 이처럼 당시 고려는 활발한 교역과 이슬람 문화권 사람들의 한반도 진출로 이슬람 세계에도 널리 알려졌다.

일한 제국의 유명한 역사학자 라시드 알딘(Rashid al-Din)이 저술한 《종합사》나 오스만 제국의 역사학자 겸 지리학자였던 알리 아크바르(Ali Akhbar)가 쓴 《키타이나메》에도 고려에 대한 상세한 기록이 적혀 있다.

이처럼 고려에 정착한 이슬람 집단은 경제력은 물론, 상당한 사회적 지위를 구축했다. 나아가 자신들의 고유한 습속, 언어, 종교 등을 보존하면서 개성 및 인근 도시에 자치 공동체를 형성하며 이슬람 성원을 건설한 것으로 보인다.

이능화가 쓴 《조선불교통사》에서는 회회 집단이 고려 개성에 예궁을 짓고 살았다고 전한다. 여기서 말하는 예궁이란 이슬람 성원인 모스크였을 것이다. 아마 첨탑과 둥근 돔이 있는 형태보다는 중국 전역에 산재한 불교식 사찰을 닮은 사원이었을 것이다. 따라서 이슬람 종교와 문화가 고려 시대에는 상당한 정도로 사회적 영향을 끼쳤음을 알 수 있다.

그럼 한때나마 한반도에서 왕성하게 살아가던 이슬람 집단들의 운명은 어찌 되었나? 그들은 어디로 사라진 것일까? 그들은 고려가 망한 후 조선 초기까지도 집단생활을 하며, 고유한 복장과 종교 의식을 유지했던 것으로 보인다. 그러나 이슬람 집단이 150년간 누렸던 종교적 자치권과 민족적 동질성 확보는 1427년에 발효한 세종의 칙령으로 금지된다.《세종실록》에는 다음과 같은 기록이 있다.

예조가 아뢰기를 회회 무리가 의관이 달라 사람들이 이질
감을 느끼는바, 이미 우리 백성이 되었으니 마땅히 우리 의
관을 따라 차이를 없애야만 자연스럽게 혼인하게 될 것이
다. …… 또 회회인이 대조회(大朝會) 때 송축하는 의식도 폐
지하는 것이 옳다고 하자 왕이 이를 승낙하셨다.

이로써 150여 년간 보존된 무슬림의 종교적, 민족적 동질성은
와해되고, 급속한 동화의 단계로 접어들었다.

세종께서 즐겨 듣던 꾸란경

세종대왕께서 정초 경복궁의 경회루 앞뜰에서 좌우로 문무
백관이 도열한 가운데 지그시 눈을 감고 한 이슬람 원로가
낭송하는 꾸란 소리에 빠져 계시더라.

어느 역사 소설에 나오는 대목 같지만, 실록에 여러 차례 등장
하는 기록이다.《조선왕조실록》에 의하면, 음력 정월 초하룻날 경복
궁 경회루에서 문무백관이 도열해 있는 가운데 꾸란을 낭송했다고
한다. 고려 말부터 조선 초기까지 한반도에 정착해 살고 있던 이슬람

지도자들은 궁중 하례 의식에도 초청을 받아 정례적으로 참석했다. 이를 '회회조회(回回朝會)'라 불렀다. 그들은 궁중 조회에 참석해 꾸란 낭송이나 이슬람식 기도를 통해 국가의 안녕이나 임금의 만수무강을 축원했으니 이를 '회회송축(回回頌祝)'이라 했다.

즉위식이나 정월 초하루, 동지, 망궐례 때 세종은 문무백관과 외교 사절을 초빙해 의례를 가졌다. 그 자리에 이슬람 대표도 참석하여 송축하였는데, 이슬람식 송축은 꾸란을 낭송하는 것이다. 따라서 꾸란 낭송으로 왕의 만수무강과 국가의 안녕을 빌었던 것이다. 이처럼 고려 때 개성 한복판에 이슬람 성원이 있었고, 조선 초기까지 조정에서 꾸란이 낭송될 정도로 이슬람 문화는 깊이 들어와 있었다.

한편 고려 말과 조선 초기에 본격적으로 시작된 이슬람권과의 접촉으로 이슬람 문화가 부분적으로 한반도에 영향을 끼쳤다. 가장 대표적인 것이 히즈라력으로 알려진 이슬람 역법의 도입이다.

우리가 쓰는 음력은 이슬람 역법을 우리 식으로 개조한 것이다. 그것도 《세종실록》에 나온다. 농사를 잘 짓기 위해서는 정확한 농사 달력이 있어야 했다. 그런데 중국 수시력을 가져다 쓰니 해 뜨는 시각, 달의 움직임이 우리와 맞지 않았다. 그래서 세종은 당시 집현전 최고 학자인 정인지, 정흠, 정초 등에게 농사력을 연구하게 했다. 이 학자들이 중국에 가서 수시력을 연구하다 보니, 그 과학적 토대가 중국 역법이 아니라 이슬람 역법이라는 사실을 알았다. 이슬람 역법의 원리를 가져다 중국 사람들이 고쳐 썼으므로 그들에게는 맞고 우리에겐 맞지 않은 것이었다. 그래서 정인지가 이슬람 역법의 원리와 이슬람 과학을 배워 우리 역법의 일몰시, 동지 같은 것을 모두 대입해서 만든 것이 《칠정산외편》이다. 《칠정산외편》은 오늘날 우리가 쓰는 음력의 기초가 되었다.

그 외에 조선 초에 집중적으로 개발된 과학 기기나 의학 분야에서도 당시 중국이 도입해 사용하던 세계 최고 수준의 이슬람 과학과 의학의 영향을 받은 흔적들이 있다. 이슬람 문화는 음악, 미술, 도자기 제조에서 회청의 사용과 청화백자 개발 등 예술 분야, 위구르 문자와 말의 교습에 이르기까지 조선 사회에 폭넓게 전파되었다.

결국 통일신라 때부터 접촉한 중동 이슬람 문화는 현대 생활까지 이어지고 있는 것이다. 이처럼 이슬람 문화는 오랜 역사적 접촉과 교류를 통해 우리 문화의 기층에 자리 잡고 있다.

오스만 튀르크 제국 밀사의 조선 보고서

이슬람 문화의 동아시아 전파는 15세기 이후 중국 원나라의 멸망과 명나라의 건국, 한반도 조선 왕조의 성립 등 정치적 변혁과 함께 정체기에 들어선다. 더욱이 국내에서는 조선 왕조가 중국화와 유교 사상을 강조하며 폐쇄적 보수주의로 흘렀고, 서구 해상 세력이 이슬람 해상 세력을 누르고 동아시아로 진출하면서 이슬람 문화의 한반도 접촉 역시 19세기 말까지 기나긴 단절기에 들어간다.

기나긴 동면기를 끝낸 첫 접촉은 1909년 압둘라시드 이브라힘 (Abdurrashid Ibrahim)의 조선 방문이다. 오스만 제국 술탄인 압둘 하미드 2세와 긴밀한 관계를 유지하던 러시아 터키인 지도자 압둘라시드 이 브라힘이 일본을 거쳐 1909년 6월에 조선을 방문했다. 러시아 강점 하에서 투르키스탄의 자치 독립을 위해 투쟁하던 독립운동가였던 그는 열흘에 걸쳐 정보를 수집해 정세를 판단하고, 이를 기록으로 남 겼다. 그것이 1909년의 조선 사회상을 담은 오스만어 저서 《아시아 여행 보고서》로, 1913~1914년에 걸쳐 이스탄불에서 출판되었다.

압둘라시드 공은 30여 페이지에 달하는 〈조선 여행 보고서〉에 서 경술국치 직전의 조선이 처한 암담한 현실과 일본의 침략 앞에 무 력하게 국권을 빼앗겨 가는 안타까운 상황을 묘사하며 우리 민중의 통한의 후회와 각성, 정치 지도자의 친일 국가관 등을 소상히 적고 있다. 이 책은 제3 세계 무슬림의 눈에 비친 조선 사회상을 알 수 있 는 귀중한 자료이다. 나아가 당시 조선의 실상이 처음으로 오스만 튀 르크 제국을 비롯한 이슬람 세계에 알려지는 계기가 되었다는 점에 서도 주목을 받는다.

조선 관계 부분에서 압둘라시드 공은 조선의 교육, 여성, 기독교 선교사의 활동, 고적, 조선의 일본인, 일본의 자본 침투, 도덕관, 자본 층 등의 소주제를 가지고 주로 현지인과의 토론 및 대화로 얻은 지식 에 일본 자료를 참조하여 자신의 견해를 담고 있다.

그는 1909년 6월 19일 아침, 시모노세키에서 부산항에 입항, 부 산에서 신의주까지 한반도 횡단 철도 여행을 통해 열흘간 바쁜 일정을 가졌다. 민중 접촉 이외에도 내무대신과 면담해 지도층의 시각을 파악하고자 했다. 물론 짧은 여행 일정을 통해 남긴 조선 관계 기록은 조선의 상황에 대해 정확한 지식을 담지 못했으며, 이미 조선의 행정권, 외교권, 경찰권, 군사권까지 장악한 일본의 감시 아래서 수집된 그의 지식은 일본의 견해를 답습한 부분도 없지 않다.

그러나 압둘라시드 공은 자신이 핍박 민족의 지도자로서 한국민이 착취당하는 상황에 깊은 동정을 갖게 되었고, 기회가 있을 때마다 한국민에게 민족혼의 부활과 자주적 권리 쟁취를 위한 독려도 아끼지 않았다. 또한 한국에서 기독교 선교사들의 활동, 한국인 전통 습속의 와해, 윤리 도덕의 타락 등에 제3 세계 무슬림 입장에서 문제의식을 제기한 것도 특징적이라고 할 수 있다.

압둘라시드 공의 조선 방문은 15세기 중엽 이후 단절되었던 한반도에서의 한-무슬림의 접촉 재개라는 측면과 조선의 실상이 제국 및 아랍 세계에 널리 알려졌다는 의미가 있다. 실제로 이 시기에 이스탄불에서 발간되던 일간지에는 한국 관련 기사들이 상당한 비중으로 소개되기 시작했다.

최근 터키 이스탄불 대학교 역사학과의 제즈미 에르아슬란(Cezmi Eraslan) 교수의 연구에 따르면, 압둘라시드의 여행 보고서 이외에도 이스탄불에 소재한 오스만 제국 공문서국(Osmanli Arsivi)에는 19세기 말 20세기 초 조선 상황과 일본의 조선 침탈에 관한 수백 건의 외교 문서가 존재하는 것으로 확인됐다. 향후 이 분야에 관한 후속 연구가 이루어질 전망이다.

일제 강점기, 무슬림의 한반도 정착

　　　　　　　잘 알려지지 않은 사실이지만 일제 강점기에 러시아에 거주하던 많은 수의 터키계 무슬림이 한반도에 체계적으로 이주, 정착했다. 그들은 자치 공동체를 형성하며 경제적, 문화적 활동을 왕성히 했다. 무슬림 터키족의 한반도 유입은 크게 세 시기로 나누어 진행되었다.

　첫 시기는 1898년으로, 만주의 동청 철도 부설과 함께 만주에 정착한 터키인 일부가 상업 활동을 위해 한반도 북쪽 지방에 소규모로 정착했다. 두 번째는 러시아 볼셰비키 혁명 이후인 1917~1920년에 러시아 군대에서 이탈하거나 시베리아 강제 수용소를 탈출한 일부 터키인이 한반도로 들어와 정착한 경우이다. 세 번째는 1920년경 소비에트 혁명 당국의 박해를 피해 만주로 이동한 600여 명의 터키인 중 200여 명이 일본 군대의 보호 아래 한반도에 분산 정착한 경우이다.

　한반도에 정착한 무슬림 터키족은 1920~1950년에 서울, 부산, 대구, 대전, 목포, 인천, 평양, 혜산, 신의주 등 여러 도시로 이주해 주로 만주-한국-일본을 잇는 삼각 무역에 종사하거나 포목점, 양복점 등을 경영했던 것으로 보인다. 이들은 일본의 오사카, 도쿄 등지의 도매상들로부터 각종 의류, 포목, 화장품, 시계, 가정용품, 독일산 수입품들을 공급받아 한국과 만주에 판매해 큰 수익을 올렸으며, 중국이나 만주의 원료를 일본에 공급하기도 했다. 또한 만주 및 일본에 있는 터키 공동체와 밀접한 관계를 유지하며 선금 없이 물품을 공급받아 판매 후 대금을 지불하는 신용 거래를 했다.

터키 상인은 아침 5~6시부터 밤 11~12시까지 상점을 열어 박리다매 방식을 택했다. 따라서 한국인은 정찰제 판매에 영업시간이 짧은 일본인 상점보다 터키 상점을 선호했다. 서울에서만 35~40가구, 약 120명의 터키인이 30개 이상의 상점을 소유하고 있었던 것으로 보이며, 전국에 약 250명 정도가 거주했던 것으로 추산된다.

상당한 경제적 부와 사회적 지위를 누린 이들은 1928년 서울에 무슬림 터키 협회를 구성하고 자체 학교와 문화 회관 등을 소유했다. 특히 서울 시청 뒤편의 2층 건물을 매입해 문을 연 문화 회관에 예배소, 학교 등을 설치했으며, 서울 근교(홍제동)에는 이슬람 공원묘지를 조성해 종교 절차에 따라 장례 의식을 했다. 이처럼 이들은 한국 내에서 고유의 문화 활동 및 종교 활동도 왕성하게 했다.

1920~1945년까지 조선 총독부의 비호 아래 경제적 부를 축적하고 특권적 지위를 누린 터키 공동체는 해방과 함께 일제의 수탈에 고통받던 한국민의 표적이 될 수밖에 없었다. 해방 이후 캐나다, 호주, 터키 등으로 이주를 시작한 터키족은 1950년 한국 전쟁 직전까지 모두 한반도를 떠난 것으로 보인다.

한국인 최초의 무슬림 샤밀 박

1920년부터 30년간 공동체를 형성해 이슬람 종교 생활을 영위하고 신앙 의식을 지킨 것으로 보아 이슬람이 일제 치하 한국인에게 부분적으로 소개될 수 있었다고 여겨진다. 특히 터키인 상점에 근무하던 한국인 점원 중 일부가 무슬림으로 귀의하기도 했는데, 1932년 터키인 주인의 권유에 따라 개종한 박재성 씨가 일례이다.

박재성은 선린상고 야간을 졸업하고, 당시 최고의 다국적 기업인 튀르크인이 운영하던 알타이 양복점에 점원으로 취직했다. 양복점 주인 압둘 하크 누만(Abdul Haq Nugman)이 자식도 없이 미망인만 남기고 지병으로 사망하자, 박재성은 그해 개종을 결심한 후 그의 부인과 결혼해 남매를 낳았다. 압둘 하크 누만의 사업체를 인수한 그는 튀르크 사회 주류 지도자로서 수완을 발휘했다.

샤밀이란 이름의 무슬림으로 더 잘 알려진 박재성은 해방 이후 혼란스러운 정국에서 사업 전망이 불투명해지자 6·25가 발발하기 전 부인의 조국인 터키로 가족과 함께 이주했다. 그는 2005년까지 이스탄불에서 살다가 93세의 나이로 작고했다.

그는 최초의 한국인 무슬림으로 기록될 만하다. 그의 증언과 기록, 사진들로 수백 명의 러시아 터키 무슬림이 한반도에 분산되어 살았음이 확인되었다. 더욱이 종로와 소공동에 번창하던 양복 문화가 러시아에서 넘어온 터키인에 의해 시작했음을 알려 준다.

오늘날 한국의 이슬람

오늘날 우리나라에도 한국인 무슬림이 많이 살고 있다. 대부분 개종자인 이들은 여러 가지 이유로 기존 종교를 버리고 이슬람을 택했으며, 열악한 여건 속에서도 자기 신앙을 지켜 가고 있다. 한국인 무슬림 숫자는 약 4만 명에 이르며, 모스크는 한국 이슬람교 자료에 따르면 전국에 25개(서울, 부산, 경기 광주, 전주, 대구, 울산, 제주, 안양, 안산 등)가 있다. 외국인 무슬림 노동자들이 몰려오면서 그들만의 예배와 모임 공간인 무살라(Musallah)의 숫자도 전국적으로 150여 개에 달한다. 언제, 어떤 계기로 이슬람이 우리나라에 들어와 종교로 자리 잡았으며, 이 땅에서 이슬람을 택한 사람들은 어떤 배경을 가지고 있을까?

현대 한국의 이슬람은 6·25 전쟁에서 시작된다. 유엔군의 일원으로 참전한 터키군을 통해 처음으로 조직적인 선교가 이루어졌으며, 현재 한국 이슬람 공동체의 바탕이 되었다. 1세대 한국 무슬림 대부분은 터키군 소속 이맘을 통해 이슬람을 배우고 개종한 사람들이다. 두 번째 계기는 아랍 건설 시장에 진출했던 한국인 노동자가 현지에서 이슬람으로 개종한 경우다. 무엇보다 성지 메카에 비무슬림은 들어갈 수 없었기 때문에 공사를 위해서는 노동자나 기능공들이 교육받고 개종하여 무슬림이 되어야 했다. 물론 아랍 현지에서 새로운 종교에 관심을 두고 개종한 사람의 숫자도 적지 않았다. 이들의 숫자는 줄잡아 1만 5천 명이 넘는다. 이들이 한국 이슬람 공동체의 기반이 되었다. 아랍이나 이슬람권과의 비즈니스 과정에서, 또한 이슬람권에서 유학하면서 이슬람을 공부한 후에 개종한 사람들의 숫자도 다수를 차지한다.

한국에서는 1973년 오일 쇼크 이후 아랍 산유국에 관한 관심이 급증했으며, 1976년에는 서울 한남동에 한국 최초의 중앙 모스크가 문을 열었다. 이어 1980년에 리비아의 지원으로 부산 모스크, 1981년 쿠웨이트의 지원으로 경기도 광주 모스크, 1986년 이집트 독지가의 지원으로 전주 모스크가 차례로 문을 열면서 한국에 본격적으로 이슬람 공동체가 형성됐다.

1990년대 말부터는 외국인 무슬림 노동자가 대거 유입돼 정착하면서 결혼을 통한 무슬림 숫자의 증가도 이루어졌다. 현재 귀화한 무슬림과의 결혼을 통해 개종한 숫자가 약 1만 명을 헤아린다. 이렇게 보면 국내에 상주하는 무슬림은 4만 5천 명 정도로 추산된다. 노동자나 유학생, 비즈니스를 위해 일시적으로 거주하는 무슬림을 약 15만 명으로 계산하면, 국내에 대략 20만 명 정도의 무슬림이 살고 있다고 할 수 있다. 인도네시아, 방글라데시, 파키스탄, 우즈베키스탄 출신이 대부분을 차지하는 외국인 무슬림은 국내 거주 전체 외국인의 약 10퍼센트 정도를 차지한다.

끝나지 않은 전쟁

테러와 지하드

지하드(jihad)는 이슬람의 성전(聖戰)이다. 그러나 지하드의 원래 의미는 단순히 성스러운 전쟁을 수행한다는 외적 개념만 있는 것이 아니다. 지하드 개념을 혼동하면서 오히려 왜곡된 의미가 본질을 덮는 현상이 팽배할 정도다. 그러다 보니 오늘날 서구 사회에서 가장 관심을 끌고 오해받고 있는 이슬람의 개념 중 하나가 지하드일 것이다.

이슬람권이나 유럽에서 무슬림과 관련해 빈번하게 일어나고 있는 거의 모든 무력 투쟁과 자살 폭탄 테러를 무조건 지하드라고 부른다. 심지어 같은 이슬람 국가 간의 전쟁에도 지하드를 갖다 붙이는 웃지 못할 촌극이 벌어진다. 극단적 이슬람 과격 세력이 자신들의 주장은 선이고 상대는 악이라는 이분법으로 모든 정치적 행위나 반문명적 범죄 행위까지 버젓이 지하드로 포장하고 있다. 이슬람에서 가르치는 진정한 지하드는 무엇일까? 오늘날 지하드를 어떻게 정의하고 이해해야 할까?

아랍어 지하드의 언어적 의미는 '분투하다, 노력하다, 힘쓰다'이다. 지하드는 사회생활을 함에 있어서 개인의 진지하고 성실한 분투를 의미하며, 사회에서 선을 행하고 부정과 불법, 압제, 악을 제거하기 위한 노력이다. 이러한 노력과 분투는 사회, 경제, 정치 분야에서 올바른 방향으로 정진함을 의미한다.

지하드라는 단어는 꾸란에서도 33번이나 언급된다. 대부분이 폭력보다는 믿음, 참회, 선행, 의무, 윤리와 같은 이슬람의 기본 개념과 함께 사용된다. 이처럼 지하드는 하느님의 목표를 위해 노력하는 자신과의 내적 투쟁이 본질이다. 나아가 지하드는 적들의 부당한 압제로부터 인권과 믿음을 보호하기 위한 정의이며, 적들의 잘못을 변화시키고 올바른 개혁으로 유도하기 위한 비폭력적 양식인 것이다.

그러므로 지하드가 적들에게 무차별적인 폭력을 행사하거나 타인의 의지와 상관없이 강제로 이슬람에 귀의하도록 강요하는 도구가 되어서는 안 된다. 꾸란에도 '종교에는 강제가 없다'^{꾸란 2장 256절}라고 분명히 명시되어 있다.

여기서 이슬람이 다른 세상을 보는 관점도 살펴보자. 이슬람은 세상을 두 개로 나눈다. 'Dar al-Islam', 즉 '이슬람의 세계'와 'Dar al-Harb', 즉 '전쟁의 세계'다. 이슬람의 세계는 평화와 질서가 지켜지는 정의의 사회이고, 전쟁의 세계는 혼란과 인간의 기본 양식이 침해되는 세상이다. 따라서 모든 무슬림은 이슬람의 세상을 만들기 위해 신의 뜻에 따라 최선을 다해 노력해야 한다. 그렇다고 해서 이슬람을 믿지 않는 세상을 모두 공격이나 파괴 대상으로 삼는 것은 아니다. 꾸란의 기본 정신은 자신과 다른 생각, 다른 모습을 가진 이교도라 할지라도 그들의 종교와 문화적 전통을 보호하고 존중하라고 수없이 강조하고 있기 때문이다.

이슬람의 세계를 만들어 가려고 하는 무슬림의 노력이 바로 지하드로 표현된다. 지하드에도 여러 단계가 있고 필요에 따라 '대지하드'와 '소지하드'로 나뉜다. 대지하드는 이슬람을 공격하고 위해를 가하는 세력을 말과 글로써 제압하는 것이다. 중간 지하드는 직접 협상 및 설득과 절충을 통해 상대의 부당성을 제어하는 것이다. 소지하드는 모든 수단이 기능을 멈추었을 때, 자신과 종교를 지키기 위해 폭력에 호소하는 것이다. 폭력은 마지막 수단이고 모든 가능성의 문이 닫혔을 때 사용하는 도구이다. 그런데 오늘날 이슬람 세계의 일부 급진 세력은 이미 서구와의 대화 채널이 닫혔다고 선언하고 최후의 수단인 무력 투쟁만을 일삼으며 지하드라고 강변하는 것이다.

당연히 이런 지하드는 무슬림 일반 대중의 지지를 받지 못한다. 그런데도 그들이 계속 폭력의 힘을 행사하는 것은 미국의 부당한 이슬람 세계 침공과 경제적 수탈, 국제법을 지키지 않는 이스라엘에 대한 무조건적 지지와 지원, 중동 권위주의 독재 정권의 부정과 부패 등이 그들에게 분노의 빌미를 주고 있기 때문이다. 이 점에서 이슬람 급진주의의 배경과 최대 후원자는 미국의 일방적 패권주의와 침략 정책인 셈이다.

정리하면 이슬람에서 전쟁 지하드는 대화, 협상, 조약 등과 같은 평화적 방법이 실패했을 경우만 허용되는 마지막 투쟁 방식이다. 전쟁 지하드의 목적도 인간들을 강제로 개종시키거나 식민 지배, 또는 영토와 부, 자신의 영광을 얻기 위함이 아니라 생명, 재산, 영토, 명예 그리고 자유를 압제자와 불법으로부터 지키기 위함이다. 현재 이슬람 세계가 처해 있는 부당한 현실과 좌절의 응어리, 일상으로 반복되는 가족과 형제들의 희생 등이 원래의 지하드 정신을 닳아 버리고 폭력적 지하드를 조장하는 근본 원인이다.

마지막 수단으로 모든 대지하드의 문이 닫혔을 때, 소지하드인 전쟁이나 무력 투쟁을 행사할 때도 지켜야 할 규범들이 꾸란과 이슬람 율법에 잘 나타나 있다.

너희를 상대하여 싸우는 자에 대하여 하느님의 이름으로 싸우라. 그러나 침략하지 마라. 하느님은 침략자를 사랑하지 않으신다. 꾸란 2장 190절

전쟁 지하드는 첫째 올바른 하느님의 길을 의도적으로 방해하는 장애물을 제거하기 위해, 둘째 적이 먼저 무기를 들고 무슬림을 공격할 때, 셋째 적이 싸움을 중지하면 무슬림도 곧 무기를 놓아야 한다 등의 원칙을 제시하고 있다. 이런 원칙에 따라 이슬람 율법은 더욱 세부적으로 지하드 전쟁 원칙을 천명하고 있다.

첫째, 지하드는 개인이나 단체가 아닌 오직 국가만이 선포할 수 있다.

둘째, 지하드 수행 과정에서 무고한 민간인을 살해해서는 안 된다.

셋째, 지하드 수행 과정에서 어떤 명분으로도 무슬림을 살해해서는 안 된다.

넷째, 무슬림의 권익과 자유로운 종교 생활이 보장되는 나라에 지하드를 선포하고 싸울 수 없다.

그러면 9·11 테러를 통해 오사마 빈 라덴이 미국에 선포한 지하드에는 이슬람 정통 율법으로 어떤 평가를 할 수 있을까? 당연히 위법이고 유죄다. 그는 이슬람에 명시적으로 적대적이지 않고 위해를 가했다는 아무런 증거도 없는 상태에서 무고한 미국 시민을 상대로 9·11 테러를 저질렀다. 따라서 이는 결코 지하드가 될 수 없다. 알카에다가 지하드를 선포할 수 있는 국가가 아닌 일부 극단주의자의 단체에 불과하다는 점도 중요하다. 따라서 오사마 빈 라덴의 지하드와 9·11 테러는 이슬람 율법학자들의 합의인 이즈마(Ijma)를 통해 샤리아, 즉 이슬람법대로 한다면 반이슬람적 행위이고 명백한 유죄인 셈이다. 알카에다가 건전한 이슬람 주류 사회에서 배척당하는 결정적 이유다.

아랍과 유대, 같은 성서의 민족이 왜 원수가 되었나

아랍인과 유대 민족은 같은 성서의 백성이자 같은 셈계 종족으로, 같은 계통의 셈어계 언어를 사용하며 오랜 역사적 유대 관계 속에 살아왔다. 함께 유일신을 믿고 팔레스타인을 중심으로 하는 척박한 땅에서 제한된 생태계를 공유하며 유목과 목축을 주업으로 살아온 오랜 역사와 전통을 가진 민족들이다. 구약과 꾸란에서 두 민족은 아브라함을 공통 조상으로 받들고 있다. 아브라함이 자식이 없어 몸종인 하갈과 혼인하여 이스마일을 낳고 다시 본부인인 사라에게도 태기가 있어 자식을 낳으니 그가 이삭이다. 이삭은 유대 민족의 조상으로 후대에 예수 그리스도를 낳고, 이스마일은 아랍족의 조상으로 그 가문에서 무함마드가 탄생하여 이슬람으로 이어졌다. 이런 역사적 친근 관계가 있는 두 민족이 싸우는 역사는 전혀 다른 무대에서 이루어졌다. 그 무대는 바로 유대 민족을 박해했던 기독교 유럽이었다.

기원전 1천 년경에 유대 민족은 이스라엘 왕국을 이루며 살고 있다가 기원전 7세기에 아시리아에 빼앗겼다. 그러다 또다시 국가를 세우지만, 기원후 1세기에 유대 왕국은 로마에 멸망했다. 이후 1948년, 이스라엘이 독립을 선포하면서 건국할 때까지 2천 년간 유대 민족은 국가 없는 유랑 생활(diaspora)을 해 왔다. 처절한 유랑의 무대는 유럽이었다. 이들은 팔레스타인 지역이 아닌 유럽에서 박해와 고문과 민족적인 차별을 당하면서 살아왔다. 313년에 기독교가 공인된 이래, 적어도 16세기까지 유럽에서 유대인은 악마와 동일시되었다. 기독교 입장에서 유대 민족은 예수 그리스도를 팔아먹은 씻을 수 없는 죄를 지은 저주받은 민족이었다. 종교개혁 시기에 유대인의 위상은 크게 향상돼 악마의 지위에서 탈피했다. 그러나 유럽인의 반유대 감정은 너무나 뿌리 깊어서 16세기 종교개혁의 선봉자였던 마르틴 루터조차 그의 저서 《악마론》 서문에서 '악마를 제외하고 가장 흉측하고 광포한 우리의 적은 유대인이다'라고 서슴지 않고 단언할 정도였다.

어찌 되었든 20세기 초까지 유럽인은 유대인을 악마와 동일시했다. 14세기 유럽에 페스트가 번져 2천만 명 이상이 죽었을 때도 교황청에서는 페스트가 하느님의 저주라면서 악마를 제거하여 하느님의 노여움을 풀어야 한다고 설파했다. 그래서 페스트로 희생된 사람도 많지만, 유대인은 또한 악마라는 이유로 대거 학살당했다. 한때 유럽에서 마녀사냥이 유행했는데, 이 사냥의 1차 희생자도 유대인이었다.

결국 제2차 세계대전 중 유럽인의 유대인에 대한 편견은 히틀러의 유대인 대학살로 이어졌지만, 19세기 말에도 조직적인 유대인 제거 음모가 도사리고 있었다. 1880년경에 러시아 황제가 페테르스부르크에서 어떤 청년이 던진 폭탄에 맞아 폭사한 일이 있었다. 암살범은 현장에서 잡혔는데, 조사 결과 할례 의식을 치렀던 유대인이었다. 유럽 사람들은 이를 러시아 황제를 무너뜨리기 위한 유대인의 음모로 몰아갔고, 다음 해인 1881년 5월법을 비밀리에 제정해 러시아에 있는 수백만의 유대인을 삼등분해서 제거할 정책을 세웠다. 그 결과 수많은 유대인이 학살당하거나 체포, 구금당했고, 또 수많은 유대인이 오스트리아, 독일, 헝가리, 불가리아, 체코 등 동유럽으로 대량 이주했다.

1894년 프랑스에서 일어난 드레퓌스 대위 사건도 유대인 편견과 관련한 파문이었다. 프랑스에 있는 독일 대사관으로 프랑스의 고급 군사 기밀이 유출되는 사건이 발생했다. 프랑스 정부는 그 문건을 프랑스 고위 장교가 넘겨주었을 것으로 판단했고, 문건의 암호명을 드레퓌스 대위의 것이라고 단정하여 그를 범인으로 몰았다. 결국 드레퓌스 대위는 종신형을 선고받고 악마섬에 유배당했다. 그가 유대인이며 더러운 악마의 피가 흐른다는 이유였다. 당시 에밀 졸라를 비롯해 아나톨 프랑스, 앙리 푸앵카레, 장 조레스 등 진보적인 지식인들은 아무리 유대인이더라도 그렇게 사건을 꿰맞추는 것은 프랑스 지성에 대한 모독이라며 강력하게 항의하고 정부를 비판했다. 사회적인 파장이 확산되자 프랑스군 당국은 재수사하여 에스테라지 소령을 진범으로 밝혀내고 사건은 일단락되었다. 드레퓌스 대위는 우여곡절 끝에 겨우 풀려날 수 있었다.

이러한 일련의 상황들이 유대인을 자극했고, 그 결과 1897년 스위스 바젤에 전 세계 유대인이 모여 제1회 세계유대인대회를 열고 비밀 강령을 채택했다. 팔레스타인에 유대 국가를 창설하는 데 온 유대인이 협력한다는 내용이었다. 그러나 반유대주의가 팽배한 당시 유럽 정서에 팔레스타인에 유대 국가를 세우기란 상상하기 힘든 모험이었다. 이때 제1차 세계대전이 유대인에게 예기치 않은 좋은 기회를 제공했다.

제1차 세계대전 중에 영국은 독일에 대항하기 위해 오스만 제국 식민 치하의 아랍인을 끌어들였다. 영국과 함께 오스만 제국에 맞서 싸우는 대가로 팔레스타인을 포함한 아랍 지역에 독립을 보장해 주었던 것이다. 1915년 12월, 후세인-맥마흔 서한(Hussein-McMahon Correspondence)으로 알려진 비밀 협상이 그것이다. 아랍과 오스만 튀르크는 같은 이슬람 형제로서 이미 지하드(성전)를 선포한 상태였다. 따라서 이슬람 사회의 비난과 종교적 율법을 어긴다는 엄청난 심리적 저항에도 독립이라는 현실 정치를 택한 것이다.

아랍과의 비밀 협상에 따라 영국은 (아라비아의) 로렌스 대령을 급파해 대오스만 공격을 진두지휘했다. 오스만 제국의 전략적 요새인 아카바를 함락함으로써 남부 전선에서 연합국은 겨우 승기를 잡을 수 있었다. 한편 미국의 참전 유도와 독일 내부의 혼란을 조장하고 정보 탐지, 측면 공격을 위해 유대인의 지원을 필요로 했다. 이에 영국 외상 밸푸어는 1917년 영국의 은행 재벌 로스차일드와 비밀리에 회동, 소위 밸푸어 선언(Balfour Declaration)이라는 비밀 조약을 체결했다. 이 조약에서 유대인의 전쟁 참여를 대가로 영국은 팔레스타인에 유대 민족 국가 창설을 약속했다.

그런데 더욱 놀라운 사실은 영국과 프랑스는 전쟁이 한참 진행 중이었던 1916년 5월 16일, 아랍과 유대인과 맺은 두 비밀 조약 사이에 또 다른 비밀 조약을 체결했다는 것이다. 영국 대표 사이크스와 프랑스 대표 피코 사이에 비밀리에 체결된 사이크스-피코 협정 (Sykes-Picot Agreement)의 골자는 전후 중동 지역의 분할에 관한 것이었다. 이 비밀 협정에 따르면, 프랑스는 시리아의 해안 지대와 그 북부, 영국은 팔레스타인과 바그다드를 점령하기로 했다.

다시 말해 팔레스타인이라는 한 지역에 아랍인에게는 아랍 국가의 독립을, 유대인에게는 유대 민족 국가의 창설을 약속해 주고, 실상은 영국과 프랑스가 이미 그곳을 점령하기로 합의한 것이다. 이처럼 상호 모순된 삼중의 비밀 조약과 강대국의 비도덕적 정치 음모가 오늘날 팔레스타인 분쟁의 불씨를 지핀 근원적인 배경이다. 그들이 저질러 놓은 비도덕적이고 무책임한 영토 분할 구상으로 지금 두 민족이 역사적으로 도저히 화해할 수 없는 엄청난 희생과 보복의 악순환을 거듭하고 있다. 그리고 당사자인 영국과 프랑스, 미국은 평화의 화신임을 가장하며 인류의 공존과 평화를 들먹이고 있다.

제1차 세계대전은 연합국의 승리로 끝났다. 전후 처리를 위한 국제회의가 1919년 파리에서 개최됐다. 윌슨 미국 대통령이 민족 자결주의 원칙을 제창한 이 회의에서 서로 모순되는 두 개의 안이 동시에 채택됐다. 즉 민족 자결주의의 원칙을 받아들이는 동시에 밸푸어 선언의 이행을 위해 국제 사회가 노력한다는 조항도 있었다. 민족 자결주의 원칙에 의하면, 팔레스타인 땅에서 2천여 년간 주인으로 살아온 아랍인에게 국가 건설의 자결권이 주어지는 것이 당연하다. 따라서 유대인은 당연히 민족 자결주의 원칙에 반대했다. 국제 사회의 여론이 유대 국가 창설에 불리하게 돌아가자 영국은 유대인의 지지를 얻어 1920년 산레모 회의에서 영국의 팔레스타인 위임 통치안을 통과시켰다. 1922년에는 국제연맹에서 이를 추인받았다.

영국에 배반당한 것을 안 아랍인은 끈질긴 국가 독립운동과 격렬한 반영(反英) 투쟁을 시작했다. 흔히 1920년에서 1940년에 이르는 일련의 피나는 투쟁의 시기를 '아랍의 분노 시대'라 한다. 이즈음 팔레스타인 지역에 동구와 유럽에서의 유대인 이민이 늘어나자 자연히 토착 아랍인과 이주 유대인 간 갈등과 대립이 증폭했다. 1920년 1만 6,500명이 이주한 것을 시작으로 팔레스타인에서의 인구 불균형과 사회 질서 파괴는 점차 심각한 양상을 띠었다. 더욱이 1933년 이후 독일에 나치 정권이 들어서고, 유대인에 대한 박해가 가중되자 유대인 불법 이민이 급증했다. 1936년에는 팔레스타인 지역 유대인 이주민 비율이 8%에서 30%로 급증하면서 생존 공간을 빼앗긴 현지 아랍인과의 갈등은 극에 달한다.

이때부터 두 민족 간의 대결 양상은 점차 복수전의 성격을 띠면서 처절한 피의 악순환을 되풀이했다. 영국 당국은 민족 분규에 효과적으로 대처하지 못하고 방관자적 입장을 취하는 기색이었다. 1937년에는 아랍인의 대규모 폭동이 일어났고, 1939년에는 유대인 불법 이민에 대한 행정력을 상실할 상태에 직면했다. 그러자 영국은 유대인의 이민을 제한하는 백서를 발표하기에 이르렀다. 이러한 혼란은 제2차 세계대전으로 전 세계가 전쟁에 휘말리자 소강 국면에 들어서 잠시 망각됐다. 비열하게도 영국은 1939년 전쟁에서 아랍계의 지원을 얻기 위해 '유대 독립 국가 건설'을 유보한다는 입장을 표명한다.

이스라엘의 탄생과 고토 회복 전쟁 그리고 반미

1947년 11월 29일, 유엔 총회장은 팔레스타인 아랍인의 운명을 결정하는 역사적 순간을 맞았다. 그날 팔레스타인 지역을 분리해 아랍과 유대, 두 개의 독립 국가로 분할하자는 안이 통과되었다. 찬성 33표, 반대 13표였다. 당초 아랍인이 중심이 되는 팔레스타인 연방안이 우세했으나 미국의 집요한 제3 세계 회유 작전으로 결국 연방안 대신 분할안이 통과되었다. 그 내용은 당시 인구가 아랍인의 3분의 1에 불과하고, 전체 면적의 7퍼센트만을 소유하고 있던 유대인에게 팔레스타인 전역의 56퍼센트를 분할한다는 것이었다. 특히 지역 생계 기반인 올리브 농장과 곡창 지대의 80퍼센트, 아랍인 공장의 40퍼센트가 유대인에게 배정되었다. 경작 가능한 대부분의 비옥한 땅은 유대인 차지가 되었다. 팔레스타인 사람들의 분노와 좌절은 극에 달했다. 2천 년 동안 그 땅의 주인으로 살아온 아랍인에게는 이주해 온 유대인을 받아들이라는 연방안 자체도 수용하기 힘든 상황이었으며, 더구나 분할안은 불공정한 결의안이었다. 유대인 입장을 보호해 준 미국의 유엔 결의안 주도가 후일 반미의 기점이 되었다. 역설적이게도 1947년 그날, 아랍인의 운명을 결정짓는 유엔 표결 현장에 영국은 없었다. 이 표결에서 영국은 기권을 택했다.

유엔으로부터 국가 창설을 인정받은 유대인은 영국과 미국의 지원으로 구체적인 건국 작업에 착수했다. 그러나 그 땅의 주인으로 살고 있는 토착 아랍인의 저항이 워낙 완강하여 크게 차질을 빚었다. 이때 유명한 유대 테러 조직이 맹활약한 치욕적인 데일 야신촌 학살 사건이 벌어졌다.

유대 지하 테러 조직인 이르군은 1948년 4월 9일, 예루살렘 서쪽의 조그만 마을인 데일 야신촌을 야밤에 습격하여 254명의 주민을 잔인하게 무차별 살해하는 만행을 저질렀다. 전 이스라엘 수상인 메나헴 베긴이 진두지휘한 이 사건은 문명 세계에 커다란 충격을 안겨 주었다. 제2의 나치 학살 사건으로 불릴 정도였다. 이러한 기습 만행은 여러 곳에서 동시다발적으로 자행되었으며, 비무장의 아랍 주민들에게 극도의 공포감을 심어 주었다. 불과 1달여 만에 100만 가까운 아랍인이 서둘러 인근 국가로 도피하면서 소위 팔레스타인 난민 문제가 생겨났다.

이로부터 한 달쯤 지난 1948년 5월 14일, 유대인은 아랍인을 몰아낸 곳에 이스라엘 국가를 건국했다. 아랍 국가와 제3 세계의 반대 속에 미국의 전폭적인 지원을 받아 아랍인의 심장부에 유대 국가를 건설한 것이다. 이스라엘에게는 2천 년 만에 탄생한 위대한 국가였겠지만, 팔레스타인 아랍인에게는 불운과 재앙의 날이었다. 그들은 이날을 '알나크바(대재앙)'의 날로 기념한다.

세계는 2천 년 유랑 생활을 마무리하고 역경을 딛고 일어선 유대인의 승리에 동정과 축하의 눈길을 보냈다. 바로 그날 자신의 고향에서 쫓겨난 수백만 명의 팔레스타인 아랍인은 조국 탈환을 다짐하고 또 다짐하며 분노했다. 그동안 유대인은 팔레스타인 땅이 아닌 유럽에서 온갖 민족적 차별과 종교적 박해를 감수하면서 굳건하게 터전을 다졌다. 유대인 박해와 나치 학살로 이어지는 유대인 말살 정책은 유럽인의 죄과였다. 왜 유럽인이 희생시켰던 유대인에 대한 책임을 아무런 역사적 인과가 없는 아랍인에게 전가해야 하나? 팔레스타인 지역의 비극은 이렇게 시작됐다. 힘없는 팔레스타인 아랍인은 오히려 자신들이 난민이 되어 떠돌아다니는 신세가 되었다. 오직 한 가지 고향에 돌아가는 꿈을 꾸면서. 그러나 그 꿈은 산산이 조각났다.

이집트를 중심으로 한 아랍 국가들의 즉각적인 저항은 전쟁으로 이어졌다. 1948년에 제1차 중동 전쟁이 일어났고, 1956년에는 아랍 민족주의를 표방한 이집트 대통령 나세르의 지도 아래 제2차 중동 전쟁이 벌어졌다. 결과는 모두 비참한 패배였다. 빼앗긴 조국을 되찾기 위해 1964년에는 아랍 연맹의 지원으로 야세르 아라파트가 지휘하는 팔레스타인 해방 기구(PLO)가 탄생했다. 그러나 곧이어 소위 '6일 전쟁'으로 알려진 1967년 제3차 중동 전쟁으로 고토 회복은 커녕, 기존 아랍 영토까지 이스라엘에 점령당했다. 지중해 지역의 가자 지구, 요르단강 서안, 시리아 골란고원, 이집트 시나이반도 등이 그곳이다. 유엔은 안보리 결의안 242호, 338호 등을 통해 점령지의 즉각적인 반환을 촉구했지만, 그 결의안은 반세기가 훨씬 지난 지금까지도 지켜지지 않고 있다. 미국이 거부권 행사를 남발하면서 이스라엘을 일방적으로 비호했기 때문이다.

좌절한 팔레스타인 극단주의 저항 세력들은 결국 '검은 9월단'이라는 게릴라 조직을 결성하고, 1972년 뮌헨 올림픽 기간 중 이스라엘 선수의 숙소를 테러 공격해 선수들을 살해했다. 이 사건은 세계를 경악시켰고, 팔레스타인 저항 운동에 부정적 이미지를 심는 결정적 계기가 되었다. 1973년 석유 무기화 조치로 제1차 오일 쇼크로 이어진 제4차 중동 전쟁에서는 처음으로 이슬람 진영에서 승리를 거두었다. 이때부터는 무모한 무력 투쟁보다 현실적인 협상이 병행됐다. 그 결과 1978년 미국 지미 카터 대통령이 중재한 캠프 데이비드 협상을 통해 전쟁 당사자인 이집트와 이스라엘이 평화 협정을 체결하고, 양국 사이에 외교 관계와 불가침 조약이 이루어지고 시나이반도를 이집트에 양도했다. 사다트 이집트 대통령, 메나헴 베긴 이스라엘 총리는 그해 공동으로 노벨 평화상을 받았다.

그러나 정작 팔레스타인의 평화는 멀어만 보였다. 1982년 9월에는 이스라엘이 레바논 남부를 침공해서 팔레스타인 난민촌 사브라-샤틸라 학살 사건을 저질러 세상을 놀라게 했다. 1987년부터는 소위 돌멩이로 이스라엘 탱크에 맞서는 비폭력 평화 시위인 인티파다(Intifada, 민중 봉기)가 시작되었다. 곧이어 가자 지구를 사실상 통치하는 저항 조직 하마스(Hamas)가 셰이크 아흐마드 야신의 지도로 탄생했다. 그리고 1988년 11월에 팔레스타인은 독립 국가를 선포한다. 미국과 이스라엘이 강하게 반대하고 있어 아직은 갈 길이 멀지만, 빼앗긴 보금자리로 돌아가고자 하는 아랍인의 투쟁은 오늘도 계속되고 있다.

친이스라엘 정책과 인류의 보편적 요구 사이 미국의 과오

이스라엘이 건국한 지 70년이 지났다. 이미 이스라엘이 핵을 가진 강대국으로 발돋움한 현실에서 팔레스타인이 조국을 되찾는 것은 불가능해졌다. 그래서 국제 사회가 중재하여 이스라엘이 불법으로 점령한 땅에 팔레스타인 자치 국가를 수립해 주자는 데 의견을 모았다. 대신 팔레스타인은 헌법을 바꿔 이스라엘 탈환을 포기하고 국가로 인정해 주기로 했다. 지난 70년간 조국 되찾기에 헌신했던 많은 강경 세력들이 반대했다. 그러나 대부분의 아랍인은 걸프전 이후 이스라엘의 실체와 미국 주도의 새로운 국제 질서를 현실로 인정하고 중동 분쟁을 종식하고자 하는 평화 회담을 수용했다.

아랍과 유대, 두 민족의 이해가 상이하고, 특히 영토의 요구와 안

보의 위협이라는 상반된 딜레마 속에서 불가능해 보이던 협상은 진전을 계속했다. 힘든 양보와 아슬아슬한 타협으로 두 민족은 가능성을 보였다. 그 결과 아랍-이스라엘 두 정치 실체가 상호 인정과 공존이라는 원칙에 따라, 1967년 이후 이스라엘이 점령하고 있던 아랍 영토를 당사국에 반환함과 동시에 그곳 일부에 팔레스타인 독립 국가를 건설한다는 합의를 유엔을 주축으로 한 국제 사회가 도출해 냈다.

현실 정치를 받아들인 대다수 온건 아랍인이 선택한 길이 옳았다. 그 길은 전쟁에 지친 그들이 선택할 수 있는 마지막 양보이자 생존 게임이었다. 그것이 1993년 오슬로 평화 협정(Oslo Accord)이다. 이른바 '땅과 평화의 교환'이었다. 국제 사회는 모처럼의 화해와 공존의 합의에 박수를 보냈고, 당사자들은 노벨 평화상을 수상했다. 나아가 이스라엘은 요르단과의 평화 협정을 체결하고 시리아와의 관계를 개선하는 등 중동 지역에는 어느 때보다 평화의 분위기가 고조되고 있었다.

그러나 평화 협정 이행 과정에서 일부 팔레스타인 반대 세력들의 테러가 일어났다. 그러자 이스라엘 강경 리쿠드 정권은 자국 안보를 들어 평화 협정 자체를 무력화시켰다. 나아가 팔레스타인 지역에 유대인 정착촌을 건설해 자국 영토화하고, 군대를 동원해 무차별로 반대 지역 민간인을 학살함으로써 팔레스타인의 마지막 꿈을 무산시켰다. 이 과정에서 미국 부시 정권은 이스라엘의 미사일과 팬텀기를 동원한 민간인 마을 폭격을 지원하거나 수수방관했다. 평화 중재자 역할을 포기한 듯이 보였다. 더 나아가 조직적인 요인 표적 암살

계획에 따라 팔레스타인의 하마스 인민해방전선 지도자들을 포함한 반이스라엘 인사들이 차례로 사살당하는 사건이 발생했다. 더욱이 시온주의를 인종 차별 이념으로 채택하고자 하는 국제 사회의 열의를 무시하고, 미국은 2001년 남아공 더반에서 열린 인종 회의에 불참하여 이슬람권에 극도의 불신감과 배신감을 심어 주었다.

2001년 9·11 테러 이후 미국이 '대테러 전쟁'이라는 명분으로 이슬람권과의 전쟁을 계속해 나가는 사이 이스라엘의 가자 지구 침략과 공세는 더욱 가혹해졌다. 1982년 사브라-샤틸라 학살의 책임자였던 아리엘 샤론이 이스라엘 총리가 되면서 이스라엘과 팔레스타인 사이 긴장과 충돌이 격화됐다. 이후 이스라엘 정치 지도는 베냐민 네타냐후 총리에 이르기까지 줄곧 극우파가 득세하면서 가자 지구에 대한 공세 강화와 함께 점령지에서의 유대인 불법 정착촌 건설이 대규모로 강행됐다. 2016년 12월 23일 유엔 안보리는 미국이 거부권을 행사하지 않으면서 이스라엘에 정착촌 건설 중단 결의안을 통과시켰지만, 이스라엘의 입장은 조금도 변하지 않고 있다.

이러한 국제 사회의 요구를 무시하는 이스라엘의 강경 정책은 2017년 미국의 트럼프 대통령 체제가 들어서면서 더욱 힘을 얻었다. 트럼프 행정부는 예루살렘을 이스라엘의 공식 수도로 인정한다는 선언을 했고, 2018년 5월 14일 이스라엘 독립 70주년을 맞아 예루살렘에 미국 대사관을 열었다. 대한민국을 포함한 모든 외국 대사관은 국제법에 따라 이스라엘 수도인 텔아비브에 공관을 설치하고 있다. 예루살렘은 국제법에서 세 종교의 공동 성지로 국제 관리하에 두게 되어 있기 때문이다. 이어서 트럼프 대통령은 2019년 3월 25일 국제 법상 시리아에 반환해야 하는 시리아 남서부 골란고원에 대한 이스라엘 영토 주권을 인정하는 선언문에 서명했다.

이런 오랜 음모가 수면 위에 드러난 사태가 2020년 1월 28일 트럼프 대통령이 전격 제안한 이스라엘과 팔레스타인 평화를 위한 소위 '세기의 협상' 발표다. 두 나라의 평화로운 공존과 팔레스타인의 미래를 위한 마지막 기회라는 미국의 일방적 선언과는 달리 팔레스타인에서 즉각 반대에 나섰고, 22개국으로 구성된 아랍 연맹과 이슬람 국가 57개국 연합체인 이슬람협력기구조차 맹비난하면서 세기의 협상은 출발부터 암초에 걸렸다. 한마디로 '친이스라엘 반팔레스타인' 구도가 너무나 확연하고 협상 내용의 핵심은 '자존심과 돈의 교환'이기 때문이다.

트럼프의 사위 재러드 쿠슈너가 구상한 평화안의 핵심은 1967년 제3차 중동 전쟁으로 불법 점령하고 있는 땅에 수백 개의 정착촌을 지어 사는 이스라엘인 약 75만 명의 실효적 지배를 인정하고, 이 영토의 관할권을 이스라엘이 가지며, 예루살렘을 완전한 이스라엘의 수도로 삼는 것이다. 대신 조각난 미래 팔레스타인 독립국에는 장기간에 걸쳐 약 500억 달러(약 60조)를 투자해 경제적 부흥을 돕는다는 것이다. 트럼프의 표현대로 하자면 '매일 여기저기 돈 꾸러 다니는 구걸 행각 그만하고 국가답게 제대로 살게 해 주겠다'라는 것이다.

얼핏 매우 현실적이고 협상가로서 트럼프의 주특기가 돋보이는 창의적인 방안처럼 보인다. 최대 재정 지원국이었던 형제의 나라 사우디아라비아가 이스라엘과 협력하면서 트럼프 행정부를 지지하고, 아랍의 대의만 외치는 주변 국가들은 자기 앞가림하기에도 벅찬 현실이다. 팔레스타인 나라 살림은 거덜 났고 공무원 월급조차 제대로 못 주는 데다 대중의 정부 불신과 불만도 극에 달해 있다. 이런 상황에서 트럼프가 던진 제안은 시기적으로도 절묘하다.

이런 시기에 팔레스타인 내부에서는 어차피 독자적으로 나라 살림을 이끌어 갈 수 없고, 자기 목줄을 죄고 있는 이스라엘이나 미국 등이 비협조적인 상황에서 기약 없는 소모적 투쟁보다는 효율적인 협상을 통해 실리를 극대화하자는 논의도 일어나고 있다. 팔레스타인이 미국이나 트럼프 협상 스타일을 너무 모른다는 탄식도 흘러나온다. 그러나 이런 목소리는 절대다수 팔레스타인 여론에 쉽게 묻혀버린다. 돈을 위해 그동안 지켜 온 정의와 존재 가치, 자존심을 팔아버릴 수는 없다는 단단함이다.

트럼프의 제안은 인류 사회가 지금까지 지켜 온 보편적 원칙을 송두리째 무너뜨리는 독약 처방이다. 이스라엘이 불법 점령하고 유대인 정착촌을 짓고 있는 땅은 이웃 아랍 국가에게 되돌려 주어야 한다. 이 절대 명제는 수많은 유엔 안보리 결의안을 통해 확인된 국제적 합의 사항이다. 더구나 예루살렘은 팔레스타인 역시 포기할 수 없는 명시적 수도다. 그래서 국제 사회는 세 종교의 공동 성지인 예루살렘을 국제적 관리에 두면서 분쟁 대신 화해와 공존을 권고해 왔다. 사실상 예루살렘은 1967년 불법 점령 직전까지 1,330년 동안 팔레스타인의 도시였다. 더욱이 이스라엘과 팔레스타인 양국 수뇌부는 노벨 평화상을 공동 수상하면서 1993년 오슬로에서 '땅과 평화의 교환'을 통해 점령지에 팔레스타인 국가 창설을 합의한 바 있다. 이 합의마저 깨어지면서 중동 평화 문제는 다시 원점으로 되돌아갔다.

공존과 평화를 위하여

이 시점에서 중요한 것은 원론이지만, 두 당사자 모두가 과거의 불행한 대립을 청산하고 현실을 인정하는 바탕 위에 공동 운명체적인 틀을 가꾸어야 한다는 것이다. 이를 위해서는 상호 실체 인정-외교 관계 수립-상호 불가침 선언-점령지 반환-반환된 영토에 팔레스타인 난민 귀환-팔레스타인 국가 건설 등과 같은 합의한 절차를 밟아 가야 할 것이다. 그 일환으로 이집트와 이스라엘은 1979년 캠프 데이비드 협정으로 관계 정상화를 함과 동시에 시나이반도를 돌려받았다. 이런 선례를 토대로 1993년 이스라엘과 팔레스타인 해방기구가 상호 실체를 인정하고 점령지 일부인 요르단강 서안 지구에 팔레스타인 자치 정부를 수립하는 데 합의했다. 1993년 국제 사회가 힘들게 합의한 '중동 평화 로드맵'을 지키고 오슬로 정신으로 되돌아가야 한다

　팔레스타인 문제의 갈등과 비극은 1897년 스위스 바젤에서 시작됐다. 그해 8월 29일 제1차 세계시온주의자 대회가 바젤에서 열렸고, 테오도어 헤르츨이 주도해 팔레스타인에 유대 국가를 창설한다는 비밀 강령을 채택했기 때문이다. 19세기 말 망령처럼 확산되는 유럽의 반유대주의 물결 속에서 공동체 절멸 위기를 이겨 내고 홀로코

스트라는 인류의 비극을 온몸으로 감내한 유대인의 생존 노력은 그 자체로 존중받고 지지받아야 한다. 그런데 왜 2천 년 동안 평화롭게 살고 있던 팔레스타인 땅이 유럽에서 유럽인에 의해 박해받았던 유대인의 영토가 되어야 했나. 강대국의 책임 회피이자 역사의 후퇴다. 이제 이스라엘의 생존이 보장됐다면 그들로 인해 나라를 잃고 고통에 빠진 팔레스타인의 생존을 보장하는 것이 인류 사회의 또 다른 책무다. 1인당 3만 불 소득의 군사 강국 이스라엘이 당장 먹을 것이 없는 땅 주인 팔레스타인인의 생존을 겁박하는 것보다는 이웃으로 끌어안는 공영의 삶을 택해야 한다. 그래야 팔레스타인의 극단적 저항도 그만큼 줄어들 것이다. 결자해지에 이스라엘 극우 정권이 아니라 이스라엘 시민이 나서야 할 때다.

세계 최대의 유랑 민족 쿠르드족의 비애

쿠르드족은 이라크 북부 유전 지대와 터키 동남부 티그리스강 상류를 포괄하는 쿠르디스탄에 사는 세계 최대의 나라 없는 유랑 민족이다. 인종적으로는 이란계 백인이고, 언어적으로는 페르시아어에 가장 근접한 인도-유럽어족에 속한다.

역사 시대 이후 수많은 왕조의 지배를 경험하면서도 수천 년간 언어, 문자, 종교, 민족이라는 문화적 일체감을 유지해 온 저력 있는 민족이다. 그런데도 서구 강대국과 이웃 다섯 개 국가의 가혹한 박해와 철저한 동화 정책의 희생양이 된 불행한 민족이다. 그들은 7세기부터 이슬람을 받아들여 현재는 95퍼센트 이상이 수니파에 속하며, 목축과 산간 경작을 중심으로 반유목적 생활을 영위하면서 일부는 대도시 중심으로 터전을 잡았다.

쿠르드족의 숫자는 줄잡아 3,500만 명에 달한다. 그중 절반인 1,600만여 명이 터키, 4분의 1 정도가 이란, 4분의 1 정도가 이라크와 시리아, 120만 명 정도가 유럽, 나머지가 세계 곳곳에 흩어져 살아간다. 이들의 존재가 국제 여론의 초점이 된 것은 지난 1991년 걸프 전쟁 때이다. 이라크 정부군이 반군 쿠르드족에 무자비한 화학 무기 공격을 퍼부어 수만의 인명이 살상되고 수십만 명의 쿠르드 난민이 발생했다. 그리고 2019년 12월, 시리아 쿠르드 민병대(YPG)가 테러 조직 ISIL을 궤멸하고서도 미국에 배신당하는 외신을 접하면서 쿠르드에 대한 동정이 다시 일었다. 그러나 과거에도 그랬듯이 서구 사회의 이익과 직접적인 관계를 갖지 못했던 쿠르드 민족 문제는 다시 소외와 외면의 긴 늪으로 빠졌고, 터키나 이란, 시리아 등지에서 쿠르드족은 민족 정체성 상실과 동화라는 힘든 적과 싸우면서 생존의 몸부림을 치고 있다.

불운의 역사
중동의 중요한 민족이었던 쿠르드족은 7세기 이슬람교가 출현하자 주변의 다른 민족과 함께 이슬람을 받아들였다. 그들은 이슬람 제국 내에서 고위 관료나 군사령관으로 진출했고, 평등을 강조하는 이슬람 체제 내에서 특별한 차별 없이 능력을 발휘해 왔다. 역사에 잘 알려진 십자군 전쟁의 영웅 살라딘이 대표적인 쿠르드족이다.

쿠르디스탄을 중심으로 거주하던 쿠르드족은 16세기 오스만 제국 시대에 사파비 왕조와의 전쟁으로 영토가 둘로 쪼개지는 첫 번째 대규모 분리를 경험했다. 이로써 전체 쿠르드족의 75퍼센트 정도가 오스만 제국에 복속됐으며, 준자치 상태로 19세기 말까지 존속했다.

오스만 제국의 영토에서 분리된 쿠르드족의 독립 국가 건설 문제는 20세기에 와서 불거진 것이다. 쿠르드족 지식인과 지도자들은 유럽의 정치적, 사회적 변화를 지켜보면서 식민지로서가 아닌 그들만의 영토에서 자치권을 누리려는 열망을 품었다. 쿠르드족 지도자들은 오스만 제국과 페르시아가 자신들의 발전을 저해하고 있다고 인식하고, 점차 쿠르드 민족주의의 미래를 구체화하기 시작했다. 그 기회는 제1차 세계대전 이후 찾아왔다.

독일이 주도하는 동맹국 편에 섰던 오스만 튀르크 제국이 제1차 세계대전에서 패하자 1920년 8월 10일, 연합국과 터키 정부가 체결한 세브르 조약은 우드로 윌슨 미국 대통령이 주창한 민족 자결주의 원칙에 따라 쿠르드족의 지역 자치를 허용했다. 세브르 조약 제64조는 쿠르드족이 원한다면 조약 발효 1년 이내에 완전한 자치권을 터키 공화국 내에서 부여받을 수 있다는 내용을 명시하고 있다.

그러나 1919~1923년 터키 독립 전쟁과 1922년 그리스와의 전쟁에서 승리하며 터키가 국력을 회복하자, 1923년 연합국과 새로 체결한 로잔 조약에서는 대부분의 쿠르디스탄 지역을 터키 영토로 규정하고, 쿠르드족의 독립 국가 건설과 지위 문제는 완전히 무시되기에 이르렀다. 당시 영국은 산유지인 쿠르디스탄의 모술 지역을 영국 식민지인 이라크에 편입함으로써 좀 더 많은 석유를 안정적으로 확보할 수 있다는 계산 아래 세브르 조약을 철회했다.

1920년 쿠르드 자치와 독립 허용부터 1923년 자치 불가 결정까지 3년간 계속된 숨 막히는 밀실 비밀 협상의 일차 희생자는 쿠르드족이었다. 쿠르드족은 아랍이나 서방 세계에 강력한 지지 세력을 갖지 못했고, 로잔 조약의 인위적 영토 구획으로 쿠르디스탄이 5개국으로 분할되면서 터키, 이란, 이라크, 시리아, 아르메니아 등지에서 극심한 고통과 민족 말살 정책에 직면했다. 그들의 역사는 특히 20세기에 들어 서구와 지배 국가가 엮어내는 좌절과 배신의 시나리오 속에서 생존을 위한 몸부림으로 점철된 것이다. 그리하여 신생국의 독립과 주권 부여라는 화려한 잔치의 그늘에서 인류 세계가 쿠르드족에 가한 가해와 침묵은 문명에 대한 치욕으로 설명될 수밖에 없다.

국가별 쿠르드 상황

1923년 터키 공화국이 창설되면서 세속주의에 바탕을 둔 무스타파 케말 정부는 1924년 초 쿠르드어의 교육과 사용을 엄격히 금지했다. 언어의 사용 외에도 쿠르드어로 된 저술, 출판, 방송 등을 철저히 봉쇄했고, 정당과 모임에 관련된 터키 헌법 89항은 터키 영토 내에서 어떤 소수 민족도 존재할 수 없다는 내용을 명시하고 있다. 터키 정부는 1925년, 1930년, 1935년에 발생한 쿠르드족의 반란을 진압하면서 모든 권리를 박탈하고, 쿠르드족의 인종적 정체성을 인정하지 않는 차원에서 '산악 터키인'이라는 명칭을 부여했다. 또한 생활 기반을 변화시키기 위해 수십만 명의 쿠르드인을 중앙 및 서부 아나톨리아 지역으로 강제 이주시키기도 했다.

1925~1965년 사이에 쿠르디스탄은 외국인이 접근할 수 없는 군사 지역이기도 했다. 1960~1980년에는 정치적 자유주의의 흐름 속에서도 터키 전체 인구의 20퍼센트 정도를 차지하는 쿠르드족 문제는 공개적으로 다뤄지지 않았다. 터키 내 쿠르드족의 무력 투쟁은 극심한 경제적 차별과 지역 인프라의 낙후, 문화와 종족 정체성 확보라는 기본권 요구에서 비롯되었다.

터키 내 쿠르드 무력 투쟁은 1978년 설립된 쿠르드 노동당(PKK)이 주도하고 있는데, 1984년부터 터키 군경을 무차별적으로 공격해 4만 명 이상의 희생자를 발생시켰다. 유럽연합과 유엔 등에서 테러 단체로 지목된 PKK는 1999년 지도자 압둘라 외잘란이 체포돼 사형 선고를 받았다가 종신형으로 감형된 이후 잠시 소강상태를 보였다. 최근 다시 쿠르드의 자치와 독립을 요구하며 이라크 북부를 근거지로 무장 투쟁을 계속하고 있다. 터키군 당국과 PKK 사이에 벌어진 무력 충돌로 터키 동남부 쿠르드 마을은 거의 초토화됐으며, 지금도 군사적 계엄 상태에서 불안한 일상을 이어 가고 있다. 그사이 약 3천 개 이상의 쿠르드 마을이 지도에서 사라졌으며, 약 40만 명에 달하는 쿠르드 인구가 다른 지역으로 이주했다.

터키 쿠르드족의 상황은 2000년대 이후가 되어서야 조금이나

마 나아졌다. 터키의 유럽연합 가입을 계기로 소수 민족 보호 요청에 따라 쿠르드족의 문화적 자치와 기본권에 대한 인식이 급속히 향상되기 시작했다. 터키 정부는 쿠르드인에게 처음으로 자국 말을 쓸 수 있는 자유를 주었고, 쿠르드어 신문과 잡지를 발행하도록 허가했다. 정치적으로도 쿠르드 정당을 구성해 인구 비례에 따라 의회 진출의 길도 열어놓았다. 지난 2011년 6월 실시된 터키 총선에서는 28명의 쿠르드인 국회의원이 당선되어 쿠르드 정당인 평화민주당(BDP)을 중심으로 자치권 확대를 위해 정치적 투쟁을 하고 있다. 하지만 곧 해산당하고 2015년 총선에서는 인민민주당(HDP) 이름으로 약 13퍼센트를 득표하면서 원내 교섭 단체로 국회에 재입성했다. 한때 터키 집권당(AKP)과 연정하여 두 개의 장관 자리를 차지하는 등 일시 밀월 관계를 맺기도 했다. 그러다가 2016년 터키에서 발생한 쿠데타 계엄 정국에서 HDP는 PKK와의 연계, 지원 등을 이유로 소속 국회의원의 자격이 박탈당하고 총재가 가택 연금을 당하는 등 또다시 박해 국면을 맞고 있다.

이란 정부는 쿠르드 문화를 어느 정도 자유롭게 향유할 권리를 허용했다. 이는 쿠르드족이 터키인이나 아랍인보다는 이란인과 언어 및 문화적인 유사성을 더 공유하고 있다는 사실 때문으로 보인다. 이러한 유사성을 빌미 삼아 이란은 쿠르드족에게 분리 독립보다는 동화되는 쪽으로의 변화를 요구하고 있다.

이란 영토 내에는 아랍인, 발루치인, 발티아르인, 조지아인, 루르인 등 많은 소수 민족이 존재하고 있다. 이런 까닭에 만일 쿠르드족의 독립 국가 창설을 허용한다면 다른 소수 민족의 분리주의 운동을 격화시키는 결과를 가져와 이란이 해체되는 위기 상황에 부닥칠 수도 있다고 보고 있다. 이란 당국은 쿠르드족이 종족, 언어, 문화적으로 이란인과 한 뿌리에서 출발했으므로 종족 구별 없이 페르시아 문화권 속에서 일체를 이루어야 한다고 주장했다.

이란 내 쿠르드족은 1941년 영국과 소련이 당시 이란 왕 레자 샤가 취하고 있던 일련의 군사적 정책에 불만을 품고 이란을 침공하자, 이때를 틈타 재빨리 1945년 12월에 카지 무함마드를 대통령으로 하는 마하바드(Mahabad) 공화국을 세웠다. 그러나 이란 군대의 무력 개입으로 마하바드 공화국은 채 1년도 지속하지 못한 채 사라졌다. 그 후 이란 당국은 적극적이고 체계적으로 쿠르드 민족주의자 소탕 작전을 벌이면서 쿠르드인 거주 지역에 병력을 배치하기 시작했다. 또한 도로를 건설하고 경찰서를 설치해 기초적인 치안 확보에 중점을 두었다. 쿠르드 민족 지도자나 종교 지도자들은 테헤란으로 압송돼 부족민과 격리된 생활을 해야 했다.

1979년 이슬람 혁명이 일어나기 전까지 샤의 정책 노선은 터키와 비교했을 때 다소 융통성이 있었으나 쿠르드인을 비롯한 모든 소수 민족에게 실질적으로 어떠한 권리도 부여하지 않는다는 원칙에는 변함이 없었다. 이슬람 혁명을 도운 이란 내 쿠르드족은 자치 국가 수립에 대한 희망을 걸었다. 그러나 호메이니 정권이 주장하는 범이슬람주의는 민족 및 사회 계층의 구별 없이 무슬림으로서 모두가 평등하다는 논리에 기초했으므로, 분리 독립에 의한 자치를 주장하는 쿠르드족의 요구는 혁명 정부에 의해서도 받아들여지지 않았다.

이라크 쿠르드족은 다른 나라에 비하면 상황이 좋은 편이다. 국제연맹은 1925년 12월 쿠르드 소수 민족을 보호한다는 조건으로 유전 지대인 쿠르드 모술 지역의 통치권을 이라크에 넘겨주었기 때문이다. 따라서 터키와 이란보다 이라크 내 쿠르드족은 상대적으로 많은 자유와 주권을 누릴 수 있었다. 쿠르드족은 이라크를 구성하는 주요 민족으로 아랍 민족과 함께 1968년 9월 22일 설립된 이라크 임시헌법에 명시되었으며, 1974년 헌법 개정에서는 '쿠르드인이 주민의 다수를 이루고 있는 지역은 헌법에 의하여 자치를 허용한다'라는 내용이 첨가되어 쿠르드족은 쿠르디스탄 지역에서의 자치권을 보장받게 되었다.

또한 이라크 사회주의 정권의 쿠르드 문화 장려 정책으로 쿠르드 지역에서 쿠르드어가 공식어로 채택됐고, 이라크 내 쿠르디스탄에서 가장 큰 도시인 술레이마니아에는 쿠르드 과학 학술원과 쿠르드 대학이 설립되었다. 한편 쿠르드족의 가장 큰 명절인 노우루즈(Nouruz)가 이라크 국경일로 제정되기도 했다. 1974년부터는 쿠르디스탄에 쿠르드어 방송이 하루 8시간씩 방영되었고, 1976년에는 쿠르드 문화 출판사가 설립되었다.

그러나 아랍화 과정도 적지 않았다. 행정 구역 개편으로 쿠르드 지역 내에 아랍인 인구를 늘리고 이라크 학교 교과서에서 쿠르디스탄의 역사와 지리에 관한 내용을 모두 삭제했다. 바그다드 대학의 쿠르드 학과는 폐쇄됐으며, 술레이마니아의 이라크 대학은 더 이상 쿠르드 학생의 입학을 허용하지 않았다. 1976년에는 20만 명의 쿠르드족이 쿠르디스탄에서 쫓겨나 이라크 남부의 초지와 사막 지역으로 강제 분산되는 고통을 겪기도 했다. 1980년대에 들어서는 쿠르드 반정부 투쟁을 원천적으로 봉쇄하기 위해 수백 개 쿠르드 마을에 군인을 투입해 18만 명을 체포하고 수천 명을 처단하는 만행을 저질렀다. 1987~1988년에는 사담 후세인의 명령으로 치명적인 화학 무기를 24개 쿠르드 마을에 투하하는 반인륜적 공격으로 세계의 비난을 받았다. 특히 신경가스 공격을 받은 할랍자 마을에서만 5천 명이 사망하는 끔찍한 재앙이 일어났다.

그러나 600만에 달하는 이라크 내 쿠르드족은 인근 동족들의 처지에 비하면 상대적으로 나은 상태에 있다. 그들은 유전 지대를 장악해 경제적으로 유리한 조건을 갖고 있고, 자신들의 말이나 전통문화 같은 원초적인 민족 정체성을 유지하고 있다. 또 쿠르드 학교에서 제한적이기는 하지만 민족 교육을 받기도 하고, 인구 비례에 따라 바그다드 국회에 그들의 대표를 보낼 수도 있다.

2003년 미국의 이라크 전쟁 때는 미국을 도와 사담 후세인 정권을 무너뜨리는 공을 세워 현 시아파 이라크 정부 내에서 가장 높은 자치 수준과 유리한 정치적 입지를 확보했다. 숙원이던 석유 이익의 공정한 분배를 위한 법안이 마련됐고, 이라크 정부의 대통령과 외무 장관직을 차지하는 성공을 거두었다. 우리나라도 이라크 전쟁 직후인 2004년 2월부터 4년 10개월 동안 3,600명 규모의 자이툰 부대를 이라크 북부 아르빌에 파병했다. 이라크 파병 반대 여론을 고려하면서 군사 작전 대신 민간 작전을 성공적으로 펼쳐 쿠르드 지역 주민의 한국에 대한 이미지는 좋은 편이다.

현재 이라크 쿠르드인은 쿠르드 자치 정부(KRG)를 구성하고 있으며, 마수드 바르자니 대통령을 중심으로 이라크 중앙 정부와 협력과 갈등을 거듭하고 있다. KRG는 2017년 9월 국민 투표를 통해 아르빌을 수도로 하는 쿠르드의 독립 국가를 선언했지만, 이라크 중앙 정부의 강력한 반대에 부닥쳐 과도기적 자치 상태에 있다.

시리아 쿠르드인은 바샤르 아사드 독재 정권하에서 민족 차별과 정치적 박해를 경험했다. 그 결과 2011년 시리아 내전이 발발하자 아사드 정권 타도를 꾀하며 곧바로 시리아 반군 대열에 합류했다. 시리아 쿠르드인은 민병대(YPG)를 중심으로 반군의 핵심 군사 조직 역할을 해 왔으며, 특히 미국과 협력해 2019년 자국 내 ISIL 테러 조직을 궤멸하는 데 결정적인 역할을 했다. 그런데 YPG의 세력 증대에 위협을 느낀 터키 정부가 미국을 압박해 미군을 시리아에서 철수시키고 시리아 북부에 있는 쿠르드 민병대를 전격 공격함으로써 시리아 내전은 더욱 복잡한 양상을 띠고 있다. 터키는 시리아 쿠르드 민병대를 와해시켜 안전지대를 만들고, 자국 내에 거주하고 있는 약 400만 명의 시리아 전쟁 난민 일부를 이주시킨다는 명분을 내세우고 있다. 그러나 실상은 터키 내 쿠르드 무장 조직 PKK와 접경지대의 시리아 민병대가 연합한다면 터키 안보 자체가 위협받는 상황이 침공의 근본 배경이다.

쿠르드족이 소수 민족으로 살아가는 지역은 경제적으로 낙후되고, 교육과 문화 시설은 다른 지역에 비해 극도로 빈약하다. 아랍어, 이란어, 터키어는 그들에게 외국어나 마찬가지다. 초등학교를 졸업하고도 그들이 속한 국가 언어를 깨치지 못하는 경우가 비일비재하다. 그나마 절대다수의 쿠르드족은 교육의 기회를 얻지 못해 문맹률이 지배 국가 국민의 2배에 가까운 수치를 보여 주고 있다. 그런데도 많은 쿠르드 엘리트 집단은 겉으로는 지배 국가 국민으로 살아가면서 수많은 정치 단체, 종교 집단, 언론, 학술 단체, 예술인 협회, 교육 기관 등을 이끌어 가며 민족적 동질성을 유지하기 위한 정신적인 유대감을 형성하고 있다.

현재 쿠르디스탄 자치 독립을 위해 투쟁하고 있는 수십 개의 정치 조직 중 주도적 역할을 담당하는 단체는 이라크의 쿠르드 민주당(KDP), 쿠르디스탄 애국동맹(PUK), 터키의 쿠르드 노동당(PKK) 등이다. KDP는 쿠르드 자치 투쟁의 신화적 영웅인 무스타파 바르자니의 아들인 마수드 바르자니에 의해 영도되는 쿠르드 최대 정치 조직이다. 이라크 대통령을 역임한 잘랄 탈라바니 가문이 이끄는 쿠르디스탄 애국동맹은 쿠르드 민주당과 경쟁 관계에 있으며, 강력한 조직력으로 이라크의 쿠르드 민족 운동을 주도하고 있다. 쿠르드 자치와 독립을 저해하는 또 다른 걸림돌은 5개 국가에 산재해 있는 쿠르드 조직 상호 간의 협력과 연결 고리가 매우 약하다는 점이다. 오히려 지배국가들과 협력해 이웃 동족을 박해하는 현상도 종종 벌어지고 있다. 이라크 쿠르드 자치 정부가 터키와 연대해 이라크 내 PKK 조직을 공격하는 일도 생겨나고, 동시에 지배 국가들은 쿠르드 조직 간 공조와 연대를 끊임없이 방해하고 있다.

이제 분명한 것은 민족적 자치와 문화적 동질성을 근간으로 하는 국가를 요구하는 쿠르드인의 열망이 계속되는 한 어떤 형태로든 그들의 자치권은 보장되어야 한다는 사실이다. 그 열망은 언젠가는 실현될 것이다. 공존과 화해를 부르짖는 21세기의 길목에서 인류 사회가 자기 말과 글, 원초적인 민족 문화의 유지를 거부당한 3천만의 또 다른 인류 집단을 방치한다면, 그것은 인류 문명에 대한 명백한 수치이다. 이제 서방과 쿠르드인이 소수 민족으로 살아가는 주변 국가 모두가 정치적 해결을 통해 쿠르드족의 문화적 동질성 보장-민족적 자치-국가 건설이라는 단계적인 목표를 보장해야 할 것이다.

보스니아 내전과 이슬람 죽이기 20세기 최대의 비극적 인종청소

보스니아 전쟁은 1992년 4월 1일부터 1995년 12월 14일까지 보스니아-헤르체고비나에서 보스니아인과 세르비아인, 크로아티아인 사이에서 벌어진 전쟁이다. 유고슬라비아 연방이 해체된 직후 벌어진 유고슬라비아 전쟁의 일부분이며, 잔혹한 인종청소가 자행되며 야만의 늪으로 빠지자 NATO가 개입해 결국 보스니아가 보스니아-헤르체고비나 공화국으로 독립한 사건이다.

보스니아 사태는 러시아 정교권의 세르비아, 가톨릭을 믿는 크로아티아, 이슬람에 속한 보스니아가 충돌한 20세기 인류 역사에 가장 치욕적인 기록을 남긴 야만과 가치 혼돈의 전쟁이었다. 16세기 오스만 제국의 동유럽 점령과 이슬람화 물결 이후 잠재돼 왔던 오랜 역사의 응어리가 한꺼번에 표출되면서 민족의 이름으로, 또 종교의 이름으로 서로를 죽고 죽인 참극이었다. 구소련이 붕괴하면서 새롭게 재편되는 과정에서 분출한 거대한 동유럽 문화권의 지각 변동이기도 했다.

이들 나라는 모두 구소련 시절 유고슬라비아 연방 속에 있었다. 티토라는 뛰어난 지도자 밑에서 나름대로 분쟁과 갈등을 극소화하면서 하나의 통합체를 이루는 데 성공했다. 그러나 티토가 죽고 소련 연방이 붕괴되면서 수많은 민족 집단이 독립을 쟁취해 나가자 유고 연방 내 민족 집단들도 독립을 요구했다. 여기서부터 내전이 발생했다. 먼저 세르비아 왕국은 제1차 세계대전에서 승리한 이후 보스니아와 슬로베니아, 크로아티아를 자국 영토로 편입했고, 그 후 이질적인 민족이라는 한계를 딛고 티토는 유고슬라비아 연방 내에 여러 민족을 잘 화합했다.

그러나 크로아티아와 슬로베니아가 독립을 선포하면서 유고 내전이 시작됐다. 이 전쟁은 1991년 6월에 시작된 구유고 연방이 슬로베니아, 크로아티아, 마케도니아, 보스니아-헤르체고비나, 신유고 연방 등 5개의 독립된 국가로 해체될 때까지 계속되었다. 마케도니아는 1991년 9월, 보스니아-헤르체고비나는 1992년 3월에 독립을 선언했다. 구유고 연방의 6개 공화국 중에서 크로아티아, 슬로베니아, 마케도니아, 보스니아-헤르체고비나 등 4개 공화국이 독립하자 나머지 2개 공화국 세르비아와 몬테네그로는 1992년 4월 27일 신유고 연방으로 남았다.

연방 해체 후 보스니아-헤르체고비나가 유고슬라비아의 주축인 세르비아로부터 독립을 요구하자 세르비아는 이를 인정하지 않았고, 결국 보스니아 전쟁이 발발했다. 1992년 당시 보스니아-헤르체고비나는 무슬림이 절반, 세르비아인이 3분의 1, 나머지는 크로아티아인으로 구성된 다민족 국가였다.◆

당시 보스니아 대통령 알리야 이제트베고비치가 1992년 2월 29일 국민 투표를 통해 유고 연방에서 탈퇴해 독립을 선포하면서 이 땅은 내전의 소용돌이로 빠져들었다. 보스니아 인구의 약 30퍼센트를 차지하는 세르비아인은 국민 투표에 불참하는 한편, 보스니아로부터의 분리 독립을 주장하며 보스니아 독립 선언 다음 날인 1992년 3월 4일 별도로 독립을 선언했다. 8월에는 보스니아의 세르비아 민주당 당수였던 라도반 카라지치가 앞장서서 수도를 사라예보로 하는 스르프스카 공화국을 설립하고 스스로 대통령이 되었다.

라도반 카라지치는 자신들만의 독립을 선언한 후 세르비아 대통령 슬로보단 밀로셰비치의 후원을 받아 보스니아 내 세르비아 민족만의 영역을 쟁취하고자 보스니아-헤르체고비나 공화국을 공격

◆ 보스니아-헤르체고비나에는 역사적으로 다양한 인종이 거주하였다. 1991년 인구 조사에 따르면, 인구의 44퍼센트는 무슬림(보스니아), 31퍼센트는 세르비아계, 17퍼센트는 크로아티아계 사람이었으며, 6퍼센트만이 자신을 유고슬라비아 사람이라고 자기 정체성을 표현했다.

했다. 이 전쟁은 곧바로 보스니아 전역을 가로질러 확산됐고, 내전 초기 세르비아계 군대가 보스니아 영토의 약 70퍼센트를 일거에 장악하는 기세를 올렸다. 특히 동부 보스니아 지역에서 끔찍한 인종청소가 의도적으로 이루어졌다. '동유럽의 꽃'이었던 보스니아의 수도 사라예보는 폐허가 되어 죽음의 도시가 되었고, 43개월간(1992년 4월 1일~1995년 12월 14일) 봉쇄된 도시 안에서 민간인 1만여 명이 학살당했다. 보스니아 전역에서 전체 인구 450만 명 중 25만 명이 숨지고 300만 명이 난민으로 내몰렸다. 전쟁은 '나치의 대학살'에 비유될 만큼 참혹했다. 세르비아에 의해 주도면밀하게 기획된 인종청소 정책으로 보스니아 내 여성 2만 명이 강간당했고, 신체적, 정신적 고문, 대량 학살이 일상적으로 이뤄졌다. 특히 무슬림이 집단으로 거주하던 스레브레니차에서는 1995년 8천여 명의 남자와 소년들이 집단으로 학살당하기도 했다.

보스니아 사태 초기에 서방은 상당 부분 방관하는 태도를 보였다. 중부 유럽 내 유일한 이슬람 국가인 보스니아의 세력 팽창을 원하지 않았고, 남쪽의 코소보, 알바니아와 함께 터키로 연결되는 발칸반도의 '이슬람 벨트' 파워를 적극적으로 막으려 했기 때문이다. 그러나 세르비아의 급격한 팽창으로 보스니아 사태가 위험 수위를 넘자 서방 국가들은 유엔을 통해 1992년 5월 신유고 연방에 대한 전면적인 금수 조치, 항공 봉쇄, 자산 동결 등을 내용으로 하는 제재를 했다. 신유고 연방군은 곧 휴전에 합의했지만, 보스니아 내 세르비아계는 휴전에 동의하지 않은 채 전쟁을 계속했다.

21세기를 눈앞에 둔 시점에서 문명 국가 유럽은 바로 이웃에서 자행되는 가공할 인종청소를 방치함으로써 '문명 범죄의 공범자'라는 의혹에서 벗어날 수 없게 되었다. 나치 학살을 방관했던 70여 년 전의 악몽을 떠올리기에 충분한 상황이었다. 군사 행동을 주저하던 유엔도 세르비아인이 저지른 용서받지 못할 인종청소로 지구촌이 들끓자 1992년 8월 어쩔 수 없이 군사 파견을 결정했다. 3만여 명의 평화 유지군이 보스니아에 파견됐으나 역할은 미미했다. 내전은 좀처럼 끝나지 않았고, 휴전과 전쟁이 반복되는 악순환이 계속되었다.

사태가 갈수록 악화되는 상황에서 1994년 보스니아가 크로아티아와 군사 동맹을 맺고 이란이 미국의 암묵적 용인 아래 보스니아 무슬림에게 무기를 지원하면서 전세는 역전됐다.

이러한 상황에서 러시아는 1995년 3월 보스니아 사태 해결을 위해 새로운 제안을 했다. 세르비아계를 암묵적으로 지원하고 있던 러시아는 세르비아 공화국이 보스니아 이슬람 정부와 크로아티아 정부를 승인하는 대가로 세르비아에 대한 유엔 제재를 해제하자는 것이었다.

강대국들의 적극적인 개입과 1995년 10월 보스니아를 지원하던 미국이 전격 휴전을 요구하면서 상처만 남긴 전쟁은 종결의 실마리를 찾았다. 같은 해 7월 구유고슬로비아 국제형사재판소(ICTY)는 세르비아 대통령 라도반 카라지치를 대량 학살과 반인도적인 범죄, 전쟁법 위반으로 기소했다. 5개월 뒤인 1995년 11월 1일, 당시 미국의 발칸반도 특사였던 리처드 홀브룩의 조율로 세르비아, 크로아티아, 보스니아의 세 대통령은 미국 오하이오주 데이턴에서 만나 평화 협정을 논의했고, 난항 끝에 11월 21일 최종적으로 데이턴 평화 협정이 체결되었다. 이로써 3년 7개월 동안 25만 명 이상의 사망자와 300만 명의 난민(대부분이 무슬림이었다)이 발생한 보스니아 내전은 막을 내렸다. 1995년 스레브레니차 학살 사건의 책임을 물어 라도반 카라지치 세르비아 정치 지도자는 결국 체포돼 유엔 국제형사재판소에서 2019년 종신형을 선고받았다. 세르비아계 총사령관 라트고 믈라비치를 포함해서 보스니아 학살 사건에 개입된 세르비아의 고위 책임자들이 줄줄이 단죄되었다.

무슬림을 향한 인종청소에 방관하던 서구는 마지못해 휴전을 주선하고, 게다가 보스니아에 아주 불리한 데이턴 평화 협정안을 통과시켰다. 협정안의 골자는 이슬람-크로아티아 공화국 및 스르프스카 공화국으로 구성된 두 개의 연방 체제와 전체 인구의 30퍼센트에 불과한 세르비아계에 전체 영토의 49퍼센트를 배당하는 것이었다. 이는 보스니아 사태의 해결과 평화라는 구실 아래 인구 대부분이 무슬림인 보스니아의 입지를 약화시키려는 서구의 숨은 의도를 보여 준다. 보스니아 사태에 대한 서구의 무책임과 이슬람 죽이기는 결국 많은 무슬림의 분노를 자아냈고, 보스니아 무슬림을 구하고자 지하드 전사들이 파견되기도 했다. 더욱이 보스니아 사태는 알카에다 같은 이슬람 과격 세력에게 서구를 공격할 수 있는 또 다른 빌미를 안겨 주기도 했다.

코소보 사태와 독립 쟁취 인종청소의 고통 끝에 얻어 낸 열매

코소보는 보스니아, 알바니아와 함께 동유럽 발칸반도 내에서 이슬람을 믿는 소수 민족 집단이다. 유고슬라비아 연방의 세르비아 공화국 남부에 위치하며, 인구 200여만 명의 자그만 나라다. 인구의 약 90퍼센트가 알바니아인으로 이슬람을 믿고 나머지는 세르비아인, 몬테네그로인, 터키인 등이 차지한다.

코소보는 중세 세르비아 왕국의 발원지였다. 그러나 14세기 오스만 튀르크 제국이 세르비아를 점령한 후 이곳에 무슬림 알바니아인을 대거 이주, 정착시킴으로써 이때부터 세르비아인과 알바니아인 간에 민족적, 종교적 갈등이 분출되기 시작했다.

1945년 티토 대통령에 의해 구유고 연방이 성립될 때 코소보는 자치주 지위를 부여받았으나 1989년 '대세르비아 건설'을 내세운 밀로셰비치 세르비아 대통령이 코소보의 자치권을 박탈해 버렸다. 이에 전체 주민의 90퍼센트를 차지하고 있는 무슬림 알바니아인이 코소보 해방군(KLA)을 결성하고 세르비아로부터 독립을 요구해 분쟁이 심화되기 시작했다.

코소보는 구유고 연방 시절 세르비아 공화국의 자치주였다. 그러나 1989년 슬로보단 밀로셰비치가 세르비아의 대통령이 되면서 '대세르비아주의'를 부르짖으며 코소보 자치권을 박탈했다. 코소보는 신유고 연방◆에서 가장 개발이 늦고 문맹률이 높은 지역이지만, 비옥한 분지에는 곡식이 풍부하다. 광산 자원도 풍부해서, 트레프차의 아연 광산은 유럽 최대 규모이고, 석탄, 은, 안티몬, 철, 보크사이트, 크롬 등도 생산된다.

보스니아 사태와 함께 세르비아에 의한 무슬림 인종청소 사건으로 인류를 절망케 했던 코소보 사태도 오랜 역사적 응어리와 갈등이 뿌리에 있다. 유럽 공략을 시작하던 오스만 제국은 1389년 코소보 평원에서 세르비아를 중심으로 하는 발칸 동맹 연합군과 일전을 벌인다. 이 전쟁에서 오스만 제국이 승리함으로써 세르비아, 불가리아, 마케도니아 등 도나우강 이남 대부분은 오스만 제국의 영토가 됐으며, 발칸반도의 이슬람화가 본격화됐다. 14세기 코소보 전투를 노래한 세르비아 민족 서사시는 구전으로 전해 오면서 근대 세르비아의 민족주의를 낳는 바탕이 되었다.

오스만 제국의 유럽 팽창이 가속화되자 오스트리아-헝가리 제국이 1448년 코소보 평원에서 방어 전쟁을 벌였으나 오히려 대패해 오스만 제국의 발칸 지배가 더욱 단단해졌다. 유럽은 반격하기까지 이후 200년을 더 기다려야 했다. 합스부르크가의 오스트리아-헝가리 동맹군은 1683년 오스만 제국에 다시 맞서 장장 16년이나 지속된 전쟁을 승리로 이끌면서 1699년 카를로비츠 조약으로 오스만 제국의 유럽 진출을 막았다.

◆ 1943년부터 티토가 사망한 이후 잠재되어 있던 민족 갈등이 악화돼 1991년 유고슬라비아의 구성 공화국(구유고 연방)이었던 슬로베니아, 크로아티아, 마케도니아, 보스니아-헤르체고비나가 차례로 분리 독립했다. 유고슬라비아 전쟁을 치른 후 1992년 남은 공화국인 세르비아와 몬테네그로가 유고슬라비아 연방 공화국(신유고 연방)을 결성, 구유고 연방은 역사에서 사라졌다. 현재 신유고 연방은 세르비아 공화국, 몬테네그로 공화국, 코소보 자치주, 보이보디나 자치주로 구성되어 있다.

이 시기 오스만 제국이 코소보를 점령하자 세르비아인은 코소보에서 대규모로 빠져나갔고, 그 자리에 남쪽의 알바니아인이 들어와 살았다. 이들은 당시 이슬람을 받아들인 무슬림이었고, 이교도인 세르비아인의 지배보다는 같은 무슬림인 오스만 제국의 지배를 당연히 더 선호했다. 이로써 알바니아인이 코소보 지역 인구의 대다수를 차지하게 되었고, 코소보를 떠난 세르비아인은 오스트리아-헝가리 제국과 오스만 튀르크 제국 사이의 완충 지대인 보이보디나 지역에서 오스만 제국의 영토 확장에 방패막이가 되었다.

세르비아인이 코소보 지역을 재탈환한 것은 1912~1913년 사이에 있었던 제1차 발칸 전쟁이었다. 제1차 세계대전에서 오스만 제국이 패배하자 그 틈을 이용해 유고슬라비아 왕국은 세르비아인을 코소보 지역에 이주시키고, 알바니아인을 코소보에서 몰아내는 정책을 폈다. 500년 만에 상황이 반전되는 역사적 아이러니가 연출되었다.

1940년대 티토가 등장하자 마케도니아를 세르비아에서 분리시켰으며, 1974년 헌법을 개정해 코소보에 자치권을 부여했다. 그래서 코소보는 연방 기구에서 다른 6개 공화국과 동등한 자격으로 동등한 권리를 행사할 수 있었으며, 세르비아 공화국 정부가 코소보와 관련된 결정을 내릴 때에는 반드시 코소보 자치 정부의 승인을 받아야만 했다.

자치권이 부여된 코소보 알바니아인은 주도인 프리슈티나에 코소보어로 강의하는 대학을 세웠으며, 세르비아 공화국 깃발 대신에 자신들의 깃발을 게양할 수 있었다. 즉 독립 국가로서의 주권은 없었지만 모든 권리를 행사할 수 있었던 것이다. 그렇게 되자 세르비아인은 코소보가 명목상으로만 자신들의 영토이지 실질적으로는 남의 영토라고 생각하게 되었고, 1974년 헌법에 강한 불만을 품게 되었다.

1989년에 대통령으로 당선된 세르비아 극우 민족주의자 밀로셰비치는 강력한 군사력과 세르비아인의 지지를 바탕으로 코소보의 자치권을 박탈하고 알바니아어 사용을 금했다. 심지어는 알바니아계 자녀들의 취학까지 금지했다.

1991년부터 보스니아를 중심으로 계속된 전쟁 때문에 신유고 연방에는 약 65만 명의 세르비아 난민이 생겼다.(1995년 통계) 이에 밀로셰비치는 이들 피난민을 인구의 90퍼센트가 알바니아계인 코소보 지역에 이주시킬 계획을 세웠으며 보스니아 지역에서 피난 온 세르비아인에게 코소보에 정착할 것을 장려했다.

보스니아계 세르비아 난민들을 코소보로 이주시키려는 계획은 코소보인을 자극했고, 밀로셰비치의 코소보 말살 정책에 맞섰다. 그러자 밀로셰비치는 코소보 지도자, 지식인, 시위 가담자를 무차별적으로 체포해 구금했다. 이 때문에 코소보 무슬림의 시위가 빈번해졌다. 1997년 10월 1일, 2만여 명의 학생들이 프리슈티나 대학에서의 알바니아어 교육을 요구하며 시위를 벌였다. 세르비아 경찰이 시위대를 공격하여 학생 150여 명이 부상당하자 코소보 주민들의 세르비아에 대한 감정은 극에 달했다.

1997년 12월, 코소보 해방군(KLA)으로 알려진 단체가 코소보의 세르비아 군경에 무장 공격을 단행했다. 수류탄과 자동 무기로 무장한 채 매복하고 있던 코소보 해방군 대원들이 경찰 순찰대를 공격하여 두 명의 세르비아 경찰이 살해되었다.

1998년 1월, 코소보 해방군은 자신들의 궁극적인 목표가 코소보를 알바니아와 통합시키는 것이라고 발표했다. 중무장한 세르비아 경찰과 신유고 연방군은 비무장 시위대와 무장한 코소보 해방군을 전면적으로 공격해 3월까지 80여 명 이상을 살해했다. 세르비아 군인들은 마을을 불태웠으며 집을 떠나는 난민들을 아무도 도와주지 못하게 하면서 코소보에서의 인종청소를 시작했다.

신유고 연방의 슬로보단 밀로셰비치 대통령은 폭력과 인종청소를 중단하라는 국제 사회의 경고를 무시했다. 1998년 3월 21일, 유럽 연합은 유고슬라비아에 경제 제재와 무기 수출 금지 조처를 했다. 나토가 군사 개입을 할 것이라는 경고에도 세르비아 군경은 8월과 9월 계속해서 코소보 해방군의 거점을 공격했고 많은 마을을 파괴했다.

1998년 9월까지 대략 30여만 명의 코소보 주민이 고향에서 쫓겨났다. 4만 명 이상이 몬테네그로로 피난을 가자 몬테네그로는 국경을 폐쇄했다. 이미 2만여 명의 피난민을 받아들인 알바니아는 추가로 3천 명을 더 받아들였다. 유엔 대표들은 이러한 상황을 인류의 대재난이라고 규정했다. 결과적으로 코소보 주민 절반인 100만 명가량이 난민 상태에 빠져 국가의 기반이 무너지는 참극을 초래했다.

나토의 거듭된 공습 경고에 밀로셰비치는 1998년 10월 세르비아 병력을 코소보에서 철수하는 데 동의했고, 2천 명의 국제 감시단이 코소보에서 활동하는 것을 허락했다. 그러나 간헐적인 폭력 행위는 계속됐다.

1998년 12월, 경찰을 포함해 몇 명의 세르비아인이 살해당하자 세르비아군은 코소보 해방군 본거지에 공격을 감행해 치열한 전투가 계속되었다. 세르비아는 유엔이나 국제 중재단 등 국제 사회의 압력에 때로는 굴복하는 척하면서 실제로는 인종청소를 계속했다. 결국 1999년 3월 나토군은 코소보에 군사적으로 개입했다. 나토는 3개월간 3만 7,465회나 출격하는 강도 높은 대응으로 세르비아의 코소보 철군을 압박했다. 드디어 1999년 6월 세르비아군이 코소보에서 철수했고, 곧바로 나토의 공습은 중지되었다.

신유고 연방의 코소보 지역에서 자치권을 주장하는 알바니아계 주민들에 대한 세르비아계의 인종청소는 이웃 보스니아에서의 인종청소에 이어 세르비아 지도부의 잔혹함을 다시 한번 일깨워 준 사건으로, 지구촌에 큰 충격을 주었다. 코소보 사태로 지역 주민의 절반가량인 100만 명 이상의 알바니아계가 인근 마케도니아 및 알바니아로 이동하여 단기간에 대규모의 난민 문제를 초래했다.

'발칸의 도살자'로 불리며 인종청소를 주도했던 세르비아 대통령 밀로셰비치는 실각한 후 체포돼 재판을 받던 중 2006년 감옥에서 사망했다. 신유고 연방국 명도 세르비아-몬테네그로로 바꼈지만, 정국은 아직도 혼미를 거듭하고 있다. 그동안 유엔 평화유지군의 주둔으로 분쟁의 확대를 막아 왔다.

코소보 전쟁이 끝난 뒤 코소보 문제의 평화적 해결을 위해 독립적 민간 기구인 코소보 독립 국제위원회(Independent International Commission on Kosovo)가 구성됐고, 13명의 전직 외교관과 학자들로 구성된 위원회는 2000년 10월에 코소보 사태의 배경, 전개 과정, 해결 전망을 담은 〈코소보 보고서〉를 발표했다. 여기에서는 코소보의 조건부 독립이 가장 바람직한 대안으로 제시되었다.

코소보는 2008년 2월 17일 독립을 선포했다. 그러나 지배국이었던 세르비아가 독립을 인정하지 않으면서 분쟁과 갈등이 이어지자, 코소보는 이 문제를 국제사법재판소(ICJ)에 회부했다. 국제사법재판소는 2010년 7월 22일 코소보의 독립을 최종적으로 인정했다. '국제법은 누구의 독립 선언도 금지하지 않는다'라는 명백한 국제법의 원칙을 다시 한번 분명히 했다.

대부분의 서방 국가들은 코소보의 독립을 환영하고 승인했으나 세르비아와 러시아는 강하게 반발하면서 독립 인정을 거부하고 있다. 또한 자국 내 소수 민족의 분리주의 운동에 시달려 온 스페인, 루마니아, 슬로바키아, 키프로스 등이 코소보 독립을 승인하지 않은 것은 소수 민족의 독립 움직임에 대한 우려 때문이라 판단된다.

독립한 코소보가 가야 할 길은 멀고도 멀다. 세르비아와의 협상을 통해 자원 분배, 사회 기반 시설 상호 이용, 코소보 내 10퍼센트 인구를 차지하는 세르비아계 주민들에 대한 안전 보장, 나토 군 철수 이후 안보 문제, 경제적 자립 등의 과제가 기다리고 있다. 그러나 국제사법재판소의 이번 결정은 전 세계 소수 민족의 독립 움직임에 상당한 영향을 끼칠 것으로 보여 역사적인 판결로 주목을 받고 있다.

캅카스 지역에 사는 인구 130만 명의 소수 민족 체첸이 강대국 러시아에 대항해 조금도 굽힘 없이 독립운동을 펼치며 세상의 이목을 집중시키고 있다. 언론에서는 '체첸 반군'이라는 표현을 사용하고 있으나 이러한 표현은 다분히 강대국인 러시아의 시각에서 본 표현이다. 조상 대대로 살아온 자신들의 터전을 러시아에 점령당했다가 다시 찾으려는데 이들이 어찌 반군인가? 우리나라도 한때 외세의 점령을 받은 적이 있었음을 생각하면 약자인 체첸 민족 입장에서 이들을 '독립군'이라고 불러야 할 것 같다.

체첸 민족이 거주하고 있는 캅카스 지역은 인종, 언어, 종교의 전시장이라고 부를 만하다. 우리나라 강원도보다 작은 1만 5,500제곱킬로미터에 불과한 이 지역에는 50여 개의 민족이 40여 개의 언어를 구사하며 이슬람, 그리스도교(개신교, 아르메니아 정교, 그리스 정교), 유대교 및 토속 종교를 믿으며 살고 있기 때문이다. 지정학적으로도 흑해와 카스피해 사이에 있고, 유라시아와 중동을 잇는 교두보 역할을 하고 있어서 역사적으로 외세의 침략이 끊임없이 반복되었다.

역사

4세기경에 훈 제국의 침략을 받았고, 5~6세기에는 강대국인 비잔틴 제국과 사산 페르시아 제국의 사이에서 살아남았다. 7세기 아랍-이슬람군의 침략을 시작으로 10세기 셀주크 튀르크 제국, 13세기 몽골 제국, 14세기 티무르 제국, 16세기 오스만 튀르크 제국의 침략을 받았다. 그러나 체첸을 비롯한 캅카스 민족들은 외세의 침략이 있을 때마다 산악 민족으로서의 강인한 자부심을 무기로 완강히 저항했다. 18세기부터 이 지역을 장악한 러시아를 제외하고 누구도 캅카스 지역을 완전히 점령하지 못했다.

체첸 민족이 최초로 이슬람을 접한 시기는 8세기 초반 캅카스를 침공한 아랍군에 의해서이다. 그러나 산악 지형의 특성상 이슬람이 크게 확산되지 못하다가 16~17세기 오스만 튀르크 제국 시대에 들어 캅카스 지역에서의 이슬람화가 빠르게 진행되었다. 이로써 18세기 초반에는 체첸 민족 거의 대다수가 이슬람으로 개종했으며, 체첸족과 친족 관계에 있던 잉구슈족까지 대부분 무슬림이 되었다. 이로써 이슬람은 북캅카스의 가장 중요한 종교로 자리 잡게 되었다.

그러나 1830년부터 러시아군은 오스만 제국과 대결하면서 접경 지대인 체첸에 진주하기 시작했고, 결국 1859년 러시아 제국에 병합됐다. 16세기에 러시아 민족이 캅카스 일대를 정복하기 시작하면서부터 체첸인은 싸우기 시작했으며, 특히 19세기 중반에는 뛰어난 이슬람교 지도자 셰이크 샤밀의 지휘 아래 격렬한 투쟁을 벌였다.

그러나 1859년 샤밀이 체포되면서 그들의 전력은 흐트러졌고, 결국 1864년 러시아 황제에게 항복함으로써 체첸인의 나라는 공식적으로 소멸했다. 1900년대 초에는 러시아 정부의 민족 말살 정책에 따라 많은 체첸인이 살던 곳에서 추방되어 터키 등 중동 이슬람 국가들로 강제로 이주당했다. 1936년 체첸 자치주와 잉구슈 자치주가 합쳐져 자치 공화국이 성립되었으나, 1944년 2월 스탈린에 의하여 체첸인은 다시 시베리아와 카자흐스탄으로 강제 이주당했다. 1957년 흐루쇼프의 복권 조치로 체첸인은 원래 살던 지역으로 돌아올 수 있었다. 그러나 그들에게 남아 있는 것은 아무것도 없었으며, 구소련 정부의 차별 대우는 여전했다.

이어 20세기 초반 공산주의 정권이 들어서면서 캅카스의 이슬람은 암흑기를 맞이했다. 이슬람 신비주의를 따르는 수피 종단을 중심으로 끈질긴 대러시아 항쟁을 시도했지만, 소련 연방 세력을 물리치기는 역부족이었다. 오히려 러시아 정교-공산주의-소비에트 연방이라는 통합된 가치 체계가 캅카스 지역의 이슬람에 가혹한 탄압을 자행하는 빌미를 줌으로써 체첸 민족정신과 이슬람은 크게 쇠퇴했다.

그때까지 체첸 민족이 사용하던 아랍 문자는 이슬람 종교와의 연계성 때문에 사용이 금지되고 라틴 알파벳으로 대체되었다. 1937~1939년 사이에 수천 명의 체첸 무슬림 지도자들과 학자, 시인들이 처형되거나 투옥되었으며, 1944년부터 실시된 강제 이주 정책으로 이슬람은 물론 체첸족 자체가 존폐 위기에 놓였다.◆ 제2차 세계대전 중 스탈린의 소비에트 정부는 소수 민족 이주 정책의 일환으로

◆ 제2차 세계대전 동안 소비에트 정부는 체첸이 나치군과 협력했다고 비난하면서 스탈린의 명령으로 체첸 국민 전체가 카자흐스탄으로 강제 이주당했다. 스탈린이 서거한 지 4년이 지난 1957년에 이르러서야 체첸인의 귀환이 부분적으로 허용되었다.

체첸이 나치군과 협력했다는 평계를 대면서 체첸 인구 전체를 카자흐스탄으로 이주시키는 강경 탄압을 서슴지 않았다. 20세기 체첸인에게 불어닥친 최대의 시련이었다. 이는 스탈린이 1937년 일제에 협력한다는 평계로 연해주의 고려인을 중앙아시아 허허벌판으로 강제 이주시켰던 한민족의 슬픈 역사와 너무나 닮아 있다. 강제 이주 당시 체첸족이 소유하고 있던 아랍어 혹은 아랍 문자로 표기된 체첸 종교, 문학 서적들이 수도 그로즈니 광장에서 소각돼 그 연기가 하늘을 가릴 정도였다고 전해진다. 1978년 모스크바에서 발간된 한 잡지의 기록에 따르면, 1937년에는 체첸 공화국에 310개의 모스크가 존재했는데, 1978년에는 그 수가 단 두 개로 줄어들었다고 한다. 역사에서 전례를 찾아보기 힘든 지독한 종교 탄압이었다.

체첸 민족은 톨스토이의 소설 《코사크인》의 주인공으로 외세에 맞서 항상 강인한 투쟁을 포기하지 않았다. 그들은 일반적으로 남에게 굴복하지 않는 특유의 자존심, 강한 민족적 정체성을 지녔으며 손님 접대를 최대한의 미덕으로 생각하는 민족이다. 그래서 체첸인은 캅카스를 점령한 러시아에 맞서 강한 저항을 계속했다. 러시아도 이 골치 아픈 민족에 말살 정책과 강제 이주 정책을 펴며 저항을 철저히 탄압해 왔다. 따라서 체첸의 러시아에 대한 적의와 복수심은 오랜 시일 축적되어 온 것이다.

1980년 후반 러시아 대통령 고르바초프의 개혁 개방 정책은 예기치 않은 소비에트 연방의 붕괴로 이어졌으며, 연방 소속의 수많은 자치 공화국에 독립을 선사했다. 캅카스 남부 지역의 아제르바이잔,

아르메니아, 조지아가 각각 러시아로부터 독립했다. 이런 기회를 기다려 왔던 체첸 자치 공화국도 1991년 11월 독립을 선포했다.

그러나 캅카스 북부 지역은 수많은 소수 민족으로 구성된 인종적 복합성과 이 지역에 대한 경제적 이득을 노린 러시아의 강한 압력 때문에 독립이 허용되지 않았다. 모스크바 정부는 체첸의 독립 선언이 인근 다른 자치 공화국에 번질 것을 우려함과 동시에, 이 지역에 매장된 약 6천만 톤 규모의 엄청난 석유 이권, 흑해로 이어지는 송유관이 통과하는 카스피해 유전의 경제적 이점을 지키고자 군대를 파병했다. 이것이 기나긴 러시아-체첸 분쟁의 시작이었다.

결국 1994~1996년에 제1차 러시아-체첸 분쟁이 발생했다. 러시아 공군 장교 출신인 두다예프 지도자를 중심으로 한 체첸이 용감한 투쟁과 전술로 러시아 군대를 패퇴시켰고, 세계 여론의 악화에 굴복한 러시아가 평화 협정을 맺고 군대를 퇴각시킴으로써 끝났다. 1996년 체첸 대통령 두다예프가 러시아군의 폭격으로 사망한 후 러시아와 체첸 간에 협상이 진행되었고, 1997년 5월에 경제 협력 등 새로운 관계 정립을 목표로 하는 신평화 조약이 체결되었다.

그러던 중 1999년 8월 체첸 독립군이 이웃의 다게스탄 자치 공화국을 침략해 다게스탄의 이슬람 원리주의 세력과 결탁해 '북캅카스 이슬람 공화국'의 건국을 선언하자 분쟁의 불씨는 다시 타오르기 시작했다. 특히 1999년 9월부터 모스크바를 비롯한 러시아의 주요 도시에서 연쇄적으로 발생한 일련의 폭탄 테러를 러시아는 체첸-다게스탄 독립군들의 소행이라고 단정 지었다. 러시아 정부가 미국과 함께 대테러 전쟁이라는 명분을 내걸고 체첸 공화국에 대대적인 군사 작전을 감행하면서 제2차 러시아-체첸 분쟁이 시작되었다.

제2차 러시아-체첸 분쟁은 새로 대통령이 된 푸틴 정부가 전에 없던 강경한 군사 작전을 펼쳐 체첸 지역 대부분을 장악함으로써 끝났다. 현재 체첸은 러시아 군대가 주둔하면서 '러시아의 충견'이라 불리는 람잔 카디로프 대통령이 친러 정책을 펴고 있다. 러시아의 보호 속에 2007년 31살이 나이로 대통령에 취임한 그는 체첸 분리주의 투쟁가와 독립운동 요인에 대한 가혹한 색출과 탄압으로 악명이 높다. 따라서 러시아 위성 정부가 구성돼 있으나 체첸 독립군들의 저항은 조금도 수그러지지 않고 계속되고 있다.

인구 140만인 캅카스의 자그만 체첸 민족이 대러시아의 강력한 군사력에 대항해 독립 투쟁을 계속해 나가자 세계 여론은 비로소 체첸에 관심을 보이기 시작했다. 체첸인은 4세기 훈족의 침략을 기점으로 1,500년 이상 항쟁의 역사를 거듭해 왔다. 그만큼 저항 정신이 강한 민족이다. 비잔틴, 페르시아, 셀주크 튀르크, 몽골, 티무르, 오스만 튀르크 같은 대제국들이 한결같이 지정학적으로 중요한 캅카스를 침략했고, 그때마다 체첸 민족은 강력하게 저항했다. 운명적으로 받아들인 항쟁 정신이 바로 체첸 민족의 불가사의한 힘의 원천이라는 생각이 들 정도다.

나아가 체첸 민족을 정신적으로 묶어 둔 또 하나의 요소는 이슬람 수피 종단이다. 역사적으로 국가를 경험하지 못했던 체첸 민족은 자신들의 국가 조직을 대신해 수피 종단 조직을 받아들였다. 혈연과 부족 공동체를 중심으로 그들은 하나의 종교 연대를 이루었고, 그들의 종교적 스승을 정신적 지도자로 모시고 일사불란한 결사체를 유지해 갔다.

칸카스의 지형도 체첸 민족을 강인하게 만든 또 하나의 요인이다. 북캅카스 지역은 북부 비옥한 평원 지대와 남부 험준한 산악 지대로 구분된다. 체첸 민족은 평상시에는 북부 평원 지대에서 평화로운 농경 생활을 즐기지만, 이민족의 침략을 받으면 험준한 산악 지역을 이용해 게릴라전을 펼쳤다. 다시 말해 그들은 산악 민족의 강인한 체력을 바탕으로 신출귀몰한 게릴라전을 펼쳐 자신들의 열세를 만회할 수 있었다. 남부의 험준한 산악 지형이야말로 그들의 가장 큰 무기였다. 아프가니스탄 전쟁 당시 러시아군이 아프가니스탄 산악 지대의 게릴라 전투에서 패배한 것과 같은 맥락이다. 체첸의 패배로 끝난 제2차 분쟁 이후 체첸 독립군은 다시 남부 산악 지대로 피신해 힘을 비축하며 훗날을 도모하고 있다.

아프가니스탄 전쟁으로 잊힌 인류 문명의 보고

2001년 10월 미국의 아프가니스탄 침공으로 시작된 전쟁은 20년(2001~2021) 만에 탈레반의 승리로 끝이 났다. 9·11 테러에 대한 보복으로 미국은 알카에다를 비호했다는 명분을 내세워 아프가니스탄의 합법적 집권 세력인 탈레반 정권을 무너뜨리고자 전쟁을 시작했다. 전쟁은 실패했다.

21세기 현대사에서 아프가니스탄만큼 복잡한 나라도 없을 것이다. 구소련과의 10년에 걸친 전쟁, 뒤이은 기나긴 내전과 종족 분쟁, 탈레반의 집권과 극단적 이슬람 과격주의의 등장, 알카에다 비호와 9·11 테러 배후 지목, 미국의 아프가니스탄 침공과 탈레반의 저항, 자살 폭탄 테러로 인한 일상의 죽음, 한국인 인질 납치 살해 사건, 한국군의 파병과 철수 그리고 재파병, 미국의 아프가니스탄 철군 결정과 탈레반의 재집권 등등 종잡을 수 없는 숨 가쁜 역사가 전개되고 있는 곳이다.

오늘날 아프가니스탄 혼란의 원인은 강대국의 개입과 이권 다툼이 본질적이기는 하나 태생적으로 안고 있는 종파와 종족 간의 권력 분점도 큰 몫을 차지한다. 그리고 다양한 종족은 국가보다는 부족의 이해관계에 얽매여, 심지어는 강대국과도 협력하면서 이합집산을 거듭해 왔다. 현재 아프가니스탄은 많은 종족과 부족 집단 중 일곱 개 부족이 주축을 이룬다. 파슈툰(Pashtun), 타직(Tajik), 우즈벡(Uzbek), 하자라(Hazara), 아이마크(Aimaq), 투르크멘(Turkmen), 발루치(Baluchi) 등을 중심으로 약 3,500만 명의 인구가 거주하고 있다. 각 부족은 독자적인 언어를 바탕으로 각각의 지역 연고와 준독립적인 지방 권력 카리스마를 갖고 있다. 중앙 정부에 협력과 견제라는 두 축으로 자신들의 고유한 역사성과 공간적 정통성을 유지하고 있다. 종족별로 뚜렷한 전통과 토착 관습을 보이지만, 종족 사이는 그렇게 배타적이거나 폐쇄적이지 않다. 이해관계가 침해당했을 때 주저 없이 서로 갈등하고 투쟁하지만, 얼마든지 협상을 통한 권력 분점과 통혼이 가능하며, 외부의 적에 대해서는 강력하게 단합하는 경향을 보인다.

가장 주요한 종족은 파슈툰으로, 인구의 40~45퍼센트를 차지하며 파키스탄과의 국경 지대인 남쪽 지방에 뿌리를 두고 있다. 타직은 서쪽과 북동 지방, 하자라는 중앙부, 우즈벡은 북서부 지방에서 강력한 연고를 유지하고 있다. 아무래도 주력 종족인 파슈툰의 영향력이 가장 클 수밖에 없다. 현재 탈레반 주축 세력이 파슈툰이다.

이러한 다양성 속에서 그나마 아프가니스탄을 하나의 국가 정체성으로 연결해 주는 유일한 요소는 국민 99퍼센트가 믿고 있는 이슬람이다. 이중 84퍼센트가 수니파이고 15퍼센트는 시아파이다. 그만큼 이슬람 요소가 중요하고, 아프가니스탄 문제 해결에도 핵심적인 요인이 된다.

한편 아프가니스탄은 역사적으로 매우 중요한 동서 문화사의 중심지이다. 이집트 문명에 버금가는 오랜 고대 도시 문명은 물론, 페르시아, 마케도니아, 간다라 불교, 이슬람 문화가 켜켜이 쌓인 문명 지층을 형성하고 있다. 역사상 이름을 떨쳤던 페르시아, 그리스, 박트리아, 쿠샨, 에프탈리테, 사파리조, 사만조, 가즈나조, 구리조, 티무르조, 무굴조 등이 이 땅에서 번성하면서 귀중한 문화유산을 남겼다. 5만 년 전 인류 최초의 농경 유적지가 발견되어 세상을 놀라게 하였고, 기원전 3천 년경 인더스 문명의 위성 도시인 문디가크(Mundigak) 유적지가 남부 칸다하르 근처에서 발굴되었다. 조로아스터교의 창시자 조로아스터도 기원전 아프가니스탄 발흐에서 태어나서 사망한 것으로 알려져 있다.

기원전 6세기 페르시아 대제국에 복속되면서 페르시아 문화를 두텁게 받아들인 결과, 아프가니스탄은 종족, 언어, 예술 분야에서 페르시아 문화의 영향을 강하게 받았다. 기원전 2세기부터는 마우리아 왕조 때 번성한 불교의 영향을 받으면서 전역에 많은 불교 유산을 남겨 놓았다. 더욱이 북부 틸리야 테페(Tilya Tepe)에서는 1세기경 박트리아 시대 유물로 추정되는 금관과 2만여 점의 다양한 금세공품이 대량으로 출토돼 세상을 놀라게 했다. 6호 묘에서 발굴된 아프간 금관은 후대 5~7세기의 신라 금관의 기원과도 연결될 수 있다는 점에서 특별한 관심을 끈다. 그리고 750년경에는 당나라 유민 출신의 당나라 장군 고선지가 서역 원정을 하면서 힌두쿠시산맥을 넘어 지금의 아프가니스탄 동부 지역까지 진출한 기록도 보인다. 8세기부터 이슬람의 새로운 물결이 이 지역을 강타하자 아프가니스탄 종족들은 그때부터 이슬람을 믿게 되었다. 동시에 그 이전까지의 조로아스터교, 불교, 힌두교 요소는 급속히 영향력을 잃어 갔다.

이슬람에 바탕을 둔 아프가니스탄의 독자적인 국가 설립은 1747년이다. 당시 아프간 부족들은 합심해 사산조 페르시아와 주변 세력을 물리치고 칸다하르에서 로야 지르가(Loya Jirga, 최고 부족장 회의)를 열어 아흐마드 샤 압달리(Ahmad Shah Abdali)를 새로운 아프간 지도자로 선출했다. 이것이 오늘날 아프가니스탄 국가가 성립되는 기초가 되었다.

그 후 다시 혼란과 외세의 지배를 받던 아프가니스탄은 1919년 국왕 아마눌라 칸(Amanullah Khan)이 영국과 라왈핀디 조약을 맺고 아프가니스탄 왕국으로 독립하면서 새로운 전기를 맞았다. 아마눌라 칸이 주도했던 정책은 아프가니스탄의 현대화였다. 여성의 온몸을 감싸는 부르카 착용을 금지하고, 남성에게 서양식 양복의 착용을 권장하는 등 일련의 개혁 조치를 단행했다. 터키에서의 케말 아타튀르크에 의한 과감한 이슬람 개혁 조치에 버금가는 혁명적인 변화가 나타났다. 그러나 그의 개혁은 보수적 종교계와 부족 지도자들의 반발을 샀으며, 결국 1929년에 반란이 일어나 해외로 망명하고 말았다.

왕위를 이어받은 무함마드 자히르 샤는 그 후 40년간 강력한 중앙 집권 체제를 구축했고, 1946년 유엔에 가입하는 등 국제 사회의 일원으로도 활약했다. 그러나 1973년 쿠데타가 일어나 왕정이 전복되면서 아프가니스탄의 현대사는 전쟁과 내전으로 얼룩지게 되었다.

쿠데타에 성공하고 대통령이 된 무함마드 다우드는 야심 찬 경제 개발 계획을 발표하면서 서양의 유혹을 뿌리치고 소련의 역할에 기대를 걸었다. 그러나 그의 독재 정치는 극단적인 좌익 지식인과 군부뿐만 아니라 전통적인 종족 지도자들에게서도 반발을 샀다.

사회주의 성향 국가로 변모해 가던 아프가니스탄은 좌익 정당 간 내분으로 정치적 혼란을 거듭하다가 결국 1979년 12월 25일 소련군의 침공을 불러들였다. 이때부터 1989년 2월 소련군이 철수할 때까지 이슬람 원리주의로 무장한 무자히딘(전사들)과 소련군 사이에 피로 얼룩진 전쟁이 10년간 계속되었다.

소련군이 철수한 이후에도 소련의 괴뢰 정부인 나지불라 정부와 무자히딘 간의 내전이 계속되어 아프가니스탄은 회복하기 힘든 전쟁의 늪으로 빠져들었다. 1990년대 들어 남부 파키스탄 국경 부근에서 파슈툰족이 주축을 이룬 탈레반 그룹이 갑자기 나타나면서 내전 양상은 새 국면을 맞았다. 1994년 가을, 그들은 스스로 '이슬람을 진정으로 공부하는 학생들', 곧 탈레반이라고 자처하며, 서로 적대 관계에 놓여 있는 군벌들의 무장을 해제하고 이슬람법에 근거한 이슬람 정부의 탄생을 표방했다. 그들은 전쟁 직후 무정부 상태에서 폭력과 납치, 강간과 약탈이 성행하던 사회를 바로잡기 위한 자경단으로 출발해, 강한 이슬람 율법의 시행만이 윤리와 도덕이 땅에 떨어진 나라를 바로잡을 수 있다고 확신했다. 조직적이고 훈련된 탈레반 그룹들은 1996년 9월 카불을 점령했으며, 아프가니스탄 북부 지역을 제외한 아프가니스탄 대부분 지역을 장악해 사실상 집권 세력이 되었다.

내전은 정권을 새로 장악한 탈레반과 반탈레반 연합 세력의 대결 구도로 바뀌었으며, 이들의 배후에 주변 국가들의 이해관계가 얽혀 더욱 복잡하게 전개됐다. 탈레반을 지원하는 국가는 탈레반과 같은 수니 이슬람의 파키스탄과 사우디아라비아 등이 있으며, 미국도 이 지역에서의 경제적 이점뿐 아니라 러시아나 이란의 영향력이 증대되는 것을 꺼려 간접적으로 지원을 아끼지 않았다. 반면 러시아는 친러시아 성향의 나지불라 정권이 몰락한 후 중앙아시아 국가들을 통해 반탈레반 연합 전선을 지원해 왔다.

양측은 1998년 4월 유엔과 이슬람회의기구(OIC)의 중재를 받아들여 일시적으로 '아프가니스탄의 내전 종식과 평화 정착, 이슬람 율법에 따른 아프가니스탄 이슬람 공화국의 건설' 등을 논의했으며, 1999년 3월에는 양측이 입법, 사법, 행정부의 권력을 나누어 갖는 연립 정부 구성에 합의했다.

그러나 이러한 평화 회담의 노력에도 휴전 1년 만인 1999년 8월에 양측은 다시 무력 충돌 상태로 돌아갔다. 이어서 같은 해 11월, 유엔은 아프가니스탄에 경제 제재 조치를 단행했다. 이 조치는 내전에 시달려 피폐한 아프가니스탄을 더욱 어려운 처지로 몰아넣었다.

이와 같은 세계적인 고립 속에서도 탈레반 정권은 공산 통치 시기에 개정되었던 모든 비이슬람적인 법과 규정을 무효화시키고 이슬람법을 근간으로 하는 법을 채택했다. 비효율적인 예산 낭비를 줄이기 위해 정부 기구도 대폭 축소했다. 그러나 통치 경험이 부족한 탈레반 정부는 극단적 이슬람 원리만 고집하는 무리한 정책을 펴 국민의 지지는 물론, 국제 사회의 신뢰까지 상실했다.

아프가니스탄 내에서 가무와 오락이 금지됐으며, 이슬람을 주제로 하지 않은 영화 및 비디오 상영이 금지되었다. 또한 여성에게는 얼굴까지 가리는 부르카를 강요했으며, 여성의 취업을 불법화해 가정으로 돌려보냈다. 심지어 여성은 흰 양말 착용, 화장과 립스틱, 교육 기회, 꾸란 공부 등이 모두 금지되면서 완전한 차별 정책에 시달렸다.

유엔 인권위원회 및 세계사면위원회의 보고에 따르면, 형벌에도 이슬람법을 적용해 강간죄에 투석형, 절도죄에 손목 절단형, 음주에 태형 등을 적용해 비인도적인 형벌이라는 국제적 비난을 받았다. 더욱이 미얀마와 함께 세계 마약의 80퍼센트 이상을 생산하면서 탈레반 정부가 마약 재배의 주범이라는 의혹을 받기도 했다. 2001년 3월에는 바미얀 석불 같은 인류의 보편적 문화유산에 대한 파괴를 자행해 악명을 떨쳤다. 2007년에는 한국인 선교사 23명을 납치하여 그중 두 명을 살해하는 잔혹함까지 과시했다.

탈레반 정권은 9·11 테러가 일어나자 테러 주범인 오사마 빈 라덴을 보호하며 끝까지 신병 인도를 거부했고, 이것이 미국의 부당한 아프가니스탄 침공에 일차적인 빌미가 되었다. 탈레반은 구소련을 막아 내기 위한 항쟁의 동료였던 오사마 빈 라덴을 버릴 수 없었다. 9·11 테러 훨씬 이전부터 탈레반이 장악하고 있던 아프가니스탄은 미국의 공격 목표였다. 카스피해 원유를 인도양으로 연결하는 핵심 루트일 뿐만 아니라, 중국과 이란, 파키스탄과 인도를 사이에 둔 전략적 요충지로서 미국의 세계 전략에 꼭 필요한 나라였다. 이처럼 미국의 아프가니스탄 침공은 명분과 실리가 따로 있는 전쟁이었다. 탈레반 정권은 전쟁 즉시 붕괴했고, 미국의 조정을 받는 카르자이 정권이 아프가니스탄의 새 정부를 구성하고 있다. 하지만 아직도 탈레반은 건재하며 미국의 가장 위협적인 세력으로 점차 세를 키우면서 전쟁을 계속해 왔다.

탈레반은 게릴라전을 펴며 미군과 친미 아프간 정부군을 괴롭혔다. 이들은 이슬람 민중의 반미 정서를 바탕으로 국토의 70퍼센트를 장악할 정도로 세력을 넓혀 갔다. 그래서 '신(新)탈레반'이란 이름을 얻었다.

결국 아프가니스탄에서 벌어진 미국의 대테러 전쟁 20년은 탈레반과의 전쟁이었다. 9·11 테러의 주적인 오사마 빈 라덴과 알카에다가 탈레반의 보호를 받았기 때문이다. 하지만 20년간 알카에다는 온데간데없이 사라지고 거의 매일 탈레반과의 전쟁이 중심을 차지했다. 탈레반은 본질적으로 자생적 풀뿌리 민중 조직이다. 따라서 탈레반을 궤멸시킨다는 것은 다른 말로 아프가니스탄 국민 대다수를 없애겠다는 논리와 크게 다르지 않다. 이것이 미국이 아프가니스탄 전쟁에서 결코 성공할 수 없었던 이유였다.

오사마 빈 라덴은 2011년 5월 파키스탄 은신처에서 미국의 군사 작전으로 사살됐다. 가족들이 보는 앞에서 무참하게 사살한 행위나 시신을 이슬람식 전통에 반해 몰래 바다에 수장시킨 일 등은 이슬람 세계의 분노를 자아냈다. 그렇다고 이슬람 세계가 그의 죽음을 애도한 것은 아니다. 물론 알카에다라는 상징적 포장과 이념적 무기를 통해 정치적 목적을 달성하고자 했던 일부 급진주의자에게는 타격이고 재앙이었겠지만, 일반적으로 주류 이슬람 세계의 반응은 냉담하다. '국제 법정을 통하지 않았거나 상식 밖의 사살과 시신 처리 방식 등 미국의 태도에는 동의할 수 없지만, 9·11 테러 주범으로 처단받아야 할 대상이 죽은 것에 어떤 동정이나 지지하는 감정도 있지 않다'라는 분위기가 우세하다.

오사마 빈 라덴 사망 이후에도 아프가니스탄 탈레반은 끈질긴 대미 항쟁을 지속해 왔다.

탈레반은 분명 나쁜 정권이다. 그러나 정부가 아무리 나쁘다고 해도 외국 군대의 지배를 선호하는 아프간 사람은 거의 찾아보기 힘들다. 부족과 종교로 뭉쳐진 공동체에서는 탈레반이라고 해도 주민들이 먹을 것을 나누어 주고 필요한 물자를 공급해 주지 않을 방도가 없다. 그것은 이념의 문제가 아니라 공동체 삶의 기본 방식이기 때문이다. 따라서 주민과 탈레반을 분리하는 전략이 성공할 수 없다면 애초부터 그 전쟁의 승리는 불가능한 것이다. 미국이 이 사실을 깨닫고 행동으로 옮기는 데 꼭 20년이 걸렸다.

미국 국방부와 브라운 대학교의 '전쟁 비용 프로젝트' 등 전쟁 비용을 계산하는 여러 연구 단체의 보고서에 따르면, 미국이 지난 20년 동안 벌인 '테러와의 전쟁'에서 지출한 비용만 6조 4천억 달러에 달한다는 충격적인 결과를 보여 준다. 아프가니스탄 전쟁 비용 지출만 약 2조 3천억 달러로 잡고 있다. 상상하기 힘든 천문학적인 숫자다. 그런데 이 전쟁은 우리에게 무엇을 남겼나? 사람과 재산의 초토화, 더 큰 분노와 복수의 응어리만 잔뜩 키워 놓았다. 이 비용의 5퍼센트만이라도 전쟁 피해 복구나 전쟁 희생자 지원 프로그램, 난민이나 소외 계층의 삶의 질 개선에 사용했더라면 테러는 지금보다 현저하게 줄어들었을 것이다. 이는 거의 모든 연구 기관이 내놓는 공통된 결과이다.

지난 40년 동안 아프가니스탄을 읽는 코드는 파괴와 살육 그리고 절망이었다. 정확히 얼마나 많은 이들이 죽고 다쳤는지는 아무도 모른다. 이제 미국과 탈레반의 평화 협상으로 모든 것이 종식되고 다시 평화의 실마리를 얻었지만, 40년 폐허와 피폐의 깊은 골을 하나씩 메꾸는 데 또 다른 40년이 걸릴지도 모른다. 어떤 명분이나 이유에서라도 전쟁만은 막아야 한다는 당위성을 다시 한번 가다듬어 보자.

카슈미르 분쟁 인도-파키스탄의 아킬레스건

　　　　　　　　카슈미르는 히말라야의 눈 녹은 물이 흘러 비옥한 토지를 일구는 세상에서 가장 청정한 지역이자 장수촌이고, 실크로드가 지나가는 문명의 교차로이다. 카슈미르에서 가장 유명한 것은 고원에서 자라는 염소 털로 짠 모직 캐시미어(Cashmere)로, 한때 전 세계인의 사랑을 받기도 했다. 천연자원도 풍부하고, 아름다운 자연환경으로 세계적인 관광지로 주목받아 왔다.

　　그러나 카슈미르는 인도 북부와 파키스탄 북동부, 중국 서부와 경계를 이루고 있는 분쟁 지역으로, 이제는 '분쟁의 대명사'이다. 1947년 이후 오늘날까지 무슬림이 인도 통치에 항의해 저항을 계속하고 있는 절망과 고통의 땅이 되었다. 설상가상으로 이웃의 인도와 파키스탄이 복잡하게 개입해 두 차례 전쟁을 벌이면서 위험한 대치 상태가 해소되지 않고 있다. 계속되는 분쟁으로 주민의 목숨은 물론, 역사, 문화 그리고 아름다운 자연환경까지 무차별적으로 파괴되고 있다.

영국의 오랜 식민 통치가 끝나고 1947년 인도 대륙이 무슬림 지역인 파키스탄과 힌두 지역인 인도로 각각 분리 독립했다. 이때 무슬림이 대다수인 지역은 파키스탄, 힌두교도가 대다수인 지역은 인도에 귀속되기를 원했다. 그러나 당시 카슈미르 지역은 전체 인구의 60퍼센트 이상이 무슬림이었음에도 힌두 마하라자(토후, 왕) 하리 싱이 주민 의사에 상관없이 카슈미르를 인도에 귀속하는 문서에 서명했다. 무슬림은 즉각 파키스탄으로의 귀속을 요구하며 반란을 일으켰고, 파키스탄이 동족 보호를 내세우며 군대를 파견했다. 이로써 제1차 인도-파키스탄 전쟁이 발발했다. 카슈미르 비극의 시작이다.

카슈미르 문제는 지난 70여 년간 인도와 파키스탄 양국 간 분쟁의 핵심 사안이 되었으며, 상황의 지속적인 악화로 지구상에서 가장 위험한 지역 중 하나가 되었다. 더욱이 인도와 파키스탄이 1998년 핵 보유를 공식화◆하면서 인구 15억을 헤아리는 이 지역의 위험 수위가 더욱 높아지고 있다.

따라서 카슈미르 문제는 영토 분쟁과 함께 무슬림 파키스탄과 힌두 인도 간 종교적 갈등을 내포하고 있어 해결의 실마리가 좀처럼 보이지 않는다. 그럼 분쟁의 원인이 된 역사를 간략하게 살펴보자.

◆ 1998년 5월 인도와 파키스탄 양국은 앞서거니 뒤서거니 하며 핵 국가 대열에 들어섰다. 그해 5월 초 인도의 핵 실험 성공에 이어 불과 3주 만에 파키스탄도 핵 실험에 성공함으로써 그동안 가능성으로만 인식되던 두 나라의 핵 보유가 기정사실화되었다.

역사

인도와 파키스탄의 대립은 10세기경부터 계속된 힌두교도와 무슬림의 분쟁에 기인한다. 8세기 초부터 이슬람을 받아들인 파키스탄은 10세기경에는 인도 북부까지 깊숙이 침투했다. 이리하여 14세기 이후 무슬림이 절대다수를 차지했던 카슈미르 지방은 1586년 이슬람 무굴 제국에 편입되면서 이슬람 문화가 굳건히 뿌리를 내렸다. 그러다가 19세기 초에 시크교도의 지배하에 들어갔다. 19세기 중엽 시크교도가 영국과의 전쟁에서 패하면서 이번에는 영국 동인도 회사에 귀속되었다.

1846년 잠무 카슈미르 지방의 토후인 그라브 싱이 카슈미르를 영국 동인도 회사로부터 750만 루피에 구입해 자치 왕국을 건설했다. 영국은 당시 펀자브 지방의 시크족과 맞서고 있었기 때문에 잠무 카슈미르 지방 힌두인의 협조가 절대적으로 필요했다. 따라서 이런 거래가 가능했다.

그 후 100년간 카슈미르 지역은 자치 국가의 성격을 유지했으나 힌두 토후의 통치 아래 주민의 60퍼센트인 무슬림과 30퍼센트 정도인 힌두인이 불평등 구조에서 갈등을 키웠다. 주민 절대다수인 무슬림은 점차 힌두 브라만 지배 계층을 위한 소작농으로 전락했고, 이에 항의하는 무슬림을 가혹하게 진압하면서 평화롭던 두 종족 사이에 갈등과 불만이 쌓였다.

소수 힌두의 압정에 대해 조직적인 저항 운동이 일어났는데, 카슈미르에서 가장 영향력 있는 저항 지도자는 셰이크 모하마드 압둘

라였다. 그의 부친은 원래 부유한 카슈미르 힌두 브라만 출신이었으나 18세기 말 이슬람으로 개종한 사람이었다. 셰이크 압둘라는 인도 최고의 명문 대학인 알리가르 이슬람 대학에서 과학을 전공한 뒤 카슈미르의 주도인 스리나가르 고등학교에서 교편을 잡았다. 그러나 점차 갈수록 노골화되는 무슬림에 대한 힌두 지배층의 차별과 박해에 분노하면서 무슬림의 지위 향상과 토지 개혁을 통한 삶의 질 개선 투쟁을 선도했다.

그러던 중 1931년 7월, 잠무의 한 감옥에서 경전 꾸란이 힌두 간수에 의해 훼손되는 사건이 발생했다. 이를 계기로 셰이크 압둘라를 중심으로 대대적인 무슬림 저항 운동이 일어났다. 그는 다양한 이슬람 종파의 차이를 극복해 1939년 무슬림회의(Muslim Conference) 조직을 만들고, 이를 국민회의(Nationl Conference, NC)로 바꿔 카슈미르 전체의 무슬림 저항 지도자로 떠올랐다.

1946년부터는 '큇 카슈미르(Quit Kashmir, 타 세력은 카슈미르에서 손 떼라)' 운동을 전개했다. 이 운동은 1942년 간디가 주도한 영국에 대항한 불복종 운동의 대명사였던 '큇 인디아(Quit India)' 운동을 본뜬 것으로, 간디와 네루의 적극적인 지지를 받기도 했다. 그런 이유로 셰이크 압둘라의 NC와 힌두 독립 투쟁 단체인 인도집권국민회의당 간에 자연스러운 협력 관계가 수립됐다. 이를 토대로 셰이크 압둘라는 인도의 분리 독립보다는 하나의 독립된 인도를 선호했다. 그것이 후일 이슬람 공동체의 분리 독립을 강력하게 추진했던 진나(후일 파키스탄의 국부)와 결별한 계기가 되었다. 셰이크 압둘라는 평소에도 "나의 종교는 진나와 같지만, 나의 꿈은 네루와 같다."라고 강조할 정도로 인도 분리 반대론자인 네루를 추종했다.

제2차 세계대전 후 1947년 8월에 영국이 인도 대륙에서 철수하면서 종교에 따라 인도와 파키스탄이 분리 독립했다. 이때 카슈미르는 주민의 절대다수가 파키스탄 편입을 요구했으나, 마하라자 하리싱은 그해 10월 26일 국민 투표를 전제로 인도로의 편입을 결정했다. 이때부터 카슈미르의 비극은 시작됐다. 인도령인 잠무 카슈미르의 면적은 약 13만 8천 제곱킬로미터, 인구는 약 772만 명이다. 파키스탄령인 아자드 카슈미르의 면적은 약 7만 9천 제곱킬로미터이며, 인구는 약 169만 명이다. 1962년 중국과 인도 간에 일어난 국경 분쟁 결과 약 4만 2천 제곱킬로미터에 이르는 동부 지역이 중국의 지배를 받게 되었으며, 이를 아크사이친(Aksai Chin, 라다크) 지방이라고 한다.

현황과 분쟁의 전개

이처럼 분쟁의 발단은 인도와 파키스탄이 1947년 8월 15일 영국에서 분리 독립하면서 양국 가운데 있는 카슈미르 지역에 대한 귀속 문제가 원만히 해결되지 못했기 때문이었다. 카슈미르를 둘러싼 제1차 인도-파키스탄 전쟁은 1948년 말 유엔의 중재로 휴전이 성립됐다.◆

◆　1948년 1월에 카슈미르 문제가 유엔 안전보장이사회에 상정됐다. 1949년 7월 유엔 중재하에 인도-파키스탄은 파키스탄의 카라치시에서 휴전 협정을 체결했고, 약 1,200킬로미터에 달하는 휴전선(Ceasefire Line)이 설정되었다. 이에 따라 카슈미르의 약 3분의 1은 아자드 카슈미르 지역으로 파키스탄이, 약 3분의 2는 잠무 카슈미르 지역으로 불리며 인도가 차지했다. 이것이 오늘날 카슈미르 분리와 분쟁의 발단이었다.

그 결과 카슈미르 지역은 1949년 7월 성립된 카라치 협정에 따라 인도는 동부와 남부인 잠무 카슈미르를, 파키스탄은 서부와 북부인 아자드 카슈미르를 지배하게 되었다. 파키스탄은 전쟁 후에도 카슈미르가 독립 정부임을 주장했고, 인도는 1963년 잠무 카슈미르 지역을 1개 주로 편입했다. 그러자 전체 주민의 60퍼센트가 무슬림인 잠무 카슈미르에서는 무장 반군 단체인 잠무 카슈미르 해방전선(JKLF)이 인도 정부에 맞서 독립 투쟁을 계속하고 있다.

카슈미르 지방은 정치, 군사, 전략적 측면에서 인도와 파키스탄에 매우 중요한 지역이다. 우선 인도와 파키스탄 양국의 견해차를 살펴보자.

인도는 첫째, 카슈미르 지역이 전략적인 방어선 구축을 위해 꼭 필요하다는 입장이다. 중국, 파키스탄, 아프가니스탄 등과 연계돼 있어 인도의 북방 진출 라인에서 핵심 거점이기 때문이다. 둘째, 인도의 세속적인 민주주의를 지키려면 과격한 이슬람 국가인 파키스탄, 아프가니스탄과의 완충 지대에 있는 카슈미르 지역에 대한 통제가 매우 중요하다는 입장이다. 즉 카슈미르를 양보하면 인도 정치 체제에 대한 위협 요소가 커진다고 보고, 카슈미르 문제를 결정짓는 국민 투표까지 거부하고 있다. 셋째, 카슈미르의 자연환경에 대한 중요성이다. 카슈미르는 히말라야산맥을 끼고 있으며, 거기서 흘러나오는 거대한 수자원 확보가 필수적이다. 이 지역을 파키스탄에 넘겨주면 인더스강을 중심으로 하는 인도 산업들이 피폐해질 수 있고, 인도의 근본이 흔들리기 때문이다. 또한 히말라야산맥을 중심으로 하는 거대한 미래 관광 자원 역시 인도가 포기하기 힘든 매력이다.

한편 카슈미르에 대한 파키스탄의 전략적 입장도 인도와 크게 다르지 않다. 하지만 파키스탄이 겉으로 내세우고 있는 명분은 이 지역 주민 대다수가 무슬림이며, 그들이 인도로의 병합을 원치 않는다는 것이다. 그러면서 카슈미르 무슬림 주민들의 보호자 역할을 자임한다. 이러한 명분은 다른 이슬람 국가의 지지를 유도하는 중요한 배경이다. 파키스탄 국방 장관은 카슈미르에 파견되는 군사를 '위대한 알라의 병사들'이라고 부르면서 카슈미르 분쟁을 이슬람의 성전, 즉 지하드(Jihad)로 칭하고 있다.

미국과 소련은 양국 간 대결과 첨예한 이해관계를 이용해 서로 자기편으로 끌어들이고자 1960년대부터 인도 대륙을 무대로 치열한 원조 전쟁을 시작했다. 서방은 파키스탄에 군사적, 경제적 원조를 제공했다. 인도는 비동맹권의 중심 국가라는 입장을 효과적으로 이용해 동서 양 진영으로부터 원조를 받았지만 결국 소련의 입장을 지지했다.

1962년에는 중국과 인도 사이에도 소규모 분쟁이 발생했다. 중국이 아크사이친 지역을 자국 영토화하려고 그곳에 요새를 구축했기 때문이다. 그 후 파키스탄과 중국이 파키스탄령 카슈미르 지방과 중국 신장 지역 간 경계를 확정하는 국경 협약에 서명함으로써 인도를 곤경에 빠뜨렸다. 인도 정부는 파키스탄이 인도 영토인 카슈미르를 중국에 넘겨주었다고 비난하면서 이 협정을 공개적으로 비난했다. 그러면서 보복 조치로 인도령 카슈미르를 인도 연방 정부에 통합시키기로 했다.

이에 따라 잠무 카슈미르 해방전선을 중심으로 한 무슬림 조직들이 무장 투쟁을 시작했고, 양국의 남부 접경인 쿠츠 지역으로 국경 충돌이 확대되었다. 이 충돌이 결국 1965년 9월 6일 제2차 인도-파키스탄 전쟁으로 발전했다. 1965년 9월, 유엔의 제의로 인도-파키스탄 휴전 협상이 시작됐고, 소련의 중재로 1966년 1월 타슈켄트 선언이 발효됨으로써 전쟁은 종결되었다. 이 휴전 협정에서 양국은 1949년 설정된 경계선으로 복귀하기로 합의했다.

제2차 인도-파키스탄 전쟁이 종결됐으나, 분쟁의 원인이 되었던 카슈미르 문제가 전혀 해결되지 않아 양국 사이에 긴장이 계속됐다. 따라서 카슈미르 문제는 내부의 이슬람-힌두 간 종교적 갈등, 인도-파키스탄 양국의 국내 정치, 파키스탄을 지지하는 미국과 인도를 지원하는 러시아, 카슈미르 영토 일부를 점령하고 있는 이웃 중국 등 강대국의 이해관계가 서로 맞물려 팽팽한 줄다리기를 계속해 왔다.

분쟁은 테러와 민간인 살상을 동반하면서 갈수록 과격해졌다. 1980년대 후반부터는 인도 정부군과 파키스탄의 지원을 받은 무장 단체 간 내전으로 발전했다. 잠무 카슈미르 무슬림 무장 단체가 힌두교도에 대해 폭동, 테러, 게릴라전 등을 수행하거나 카슈미르의 독립을 주장하면, 인도 힌두교도 측에서 보복하는 악순환이 이어졌다.

지배 세력인 인도에 의한 카슈미르 무슬림의 피해는 상상을 초월한다. 1990년 이후만 해도 8만 명의 카슈미르인이 살해당하고, 8천 명의 여인과 소녀가 강간당했으며, 적어도 10만 채 이상의 가옥과 상점이 불타거나 파괴되었다. 주요 사건만 열거해도, 1984년 인도-파키스탄 카슈미르 국경 분쟁, 1985년 파키스탄 국경에 인도 정부군 10만 집결, 1987년 2월 인도 측 카슈미르 국경 지역에 파키스탄의 포격으로 약 100개 마을 주민이 대피, 1990년 4월 양측 간 교전이 발발할 당시 카슈미르에 인도군 병력 50만 명 배치, 1990년 힌두교 과격 단체가 카슈미르의 이슬람교 지도자 살해, 1995년 인도 정부군이 이슬람교 성지에 방화해 40명 사망, 1996년 무슬림 과격 단체가 힌두교 마을 주민 10여 명 학살, 1998년 양국 간 포격전 등이다. 이에 극단적 분쟁을 완화하고 반인륜적인 전쟁 범죄를 막아 보고자 1949년 1월부터 카슈미르 지역에서 유엔 인도-파키스탄 국경 감시단이 활동하고 있다. 한국에서도 그 일환으로 1994년 11월부터 정전 감시 요원을 파견한 바 있다.

그러나 9·11 테러 이후에도 인도-파키스탄 간 군사 충돌은 계속되고 있다. 2001년 10월에는 스리나가르 주의회에 차량 자살 폭탄 사건이 일어나 40명이 목숨을 잃었고, 2002년에는 인도 병영 테러가 발생했다. 2008년에는 인도 뭄바이에 있는 호텔에서 대규모 테러로 많은 사상자가 났고, 테러 용의자들이 파키스탄에 거점을 둔 이슬람 무장 세력으로 드러나 양국 간 긴장이 다시 고조됐다. 2019년 2월에는 잠무 카슈미르에서 발생한 자살 폭탄 테러로 인도 경찰 40여 명이 숨졌다. 이에 인도 정부는 파키스탄을 거점으로 하는 테러 조직을 근절하고자 국경을 넘어 파키스탄 내 바라코트 지역을 공습했고, 파키스탄 정부도 자국 영공을 침범한 인도 공군기를 격추하면서 양국은 전쟁 발발 직전까지 갔었다.

잠무 카슈미르를 둘러싼 양측의 불신과 적대 행위는 결국 인도 정부의 초강수 대응을 불러왔다. 민족주의 성향의 나렌드라 모디 인도 총리가 2019년 8월 잠무 카슈미르 자치권을 명시한 헌법 370조를 의회 결의를 통해 전격적으로 삭제했다.◆ 헌법 370조 폐지로 잠무 카슈미르는 특별 자치권을 잃고 인도 정부의 직접 통제를 받게 됐다. 인도 정부의 급작스러운 결정에 파키스탄 정부와 잠무 카슈미르 지방 정부는 즉각 반대하면서 투쟁 강도를 높였다. 이에 인도 정부가 군 병력을 증파하고, 집회와 단체 행동을 금지하고 학교를 폐쇄했다. 또 전화와 인터넷을 끊어 외부와의 접촉을 차단하고 인도 정부의 조치에 항의하는 시위 주동자들을 대거 체포했다. 안전을 이유로 외부 관광객과 성지 순례자들에게는 카슈미르를 떠나라는 경고를 보냈다. 사태가 악화되자 유엔이나 미국 등이 중재에 나섰지만, 이미 50만 명의 인도군이 카슈미르에 주둔하면서 자치권을 빼앗은 상태이다. 따라서 카슈미르 분쟁과 갈등은 끝없이 이어질 전망이다.

해결과 전망

양측 간의 팽팽한 명분 싸움과 잦은 무력 충돌을 해결하기 위해 국제사회는 유엔을 중심으로 잠무 카슈미르의 장래를 주민의 자유의사

◆ 인도 중앙 정부 헌법 370조의 광범위한 자치 규정에 따라 잠무 카슈미르는 지난 70여 년간 자체 헌법과 법을 만들고, 고유한 깃발을 쓰는 등 외교, 국방, 통신을 제외한 분야에서 자치권을 행사해 왔다.

에 따라 공정한 투표로 결정해야 한다는 원칙을 분명히 했다. 그러나 인도와 파키스탄의 과도한 정치 개입과 전쟁은 주민의 자유의사에 의한 귀속권 결정 원칙을 무너뜨렸고, 걷잡을 수 없는 혼란의 소용돌이를 야기했다. 결국 무슬림 다수 거주 지역인 카슈미르에 대한 인도 통치가 계속되고 국제 사회의 협약이 지켜지지 않자 일부 무슬림 급진 세력은 평화적인 기다림보다는 무장 투쟁을 호소하게 되었다. 이를 인도에 대한 테러 행위로 간주한 인도 정부는 오히려 가혹한 탄압과 인도 지배를 강화해 나가고 있다. 카슈미르의 강제 병합과 인도화, 이에 맞서는 카슈미르 무슬림 저항 조직들의 극단적인 무장 투쟁의 악순환이 카슈미르의 불행한 현실이다.

지금까지 나온 카슈미르 분쟁 해소의 대안은 크게 분리 독립론과 자치론이다. 인도 합병론, 파키스탄 합병론 등도 있으나 대중적인 지지를 받지 못하고 있다. 카슈미르인은 약 70퍼센트 정도가 분리 독립론을 지지하고 있으나 인도 정부가 이를 수용할 리 없다.

자치론이 현실적인 대안이기는 하나 무슬림이 절대다수를 차지하는 잠무 카슈미르에서는 이질적이고 적대적인 힌두 인도 사람과 함께 살 수 없다며 분리 독립론도 만만치 않다. 따라서 인도 정부는 합리적인 협상의 성공을 위해서 분리 독립운동에 나선 이슬람 무장 세력은 물론, 파키스탄 정부와도 힘든 협상을 마무리해야 한다.

카슈미르 자치론의 경우, 인도 정부가 '카슈미르의 전폭적인 자치를 허용한 인도 헌법 제370조'를 실행에 옮기는 것이 중요한데도 오히려 헌법 제370조를 삭제함으로써 카슈미르 분쟁은 새로운 국면을 맞고 있다. 결국 인도와 파키스탄은 국제 사회 일원으로서의 책임을 소홀히 하고 근시안적 민족주의로 자기 발전과 국제 사회의 평화 노력을 저해하고 있는 것이다. 70년에 걸친 카슈미르 분쟁은 종교 갈등에서 출발, 지금은 인도-파키스탄의 영토 분쟁, 인도-중국 간 지역 패권 갈등, 테러와의 전쟁 등과도 복잡하게 얽혀 있다. 유엔과 국제 사회의 모든 구성원은 카슈미르 문제를 1947년의 원점으로 돌려놓고, 비극의 땅 카슈미르 문제를 해결할 방안을 찾아야 할 것이다.

중국에 편입된 위구르인의 슬픈 역사

"위구르는 중국이 아니다. 절대 중국이 될 수 없다. 민족이 다르고 언어가 다르고 종교가 다르다. 역사적 배경과 살아온 문화가 다른데 어떻게 동화라는 이름으로 우리 땅을 빼앗은 중국이라는 체제에 편입될 수 있겠는가?"

동투르키스탄 망명 정부 지도자로 평생 독립 투쟁을 하다 1995년 94세의 일기로 세상을 떠난 이사 유수프 알프테킨(Isa Yusuf Alptekin)의 말이다.

그렇다, 위구르는 중국이 아니다. 1949년 이후 중국 공산당이 강제 점령해 중국 땅에 편입한 뒤 지금껏 지배하고 있다. 중국은 위구르 지역을 새롭게 빼앗은 땅이라 해서 신장(新疆)이라 부른다. 그러나 위구르 사람들은 자신의 땅을 투르키스탄으로 부른다. '튀르크인의 땅'이라는 의미다.

위구르인은 적어도 5천 년간 그 땅에서 뿌리를 내리고 유목과 목축, 정주와 도시 생활을 번갈아 하며 살았다. 실크로드라는 문명의 이동로를 따라 인류가 창안했던 가장 첨단의 기술과 정보, 새로운 문화를 호흡하며 인류 역사에 기여했다. 그들의 조상은 흉노와 돌궐 제국을 세웠다. 특히 돌궐은 중국의 조공을 받는 중앙아시아 최대의 제국으로 고구려는 물론, 멀리 비잔틴 제국이나 사산조 페르시아 제국과도 교통할 정도로 강성한 국가였다.

돌궐의 후예인 쿠툴룩 빌게 퀼은 동족 카를룩과 힘을 합쳐 위구르 제국을 건설해 광대한 중앙아시아 초원을 중심으로 알타이 민족의 대통합을 이루었다. 744년의 일이다. 755년 중국에서 안녹산의 난이 일어나자 다급해진 당 현종은 위구르에 긴급 원병을 요청했고, 남쪽 티베트의 끈질긴 공격을 물리치는 데에도 위구르군이 절대적인 역할을 했다. 그 결과 위구르 카간(왕) 바얀추르는 중국 조정에 정치적인 영향력을 행사했고, 757년에는 조공과 함께 중국 공주를 왕비로 맞아들이기까지 했다. 이처럼 중앙아시아 중심 지역에서 출발해 840년 키르기스에 멸망할 때까지 위구르 제국은 중앙아시아의 실질적인 실력자로 중국과 대등한 위치에 있었다.

문화적으로 위구르인은 실크로드 상인인 소그드인에게서 마니교를 받아들였으며, 그들의 수준 높은 문화는 후일 몽골 제국의 형성에 두터운 원동력이 되었다. 무엇보다 많은 위구르인이 10세기부터 이슬람을 받아들여 중앙아시아 이슬람 파고의 역사적 계기가 되었다. 위구르인을 지칭하는 회흘(回紇), 회골(回鶻)에서 회교(回敎)라는 말이 연유된 것도 이 때문이다.

그러나 위구르인 대부분은 새로운 세상을 찾아 서쪽으로 이동해 후일 셀주크 튀르크와 오스만 튀르크 제국을 건설한다. 중앙아시아 서쪽 옛 땅에 뿌리를 내린 위구르 사람들이 지금의 동투르키스탄(신장)에 사는 위구르인이다. 동투르키스탄의 위구르인은 20세기까지도 엄연한 독립 국가를 이루었다.

1759년부터 동투르키스탄 일대를 장악한 청나라와 전쟁을 벌여 승리한 야쿱 베이는 1864년에 카슈가르 국가를 건국했다. 카슈가르 국가는 오스만 제국은 물론, 러시아와 영국을 상대로 화려한 외교를 펼치면서 중앙아시아의 새로운 정치 세력으로 위세를 떨쳤다. 그러나 카슈가르의 운명은 얼마 가지 못했다. 러시아의 남하 위협에 영국이 청나라 편을 들면서 카슈가르는 다시 중국의 땅이 되었다. 1844년 중국은 이 지역을 투르키스탄이 아니라 신장이라고 부르기 시작했다.

중국에 대한 저항을 계속한 위구르인은 1933년과 1944년 두 차례에 걸쳐 독립을 쟁취하는 데 성공했다. 1933~1934년에 동투르키스탄 이슬람 공화국, 1944~1949년에는 동투르키스탄 공화국이 각각 건설되었다. 그렇지만 거대한 중국의 집요한 공격에 결국 위구르인의 저항은 한계에 부닥쳤다. 1949년 중국 공산당이 개입한 것으로 보이는 비행기 폭파 테러로 대통령을 포함한 동투르키스탄 정부 지도자들이 한꺼번에 희생되면서 동투르키스탄 공화국은 중국에 귀속되고 말았다. 동시에 투르키스탄 서쪽은 일찌감치 러시아의 영토가 되면서 수천 년간 그 땅의 주인으로 살아온 튀르크 민족은 뿔뿔이 흩어져 강대국의 분열과 동화 정책 속에 암흑의 시기를 살아야 했다.

1990년 구소련이 붕괴되자 1991년을 기점으로 서투르키스탄의 튀르크족은 각각 우즈베키스탄, 카자흐스탄, 키르기스스탄, 타지키스탄, 투르크메니스탄으로 독립을 쟁취했지만, 중국 치하의 위구르인만은 55개 소수 민족 중 하나로 아직도 고통 속에 살고 있다.

중국의 위구르 통치와 민족 말살 정책

'하나의 중국'이란 거대 담론 속에서 위구르인은 철저히 중국인으로 살아갈 것을 강요받았다. 중국 치하의 위구르인은 국제 사회의 망각 속에서 중국의 인위적 인구 이주 정책과 체계적인 민족 말살 정책에 직면해 있다. 삶의 전부인 말과 글을 마음대로 사용하지 못하고, 유일한 영성의 의지처인 모스크를 폐쇄당한 채 종교 생활조차 중국 관리의 눈치를 보아야 한다. 자신들의 자원과 시설을 한족에게 빼앗기고 소외와 차별 속에 가난을 대물림하는 상황에 있다. 자신들이 처한 차별, 한족의 계속되는 유입과 삶의 터전 위협에 위구르인의 저항이 시작됐다.

1995년에는 굴자에서 대규모 시위를 벌였으나 중국 군경의 무자비한 진압으로 88명이 죽고 300여 명이 부상당했다. 1997년 2월 다시 굴자에서는 수천 명의 위구르인이 분리 독립을 외치다 감금당한 주민을 석방해 달라고 집단 시위를 벌였다. 이때도 중국 정부는 군대와 무장경찰을 동원해 시위대에 발포했고, 적어도 400명이 사망하는 대량 학살 사건이 발생했다. 신장을 통치하는 중국 당서기 왕러취안은 "1990년대 이후 카슈가르에서만 350건의 소요 사태가 일어나 정부 관리와 민간인 60여 명이 사망했다."라며 "1990~2003년 적발된 테러 단체와 분리주의 조직도 91개나 된다."라고 말할 정도로 위구르인의 저항은 절대 만만치 않았다.

　　현재 신장이라 불리는 중국령 동투르키스탄 주민의 거의 절반가량이 위구르족이다. 전체 주민 약 2,200만 명(2010년 기준) 가운데 위구르족이 1천만 명가량으로 약 45퍼센트를 차지하며, 인위적인 인구 이동 정책으로 전체 인구의 약 40퍼센트는 한족이 차지하고 있다. 중국 당국의 인구 총조사 통제로 정확한 인구 구성을 알기는 어렵지만 꾸준한 인구 이동 정책으로 한족이 위구르인 숫자를 넘겼다는 보도도 있다. 중요한 것은 위구르인이 45퍼센트라고 하지만, 그들 대부분은 대도시 언저리나 시골에서 전통적인 유목과 농경, 목축을 하면서 흩어져 살기 때문에 중국 당국에 더는 위협이 되지 못한다. 더욱이 인구 약 350만(2017년)의 우루무치 같은 대도시에는 한족 인구가 이미 전체의 80퍼센트에 달해 사실상 중국인의 세상이 되어 버렸다. 위구르 종교 문화의 마지막 보루라고 불리는 카슈가르마저 한족 비율이 30퍼센트에 가깝다. 앞으로 몇 년 뒤면 동투르키스탄 전체 인구에서도 한족이 위구르 인구를 추월할 것이다. 그러면 유엔 방식으로 자유 총선거를 해도 귀속권이 중국에 돌아갈 것은 너무나 뻔하다.

　　인구 변화보다 더 중요한 것은 모든 상권과 정치 권력이 완전히 한족의 수중으로 들어갔다는 사실이다. 연 10퍼센트에 가까운 경제 성장에도 위구르인의 분리 독립 요구가 거센 이유는 경제적 차별과 한족의 대량 이주 때문이다. 경제가 급성장하고 있지만 대부분의 결실은 한족이 차지하며, 위구르인은 언어와 종교적인 문제를 들어 취업 등에 있어 차별 대우를 받고 있다. 우루무치에 거주하는 위구르 청년의 실업은 한족의 4~5배에 달한다.

중국은 위구르 문화 및 정체성 말살 정책을 조직적이고 집요하게 추진해 나가고 있다. 위구르 민족주의를 부추기는 인사는 반체제로 몰아 감금하거나 제거하고, 똑똑한 젊은 인재들은 베이징으로 보내 중국 국가 이념을 교육받게 하고 있다.

현재까지는 이슬람의 종교적 결속력이 중국에 가장 위협적인 요소다. 그래서 종교 지도자를 감시하고 종교 집회나 의례에 대한 통제 수위를 한층 강화했다. 일부 과격한 종교 집단들을 분리주의자나 테러 집단으로 몰아 미국의 대테러 전쟁에 편승해 그들을 가혹하게 탄압하고 있다. 위구르 문자를 아는 사람은 줄어들고, 위구르어는 촌스럽고 비천한 언어로 중국어만이 삶의 질을 보장하고 출세할 수 있는 통로가 되게 만들었다. 조직적이고 교묘한 선전전으로 '위구르인은 포악하고 도둑이나 강도 등 사회 질서를 어지럽히는 사회악의 집단'으로 악마화하여 지울 수 없는 사회적 편견을 만들었다. 더구나 위구르인으로서 자긍심과 독립심을 말살하려는 가장 비열한 방법들을 동원하고 있다. 2015년 시진핑 정권이 추진한 위구르 인권 캠프에는 재교육 명목으로 약 100만 명 이상의 위구르 반체제 인사들이 감금돼 있는 것으로 알려졌다.^{Human Rights Watch 2017 보고서} 더욱 충격적인 것은 2019년 7월 위구르 소수 민족 탄압 문제에서 중국 정부를 옹호하는 서한에 유엔 37개 국가 대사들이 서명해 유엔 인권위원회에 보냈다는 사실이다. 사우디아라비아, 오만, 쿠웨이트, 아랍에미리트, 파키스탄, 시리아 등 무슬림 국가가 대거 여기에 포함돼 있었다. 중동 지역에 대한 중국의 막강한 힘과 함께 국익이 형제애나 종교 문제를 뛰어넘는 냉혹한 국제 질서의 현주소를 여실히 보여 주고 있다.

중국은 티베트 방식을 위구르인에게도 적용하려 한다. 티베트는 중국의 조직적이고 집요한 강제 인구 이동 정책으로 전체 인구의 60퍼센트 이상을 한족이 차지한 상태이다. 여기서 유엔 방식의 총선거를 통한 귀속권 결정은 중국의 합법적인 티베트 소유를 의미한다. 그래서 달라이 라마 같은 티베트 망명 정부 인사들은 한사코 유엔 방식의 독립을 거부하고 있다.

그런 상황이 오기 전에 어떻게 해서라도 자치와 독립을 쟁취해야 한다. 하지만 거대한 중국을 이기려는 소수 민족의 투쟁은 한계를 가질 수밖에 없고, 자칫 민족 절멸이라는 위험한 게임을 치러야 한다. 소수 민족의 슬픔과 좌절이 여기에 있다. 자식들의 안전을 위해 현실에 순응하면서 조심스럽게 기회를 보지만, 쉽지 않은 운명이 기다리고 있다.

중국은 왜 위구르를 포기하지 못하는가

첫째, 중국 행정 구역 가운데 가장 큰 성인 신장 지역은 중국 전체 면적의 6분의 1이나 되고, 석유, 천연가스 등 에너지 자원과 풍부한 광물이 매장된 중국에서 가장 중요한 자원의 보고다. 중국 정부는 서기동수(西氣東輸, 서쪽의 천연가스를 동쪽으로 수송) 프로젝트를 통해 2004년 신장에서 상하이까지 이르는 총 길이 4천 킬로미터의 가스 파이프라인을 개통시켰다. 신장 위구르 자치구의 천연가스 매장량은 무려 10조 세제곱미터에 달하는 것으로 알려져 있다. 이는 중국 천연가스 매장량의 34퍼센트에 해당하는 엄청난 양이다. 또 신장 위구르 자치구에는 타림 유전, 준가르 유전, 투하 유전 등 3대 유전이 있고, 우루무치, 쿠차, 타림 등에는 정유 공장도 설립되었다.

둘째, 위구르 지역은 주요한 전략적 핵 실험장으로, 중국의 국력과 미래 자산의 운명이 걸려 있는 곳이다. 중국은 지난 수십 년간 신장 동부인 뤄부보 사막에서 46차례의 핵폭탄 실험을 한 것으로 알려졌다. 그 결과 지역 주민에게 매우 심각한 방사능 후유증이 나타나고 있다. '1996년까지 32년간 중국 정부가 신장 위구르 자치구에서 실시한 핵 실험으로 19만 명이 급사하고 129만 명이 방사능에 노출되는 피해를 입었다'라는 일본 학계 보고서도 발표돼 큰 충격을 주었다.

셋째, 위구르 자치구는 러시아를 비롯해 카자흐스탄, 파키스탄, 우즈베키스탄 등 8개국과 국경을 맞대고 있어 변경 무역이 활발하다. 무엇보다 중국이 실크로드를 따라 서방 세계로 나가는 중요한 출구인 동시에 전략적 요충지로서 21세기 거대 중국을 이루기 위한 든든한 거점이다. 위구르와 중앙아시아의 튀르크 민족은 같은 튀르크계 종족으로 이슬람을 믿고 있으므로 종족적, 언어적, 종교적 일체감을 느끼고 있다. 이들은 현재 국경에 갇혀 남남으로 살아가지만, 문화와 종족적 연대가 언젠가 폭발력을 가질 수 있다. 따라서 위구르의 독립은 중국 내 문제로 국한되지 않고 주변 튀르크계 이슬람 국가들과 긴밀히 연계된 중대한 사안이다. 이는 중국뿐만 아니라 러시아와 미국, 터키 등과 이 지역의 이해관계에 따라 민감하게 반응할 것이다. 즉 중앙아시아 전체의 구도와 관련 있다는 뜻이다.

넷째, 위구르의 소요와 독립은 중국 내 약 5천만 명에 달하는 회족 공동체의 이탈과 탈중국화를 촉진할 수 있다. 신장 위구르와 접경하고 있는 칭하이성, 간쑤성은 물론, 쓰촨성과 베이징, 시안 등 중국 전역에 회족이 광범위하게 퍼져 있다. 나아가 위구르의 독립과 이들의 반중국적 정서는 다른 소수 민족에게도 영향을 끼칠 수 있다. 무엇보다 통제의 가닥을 잡아가고 있는 티베트에 대한 중국의 영구 지배에 적신호가 될 수 있다. 위구르의 저항은 잠재되어 있던 중국 국내외의 티베트 민족주의자들을 자극할 것이 분명하다. 나아가 규모가 작은 다른 중국 내 소수 민족도 당장은 독립을 요구하기 어렵겠지만, 자신들의 정체성에 대한 자각과 함께 탈중국화 경향이 가속화될 수 있다.

이 모든 시나리오는 가까운 장래에 미국을 제치고 세계 최대의 강국으로 부상하고자 하는 중국의 거대 지배 담론 자체를 무산시킬 수 있다. 이 때문에 국제 사회의 비난에도 아랑곳하지 않고 중국은 위구르에 대한 지배를 더욱 가속화할 것이고, 독립과 자치를 위한 저항에 단호하게 대응할 것이다. 수백만 명의 피의 대가를 치르고서라도 위구르를 포기하지 않을 것이다.

이를 위해 중국은 중국의 통치 이념을 맹종하는 위구르인을 행정 수반에 형식적으로 앉혀 놓고, 중국 공산당 서기가 실질적인 권력자로서 위구르 자치주 통치를 책임지고 있다. 이는 자신들의 고귀한 문화와 종교, 삶의 터전에서 수천 년간 지켜 온 전통을 포기하지 않으려는 위구르인의 원초적인 열망과는 배치되는 상황이다. 중국의 패권주의 정책으로 평화적인 해결 기미가 보이지 않는 위구르의 앞날에는 어두운 먹구름이 가득하다.

고려, 조선 시대 우리와 깊은 인연이 있는 위구르

우리에게 위구르인은 특별한 역사적 인연이 있다. 그들은 한국인과 언어적, 종족적 유사성을 공유하고 있다. 우랄-알타이 중에서도 알타이 민족으로, 언어와 문화에서 한국인에 가장 근접한 종족이 위구르인이다.

튀르크족인 위구르인은 흉노를 조상으로 하며 돌궐의 후예다. 돌궐은 고구려와 중국에 대항하는 군사 연대를 맺기도 했다. 고려 말 개경에도 회회인(回回人)으로 알려진 적지 않은 위구르인이 모여 집단촌을 이루고 살았다. 일찍이 이슬람교를 받아들였던 그들은 위구르 말을 쓰고 고유한 문화를 유지하면서 심지어 예궁(禮宮)이라는 이슬람 사원까지 짓고 살았다.

그들은 조선 초기까지 국제 교역의 전문가로 조정의 이익을 대변했고, 조선 사회의 과학과 학문 발전에 중요한 역할을 한 것으로 알려졌다. 중세 세계 최고 수준의 이슬람 과학을 우리나라에 전수한 두뇌 집단이었던 것이다. 한글 창제 과정에서도 우리말에 가장 닮은 위구르 어문이 참고되었을 법하다. 한글 창제의 대표학자였던 신숙주가 위구르 문자를 빌려 쓰는 몽골어에 달통했다면, 곧 위구르 어문에도 상당한 조예가 있었다고 믿어지기 때문이다.

일부 위구르인은 쌍화점처럼 토착 음식을 파는 가게를 열었고, 고려 여인과 결혼해 우리 사회에 점차 동화됐다. 덕수 장(張)씨, 경주 설(偰)씨, 도(都)씨 등 위구르인을 조상으로 한 우리 성씨도 생겨났다. 나아가 다양한 중앙아시아-이슬람 문화를 우리 사회에 남겨 놓았다. 지금 우리가 쓰는 회교(回敎)라는 말도 '위구르인의 종교'라는 뜻이며, 위구르 상인이 독점하던 청화백자의 청색 안료는 회청(回靑)으로 불렸다. 지금 우리가 사용하는 음력의 과학적 원리도 조선 초기의 이슬람 역법인 〈칠정산외편(七政算外編)〉을 바탕으로 한 것이다.

필리핀 남부의 시위와 투쟁 모로 왕국의 영광을 위하여

1521년 마젤란의 필리핀 탐험 이후 스페인은 1898년 미국에게 2천만 달러에 필리핀을 넘길 때까지 200년 이상 이 나라를 지배했다. 그동안 필리핀은 무슬림이 살고 있는 남부 도서 지방을 제외하고 주민 거의 대부분이 가톨릭으로 개종하면서 아시아의 가장 견고한 가톨릭 국가가 되었다.

그러나 필리핀 남부에 사는 1천만 무슬림은 16세기 스페인 식민지가 되기 이전의 이슬람 술탄 왕국 재건을 꿈꾸며 살았다. 모로(Moro)◆라 불리는 필리핀 남부 무슬림은 민다나오와 술루 군도를 중심으로 살아가면서 필리핀 정부로부터의 차별과 오랜 박해를 경험해 왔다. 그들은 종교적 소수 종족으로, 필리핀 인구의 85퍼센트 이상을 차지하는 가톨릭 기득권 집단에 대항하면서 민다나오와 술루의 13개 지역에서 독특한 문화적, 언어적 정체성을 유지했다. 이처럼 필리핀 무슬림은 가톨릭 개종을 강요하는 스페인의 위협을 물리치고 이슬람이라는 종교적 일체감을 굳건히 지켜 왔다. 스페인의 종교 탄압이 오히려 더 강한 이슬람 공동체로 결속해 주었다.

민다나오와 술루 지역은 원래 필리핀에 속하지 않는 독립된 이슬람 국가였다. 현재의 민다나오섬 남부와 술루 군도의 홀로섬에는 두 개의 술탄 왕국이 자리 잡고 있었다. 13세기경 해상 교역을 하던 아랍인과의 접촉으로 이슬람교를 받아들인 민다나오 주민은 1457년 술루 제도에 술루 술탄 왕국을 건설했다. 한때 술루 왕국은 민다나오섬, 팔라완섬, 보르네오섬 북부(현재 사바주)까지 통치하는 강력한 힘을 발휘했다. 스페인이 필리핀을 침략해 대부분의 필리핀 땅을 차지

◆ 모로족은 필리핀 남부 민다나오섬, 팔라완섬, 술루 제도 등지에 사는 이슬람 주민을 말한다. 이들은 체질적으로는 말레이계이지만 이슬람교 수니파를 믿으며, 보통 언어가 서로 다른 7종족으로 구성된다. 그중 술루섬의 타우수그와 사말, 민다나오섬의 마라나오, 마긴다나오 등 4종족이 전체의 92퍼센트를 차지한다. 원래 북아프리카 출신 무슬림을 스페인 사람이 무어인(Moor) 혹은 모로인이라고 불렀는데, 필리핀을 점령한 스페인 사람들이 여기 사는 무슬림에게도 모로라는 이름을 붙였다.

했을 때도 무슬림이 거주하는 민다나오 남부만은 완강한 저항에 부딪쳐 끝내 점령하지 못했다. 이때의 16세기 왕국은 마긴다나오 왕국 (Sultanate of Maguindanao)으로 알려져 있다. 마긴다나오에서 오늘날 민다나오란 명칭이 유래했다고 한다.

21세기 들어 필리핀 남부 문제가 국제 뉴스의 초점이 된 것은 2000년 4월 23일에 아시아 및 유럽 관광객 21명이 납치돼 필리핀 홀로섬에 억류된 사건 때문이다. 납치범들은 아부 사야프 그룹 멤버로, 이슬람 국가의 건설과 모로 술탄국의 독립을 목표로 내걸고 있다. 아부 사야프는 목적을 성취하기 위한 수단으로 틈만 나면 이슬람을 내세운다. 이슬람이야말로 이질적인 필리핀 남부의 무슬림 13개 종족을 통합하는 핵심 요인이기 때문이다. 필리핀에 그렇게 많은 이슬람인이 살고 있다는 사실도 잘 알려져 있지 않거니와, 알카에다 같은 수법으로 서방 관광객을 인질로 잡고 자신들의 정치적 목표를 전 세계에 알리고자 하는 이곳 이슬람 무장 단체의 외침에도 우리는 관심을 기울일 겨를이 없었다. 필리핀 남부에서는 무슨 일이 일어나고 있는 것일까?

말레이시아와 필리핀의 국경을 이루는 술루 제도는 인구의 97퍼센트가 무슬림이다. 그들은 필리핀 주민들과는 근본적으로 다른 역사와 문화적 전통을 가진 집단이다.* 무슬림은 필리핀 정부의 차별과 박해, 술루 지역의 경제적 낙후성, 공정한 경쟁 기회의 박탈 등의 이유로 필리핀 정부에 대한 불만과 저항 의식이 강한 편이다. 필리핀은 16세기부터 스페인의 식민지였다. 그 영향으로 가톨릭교도들이 기득권을 차지했고, 식민 통치를 받아들이지 않았던 민다나오와 술루 제도에는 기득권 밖으로 밀려난 모로들이 거주한다. 민다나오와 술루 제도는 이 나라의 가장 빈곤한 20개 주 중 14개를 포함한다. 필리핀 전체에서 평균 수명이 가장 낮고 문맹률도 가장 높다.

특히 가톨릭 필리핀인이 북쪽에서 남쪽으로 이주하면서 기존의 무슬림 선주민들이 점차 토지와 농장을 잃고 오지 쪽으로 밀려났고 종교 간 갈등이 증폭되었다. 민다나오섬은 마닐라삼 생산과 광물 채굴 등으로 20세기에 들어 개발 열풍이 불기 시작했다. 이에 1950년대에는 필리핀 정부가 무슬림 세력의 확장을 막고자 의도적으로 적극적인 이주 정책을 폈다. 그러자 이주해 온 가톨릭계 주민들과 이슬람계 모로족의 마찰이 빈번했다. 가톨릭계 주민들은 모로족이 법률적으로 무지하다는 것을 이용해 조상 대대로 전래되던 그들의 토지를 헐값에 탈취하는가 하면, 코타바토주와 같이 벼 재배가 적합한 곳에 대거 몰려들어 인구 구성을 바꾸어 놓았다. 그리하여 이곳에 살던 이슬람계 모로족이 점차 오지나 주변부로 밀려나면서 소위 민다나오 분쟁이 생겼다.

1960년대 말부터 모로인이 갖는 오랜 불만과 분노는 조직적인 무장 투쟁으로 나타났다. 무력 저항의 결정적 동기는 1968년 3월에

◆ 모로 무슬림의 습속은 인도네시아나 말레이시아 등과 더 유사하고, 문화적으로는 중국 문화와 아랍 문화가 교차한다. 여기에 힌두 문화도 깊숙이 침투되었다. 생업으로 타우수그 모로는 무역과 승선, 시말 모로는 어업, 마라나오 모로와 마긴다나오 모로는 농경을 주로 한다. 북동해안 지대에는 비사야족이 많고, 서해안 지대에는 모로족이 많으며, 오지에는 부키드논, 바고보, 만다야 등 여러 종족이 함께 산다.

발생한 자비다(Jabidah) 학살 사건이다. 이는 필리핀 군대에서 훈련받던 무슬림 병사 30여 명이 필리핀군에 의해 집단으로 학살당한 사건이다. 이를 계기로 1968년 5월 코타바토주에서 라트 마타람이 주도한 모로 투쟁이 민다나오 독립운동의 시작이었다. 이 운동의 핵심은 민다나오, 술루 군도, 팔라완 제도 등을 필리핀 공화국에서 분리 독립해 이슬람 국가를 건설한다는 것이었다. 이후 지역별로 다양한 모로 투쟁 단체들이 지지 계층과 정치적 명분, 성격을 달리하면서 모로 무슬림의 권익 보호와 모로 독립국의 창설과 완전한 자치를 위한 기나긴 투쟁에 돌입했다.

가장 대표적인 투쟁 단체가 1969년 누르 미수아리(Nur Misuari)의 지도로 결성된 모로 민족해방전선(MNLF)이다. 이 단체는 필리핀 남부 25개 주를 포괄하는 '모로인의 나라(Bangsamoro Land)' 건설을 목표로 필리핀 정부에 대항해 무장 투쟁과 외교 협상을 병행하는 전략을 구사해 왔다. 1973년 정부의 계엄령 이후 강력해진 군사적 공격에 대처하기 위하여 모로 인민군(Bangsamoro Army)을 조직했으며, 지역 주민의 지지를 바탕으로 강력한 무장 투쟁을 전개했다. 1976년 마르코스 정부와 평화 협정이 이루어질 때까지 5만 명의 사망자가 발생했고, 2만 명의 모로 무슬림이 인근 말레이시아의 사바섬으로 피난했다.

1976년 12월 23일, 리비아가 중재해 필리핀 정부와 모로 해방전선이 트리폴리에서 평화 협약을 맺었다. 협약의 주요 내용은 민다나오와 술루 및 팔라완 지역 13개 주의 무슬림 자치 기구를 설정한다는 것, 모로 해방전선과 마닐라 정부 간의 휴전 등이었다. 이에 따라 1977년 1월부터 휴전이 발효되었다. 그러나 민다나오섬의 가톨릭 주민 숫자가 이미 무슬림을 넘어서는 상황에서 필리핀 정부의 투표 농간에 MNLF는 깊은 정치적 상처를 입었고 평화 협약은 무산되고 말았다.

1977년 2월 마르코스가 13개 주 주민에게 13개 주를 자치 기구의 범위로 설정하는 것에 대한 주민 투표를 실시한다고 발표하자 모로 해방전선이 강력히 반대했다. 투표 결과 모로 자치 기구는 제9 지역과 제12 지역으로 분리됐으며 3개 주는 자치 기구에서 제외되었다. 트리폴리 협약과 자치 기구 설정은 모로 해방전선의 내부 분열을 촉진하는 도화선이 되었다. 모로 해방전선의 분열은 모로 사회의 분열로 이어졌으며, 모로 분리 독립운동의 역량도 분산되었다. 따라서 모로 해방전선의 통제를 벗어난 다양한 무장 세력이 혼재하게 되었으며, 무질서한 폭력과 산발적인 전투가 이어졌다.

혼란을 딛고 새로운 독립을 위해 등장한 모로 투쟁 단체가 바로 모로 이슬람해방전선(MILF)이다. 1984년 하심 살라마트(Hashim Salamat)가 결성한 이 조직은 MNLF의 분파로 온건 노선을 비판하고 보다 강력한 대정부 무장 투쟁에 돌입했다. 반정부 테러 활동을 강화하며 상습적인 납치 및 유괴 행위를 서슴지 않았다. 이에 필리핀 정부는 MNLF와 달리 급진적인 MILF에 대해 대대적인 소탕 작전으로 전면 진압에 나서고 있다.

MILF는 1991년 아부 바카르 잔잘라니(Abu Bakar Janjalani)의 지휘 아래 MNLF에서 분리해 나왔으며, 이슬람 국가 창설을 주장하고 테러 활동과 암살, 납치 등을 일삼았다. 미국 정부는 이 조직이 알카에다와 밀접한 연관이 있는 것으로 판단하며, 1993년 2월 뉴욕 세계무역센터 공격해 종신형을 선고받은 람지 유세프도 필리핀에서 여러 차례 아부 사야프 측과 접촉했던 것으로 밝혀졌다.

MNLF에서 분리해 나온 또 다른 과격 모로 투쟁 조직은 1991년 아부 바카르 잔잘라니에 의해 결성된 아부 사야프(Abu Sayyaf) 조직이다. 아부 사야프는 미 국무부에 의해 2000년 국제 테러 단체로 공식 지목될 만큼 급진적 투쟁 방식을 채택했다. 그들은 민다나오 내 기독교의 영향력을 제거하고 '이슬람 국가 건설'을 목표로 내걸고 있으며, 요인 암살, 폭탄 테러 및 납치 행위를 투쟁 방식으로 받아들인다. 서방에서는 이 조직이 알카에다의 필리핀 지부 역할을 한 것으로 지목하고 있을 정도다.

필리핀 정부도 미국과의 군사 협력을 통해 대테러 전쟁의 맥락에서 아부 사야프 반군 소탕에 나서고 있다. 그러나 이들은 단단한 지역적 기반과 뿌리 깊은 정부군에 대한 불신을 바탕으로 아직도 저항을 계속하고 있다. 미국 역시 아프간에서 탈레반을 상대로 한 대테러 전쟁의 어려움 속에서도 특수 부대 160명을 포함한 600명의 병력을 남부 필리핀 민다나오섬 삼보앙가에 파견해 필리핀군을 훈련시키며, 아부 사야프 조직의 소탕을 위해 정기적인 합동 훈련을 하고 있다.

모로 투쟁 단체들의 계속되는 저항에 필리핀 정부는 임기응변 정책을 남발했는데, 실효성 있는 성과를 거두지 못했다. 1989년 8월에는 '무슬림 민다나오 자치 지역(ARMM)' 기본법이 통과되어 13개 주에서 자치 지역 귀속 여부를 묻는 주민 투표가 실시됐다. 그러나 민다나오 22개 주에서 오직 남라나오, 마긴다나오, 술루, 타위타위 등 4개 주만이 자치 지역 귀속을 지지했다. 더구나 이 4개 지역마저도 이를 반대한 주에 의해 격리되어 결국 자치 실현도 이루어지지 않았다.

1996년 9월 2일에는 라모스 정부가 들어서자 다시 미수아리와 평화 협정을 맺고 1976년에 체결된 바 있는 트리폴리 협약을 기초로 민다나오 지역을 비롯한 남부 필리핀의 13개 주에 일종의 '평화와 발전을 위한 특구'가 설정됐다. 이를 관장하기 위해 5인으로 구성된 평화와 발전을 위한 남부필리핀회의가 설치되었다. MNLF 지도자인 누르 미수아리가 의장으로 주재하는 이 5인 회의는 대통령 직속 기구로 편성되며, 법률 제정권은 없으나 지역 평화와 발전을 위해 더 많은 예산과 자금을 충당하는 역할을 수행하게 되었다. 라모스 정부는 남부 필리핀 지역에 대해 미수아리가 주도하는 자치와 발전의 기반을 제공해 주는 대신 내전 종식과 정치 안정을 확보하는 방안을 선택했던 것이다. 이로써 모로 해방전선은 필리핀의 제도 정치권에 진입해 특별한 지위를 법률적으로 확보하게 되었다. 이는 남부 필리핀 지역이 30여 년에 걸친 피의 내전 상황을 마무리하고 새로운 시대적 목표를 설정한 중요한 사건으로 평가된다.

그러나 아직도 문제는 남아 있다. 완전한 이슬람 독립 국가 수립을 목표로 하는 다른 급진 모로 투쟁 단체들은 1996년 9월 필리핀 정부와 모로 해방전선 사이에 체결된 평화 협정을 인정하지 않고 있다.

하심 살라마트가 이끄는 MILF 무장 세력은 술루 군도와 민다나오섬 남서부를 근거로 하여 과격한 무장 투쟁을 벌였고, 아부 사야프를 중심으로 하는 이슬람 과격주의 단체들은 요인 암살과 인질 납치 같은 극단적 투쟁 방식을 포기하지 않았다.

2000년에 들어서도 이슬람 무장 집단의 게릴라 활동은 여전히 지속되고 있다. 정부군의 대규모 공세로 최근 이슬람 무장 집단들의 병력 규모는 감소된 것으로 알려졌으나 자금 지원이 원활해질 경우 반군 규모 역시 증대될 수 있다. 이슬람 무장 집단들은 각자가 장악한 지대를 중심으로 혁명 세금을 징수하기도 하며, 특히 아부 사야프 집단의 경우 외국인이나 민간인 납치 사건을 벌이고 엄청난 몸값을 요구하기도 한다.

필리핀 남부는 평화가 찾아오는 듯하다가도 어느 순간 달아나 버리는 곡예 같은 악순환을 반복하고 있다. 2008년 중반만 해도 민다나오 지역에 평화의 기운이 감돌았다. 필리핀 정부와 이슬람 반군의 평화 협상이 마무리 단계에 들어서고 있었다. 그러나 이번에는 지역 기독교계가 강력하게 반발하고 나섰다. 평화 협정을 통해 무슬림의 자치권이 보장되면 무슬림 거주지에 남아 있는 교회와 소수의 기독교인이 박해받을 것이라는 역차별의 문제가 불거진 것이다. 필리핀 사법 당국도 필리핀 남부에서 확대된 자치는 결국 국가를 분리하게 될 것이라며 평화 협정에 대한 위헌 판결을 내리고 말았다.

그 후 모로 독립과 자치권 확대를 위한 무장 투쟁은 필리핀 정부의 태도와 정책에 크게 좌우됐다. 과거 마르코스 정부 이래 계속된 기독교 주류 중심의 국가 운영 독점, 정치적 부패, 지속적인 경제 침체와 지역 간 빈부 격차, 배타적인 종교, 이념적 갈등 등 분명 모로인은 종교적, 민족적 차별을 받고 있으며, 이것은 정당한 투쟁의 명분으로 작용한다.

근원적인 사태 해결을 위해 필리핀 정부 당국과 남부 모로 저항 조직 사이에 화해와 자치 협상이 2012년부터 본격적으로 시작되었다. 그해 10월 15일 정부와 모로 이슬람해방전선(MILF) 사이에 자치구 설립에 관한 기본 조약이 체결되었다. 바로 방사모로 자치구 설립 계획이다. 2015년 필리핀 의회에서 통과된 '방사모로 자치구(BARMM)' 기본법에 의하면 독자적인 입법, 행정, 사법 체제와 자치 정부 수반을 가지는 한편, 경찰, 국방, 외교, 통화 발행은 중앙 정부가 갖는다는 합의다. 특히 샤리아를 무슬림 주민에게만 적용한다는 양보를 끌어내면서 현재 화해와 공존의 실험을 하는 중이다. 그리고 이를 구체화하기 위한 국민 투표가 2019년 1월 21일 필리핀 남부 민다나오 일대에서 실시되었다. 이로써 기존의 민다나오 무슬림 자치구(ARMM)는 BARMM으로 대체될 예정이다. 여기에는 강경 모로 이슬람해방전선이 종래 분리 독립 투쟁에서 필리핀 정치 체제 내에서의 자치를 선택했다는 역사적 의미가 있다. 그러나 강경 모로 이슬람해방전선에 동조하지 않는 아부 사야프 무장 단체나 다른 모로 조직의 반발이 작지 않아 앞으로도 완전한 통합까지는 많은 난관이 기다리고 있다.

그렇지만 BARMM의 출범은 지난 50여 년간 12만여 명의 목숨을 앗아 가며 이어진 필리핀 정부와 남부 무슬림 집단 간 극단적 증오와 폭력의 악순환을 종식할 더없는 기회다. 남부 민다나오 출신으로 모계가 무슬림 가문인 두테르테가 필리핀 대통령이 된 이후 어느 때보다 정부와 남부 민다나오 무슬림 집단 간 분위기는 우호적이다. 물론 앞으로도 평화 협정에 동참하지 않은 급진 무장 조직에 의한 폭력은 근절되기 어려울 것이다. 그러나 큰 틀에서 마련된 1국가 2체제의 귀한 불씨는 살려 나가야 할 것이다.

서구의 이슬람 그리고 공존의 미래

이슬람 원리주의, 실체인가 허구인가

이슬람 원리주의란 무엇인가

서구에서 주장하고 서구 언론에서 일반화한 이슬람 원리주의는 꾸란과 하디스 같은 이슬람 경전의 구절과 가르침을 충실히 따르면서 타락한 서구 사회는 물론, 변질된 무슬림 사회를 뒤엎거나 변화시키려는 급진적 사상운동을 일컫는다. 동시에 현대 사회 질서를 어지럽히는 시대착오적인 돌출 행동과 과격한 무장 투쟁 등으로 지구촌 평화에 가장 큰 걸림돌이라는 고정 관념을 양산한다. 이는 극히 일부의 극단적 행위를 일반화시키는 고도의 전략적 시나리오이다.

역설적이게도 종교적 원리주의가 문제가 된 것은 19세기 기독교 세계였다. 기독교의 근본 교리인 성서의 무오류성과 그리스도 재림 등을 부정하는 성서 비판학이 대두하자 기독교 근본 교리를 지키기 위한 과도한 반응으로 기독교 원리주의가 기승을 부리게 된 것이다. 이슬람 원리주의란 말은 영국학자 와트가 그의 저서《이슬람 원리주의와 근대화》라는 책에서 이슬람의 전통적인 세계관을 교조적으로 해석하고 실천하려는 움직임에 갖다 붙인 이후, 서구에서 일반적으로 과격한 이슬람 운동 전부를 지칭하는 용어로 통용되고 있다.

현재 많은 이슬람 사상가와 이론가들이 현재의 세계를 변화시켜야 할 대상으로 보는 것은 옳다. 이슬람 세계 내에서는 이러한 개혁적 움직임과 운동을 이슬람 개혁 운동, 이슬람 부흥 운동, 이슬람화 운동 등으로 표현한다.

이슬람 세계의 개혁 운동은 크게 두 흐름으로 파악된다. 서구에 지배당하고 왜곡된 무슬림 사회의 현상 타파를 위해 무슬림의 이상향인 무함마드 예언자 이후 정통 칼리파 시대로 돌아가려는 영적인 다짐으로, 꾸란과 순나에 충실한 삶의 회복을 중심에 두고 있다. 하지만 실행 방식은 천차만별이다. 큰 흐름의 하나는 이슬람의 전통과 가르침을 두텁게 강화하면서도 서구와의 공존과 협력을 도모하는 사회적, 지적 운동의 방향이고, 또 다른 하나는 서구의 바이러스를 오늘날 모든 문제의 근원으로 단정하고 과감하게 서구를 버리고 이슬람의 원론적 가르침에 충실하자는 완고한 영적 운동이다.

이슬람 사회의 현실이 처한 왜곡을 직시하고 이를 바로잡고자 하는 움직임은 이슬람 역사 초기부터 한 번도 잠잠한 적이 없었다. 최초의 이슬람 개혁 운동을 주도한 무리들은 카와리지파(Khawarij)였다. 그들은 7세기 중엽 이미 이슬람의 순수한 정신이 변질된 체제를 받아들이지 못해 저항하다가 대부분 순교했다. 그들은 도덕적으로 완전하고 능력 있는 칼리파 선출을 옹호하면서 민족과 혈통 요소를 배제했다. 더욱이 행동이 따르지 않는 신앙은 무의미하며, 중죄를 범한 사람은 배신자로서 살해해야 한다는 등 도덕적 엄격성을 극단적으로 주장하여 이 파에 소속되지 않은 무슬림을 불신자로 몰아갔을 정도였다. 그러한 순수와 완고의 흐름은 이븐 한발(Ibn Hanbal)로 이어졌고, 이븐 타이미야(Ibn Taymiyya)에 의해 더욱 공고해졌다. 이븐 타이미야는 이슬람의 다양한 해석과 토착 문화의 융합을 꾀하는 수피즘의 영향과 확산을 강력하게 반대하고 꾸란과 순나의 원리로의 회귀를 시도한 개혁가였다.

이러한 이슬람 개혁 운동의 흐름은 18세기 사우디아라비아의 이념적 근간이 된 와하비즘(Wahhabism)으로 이어졌다. 특히 19세기 말 대부분의 이슬람 세계가 서구 침략과 식민지를 경험하면서 커다란 성찰의 시기를 맞는데, 이슬람 세계의 미래 방향과 정체성 확립에 관한 세 가지 관점이 동시에 주창됐다. 극단적 보수파인 와하비즘을 고수한 압둘 와합은 "무오한 이슬람의 가르침이 문제가 아니고 타락한 무슬림이 문제의 원천이니 무슬림의 정화와 신에 대한 절대 회귀가 필요하다."라고 역설했다. 극단적 세속주의파는 인도의 알리가르(Aligar) 운동을 제창한 사이드 아흐마드(Sayed Ahmad)였다. 영국 식민지시대 서구 학문을 두루 섭렵한 엘리트 지식인이었던 아흐마드는 근본적으로 이슬람이 잘못됐고 서구가 옳았다는 확고한 신념을 피력했다. "영국인에게 아첨하려는 것이 아니라 교육 정도, 예절, 정직함 등을 비교했을 때, 인도인(여기서는 무굴 제국 시대 무슬림)은 출신이나 지위 고하를 막론하고, 능력 있고 잘생긴 사람들에 비교되는 더러운 동물 같다."라는 그의 주장은 당시에 매우 자극적이고 자조적이었다.

이러한 양극단의 혼란에서 합리적이고 새로운 이슬람 세계의 미래를 설정해 준 사상가가 아프가니스탄 출신의 자말 알딘 알아프가니(Jamal al-Din al-Afghani)였다. 그는 서구와 이슬람 세계의 대결보다는 합리적인 윈윈 전략을 시도했다. 즉 근대적 개혁가로서 그는 유럽의 정치적, 문화적 헤게모니를 피하고자 모든 종파의 무슬림에게 단합하는 동시에 서구의 장점을 배우며 이슬람을 근대화시킬 것을 강력히 주장했다. 그 후 아프가니의 노선은 수많은 개혁 운동의 실용적 근간이 되었다. 무엇보다 아프가니는 오스만 제국의 술탄 압둘 하미드 2세에게 정치적 조언을 하면서 서구의 침략으로부터 범이슬람권의 단결과 연대를 도모하는 범이슬람주의(Pan-Islamism)의 이론적 기초를 마련하며 이슬람 세계의 통합을 꿈꾸었다.

이러한 이슬람 사회 각성 운동은 아프가니에 이어 무함마드 압두와 라시드 리다(Rashid Rida)에 의해 더욱 체계화되고 공고해졌다. 라시드 리다는 카이로에서 살라피야 운동(al-Salafiyya, 이슬람 부흥 운동)을 주창한 언론인이며, 최초의 완전한 근대 이슬람 국가 창설을 주장했다. 그의 살라피야 운동은 튀니지와 북아프리카로 퍼져 오늘날 이 지역의 이슬람 개혁 운동의 정신적 모태가 되었다.

나아가 이슬람 개혁 운동의 여파는 결정적으로 1922년 하산 알반나에 의한 이집트 무슬림 형제단 창설을 자극했다. 무함마드 압두, 라시드 리다, 하산 알반나 등의 정신을 계승한 1960년대의 실천적 인물은 사이드 쿠틉(Sayyid Qutb)이었다. 그러나 사이드 쿠틉은 과거 선배의 가르침을 그대로 수용하기보다는 독자적인 이론 창출과 시대 상황의 독자적 해석을 통해 강력한 이슬람화 운동을 주창했다. 그는 《진리를 향한 이정표》라는 책에서 서구와 타협하지 않는 탁월한 이슬람 투쟁 이론을 정비하고 원래의 순수한 총체적 이슬람 정신의 부활을 선동했다. 행동하는 운동의 효율적인 수단으로 과격한 투쟁과 무장을 통한 폭력적 지하드를 앞세웠다.

사이드 쿠틉의 급진적 이슬람 과격주의는 꾸란의 원론적인 가르침에 철저히 순응하면서 가장 이상적인 무슬림 사회였던 예언자 무함마드와 그의 뒤를 이은 네 명의 정통 칼리파 시대정신으로 회귀하자는 사상운동이다. 현실 정치에서는 샤리아(이슬람법)의 시행과 집행을 사회적 가치의 근간으로 내세움으로써 이슬람 초기의 순수한 정신이 펄펄 살아 있는 메디나(이슬람 역사가 시작된 곳) 사회를 꿈꾸었다.

이런 점에서 그의 가르침은 단순한 사변적인 외침에 머무는 것이 아니라 잘못을 타파하려는 열정적 행동이 더해져 급진적 과격 운동으로 연결되었다. 현실을 고려한다든지 소위 '서구를 이기기 위해 서구의 바이러스를 경험해야 한다'라는 주류적 이슬람 개혁론자들과는 달리 한 치의 양보 없는 순수와 원칙을 강조했다.

나아가 미국과 이스라엘은 물론, 무슬림 정체성을 잃고 절충과 협상을 내세우는 집권 무슬림 지도자들에게도 날카로운 공격의 화살을 퍼부었다. 무엇보다 그는 말, 글, 협상으로 상대를 설득하는 지하드의 전통적인 해석에서 벗어나 무장 투쟁을 통한 적의 궤멸을 주창했다. 그리고 그 자신이 그랬듯이 알라의 길을 위해 기꺼이 순교를 독려했다.

물론 사이드 쿠틉이 절절히 갈구하고 외쳤던 사상과 이념은 대부분 퇴색되거나 변해 버린 시대적 상황에서 공허한 메아리일 수도 있다. 그렇지만 대부분의 무슬림 국가들이 1960년대의 시대적 질곡에 머물러 있는 상황에서 그의 저항의 메시지는 아직도 급진적 무슬림 계층에게 호소력 있고 매력적인 대안으로 남아 있다. 이라크, 아프가니스탄, 체첸, 팔레스타인, 레바논 등지에서 미국과 이스라엘의 공격을 받아 끊임없이 가족과 동료들을 잃고, 삶의 기반이 초토화되는 현실에서 사이드 쿠틉의 저항 사상은 종교적 보호 울타리와 위안의 속삭임이 되기 때문이다. 사이드 쿠틉,《진리를 향한 이정표》, 평사리, 2011

사이드 쿠틉의 사상과 가르침은 파키스탄의 마울라나 마우두디에게 전수되어 '타블리 자마아트'라는 정치 정당을 통해 이슬람 이념을 현실 정치에 접목하려는 시도로 나타났으며, 탈레반을 거쳐 결국 21세기 벽두에 알카에다라는 급진적 반미 테러 조직을 배태시켰다.

무슬림 형제단의 뿌리에서 나왔지만 사이드 쿠틉은 서구의 타도를 목표로 삼지 않은 무함마드 압두나 마울라나 마우두디와는 달리 이슬람 우위론자였다. 이미 이슬람 정신과 체제 모두에 완벽한 해결책이 제시돼 있는데, 한계가 명확한 서구 기술 문명의 외피에만 매달려 서구화를 주창하는 자들의 패배주의를 신랄하게 비판했다. 오늘날 알카에다가 주장하는 논리와 닮았다.

그는 아랍 민족주의의 영웅이라는 이집트의 나세르 대통령조차 이슬람의 적으로 간주했다. 그에게 나세르는 이슬람의 범지구적 형제애 대신 민족주의를 강조하고 이슬람 법질서를 존중하지 않은 타락한 지도자에 불과했다. 결국 여러 차례 투옥되고 암살 음모를 뒤집어쓴 채 처형당한 비극적인 운명이 순교로 승화되면서 사이드 쿠틉은 확고한 급진주의자들의 멘토가 되었다.

여기서 분명한 것은 사이드 쿠틉의 시대적 절규는 더는 이슬람 주류 공동체에서 유효하지 않다는 점이다. 서구의 사악한 바이러스에 감염된 채 신음하는 이슬람 사회를 구하자는 공감대는 갈수록 확산되지만, 이슬람 역사상 한 번도 실현된 적이 없었던 이상적 꾸란 사회로 되돌아가자는 이상은 현실과 너무나 멀어 보이기 때문이다. 따라서 현재 주류적 이슬람 운동의 중심 담론은 이슬람의 가치와 가르침을 단단한 뿌리에 두면서도 서구의 앞선 기술, 과학, 심지어는 제도까지도 과감하게 수용해 서로가 화합하고 공존하는 길을 모색하는 방향으로 나아가고 있다.

인구 5천만의 유럽 이슬람, 다문화 사회의 실패인가

미국 다코타 주립대학 후세인 카타니(Houssain Kettani) 교수나 퓨 연구소(Pew Research Center) 등의 통계에 따르면, 유럽의 무슬림 인구는 2020년 약 4,900만 명으로 전체 유럽 인구의 약 7%를 차지한다. Houssain Kettani, "Muslim Population in Europe: 1950 - 2020", International Journal of Environmental Science and Development vol.1(2) · January 2010 유럽연합 가입국 중심인 서유럽의 무슬림만 따져도 약 2천만 명에 달한다. 이제 이슬람은 가톨릭에 이어 유럽의 두 번째 종교가 되었다.

사람들 대부분은 프랑스 파리와 근교에 200만 명 이상의 무슬림이 살고 있다는 사실을 잘 모른다. 프랑스에 살고 있는 무슬림은 600만 명 이상으로, 프랑스 전체 인구의 9%에 달하며, 프랑스의 제2종교는 이슬람일 정도다. 프랑스 남부 지중해의 아름다운 도시 마르세유, 니스 등도 무슬림의 집단 거주 도시다. 이들 대부분은 프랑스 식민 지배를 받았던 북아프리카 지역에서 이민 온 사람들이다. 프랑스인은 완벽한 프랑스어를 구사하는 아프리카 흑인을 헌법상으로 받아들이고 있지만, 무슬림 여학생이 히잡을 두르고 등교하는 것은 허용하지 않는다. 프랑스에 아랍인이 너무 많다고 생각하는 프랑스 국민은 76퍼센트에 달한다.

독일 국민의 47퍼센트도 무슬림 이웃과 함께 사는 것을 원하지 않는다고 응답했다. 독일은 유럽 이슬람의 관문이라고 할 정도이며, 약 400만 명 이상의 무슬림이 살고 있다. 이 중 제1차 세계대전의 동맹국이었던 터키 출신 무슬림 이주민이 가장 많다. 이렇게 많은 숫자의 무슬림으로 독일 사회는 정치, 언어, 종교 등에 많은 문제를 안고 있다.

영국에도 약 350만 명가량의 무슬림이 살고 있다. 전체 인구의 약 6% 수준이다. 1,800개의 모스크와 3천 개의 꾸란 학교가 있다.

무슬림이 서유럽에 본격적으로 정착한 것은 제2차 세계대전 이후로, 이들은 주로 식민 종주국의 용병이었다. 알제리인과 세네갈인은 프랑스군에서, 인도인은 영국군에서, 타타르인과 동유럽 무슬림은 독일군으로, 모로코인은 스페인군에서 각각 해당 국가의 이익을 위해 근무했다. 또한 제2차 세계대전 이후 식민지 체제가 무너지자 많은 수의 노동자, 유학생, 기술 연수생이 서유럽으로 진출했다. 1970년대 이후에는 레바논(팔레스타인), 에리트레아, 파키스탄, 이란, 아프가니스탄 등지로부터 정치적, 경제적 망명자들이 몰려오면서 서유럽의 무슬림 인구는 꾸준히 증가했다.

유럽에서 무슬림이 급격히 증가하는 상황에서 이주자들이 종교적인 정체성을 유지하는 데 결정적인 역할을 했던 모스크는 20세기 이전까지만 해도 거의 없었다. 1970년대 이후 모스크 건립 사업은 무슬림의 자기 정체성에 관한 관심의 고조와 함께 오일 달러로 부유해진 일부 이슬람 국가가 정책적으로 추진했다. 이에 따라 유럽 각 정부의 배려와 아랍 국가의 재정 지원을 얻어 런던, 브뤼셀, 제네바, 파리, 빈, 코펜하겐, 함부르크, 뮌헨 등 주요 도시에 이슬람 성원을 개원했다. 유럽 무슬림은 상가나 건물을 임대해 이슬람 성원으로 이용하고 있다. 이러한 형태로 운영되는 이슬람 성원의 숫자는 서유럽 전체에 약 3천 개 정도다. 이들은 건물 전체를 임대하는 수입으로 이슬람 성원의 재원을 충당한다. 이슬람 성원은 주로 대도시 중심부에 위치하면서 무슬림의 믿음을 강화하는 터전 역할을 한다. 모스크 주변은 일부 급진적인 과격파의 활동 무대가 되기도 한다.

1980년대 초에는 프랑스에 거주하는 북아프리카 출신 무슬림보다 프랑스 현지에서 태어난 무슬림이 더 많아졌다. 프랑스 태생 무슬림은 자신의 정체성 때문에 이슬람에 관한 관심과 애착이 1세대보다 더 크다. 무슬림 2세의 이슬람 단식, 예배 등에 대한 참여도는 1980년대에 들어서서 더욱 높아졌다.

이들의 분포를 보면 독일에는 터키인, 프랑스에는 북아프리카 출신, 영국에는 파키스탄인, 인도인, 방글라데시인이 살고 있다. 아랍, 이란, 서아프리카, 팔레스타인, 아프가니스탄 출신의 무슬림 또한 3개국 외에도 벨기에, 네덜란드, 스칸디나비아 3국, 이탈리아, 그리스 등 서유럽 전역에 퍼져 있다.

특이한 현상은 1970년대 이래 수만 명의 유럽인이 정식으로 이슬람에 입문했다는 점이다. 물론 결혼을 통한 자연스러운 무슬림 인구의 증가도 한 요소이지만, 기독교로부터의 이탈이라는 새로운 현상으로 유럽인 무슬림 숫자가 꾸준히 늘고 있다. 유럽인의 개종에 영향을 미치는 종파로는 정통 이슬람보다 신비주의라 일컬어지는 수피 종단이 주류를 이룬다. 유럽에서 활동하고 있는 수피 운동의 극단적인 형태는 모로코에서 유래한 다르까위 종단(Darqawi tariqa)으로, 이들의 국제 본부는 영국 노리치에 있다. 수피 운동에 대한 이들의 해석은 호전적이며, 이 종단에 입문한 유럽과 미국 출신 개종자들은 현대적인 것에 강한 거부감이 있다. 자급자족으로 중세 초기의 목가적인 생활 양식을 지향하는 이들의 생활 형태는 유럽 젊은이를 매료하고 있다.

유럽 무슬림의 종파별 분포에 따르면 90퍼센트가 수니파, 10퍼센트 정도가 시아파에 속한다. 프랑스에서는 시아파 비율이 이보다 낮다. 영국 역시 이란, 인도, 파키스탄 출신 무슬림으로 인해 시아파 무슬림의 비율이 다른 지역보다 조금 높다. 특히 영국에는 동아프리카에서 이주한 시아 분파인 이스마일파 무슬림이 집중적으로 몰려 있다. 1980년 아가 칸(Aga Khan) 재단은 런던 심장부에 이슬람 성원을 건립했다. 이곳은 이스마일파의 세계 본부가 되었다.

1990년대 초반에는 유럽 이민자의 3분의 2가 무슬림이었다. 유럽의 각국 정부는 이민자 중 특히 무슬림 이민자에 우려를 강하게 나타내고 있다. 이들이 걱정하는 것은 인구와 문화의 양면에 나타난다. 독일에 거주하는 터키인이건 프랑스에 거주하는 알제리인이건 간에 이슬람 공동체는 현지 문화에 동화되지 않았으며 앞으로도 그럴 조짐을 보이지 않아 유럽인을 불안에 빠뜨리고 있다. 그러한 배타성은 기독교 문명에 대한 이슬람의 우월성에서 기반했지만, 식민 지배라는 고통스러운 트라우마가 기억에 팽배한 상태에서 자발적으로 빠져들어 가기 힘든 역사적 배경도 작동하고 있다. 무슬림 이주민에 대한 부정적 이미지는 언론 매체의 영향도 큰 것으로 조사됐다. 영국 페이스 매터스의 조사 결과에 따르면, 2001년 이후 작성된 이슬람 관련 기사의 32퍼센트가 테러리즘, 극단주의 등과 관련된 것이라고 한다.

무슬림 이민에 반대하는 유럽의 보수 정당들은 이슬람의 성장을 유럽의 위협으로 간주하는 특징을 가지고 있다. 그러나 유럽 이슬람이 사회에 위협적인 종교이고 무슬림이 그 사회의 불편한 주변부로 머물러 있는 한, 유럽에서 자라나고 공부한 무슬림 2세들의 좌절과 차별은 더 큰 사회 문제로 유럽을 괴롭힐 것이다. 2001년 9·11 테러 이후 런던이나 기타 유럽 국가에서 일어난 테러 대부분이 외부의 소행이라기보다는 그곳에서 뿌리를 내린 자국민 무슬림이 저질렀다는 사실이 이를 잘 설명해 준다.

무엇보다 2014년 ISIL이 결성된 후 2015년 12월 파리 테러로 새로운 형태의 테러 공포를 전 세계에 심어 줄 때 핵심적인 전위 부대 역할을 한 것은 유럽에서 소외된 이슬람 이주민 3~4세대인 10대 후반에서 20대 초반 청소년이었다. 이런 사실이 밝혀지면서 유럽 사회는 충격에 휩싸였다. 유럽에서 태어나 유럽 시민으로 성장한 차세대 무슬림이 극단적 분노와 사회적 저항 세력의 핵심이 되어 수천 명이 잔혹한 테러에 가담한 것이다. 이 모습에 유럽 다문화 정책의 실패와 대안 찾기가 심각한 사회 문제로 대두되었다. 이는 다문화 사회에 진입하고 있는 우리에게도 경종을 울렸고, 특히 단일 민족 이데올로기가 강한 우리 사회에 창의적인 다문화 정책이 필요하다는 인식을 더욱 강하게 심어 주었다.

유럽의 이슬람 이민자와 그 자녀들이 과연 어느 정도까지 유럽 문화에 동화될 것인지 현재로서는 불투명하다. 그러나 차별과 소외는 더 큰 문제를 야기할 가능성이 크다. 따라서 이민자의 제한과 함께 자국 시민 무슬림에 대한 공정한 기회와 사회적 통합 노력이 절실한 과제로 남는다. 유럽 무슬림 이주민은 단순히 전쟁 난민이나 경제적 노동력 때문에 이동한 사람들이 주류가 아니다. 피식민 상태에서 강제로 끌려간 저급 노동력이 그 기초이다. 그들의 헌신과 희생, 착취가 오늘날 유럽 사회 근대화를 위한 단단한 원동력의 한 축이었다는 역사적 사실을 부정해서는 안 된다.

불편한 동거, 350만의 미국 무슬림

미국에는 350만 명의 거주 무슬림과 약 2,800여 개의 모스크가 있다. 이는 우리의 상식을 크게 뛰어넘는 규모다. 프로권투 헤비급 전 세계 챔피언 무하마드 알리와 타이슨, 프로농구 천재 압둘 자바, 종교를 통한 인권 운동가 맬컴 X도 무슬림이다.

미국 무슬림은 전통적으로 민주당보다는 공화당을 압도적으로 지지했다. 그러나 9·11 테러 이후 미국 내 반이슬람 정서가 확산되고, 조지 W. 부시 대통령의 공화당 정부가 아프가니스탄 침공, 이라크 전쟁을 잇달아 전개하면서 민주당 지지로 돌아섰다. 그래서 2008년 미국 대선에서는 주에 따라 무슬림의 60~90%가 버락 오바마 후보를 지지하는 이변을 일으켰다. 2016년 대선에서는 무슬림의 15%가 공화당 도널드 트럼프 후보를, 54%가 민주당 힐러리 클린턴 후보를 지지한 것으로 조사됐다. 이처럼 미국 무슬림도 항상 주변부에서 소외당하는 시민이 아니라 보다 주체적이고 적극적인 시민 사회 일원이 되고자 노력하는 경향이 최근 뚜렷하게 나타나고 있다. 선거인 명부 등록률이 2016년 15%에서 2018년 75%로 급증하면서 그들의 보다 적극적인 주권 행사와 정치적 활동이 감지된다. 그 결과 2019년 1월 선거에서 뉴저지주 몽고메리시에서 처음으로 파키스탄 출신 여성인 사다트 제퍼(Sadat Jaffer)가 시장에 당선됐다. 일한 오마(Ilhan Omar)와 러시다 털리브(Rashida Tlaib)라는 두 무슬림 여성 정치가가 각각 미네소타주와 미시간주를 대표하는 하원의원으로 당선됐다. 그래도 여전히 많은 미국 무슬림은 미국 주류 사회에서 입지를 확보하고 종교적 정체성을 유지하고자 '선택과 조화'라는 힘겨운 정체성 투쟁을 계속하고 있다.

미국 이슬람의 태동

미국 이슬람의 역사는 생각보다도 아주 오래전으로 거슬러 올라간다. 500년이 넘는 역사다. 콜럼버스의 신대륙 진출과 그의 항해를 도운 스페인 무슬림 무어인이 아메리카 대륙에 상륙함으로써 시작되었다. 콜럼버스의 항해 당시까지만 해도 무슬림 과학자와 선원들의 협조는 거의 절대적이었다. 콜럼버스도 항해에 앞서 신대륙을 탐험한 여덟 명의 무슬림에 대한 기록을 남긴 12세기 아랍 역사 지리학자 이드리스의 책을 탐독했다고 전해진다.

그러나 콜럼버스 이후 미국 이슬람은 불행히도 20세기 중반에 이르기까지 노예와 쇠사슬의 역사로 얼룩졌다. 17~18세기 미국 남부의 플랜테이션 농장에 아프리카에서 대규모의 흑인 노예가 유입되면서 상당수의 아프리카 무슬림이 미국에 터전을 잡았다. 노예 무역이 성행하던 1619~1853년 사이 약 250년 동안 1천만 명 정도의 아프리카인이 노예로 미국에 정착했다. 이들 중 아프리카 무슬림의 숫자는 최소 20~25퍼센트 정도로 추산된다. 알렉스 헤일리의 논픽션《뿌리(Roots)》의 주인공인 무슬림 쿤타 킨테가 1767년 9월 29일 메릴랜드주 아나폴리스에 도착하는 것도 이와 같은 맥락에서 짚어 볼 수 있다.

이 시기에 뚜렷한 발자국을 남긴 무슬림은 야로우 마무트(Yarrow Mamout)였다. 1720년경 미국에 노예로 끌려온 마무트는 1796년 100살의 나이로 자유의 몸이 될 때까지 이슬람 복장을 하고 돼지고기와 술을 금하면서 이슬람 신앙에 충실한 것으로 알려졌다. 19세기에 들어 최초의 미국인 개종자로 알려진 유명한 인물은 저널리스트이자 외교관인 알렉산더 러셀 웹(Alexander Russel Webb)이다. 무함마드로 알려진 그는 필리핀에서 인도 무슬림의 인도로 1888년 이슬람 신앙을 받아들였다. 그러나 아프리카 무슬림 대부분은 노예 신분으로 자신의 종교적 정체성을 유지하기가 사실상 불가능한 상황이었고, 미국 땅에 별다른 종교적 영향을 남기지 못했다. 다만 19세기까지 그들 일부가 이슬람식 예배를 드렸다는 미미한 기록이 남아 있을 뿐이다. 그들 대부분은 후일 기독교로 개종하여 서서히 자신들의 종교적 정체성을 상실했다.

20세기에 들어 팔레스타인, 레바논, 파키스탄 등에서 무슬림이 대규모로 이민을 오고, 또한 유학생이 몰려들면서 미국 이슬람은 새로운 전환기를 맞았다. 그 결과 디트로이트를 중심으로 미국 주요 도시에 무슬림 공동체와 모스크가 출현했다. 이리하여 미국 이슬람은 느리지만, 서서히 성장의 틀을 갖추었다. 숫자는 많지 않지만 백인 미국인 개종자도 점차 늘었다.

미국 최초의 모스크는 1910년대에 아이오와주 시더 래피즈에 건립됐다. 현재 모스크 숫자는 약 2,800개에 이른다. 모스크 이외에도 약 400개의 이슬람 학교와 400여 개의 이슬람 단체, 20만 개 사업장, 80여 종의 출판 매체가 무슬림에 의해, 무슬림을 위해 운영되고 있다.

아프리카 출신 미국 무슬림과 NOI 활동

아프리카 출신 미국 무슬림은 약 300년간이나 지속된 노예 무역으로 인한 것이다. 노예로서 자기 뿌리나 정체성을 상실하거나 의도적으로 망각 당한 상태에서 새로운 돌파구를 찾으려는 부분적인 시도는 19세기 초반 백인의 흑인 착취와 차별이 극심하던 시기에 이미 태동했다.

1815년 노예 신분에서 해방된 흑인 폴 커피는 '아프리카로 돌아가자'라는 운동을 벌여 시에라리온의 자그만 무슬림 식민 도시를 재정적으로 지원하기도 했다. 1851년에는 서인도 출신의 학자 에드워드 블라이덴이 미국에서 라이베리아로 이주했고, 그곳에서 40년간 교육과 정치 활동을 통해 잃어버린 아프리카의 이슬람 정신을 되찾는 데 혼신을 다했다. 그는 "이슬람만이 아프리카인의 가장 태생적인 자연스러운 종교"이며, "기독교가 그동안 말살해 온 아프리카의 가치와 존재를 이슬람을 통해 되찾자." 하고 외쳤다.

20세기에 들어서면서 이슬람을 통한 아프리카 흑인의 정체성 회복 움직임이 더욱 가속화되었다. 1913년 노스캐롤라이나 출신의 흑인 티마시 드루는 모로코를 방문하고 이슬람에 깊은 감명을 받았다. 그 후 알리로 알려진 그는 뉴저지 뉴어크에 이슬람 센터를 건립해 흑인 계몽과 이슬람 교육에 착수했다. 그는 흑인이 니그로라 불리는 것을 거부하고, 기독교가 미국이나 유럽 백인에게 적합한 종교인만큼 이슬람은 흑인의 종교가 되어야 한다고 역설했다.

흑인들이 제1차 세계대전에 국가적으로 기여했음에도 무자비한 차별이 계속되자, 흑인 권익을 위한 급진 운동이 태동했다. 이 운동의 리더는 범세계 니그로발전협회(Universal Negro Improvement Association, UNIA)를 창설한 마커스 가비(Marcus Garvey)였다. UNIA의 목표는 미국 내 흑인의 단합 및 흑인을 그들의 고향인 아프리카로 돌려보내는 것이었다. 궁극적으로는 아프리카에 독립된 흑인 국가를 세워 사회적 차별과 고통 없는 평등한 사회를 이룩하는 것을 목표로 삼았다. '하나의 신, 하나의 목표, 하나의 운명'이란 슬로건으로 흑인의 평등, 정의, 자유를 역설했던 가비는 무슬림이 아니었다. 하지만 그의 사상과 운동 목표는 미국 내 흑인 무슬림 사회에 큰 영향을 끼쳤다.

1930년대 대공황으로 미국 사회 전체, 특히 흑인 사회의 고통이 극에 달했을 무렵, 디트로이트에서 '파르드 무함마드'로 알려진 월리스 파르드(Wallace Fard)라는 인물이 등장했다. 그는 가정을 방문하며 만나는 흑인들에게 "그들은 니그로가 아니라 당당한 인격체이며, 그들의 본래 종교가 이슬람교였다."라고 일깨워 주는 활동을 시작했다. 그는 미국인과 함께 사는 한 흑인들은 결코 자유와 평등, 정의를 이룰 수 없다며 흑인 분리주의 운동을 제창했다. 나아가 그는 북미의 황야에라도 분리된 흑인 국가를 세울 것을 주창했다. 이것이 후일 이슬람 국가 단체 NOI(The Nation of Islam)의 모태가 된다.

NOI를 실질적으로 반석 위에 올려놓은 인물은 파르드 무함마드의 추종자였던 엘리자 풀(Elijah Poole)이었다. 그는 엘리자 무함마드로 이름을 바꾸고, 뿌리 깊은 노예 제도의 피해 의식에 사로잡혀 있던 당시 흑인에게 자유롭고 완전한 인권 의식을 심어 주고자 이슬람의 기치를 내걸었다. 아프리카 출신 흑인들의 심성에는 천부적으로 이슬람 정신이 자리하며, 이것이야말로 잃어버린 흑인성을 되찾는 길이라고 역설했다.

NOI의 특이한 성공 방식은 교도소 선교였다. 1985년 기준으로 교도소에 복역 중인 무슬림은 전체 무슬림 인구의 8퍼센트에 해당하는 30만에서 35만 명으로 추산될 정도였다. 복역자 중 90퍼센트 이상이 아프리카 출신 흑인 무슬림이었으니, 그들의 범법 행위는 거의 일상화된 채 매우 심각한 상황이었다. NOI의 교도소 선교는 대성공을 거두었다. 1991년 미국 무슬림 협의회 통계에 의하면, 매년 3만 5천 명의 재소자들이 이슬람으로 개종한 것으로 보고됐다.

엘리자 무함마드의 흑인 인권 운동 방식과 메시지에 크게 감명을 받은 인물이 바로 마약과 강도죄로 10년 형을 선고받고 복역 중이던 맬컴 리틀이었다. 그가 바로 후일 맬컴 X로 알려진 NOI의 가장 유명한 지도자이다.

맬컴 X

맬컴 X는 1925년 엄격한 침례교 목사의 일곱 형제 가운데 넷째로 태어났다. 맬컴이 여섯 살 되던 해에 그의 아버지가 백인 우월주의 극우 단체 일원에게 살해당했다. 이후 그의 청소년기는 절도, 마약 밀매, 도박, 매춘 알선 등으로 점철됐으며, 21살에는 강도죄로 체포되어 장기 구형을 선고받았다. 감옥에서 그는 흑인 무슬림 단체의 지도자 엘리자 무함마드를 만나 가르침을 받았고, 감옥에서 무슬림으로 개종했다.

1952년 가석방과 동시에 맬컴은 사실상 NOI의 상징적 존재로 미국 전역에서 왕성한 활동을 벌였다. 그는 정당한 목표를 달성하기 위한 폭력의 정당성을 주창하며 행동하는 인권 운동가로 미국 내 흑인과 흑인 무슬림의 절대적 지지를 얻었다.

한때 엘리자 무함마드의 가장 충실한 지지자이자 NOI의 상징적 존재였던 맬컴 X는 엘리자의 성적 탐닉과 여자 스캔들에 충격을 받고 그와 결별한 후, 1963년 무슬림 모스크 연합(Muslim Mosque Incorporate, MMI)을 결성해 독자적인 노선을 걸었다. 특히 1964년 메카 성지 순례를 계기로 그는 새로운 이슬람을 접했다. 흑인과 백인이 어깨를 나란히 하고, 신 앞에 평등을 실천하는 순례를 통해 그는 NOI의 인종주의가 아닌 진정한 정통 이슬람의 길을 찾았다고 스스로 실토했다. 그는 NOI의 살해 위협 속에도 1965년 2월 뉴욕에서 집회를 강행했고, 그 와중에 총격으로 사망했다.

암살 사건 후 알렉스 헤일리가 그의 전기를 발표했으며, 1992년에는 흑인 영화감독 스파이크 리가 그의 일대기를 영화로 만들었다. 영화가 상영된 후 맬컴 X는 영웅이 되었다. 전국의 6대 잡지가 맬컴 X와 감독 또는 맬컴 X 역을 맡은 배우를 표지 모델로 삼았을 정도이며, 'X'가 붙은 운동모자와 티셔츠가 대유행했다. 그 뒤 출간된《맬컴 X 전기》는 미국 내 흑인 인권 운동의 촉매제가 되었다.

무슬림 이민 그룹의 형성과 특성

현재 미국 무슬림 대다수는 이슬람 국가에서 이민을 통해 정착한 사람과 그 후세들이다. 미국 무슬림 전체 인구의 3분의 2 정도를 차지하는 규모다.

무슬림 이민의 파고는 1800년대 후반에 시작됐다. 현재의 시리아, 레바논, 요르단, 팔레스타인 지역을 포괄하는 중동의 비옥한 초승달 지역에서 출발한 무슬림 이민 그룹이다. 이민자들은 제대로 교육받지 못하고 숙련된 기술조차 지니지 못했으므로 미국 중서부의 톨레도, 시더 래피즈, 디트로이트, 미시간, 시카고 등 값싼 노동력이 필요한 공업 지대에 정착했다. 알바니아계 무슬림은 1915년에 마인, 1919년에 코네티컷에 각각 모스크를 건립했다. 폴란드 무슬림 이민자들이 1926년 브루클린에 모스크를 건립했고, 4년 후에는 아메리카 토착 흑인 무슬림도 필라델피아에 모스크를 건립하면서 미국 내 무슬림 공동체는 급속히 확산했다.

두 번째 이민 물결은 제2차 세계대전이 종결된 후인 1947년과 1960년 사이로, 중동은 물론, 인도, 파키스탄, 동유럽, 구소련 연방 등지에서 미국으로 몰려들었다. 1차 이민 시기와는 달리 이때는 지배 엘리트 계층의 자녀, 정치적 망명과 난민, 유학생 등 보다 다양한 목적의 이민과 정착이 이루어졌다.

세 번째 이민 물결은 1965년 이민 자유화 물결 이후 오늘날까지의 양상으로, 개인적인 미국 이주와 정착의 시기이다. 그들은 주로 정치와 경제적인 이유로 미국을 택했다. 특히 1967년 제3차 중동 전쟁으로 이스라엘이 주변 아랍 영토를 점령하자 많은 수의 팔레스타인 난민들이 미국으로 몰려들었다. 1982년 이스라엘의 레바논 침공 이후에는 레바논 난민이 이주해 왔고, 인도와 파키스탄 등지에서도 많은 수의 교육받은 전문가 집단이 유입되었다. 1979년에는 이란의 이슬람 혁명을 전후하여 대규모의 이란인 이민이 뒤따랐다. 1991년 걸프 전쟁을 전후해서는 이라크에서 박해받는 정치적 소수 민족인 시아파 무슬림이 이주해 왔다. 이 시기에 집중적으로 유입된 무슬림을 국가별로 보면, 예멘, 레바논, 이집트, 요르단, 터키와 중앙아시아 튀르크족, 쿠웨이트, 사우디아라비아, 이라크, 아프가니스탄 등이다. 가장 최근에 미국 유입이 두드러진 무슬림은 수단, 우간다, 기아나, 버뮤다, 구유고 연방 출신으로, 이는 급격한 정치적 소용돌이와 사회적 변화의 결과이다.

미국 무슬림의 종교적 활동과 삶은 대개 모스크를 중심으로 이루어진다. 전국에 산재한 2,800여 개의 모스크 숫자가 이를 잘 말해 준다. 더욱이 모스크는 종교적 기능과 사회적 활동을 병행하면서 주변 비무슬림 공동체에 대한 자선과 사회적 기여를 강조한다. 이슬람에 대한 오해를 없애려고 비무슬림 주민을 모스크나 이슬람 시설에 초대해 강좌나 세미나를 열고, 그들에게 필요한 도움을 제공한다. 현재 웬만한 도시에는 모스크나 이슬람 센터가 설립되어 있고, 크고 작은 수많은 무슬림 공동체나 타운이 형성돼 있다.

백악관이나 국무부는 미국 내 무슬림 인구를 약 350만 명으로 추산하고 있다. 인구로만 본다면 이슬람교는 미국 내에서 가장 빨리 성장하는 종교로 보인다. 이미 무슬림은 미국 내 주요 교파인 감리교도 숫자를 앞질렀고, 특히 미국인들의 개종이 두드러져서 매년 13만 5천 명 정도가 새로운 신자가 되고 있다. 1개 모스크당 평균 30퍼센트 정도의 개종자를 기록하는데, 그들 대부분은 다른 종교에서 이슬람으로 개종한 자들이다.

미 국방부 자료에 따르면, 현재 미군에 복무 중인 무슬림 병사의 수는 1만 명에 달하고, 1990년대 초 걸프 전쟁 직후에만 약 3천 명의 미국인이 이슬람으로 개종한 것으로 나타났다. 특히 무슬림 선교 조직들의 활동으로 재소자 약 30만 명이 이슬람으로 개종했고, 매년 재소자 개종자는 평균 3만 5천 명에 달한다.

정체성 문제, 무슬림인가 미국인인가?

미국 내 무슬림의 급속한 성장에 비해 상대적으로 그들의 정치적 입지는 타민족 집단보다 취약한 편이다. 자의건 타의건 미국 사회에 정착해 사는 약 350만의 무슬림은 많은 세월이 흘렀음에도 아메리칸 드림의 실현과 무슬림으로서의 자기 정체성 유지 사이에서 혼란과 갈등을 경험하고 있다. 즉 미국 무슬림이 안고 있는 정체성의 애매모호함은 교육받은 이슬람 전통 가치의 준수와 새로운 미국 가치를 받아들이고 동화하려는 현실 사이의 고민에서 비롯된다. 미국 무슬림의 정체성 혼란을 야기하는 문제점과 특징들을 살펴보자.

갈등의 첫 번째 원인은 우선 미국 사회가 안고 있는 뿌리 깊은 반이슬람 정서, 이슬람에 대한 편견과 무지, 미국적 가치 중심을 선으로 보는 극단적인 일방주의 경향에서 비롯된다. 미국에서의 생활과 사회적 행위 패턴은 직장에서 하루 다섯 차례 예배를 자유롭게 보거나 금요일에 모스크로 가서 주일 합동 예배에 참석하기조차 어렵게 만든다. 학교나 교도소, 군대에서는 종교적으로 허용하는 이슬람식 음식을 호의적으로 배려하지 않는다. 특히 미국 사회의 음주와 섹스, 노출이 심한 자유로운 복장 등은 무슬림 젊은이들이 이슬람 신앙을 유지하는 데 걸림돌이 되고 있다.

두 번째 문제는 강력한 카리스마와 지도력을 가진 통합된 지도자의 부재이다. 많은 무슬림은 다양한 무슬림 계층과 각자가 처한 현실을 이슬람의 가치 체계 속에 녹여 내면서 공감대를 이루고 뚜렷한 비전을 제시할 지도자를 갖지 못함을 아쉽게 생각하고 있다. 그들은 아프리카-아메리카 공동체가 열광했던 1960년대 중반 맬컴 X와 같은 탁월한 지도자를 떠올린다.

세 번째 문제점은 아프리카 출신 토착 흑인 무슬림과 이민 그룹 무슬림 간의 갈등과 연대 의식 부족을 들 수 있다. 나아가 무슬림의 출신 국가와 종파적 성향에 따라 문제 해결에도 상이한 접근 방식과 사고를 갖는다. 그들은 종파 간 결집 성향을 보이며, 팔레스타인 문제와 9·11 테러를 보는 방식 등에서 서로 다른 태도를 보인다. 이러한 분열상은 주 정부와 연방 정부를 상대로 무슬림의 실질적 보호 및 이익 증대를 위한 로비와 압력 집단으로서의 효율성을 떨어뜨리고 있다.

미국 무슬림의 정체성과 관련해 가장 중요한 특징의 하나는 출신 국가와 종파, 직업과 세대, 인종, 문화적 배경의 차이로 인한 신앙과 종교적 의례에서의 다양성 문제이다. 복장과 차도르, 수염과 터번으로 금방 눈에 띄는 외관, 예배와 단식, 금주와 음식의 취사 선택, 이성의 문제와 결혼 배우자의 결정에 이르기까지 직장과 사회관계에서 무슬림으로서 받아야 하는 외적 차별과 심적 부담은 그들이 감당하기 어려운 경우가 많고, 그것을 극복하는 방식들이 다르게 나타나기 때문이다.

따라서 무슬림 일부는 아예 자신의 무슬림성을 포기하면서 철저하게 미국 사회에 동화하려는 극단적인 그룹, 이슬람의 연결 고리에서 벗어나 연중행사로 무슬림 공동체에 참가해 미약한 정체성의 끈을 이어 가려는 그룹, 자기 신앙을 숨기면서 가정과 직장에서 이중적인 이슬람 생활로 종교를 유지하려는 그룹, 신앙을 유지하면서도 다른 사람에게 전혀 인식시키지 않은 그룹, 이슬람의 가치와 생활 양식을 미국 사회에서도 똑같이 유지하려는 적극적인 그룹 등으로 나누어진다. 많은 문제점과 제한이 있지만, 미국 내 무슬림은 각자 상황에 가장 적절한 정체성을 찾으며, 놀라운 성공과 적응력을 보여 주고 있다. 그러한 과정은 9·11 테러 사건 이후 더욱 가속화되고 있다.

9·11 테러 이후 미국 무슬림의 새로운 도전

9·11 테러 이후 20년간 미국 사회는 물론, 그 속에서 삶을 영위하는 미국 무슬림도 큰 변화를 경험했다. 우선 미국에서 이슬람에 관한 관심과 지적 욕구가 급증했다. 그중에는 객관적으로 이슬람의 종교와

문화를 이해하려는 바람직한 사회적 수요도 늘어났지만, 반대로 이슬람에 대한 부정적인 선입관을 더욱 고착시키는 경향도 동시에 일어났다. 이런 현상은 9·11 테러를 둘러싸고 미국 출판계에 쏟아진 서적과 학계의 논쟁, 언론의 집중 조명 등을 통해 충분히 엿볼 수 있다. 미국 사회 주류의 논점은 이슬람과 테러는 직접적인 관련이 없으며 왜곡된 일부 급진주의자들의 반미 행동이 문제라는 쪽으로 모이지만, 이슬람은 9·11 테러를 일으킨 집단의 종교라는 명확한 적대감도 미국 사회 전역에 넓게 퍼져 있다.

이러한 분위기에서 소수 민족으로서 유리한 삶의 적응 전략을 선택해야 하는 무슬림은 이슬람의 서구화 및 서구적 가치와의 접목을 더욱 서두르고 있다. 학교 갈 때, 외출할 때 차도르를 벗어 던지는 무슬림 여성들이 늘어나는 추세이고, 테러의 원인에 대한 미국의 오만한 책임론보다는 급진적 이슬람주의자들의 무모한 인명 살상을 비판하는 쪽에 더 많은 무게를 두고 있는 점도 눈에 띈다.

이러한 변신은 무슬림을 향한 한층 강화된 감시 체제와 꼼짝달싹할 수 없게 만드는 새로운 안보 시스템의 영향으로 인한 심리적 위축감도 크게 작용한 것으로 보인다. 모스크나 불특정 무슬림을 향한 공격과 살해 위협도 급증했다. 이라크 전쟁을 둘러싼 반전 평화 운동에 누구보다 앞장서야 할 무슬림은 소극적인 방관자의 입장을 취하기도 했다. 9·11 이후 미국 무슬림 인구의 다수를 점하는 이민 2세 중심의 젊은 무슬림 전문가 집단에게 조국 미국에 대한 충성 및 미국적 이해관계를 자신과 동일시하는 것은 자연스러운 현상이 되었다.

반면 미국-이슬람 관계 자문기구(Council on American-Islamic Relations)를 중심으로 이슬람의 정치적 결속을 통해 미국 무슬림이 처한 상황을 개선하고, 결코 무관할 수 없는 미국과 이슬람 국가와의 관계에서 미국을 설득하고자 하는 조직적인 노력도 더욱 본격화되고 있다.

첫째는 지역 사회와 지방 의회를 통해 무슬림의 존재를 떳떳이 알리는 동시에 이슬람의 올바른 성격과 미국 사회에의 기여를 적극적으로 홍보하고, 둘째는 미국 내 이슬람관에 부정적 영향을 미치는 아랍-이스라엘 분쟁은 물론, 이슬람권 분쟁에 대해 미국 행정부가 이중 잣대를 버리고 보다 공정한 중재자 역할을 다하도록 정치적 로비와 유엔을 통한 압력을 강화하는 것이다. 셋째는 이슬람권 이민 정책에 대한 미국 당국의 문호 개방을 촉구하며, 넷째는 9·11 이후 급증하고 있는 모스크에 대한 공격, 무슬림 자녀에 대한 따돌림과 정신적 가해, 직장에서의 불이익을 철폐하기 위한 내부 단결과 조직적, 제도적인 안보 문제를 확보하는 것이다. 마지막으로 이런 요구를 관철하기 위한 장기적인 포석으로 무슬림의 투표 참여율을 높이는 방안 등이 심도 있게 강구되고 있다.

미국적 가치에 대한 애국적 입장과 이슬람 세계에 대한 종교적 연대감 사이에서, 무슬림으로서 신앙과 종교적 가르침을 지속해야 하는 고통과 모순 속에서 정체성을 찾으려는 노력이 오늘날 미국 무슬림의 현주소이다. 결국 이슬람 세계의 민주화와 시장 경제로의 편입이 가속화될수록 미국 내 무슬림의 위상도 그만큼 높아질 것이다.

한국의 이슬람

20세기 이슬람과의 새로운 인연

이슬람의 발원지 사우디아라비아 메카에서 지리적으로 가장 멀리 떨어져 있는 나라가 한국과 일본이다. 반대로 가면 중미 카리브해에 도달할 것이다. 그만큼 소통과 교류가 힘든 위치에 있었다. 물론 앞에서 살펴본 바와 같이 이미 신라 시대부터 한반도와 중동-아랍 사이에 긴밀한 문화적 접촉과 교류가 있어 왔지만, 그런 상황이 오늘날까지 연결되지는 못했다.

물론 한국 전쟁(1950~1953) 당시 이슬람 국가로 유일하게 참전한 터키 군인에 의해 이슬람이 한국 땅에 뿌려졌다고 하지만, 개인적 개종에 머물거나 소규모 공동체 중심의 미미한 활동에 그쳤다.

우리가 이슬람을 본격적으로 만나게 되는 것은 50년 남짓이다. 정확히는 1973년 삼환기업이 사우디아라비아 고속도로 공사를 따내면서 시작되었다. 그 후 20여 년 동안 연인원 100만 명 이상의 건설 근로자가 중동 전역에서 땀을 흘리며 외화를 벌며, 한국 근대화의 밑거름이 된 것은 다 잘 아는 이야기이다. 그렇지만 우리 근로자(당시에는 노동자라는 칭호는 거의 금기어였다)들은 외진 숙소에서 24시간 3교대를 하면서 열심히 일만 했지 현지 문화를 익히고 현지인과 접촉할 기회조차 거의 얻지 못한 채 3~4년 머물다 돈을 벌어 귀국하는 패턴이었다. 당시 그들의 과장 섞인 무용담이 우리 사회에 널리 알려지면서 아랍이나 이슬람 문화에 대한 정확한 이해보다는 이질적이고 낯선 에피

소드 수준에 머물렀다. 기업들도 당시 돈 버는 데 급급한 나머지 체계적으로 그 문화와 사회, 종교를 이해하고 지속 가능한 비즈니스 기반을 갖출 여력이나 준비도 안 된 상태였다. 결과적으로 OECD 35개 선진국 중에서 한국만큼 최근 50년간 100만 명 이상의 자국민이 현지에 뿌리를 내리고 살아 본 인적 자원을 가진 나라가 없지만, 중동-이슬람에 관한 우리의 연구 인력, 연구 D/B, 연구 R&D, 일반적 이해도 등은 오히려 최하위 수준에 머물러 있다는 느낌이다.

여기서 재미난 현상 하나는 수많은 한국인 근로자 중 현지에서 이슬람에 관심을 가진 사람이 더러 있었다는 점이다. 당시 현지인과 접촉하면서 그들의 문화와 종교에 관심을 보인 뒤 개종까지 하게 된 사람의 숫자는 한국 이슬람 중앙회의 통계를 보면 약 1만 5천여 명에 이른다. 주로 사우디아라비아, 쿠웨이트를 중심으로 리비아, 카타르 등지에서 근무하던 자들이었다. 더욱 재미난 일화 하나는 한국 모 건설업체가 사우디 메카 공사를 수주했는데, 나중에 무슬림이 아니면 메카에 진입조차 할 수 없는 상황임을 알고는 단기 속성 교육 과정을 거쳐 개종자를 만들어 공사를 완성했다는 것이다. 순수한 종교적 열정이라기보다는 호기심이나 힘든 삶의 위안, 편의 등이 작동했을 것으로 보인다. 대부분의 현지 개종자는 귀국한 후에 신앙생활을 지속하지 못하고 곧바로 한국적 삶의 패턴으로 돌아간 사실에서도 잘 알 수 있다. 한국에서 무슬림으로 살아가는 것은 새로운 길을 찾았다는 자부심이나 영적인 희열보다 이슬람과 아랍에 대한 편견과 오류가 심한 환경에서 삶에 엄청난 불이익이 될 수 있었기 때문이다. 따지고 보면 한국에 뿌리를 내린 세계 종교 중에 불교나 가톨릭, 개신교 모두 외래 종교인데 왜 유독 이슬람만이 극도의 배타성을 갖고 있는가?

왜 이슬람은 한국에서 환영받지 못하는가?

우선 서구 매체의 영향을 꼽을 수밖에 없다. 이슬람을 상징화하는 키워드들은 뉴욕타임스, 워싱턴포스트, CBS, NBC, CNN, 디즈니와 할리우드 등 유대계 언론이나 친유대계 문화 권력에 의한 것이다. 거의 절대적이다. 20세기 내내 팔레스타인 아랍인과 전쟁을 통해 생존 게임을 벌이고 있는 적대적 이해 당사자의 눈으로 접한 정보나 이미지를 그대로 받아들인다. 즉 서구 채널의 구조적 독점과 폐쇄 문제를 지적할 수 있다. 아무리 객관적이고 균형 감각을 유지한다 해도 거미줄처럼 엮인 친유대 정보 공급 체계에서 벗어나기는 불가능한 일일 것이다. 아랍인의 역할은 항상 악역, 테러리스트, 문제아, 범죄자 아니면 저급한 반문명적 이미지에서 벗어날 수 없었다.

둘째는 '이슬람=테러' 등식이다. 무엇보다 9·11 테러라는 전대미문의 충격과 대사건을 거치면서 이러한 고정 관념은 점점 화석화되었다. 알카에다, ISIL, 나이지리아의 보코하람, 소말리아의 알샤바브 등이 이슬람 국가를 표방하고 이슬람의 가치를 전면에 내세우면서 잔혹한 민간인 테러를 서슴지 않았기 때문에, 그들의 범죄 행위가 이슬람으로 동일시되는 현상을 지적할 수 있다. 그러나 정통 이슬람 율법 학자들에 의해 그들의 행위는 반이슬람으로 규정됐고, 이슬람권의 유엔인 이슬람협력기구(OIC)에서도 그들을 테러 조직이라고 공식적으로 명확하게 규정했다. 이슬람권 내부의 자체 여론 조사 결과를 보더라도 전성기 알카에다의 지지율은 약 3%, ISIL은 1%도 채 안 된다. 이슬람권 내에서도 뿌리내리기 힘든 반인륜적 범죄 집단이다. 그래서 그들은 결국 실패했다. 이슬람권 곳곳에 있는 분노한 복수 집단이 심정적으로 알카에다나 ISIL의 반미 행태에 동조한다고 해서, 그들 모두를 테러 집단으로 몰고 갈 수는 없다. 이러한 이슬람권 테러 집단의 일탈한 폭력 행위를 응징하고 궤멸함과 동시에, 이들을 통해 이슬람 전체를 일반화, 보편화하는 오류로부터 거리를 둘 필요가 있다.

세 번째는 일부 종교 단체와의 불편한 관계일 것이다. 특히 미국의 복음주의 계통 기독교가 우리나라에 정착한 이후 근현대 1,200년의 역사를 통해 지속돼 온 이슬람 세계와 유럽 기독교 세계의 오랜 갈등과 반목의 구도가 고스란히 우리 것으로 받아들여졌다. 1천 년(711~1683)에 가까운 이슬람 세계의 서구 위협, 200년(18~20세기)에 가까운 서구의 이슬람권 식민 지배로 경험하고 축적된 '서구-이슬람 대결 구도'는 서구에서 이슬람포비아를 양산하고, 이슬람에 서구에 대한 저항 의식을 심화한 역사적 갈등 구도다. 이런 구도를 받아들인 우리도 어느새 서구를 대표하는 미국 중심의 입장으로, 이슬람 세계와 아무런 갈등이나 뚜렷한 이익 충돌을 경험하지 못했음에도 그들의 인식 틀로 이슬람 세계를 바라보는 오류 속에 빠진 것은 아닐까. 성찰이 필요한 부분이다.

일부이기는 하지만 한국 사회의 이슬람 세력 형성이 기성 주류 종교의 영향력에 심대한 위협이 되고 테러나 사회 범죄의 온상이 된다는 극단적인 논리가 최근의 다문화 진척 상황과 맞물리면서 강하게 표출되고 있다. 이슬람이 미미했을 시기보다 국내 거주 무슬림이 수적으로 팽창하면서 잠재적인 위협 요소로 받아들이는 태도는 충분히 이해가 된다. 하지만 팩트에 근거하지 않는 왜곡이 심각한 갈등을 야기하고 있다. 우선 국내에 거주하는 15만~20만 명 정도의 무슬림은 유학생이나 비즈니스 방문, 돈을 벌러 온 한시적 외국인 노동자들로, 일정 기간 체류 후 대부분 귀국한다. 일부 불법 체류자가 있겠지만, 국내에 거주하는 상주 무슬림은 결혼 이주자나 한국인 무슬림을 합해서 총 4만 5천 명 정도이다. 한국인 무슬림 3만 5천 명에는 1970~1980년대 중동 현지에서 개종한 인원이 포함돼 있으므로 실질적인 무슬림 수는 절반 이하로 내려온다. 나아가 꾸란 구절의 지나친 자의적 해석으로 이슬람 정통 교리, 주류 이슬람 공동체의 해석이나 적용과는 다른, 검증되지 않은 위험한 기사들이 난무하고 있다. 실제로 이슬람 사회에서 주류 무슬림이 어떤 태도나 꾸란 정신으로 살아가고 있는지 조금만 살펴보면 극단적 혐오와 왜곡의 문제는 상당 부분 해소될 것이다.

또 하나는 한국 사회에 끼치는 무슬림의 부정적인 영향에 대한 우려다. 외국인이 늘어날수록 범죄가 증가하는 것은 어쩔 수 없다. 그렇지만 모든 통계에서 외국인 범죄는 한국인 범죄율에 미치지 못한다. 특별히 무슬림의 범죄가 증가한다는 어떤 유효한 통계도 있지 않다. 문호를 활짝 열어 외국인 이주자를 받아들이자는 논의가 결코 아니다. 테러리스트의 유입을 최대한 막아 그들의 위협으로부터 우리 사회를 지켜야 하는 당위성에 조금의 주저함도 없다. 우리끼리 사는 세상은 참으로 편하고 효율적이다. 말과 글을 함께 쓰고 문화적 습속과 역사적 기억을 공유하는 것만큼 강한 공동체 의식이 어디 있겠는가? 그러나 인구 절벽 시대, 그리고 싶어도 그럴 수 없다면 생각을 바꿔야 한다. 인종이나 종교적 편견보다는 능력 있고 자질 있는 인재 중심의 초빙이 필요하고, 배척보다는 수용과 융합의 태도를 갖는 것이 성숙한 나라로 가는 길일 것이다. 지배하고 지배당하는 역사적 불편함과 2등 국민으로 차별과 소외를 방치했던 제국 시대 잔재가 오늘날 유럽 다문화 정책을 실패로 이끌었다면, 코리안 드림을 꿈꾸며 제 발로 찾아온 이주민이나 노동자를 대하는 우리의 다문화 정책은 달라야 한다. 그래서 유럽의 다문화 정책 실패를 거울로 삼고 우리 사회와 문화적 정서에 맞는 새로운 이주민 정책을 당연히 고민해야 한다. 글로벌 4분의 1을 차지하는 무슬림을 배제하는 것보다는 선별해서 수용하고 함께 가는 공존의 태도가 더욱 국익에 부합할 것이다.

문명 충돌에서 문명 간 공존으로

'문명 용광로'로서 아랍-이슬람 사회

아랍-이슬람 세계는 이슬람 이전부터 인류가 처음으로 문명을 일구

어낸 땅이고, 다양한 이념이 함께하는 경험을 오랜 역사를 통해 축적한 공존의 현장이었다. 그래서 일찍이 중동 인류학자 칼톤 쿤은 중동-아랍 사회를 '모자이크' 사회로 표현하면서, 민족 집단 간 뚜렷한 노동과 직업의 분화, 다양한 복장과 언어, 종교에 대한 관용 등으로 갈등과 반목보다는 이질적인 문화를 그대로 받아들여 '불편한 동거'에 익숙한 사회라고 정의했다. 한 걸음 더 나아가 전통적인 무슬림 사회학자들은 '용광로' 이론을 주창하면서, 다양한 문화적 요소가 이슬람이라는 용광로 속에서 용해되어 피아의 구분 없는 종합적인 문화 토양으로서 중동-아랍을 규정한다.

오랜 협력과 조화의 보이지 않는 약속은 20세기가 시작되면서 서구 강대국의 경제적 야욕과 문명의 이름으로 남의 가치를 무참히 짓밟는 야만에 의해 산산이 깨져 버렸다. 종교, 민족, 종파 그리고 국가 간에 끊임없는 분쟁과 갈등, 테러와 전쟁이 아랍-이슬람 세계를 전혀 다른 모습으로 바꾸었다. 근대화 과정에서 서구와의 접촉으로 얻을 수 있었던 것은 착취와 부도덕뿐이었다는 무슬림의 과거 역사에 대한 뼈저린 경험은 다른 저항 수단을 잃어버린 이슬람 급진 세력의 극단적인 투쟁을 불러오기도 했다.

그러나 종교 간 관계는 대립보다는 협력적이었다는 표현이 더 적절하다. 중동 근대사를 면밀히 검토해 보더라도 갈릴리 호수와 요르단강이라는 제한된 생태계를 공유하면서 토착 유대인과 아랍인이 1,900년 가까이 분쟁과 큰 갈등 없이 공존해 온 사실을 발견할 수 있다. 지구상에 서로 이질적인 두 민족 집단이 그토록 오랫동안 서로 양보하고 제한된 자원을 나누면서 평화롭게 공존한 역사를 쉽게 찾을 수 없을 정도다. 따라서 20세기 중반 이후 최근 60여 년간, 이스라엘 건국(1948) 이후에 격화된 아랍-이스라엘 갈등은 종교적 문제라기보다는 완전히 정치적 이슈, 생존권 투쟁, 독립과 자치라는 자주권 요구의 성격이 훨씬 강하다. 따라서 종교 간 소통을 통해 '평화의 문화'를 심는 작업은 충분히 가능하고 나아가 의미 있는 시작이 될 것이다.

이슬람과 타 문명의 국제적 대화 시도

20세기 문명 간 대화는 알려진 바와 같이 냉전 종식과 함께 시작된 동유럽과 구소련 지역에서의 민족 국가 형성과 독립 이후 다양한 종교와 문화가 각자의 정체성을 찾아가면서 생성된 담론이다. 나아가 종래 정치, 경제 중심의 국제 관계에서 문화적 중요성이 부각되면서 상호 문화 이해와 조화로운 공존이라는 필요에 의해 문명 간 대화 논의가 확산됐다.

문명 간 대화의 기본 개념은 1992년 6월, 스페인 말라가에서 열린 '지중해 지역 안보 협력을 위한 의회 간 국제회의'에서 처음 공식적으로 등장했다. 이 회의의 최종 선언문에서 문명 간 대화와 인권에 대한 개념을 채택했기 때문이다. 그것은 문명의 공통 가치, 상호 이해와 관용, 문화 협력, 인권의 가치와 필요성에 근거한 대화의 필요성을 역설했고, 문명 간 대화는 아랍과 유럽 사이의 간격을 좁혀 줄 수 있는 교량 역할을 할 것이라는 인식을 담고 있다. 그러나 문명 간 대화의 이름을 내걸었지만, 실질적인 골격은 이슬람-기독교-유대교라는 세 일신교 사이의 화해와 상호 이해, 긴장 완화, 인적 교류 등이 중심을 이루었기 때문에 종교 간 대화나 소통과 성격이 크게 다르지 않았다.

국제 관계나 지역 협력을 위한 각국 지도자나 오피니언 리더 간의 정기적인 소통과 대화 창구를 마련하려는 시도에 이어, 1996년 EU-ASEAN 협력 프로젝트가 결성되었고, 유네스코가 '평화의 문화(Culture of Peace)' 구축 사업을 시작했다. 아프리카-아시아 국민연대기구(Afro-Asian Peoples' Solidarity Organization), 유럽-지중해 협력(Euro-Mediterranean Cooperation) 같은 대화 채널도 구축되었다.

문명 간 대화 채널을 구축하려는 시도는 1993년 헌팅턴의 문명 간 충돌 주장 이전부터 끊임없이 논의됐지만, 문명 간 대화의 필요성과 활발한 논의는 헌팅턴의 주장에 대한 반응적 성격도 있었다. 그것은 헌팅턴의 주장 이후 문명 간 대화를 위한 국제 논의가 더욱 활성화됐다는 사실에서도 찾아볼 수 있다.

종교적 소통을 포함한 문명 간 대화가 국제적인 이슈로 떠올라 전 지구적으로 활발하게 논의를 시작한 것은 이란의 전 대통령 모하마드 하타미 때문이었다. 하타미 대통령은 1999년 유엔 총회 연설에서 문명 간 대화의 필요성을 역설했다. 인류 평화와 상호 공존에 대한 진지함과 철학적 성찰을 담은 그의 연설은 지구촌의 공감을 불러일으켰고, 유엔이 그의 제안을 받아들여 2001년을 '문명 간 대화의 해'로 선포하기에 이르렀다. 이에 발맞추어 이슬람권의 유엔 격인 이슬람협력기구(OIC)도 1999년 5월 문명 간 대화에 관한 테헤란 선언을 채택했고, 이집트, 이란, 이탈리아, 그리스 4개국 4대 문명권 대화 라운드 테이블이 개최되었다. 2001년 3월에는 22개 회원국을 가진 아랍 연맹(Arab League)도 문명 간 대화에 관한 첫 번째 회의를 소집했다. 이렇듯 유럽과 이슬람권 양쪽에서 종교 간 소통과 문명 간 대화를 위한 다양한 노력과 논의가 이루어졌다.

그러나 역설적이게도 이슬람권에서 제안하고 유엔이 정한 '문명 간 대화의 해'인 2001년에 9·11 사건이 터지면서 지구촌은 문명 간 충돌 담론이 주도하는 분위기에 휩싸였다.

한편 9·11 사건을 계기로 다시금 문명 간 대화나 종교 간 소통이 더욱 강조돼야 한다는 움직임도 가속화되어 2002년 3월 문화와 문명 간 대화를 위한 유럽-지중해 재단(EURO-Mediterranean Foundation)이 설립되었다. 그리고 2006년에는 전 유엔 사무총장 코피 아난의 주도로 '문명 간 동맹'의 필요성이 제안되었다. 이로써 더욱 구체적이고 실질적인 종교 간 소통과 문명 간 대화 논의가 지역 협력체나 국가, 개인을 중심으로 더욱 활발하게 진행되고 있다.

2007년 11월 이슬람의 두 성지 메카와 메디나를 지키는 사우디아라비아의 압둘라 왕이 교황 베네딕토 16세를 만났다. 두 지도자가 서로를 이해하기 위해 종교 간 대화의 필요성을 역설하고 나선 것이다. 이로써 이슬람과 기독교의 오랜 불신과 갈등 관계가 개선될 계기가 마련되었다. 그 결과 2008년 7월 16일, 스페인 마드리드에서 이슬람-기독교-유대교 간에 세계적인 석학들이 대거 참석한 종교 간 대화 회의가 개최되었다. 2008년 11월에는 유엔에서 마련된 '평화의 문화(Culture of Peace)' 회의에 사우디아라비아 압둘라 왕이 직접 종교 간 대화와 화해, 관용, 비폭력 문제에 대한 포괄적인 내용을 담은 기조연설을 했다.

프란치스코 교황의 종교 간 대화 행보도 주목받고 있다. 그는 2019년 2월 아랍에미리트 수도 아부다비를 방문해 기독교와 이슬람 간의 화해와 대화의 필요성을 역설함으로써 이슬람 세계에서 큰 반향을 불러일으켰다. 이로써 9·11 테러 이후 긴장 관계가 고조되던 유대교-기독교-이슬람 세계 간에 새로운 화해의 돌파구가 마련되리라는 기대가 커지고 있다. 한편 중국도 2019년 5월 베이징에서 열린 '아시아 문명 간 대화 대회(Conference on Dialogue of Asian Civilizations)' 개최를 계기로 기존 일대일로 전략의 틀 속에서 유라시아를 연결하는 경제적 협력을 위한 문명 간 대화, 중국과 이슬람 세계와의 협력 강화를 강조하고 있다.

종교 간-문명 간 대화의 선결 조건

20세기 말 이슬람권에서 논의되었던 문명 간 대화 노력은 서구 주도의 대화 노력과는 약간 차이가 있다. 그것은 문화 다원주의적 입장에서 이슬람 문화가 서구 문화와 동등하고, 그 다양성이 문화 상대주의적 입장에서 그대로 존중되어야 한다는 당위에서 출발했다. 그러나 전통적으로 서구가 주도해 왔던 이슬람 문명권과의 대화 제의에는 서구의 우수성과 이슬람 사회의 낙후성이 어느 정도 기정사실로 저변에 깔려 있었다. 따라서 후쿠야마가 그의 주저《역사의 종말》에서 주장했던 이론처럼 대화를 통해 이슬람권의 변화를 기대하고 서구와의 접촉이 이슬람 사회의 민주화를 위한 긍정적 신호가 되리라는 기대가 있었다. 이처럼 서구의 문명 간 대화 반대론자들은 서구 문명만이 가장 바람직한 가치 체계이며, 다른 문화는 서구를 배움으로써 진보할 수 있다는 기본 관점을 유지하고 있다. 따라서 진정한 의미에서 문명 간 대화가 이루어지고 그것이 상호 이해와 각각의 사회 발전에 기여하려면 몇 가지 선행 조건들이 충족돼야 한다.

첫째 같은 상황, 같은 주체끼리의 대화와 이해관계가 전제돼야 한다. 가령 '이슬람과 서구의 대화'라는 명제는 성립되기 어렵다. 이슬람은 종교적 주체이고 서구는 지리적 주체이기 때문이다. 명제의 동일성이 모호한 상태에서의 대화는 표피적이고 대화를 위한 대화에 머물고, 말뿐만 아니라 어떤 일방의 주장을 펼치는 장이 될 수도 있다. 이런 점에서 서구와 아랍 문명, 중국과 아랍 문명, 기독교와 이슬람, 이슬람과 유교 같은 대화 주체의 동일성이 중요하다.

둘째, 대화에는 목표 의식과 철학적 방식, 방법론적 합의가 전제되어야 한다. 누가 이기고 지는 제로섬 게임이 아닌 모두의 이득이 기대되는 상황에서 기존 문제에 대한 절충과 상호 이해가 가능하고 해결책을 제시해 주는 대화여야 한다. 대화의 목표는 가치의 옳고 그름을 따지기보다는 각각의 입장을 설명하고 이를 다른 견해와 비교해 보는 기회의 장이 되어야 한다. 대화 당사자들이 도달하고자 하는 명료한 대화의 목표도 설정해 주어야 한다. 이런 조건이 충족되지 않으면 문명 간 대화이건 종교 간 소통이건 만남은 일회성이거나 실패하기가 쉽다. 문명 간 대화가 실질적인 효과를 거두고 가시적인 성과에 도달하려면 문화 간, 종교 간 소통과 함께 정치, 경제, 외교적 협력 대화가 동시다발적으로 병행돼야 한다. 왜냐하면 현대 사회의 문제 해결은 복합적이고 유기적인 관계 속에 일어나는 경우가 일반적이므로 양자 관계나 지역 간 협력에서 문화라는 요소만 따로 떼 대화하고 이를 통해 문제 해결에 도달하기는 매우 어렵기 때문이다.

셋째, 문화 다원주의, 다문화 사회, 문화 상대주의에 입각해 공존하는 모든 문화는 본질적으로 동등하고 상호 존중받는 상태에서 문명 간 대화에 참여하고, 나아가 논의의 주체가 되어야 한다.

넷째, 문명 간 대화의 방향이 과거의 역사적 기억이나 낡은 관계에 얽매이는 것이 아니라 '새로운 주제'로 글로벌 이슈를 중심으로 조건 없이 참여하고 논의하는 장이어야 한다. 그것은 세계화, 민주주의, 인권, 양성평등, 국가의 주권 존중, 발전, 환경과 개발, 대량살상무기, 테러리즘 같은 모든 주제에 접근할 수 있어야 한다. 또한 궁극적인 목표는 오해와 편견을 줄이고 인류의 진보와 지식의 발달에 기여하고자 하는 공통의 방향으로 설정되어야 한다.

바람직한 종교 간 소통을 향하여

문명 간 대화와 종교 간 소통은 큰 테두리 내에서 함께 논의되고 있지만, 둘 사이에는 근원적인 차이와 다른 접근이 요구된다. 인간의 역사성과 삶에 뿌리를 둔 문명이나 문화와는 달리 종교는 기본적으로 신앙에 근거한다. 따라서 종교 간 대화는 많은 부분에서 다른 종교적 가치와 양립하기 어려운 속성이 있다. 그런 점에서 자기와 다른 색깔과 신분을 가진 사람들과 한 울타리에서 살아가는 데 종교만큼 효율적이고 실질적인 통합의 매개체를 찾기 힘들다. 그러나 동시에 자기와 다른 신념을 가진 다양한 사람과 함께 살아가는 데 종교만큼 다름과 차이를 극대화하면서 공동체를 산산조각 내는 역기능적 요소도 드물 것이다.

더욱이 그 종교가 일신교라면 폐쇄성과 자기 종교 절대주의의 성향이 훨씬 강하다. 자기 종교의 절대적 신념 체계 내에서만 사랑과 베풂이 넘치고 다른 종교를 향해서는 분노와 적의의 칼날을 들이대는 일신교가 만민 평등과 중생 구제의 초심으로 돌아가는 길은 없을까? 나의 소중한 가치만큼 다른 믿음을 향해서도 최소한의 예의와 존중을 표할 수 있는 다문화적 덕목이 종교에서는 어떻게 발현될 수 있을까? 참으로 어려운 숙제이다. 그리고 그것은 인간에 대한 무한대의 사랑과 힘들고 지친 자에게로 향하는 종교적 초심을 되찾는 것에서 출발해야 하지 않을까?

이처럼 다른 신앙에 대한 거부와 적의는 역사적 응어리와 현실적인 갈등에서 그 원인을 찾을 수 있지만, 고착화되고 재생산되는 의도적인 편견과 오해에서 비롯되는 경우도 적지 않다. 따라서 다문화 사회에서 상생과 공존을 위한 종교의 역할은 다른 종교에 대한 기존 인식의 늪을 박차고 나오는 일로부터 시작되어야 한다.

나는 아직 인류를 위해 만들어지거나 계시가 내려진 신앙 체계에서 폭력을 조장하거나 무고한 인명을 살상하도록 내버려 두는 종교적 가르침을 알지 못한다. 이러한 지극히 상식적인 종교적 명제가 왜 이슬람 종교에는 적용되지 못하는 것일까? 지금 일어나는 현실적 갈등과 종교 사이의 근본적인 차이를 들여다보지 못하기 때문이다. 많은 경우 갈등의 원인과 배경은 주로 침략자나 강자들의 논리에 의해 조작되거나 왜곡되기 일쑤여서 직접적인 이해 당사자가 아닌 제3자의 입장에서는 그 진실을 들여다보기가 매우 어렵다.

따라서 종교 간 소통은 다른 가치를 융합한 혼합 종교나 제3의 대안적 종교를 창출하기 어려운 속성 때문에 상대 종교에 대한 '관용'과 '존중'이 강조된다. 즉 다문화 사회나 종교 다원주의적 상황에서 공동체 구성원들이 조화롭게 공존할 수 있는 최소한의 규칙을 정하는 단계에 만족해야 한다. 이처럼 다문화 사회에서 종교 간 대화와 소통은 상대의 가치를 있는 그대로 이해하고, 다른 방식의 가르침에 최소한의 예의와 존중을 표하는 일에서 시작한다. 이런 점에서 우리 사회가 이슬람과 진정한 소통을 하려면 왜곡된 겉옷을 벗어 던지는 작업에서부터 출발해야 한다고 믿는다.

이라크에서, 아프가니스탄에서 그리고 팔레스타인에서 미국의 부당한 공격과 자원의 약탈, 문명의 파괴에 맞서 비무장의 일부 무슬림이 온몸으로 저항하고 있다. 돌을 던지며 인티파다(Intifada)라는 무저항 투쟁을 하다가, 이제는 자신의 몸에 폭탄을 칭칭 감고 1퍼센트의 생존 가능성도 없는 자살 특공대가 되어 자신의 몸을 던진다. 이슬람이 저항하는 것은 아니다. 이슬람이 폭탄 테러를 가하는 것도 아니다. 빼앗긴 자가 다른 모든 대안이 사라진 절박한 절망의 늪에서 마지막 수단으로 조국의 자유를 위해, 학살당한 가족의 복수를 위해 자신의 몸을 던지는 것이다.

이것은 종교적 광신과는 거리가 멀다. 한 인간이, 한 공동체가 처한 극단적 비극의 표출일 수도 있다. 이러한 응어리와 폭력의 악순환을 누가 풀어야 하는가? 이슬람을 포함한 종교의 숭고한 원래 사명이 바로 이 시점에 절실히 요구되는 이유다. 이러한 점에서 빼앗기고 고통받는 이슬람 사람들보다는 가진 자의 입장에 서 있는 기독교도, 직접적인 이해 당사자가 아닌 불교도나 다른 종교인이 오히려 더욱 적극적인 목소리를 내야 하지 않을까?

이제 종교는 모두 힘을 합쳐 광신의 시대를 종식하자는 결연한 의지를 다져야 한다. 종교를 팔아 자기 이익을 채우려는 극단적 정치집단을 향해 준엄한 경종을 울려야 할 때다. 종교 간의 본질적인 문제는 종교 자체의 문제라기보다는 종교를 악용하고, 자신의 독점적 지위와 가치만을 돋보이게 하려는 가장 비종교적인 방식을 추구하는 일부 집단 때문이다. 따라서 상대 종교에 대한 겸허한 수용 및 이해와 함께 다른 종교와 가치를 폄하하고 평화보다는 폭력을 조장하는 의도를 차단하는 것도 종교 간 대화의 중요한 전제 조건이 되어야 할 것 같다.

종교 간 소통을 위해 구체적인 제안을 정리한다면 다음과 같다.

① 종교 간 소통과 이해도 향상은 학교에서 시작해야 한다. 국제 문화 이해, 문화 다원주의, 문화 상대주의 등의 교육을 통해 아래로부터 두터운 인식의 하부 구조를 마련해 가는 노력이 절실하다.

② 상대의 약점을 부풀려 자신의 선명성을 높이려는 네거티브 선교 전략보다는 함께 공존하면서 실체적 상대로 인정하는 종교 지도자들의 인식 전환은 물론, 사회 지도층의 지혜와 혜안이 필요하다.

③ 종교 간 대화와 소통의 채널이 다양해져야 한다. 종교 지도자들뿐만 아니라 아카데미즘(종교학자), 사회 공동체, 시민 단체 등 종교가 다른 동일 구성원끼리의 교류와 이해를 일상화하는 노력이 필요하다. 무엇보다 종교 간 대화가 고위 성직자나 정치인끼리의 제한된 만남에 국한되지 않고 풀뿌리 논의로 확산되어야 한다. 그런 면에서 이집트 정치학자 무함마드 셀림(Muhammad Selim)의 혜안대로 시민 단체 중심의 건전한 종교 간 소통이 효율적인 상호 이해를 부를 수 있고, 종교 간 소통이나 문명 간 대화 담론이 특정인의 정치적, 계층적 목적을 위한 수단으로 전락하는 것을 막기 위해 대화 주체들을 보다 대중화시킬 필요가 있다.

④ 이슬람이 참여하는 더 포괄적인 종교인 협의체나 상시적 대화 채널의 구축이 필요하다.

⑤ 범위를 우리 주변으로 좁혀 동아시아 종교를 비교하면
서 신앙의 목표와 가치 체계, 종교적 핵심을 쉽게 알려
주기 위해 관련 학자들이 공동으로 '동아시아 종교 교과
서' 등을 집필하는 것도 고려해 볼 만하다.

종교 간 소통을 이야기하면서 이슬람의 이해에 남다른 열정을
보인 가톨릭 성직자 출신 작가 카렌 암스트롱이 던진 메시지는 더욱
큰 파장으로 다가온다.

우리는 서로의 종교에 대해 더 많이 공부하고 이해해야 한
다. 그것은 그 종교를 받아들이기 위해서가 아니라 적어도
다른 사람의 고귀한 신앙에 불신과 편견, 무지를 심지 않기
위해서다.

한국에서 이슬람과 타 종교 간 소통하기

한국 사회에서 무슬림은 여전히 이질적인 존재다.

① 무엇보다 60여 년이란 짧은 전도 역사에 기인한다. 토착
화가 되지 못한 종교가 겪는 초기 단계의 정체성 혼란으
로 보인다.
② 한국 사회에서 독자적인 창으로 무슬림을 들여다볼 기
회가 부족했고, 정치적, 경제적, 군사적으로 대결하고 있

는 적대적 이해 당사자 격인 미국과 유대 중심의 언론,
자료, 시각, 가치관을 통해 이슬람권 문제를 바라보며 축
적된 지적 편중의 문제를 들 수 있다.

③ 강한 단일 민족 이데올로기가 주는 순혈주의 성향과 물
질만능주의가 불러오는 경제적 선진국 지향주의도 상대
적으로 제3 세계의 축을 형성한 무슬림 사회나 무슬림에
대한 평가 절하로 나타난다.

④ '한 손에 칼, 한 손에 꾸란', 이슬람과 테러, 극단적 이슬
람 원리주의, 여성 억압 등의 담론이 만들어 낸 이슬람에
대한 부정적인 이미지와 과장된 위협 시나리오 등이 일
상화되면서 화석화된 지적 편견이라는 문제가 있다.

⑤ 한국 이슬람 교단 자체의 영세성과 소극적인 대처로 오
해와 편견을 불식시킬 적절한 대안적 노력이 부족했다.

⑥ 일부 기독교 단체에서 의도적으로 제기하는 반이슬람적
흑색선전, 과장, 사실 왜곡 등으로 인한 이슬람포비아 확
산 문제가 있다.

무엇보다 무슬림에 대한 부정적인 태도와 인식은 단순히 국내
문제가 아닌 글로벌 인식의 연장선이라는 점에서 서구와 이슬람이
라는 지구촌 문제와 관련지어 고려할 수밖에 없다.

이슬람과 타 종교와의 소통 문제는 지금까지 주로 서구 기독교
세계와의 관계 속에서 진행되고 논의돼 왔다. 그러나 아시아라는 틀

에서 조망해 보면 전혀 다른 맥락과 상대적으로 더 큰 가능성을 엿볼 수 있다. 왜냐하면 동아시아 사회는 이미 오랜 역사적 축적과 시행착오의 경험을 통해 상당 부분 종교 간 소통의 기틀이 삶에 깊숙이 들어와 있기 때문이다. 무슬림이 주도적 우위를 점하고 있는 말레이시아는 가장 이상적인 종족 간-종교 간 황금 분할(말레이족-중국 화교-인도인)과 다문화 정신이 정착되어 있고, 세계 최대 무슬림 국가인 인도네시아에서도 '판차실라(Panchasilla)'라는 융합 정신에 따라 신을 믿는 모든 종교 행위와 자유를 헌법으로 보장하고 있다. 물론 이러한 조화와 균형이 항상 이상적 형태로 유지되는 것은 아니다. 불교 중심 국가인 태국에서는 남부 파타니주를 중심으로 일부 극단적 무슬림 분리주의자의 자치 독립운동이 벌어지고, 무슬림 집단 거주지인 필리핀 남부 민다나오섬에서도 중세 이슬람 술탄국의 전통을 꿈꾸며 일부 무슬림 극단주의자들에 의한 무장 자치 투쟁이 진행 중이다.

이런 종교 간 관계 설정과 공존의 문제를 국내로 좁혀 보면 신유교주의를 받아들인 조선에 의한 불교 탄압, 19세기 천주교의 한국 전파 과정에서 일어난 박해와 순교 사건, 근대화 시기 한국 문화의 기층문화인 샤머니즘에 대한 차별과 박해, 근년에 들어 일부 극단적 기독교 보수 교단에 의한 이슬람포비아 확산 등을 들 수 있다.

그러나 동아시아에서의 종교 간 소통 문제는 대부분 일신교와 다신교의 문제, 다신교 간의 문제, 종교 철학이나 윤리 문제 등이 논쟁의 중심 주제가 되었기 때문에 라틴 아메리카나 유럽에서처럼 정치적인 박해나 대규모 학살 같은 비극을 피할 수 있었다. 중동이나 유럽에서 일어나고 있는 일신교끼리의 극단적인 진위 논쟁이나 피아 선악 논쟁과는 근본적으로 다른 측면이다. 일신교는 태생적으로 자신의 종교적 가치만이 참과 진리이고 다른 가치를 위선이나 악으로 간주하는 속성 때문에 종교 간 대화나 소통에 근원적인 한계를 지니고 있다.

한중일 동아시아 삼국은 샤머니즘, 도교, 신도 같은 토착 종교의 바탕에 유교와 불교가 들어오고, 근대 이후 기독교와 이슬람교 등이 유입된 상황이기 때문에 종교 혼합적인 성격을 보여 준다. 중국의 도교, 일본의 신도는 아직도 그 나라의 기층문화로서 두터운 자리를 차지하고 있고, 한국의 샤머니즘도 오랜 박해에도 살아남아 일상의 삶 속에 깊숙한 뿌리를 내리고 있다. 그 결과 한국에서는 유교와 불교가 샤머니즘과 섞이고, 근대화 이후에는 기독교조차 샤머니즘 문화 요소를 많이 수용하여 토착화했다. 이러한 종교 혼합적인 한국의 종교 문화야말로 종교 간 소통을 가능하게 해 주는 근원적인 토대가 될 수 있다고 생각된다.

무엇보다 자신의 이익과 정치적 목표, 집단의 폐쇄적 특권만을 위해 종교를 내세우며 종교를 이용하는 왜곡된 인식 구도에서 벗어나 종교를 위해 자신을 헌신하고, 사랑이라는 본연의 사명을 찾아가는 영적 각성이 필요하다. 그것이 나의 종교적 소중함을 지키고 유지하기 위해 다른 사람들의 종교적 가치를 존경하지는 못해도 최소한 존중하고 경청할 줄 아는 기본적인 공동체 정신을 회복하는 길이다.

제3 세계 문화 바로 읽기와 우리의 할 일

지난 1세기 동안 지배하면서 착취하고, 그 자원을 배경으로 선진 공업국으로, 또 경제, 군사 대국으로 발돋움한 서구 제국주의가 이제 양보할 때가 되었다. 21세기는 빼앗긴 자들의 최소한의 권리와 억울한 응어리에 좀 더 유연한 자세로 접근하여 그들에게 돌파구를 마련해 줌으로써 공존의 기틀을 형성하고, 극단적인 저항에서 상대적인 비판과 절충의 단계로 진전할 수 있는 모티브를 제공하는 시기로 거듭나야 한다.

동시에 아랍인을 비롯한 이슬람인도 아랍-이슬람 세계를 둘러싼 근대 역사에 대한 분노와 좌절을 극복하고, 새로운 미래에 걸맞은 개혁과 의식의 전환을 서둘러야 한다. 그들은 이미 서구 체제에 대한 무조건적 반대와 대항보다는 전통적인 이슬람 규범 속에서 새로운 발전과 변화를 수용하는 조화와 절충의 묘를 찾아 자기 목소리를 내기 시작했다. 이는 서구식 제도나 체제를 모방함으로써가 아닌 철저히 이슬람적인 자기 틀에 바탕을 둔 내적인 혁신과 적절한 재해석의 방법을 통해 사회의 발전과 현대화를 추구하는 것이다. 아랍 민주화 시위는 그런 열망의 표출이었다.

이제 우리도 제3 세계의 핵을 이루고 있는 중동-이슬람권 세계에 더 유연한 자세와 열린 마음으로 접근하고 그들을 이해해야 한다. 이슬람 문화에 대한 인식에 관한 한 우리에게는 아직도 문화 인류학 책 첫 장에 나오는 '문화 상대주의'에 관한 이해가 필요하다.

모든 문화는 선악과 우열의 문제보다는 같고 다름의 문제로 바라보며, 문화는 그 문화만이 가질 수 있는 고유한 향기와 색깔이 있기 때문에 그 문화를 일군 사람들의 입장에서 들여다보아야 한다. 이희수, 《이슬람 문화》, 살림출판사, 2003

물론 인류의 보편 가치라는 잣대를 손에서 놓아서는 안 되겠지만 문화 상대주의적 관점은 아직도 유효하다.

냉전 체제가 무너진 후, 국경의 개념, 특히 경제와 문화 경계의 개념이 약화되면서 가진 자의 힘이 문화를 함께 싣고 상호 교류의 형식을 빌려 약한 자의 삶의 형태를 변질시키고 정체성을 위협해 왔다. 우리도 언제부터인가 착각이 뒤섞인 채 약한 자가 아닌 가진 자의 입장에서 세계를 바라보게 되었다. 우리 자신이 제3 세계의 일원으로 피지배자의 아픈 역사적 경험을 수없이 반복해 왔음에도, 스스로 우리를 괴롭혔던 사람들의 방식대로 사고하고 행동하는 모순을 보여 주는 경우가 많다. 이런 배경에는 서구식 교육을 받고, 제대로 소화하지 못한 이론을 근대화와 문명이란 이름으로 진지한 성찰 없이 이 땅에 퍼트린 한국 지성계의 책임도 크다.

이제 우리 모두는 글로벌, 국제화, 정보화란 키워드로 험난한 국제 경쟁의 파고를 헤쳐나가려 하고 있다. 그러나 진정한 세계화는 최소한 세 가지 기본 축이 견고히 세워져야 한다.

첫째, 자신의 문화와 가치에 대한 정체성의 확립이 선행되어야 한다.

둘째, 우리와 긴밀한 관계를 맺고 있는 주변 문화권에 대한 객관적이고 심층적인 연구 축적과 주체적인 시각의 정립이 필요하다.

셋째, 세계화는 가진 자의 발전을 위한 원동력 추진체가 아니라 인간의 참다운 가치가 최고로 발현되고 존중되는 방식이라야 의미가 있다.

이는 진정한 나의 정체성을 찾고, 무한한 민족적 잠재력을 현실적으로 활성화하는 작업을 의미하고, 서구 중심적인 틀에서 온갖 세상을 바라보았던 가치관을 보편적인 가치관으로 전환하는 것을 말한다.

우리에게는 19억 이상의 거대한 이슬람 공동체를 가까운 이웃으로 받아들이는 새로운 인식의 전환이 필요하다. 이에 따르는 국가의 투자와 연구자들의 분발이 어느 때보다도 강력히 요청되는 시점이기도 하다. OECD 중 우리나라는 아직도 이슬람 분야에서 전문가, 연구 축적, 예산 등에서 최하위권이다. 그러나 아랍-이슬람 세계와의 에너지, 석유, 건설, 플랜트, 상품 시장, 한류 열풍, 역사적 교류 등을 고려하면, 그냥 내버려 두어야 할 세상이 아니다. 글로벌 국제 교역이 국가 경제의 거의 전부를 차지하고 있는 상황에서 제3 세계를 중심으로 지역 연구를 전담하는 해외 지역 연구원 같은 민관 기구 설립을 통해 체계적으로 우수한 전문가를 양성하고, 우리의 독자적인 연구력을 통해 중동, 아프리카, 중앙아시아, 라틴 아메리카, 동남아시아, 오세아니아 지역에 대한 단단한 지식 기반을 다져야 한다.

분명한 것은 이슬람 세계는 한국을 강하게 부르며 손짓하고 있다. 그들을 이해하고 진정한 친구가 되려면 이슬람 문화와 그들의 삶의 방식에 대한 정확하고도 객관적인 시선이 필요하다. 서구와 이슬람 세계는 갈등과 약탈의 관계였다. 서로의 적의가 증폭된 배경이다. 우리와 이슬람 세계는 역사적으로 충돌의 경험이 없다. 아시아의 끝과 끝에서 서로 돕고 협력하는 관계가 전부였다. 이제는 서구가 만들어 놓은 편견과 고정 관념의 함정에서 벗어나서 '나의 이슬람' 정체성을 바로 세우는 노력을 함께 해 나가자. 이 책이 최소한 실체적 진실에 입각한 중동-이슬람 사회와 이슬람 문화를 있는 그대로 이해하는 데 좋은 길잡이가 되기를 고대한다.

◆ 이 책은 2001년 9·11 테러 직후 출간한 《이슬람: 9·11 테러와 이슬람 세계 이해하기》, 이 책을 보완해 2011년 9·11 테러 10주년에 발간한 《이희수 교수의 이슬람: 9·11 테러 10년과 달라진 이슬람 세계》를 이은 책이다. 2021년 9·11 테러 20주년을 맞아 독자들의 요청을 받아들여 그간 상황을 종합하고 이슬람 문화에 관한 가장 정통한 필독 교양서로 준비했다.

이희수의 이슬람

초판 1쇄 발행·2001. 9. 1
개정증보판 1쇄 발행·2021. 9. 11
개정증보판 4쇄 발행·2024. 11. 15

지은이   이희수
발행인   이상용, 이성훈
발행처   청아출판사
출판등록 1979. 11. 13. 제9-84호
주소   경기도 파주시 회동길 363-15
대표전화 031-955-6031   팩스 031-955-6036
전자우편 chungabook@naver.com

ⓒ 이희수, 2021
ISBN 978-89-368-1187-7 03900